陳立夫著

孟子之政治思想

中華書局印行

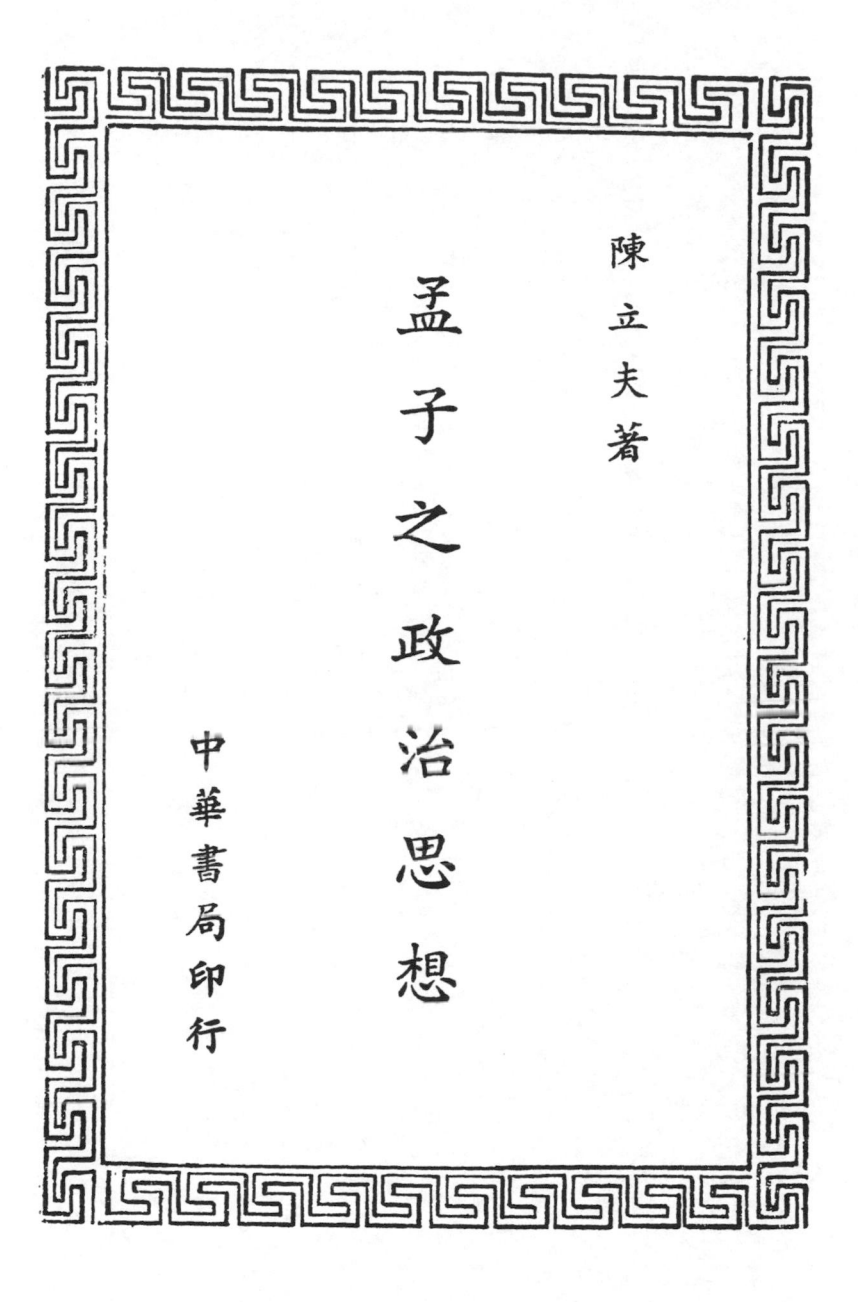

自序

今日世界之情勢，有似中國戰國時代之放大。政治與思想之中心力量已不存在，羣雄割據之勢已成，各以武力爲憑藉，企圖以四鄰爲附庸，有機會則擴張勢力範圍，於是兵連禍結，民不聊生！社會風氣，亦以唯力是視、唯利是圖爲當然，鮮顧信義，爾虞我詐，不以爲恥。思想龐雜，個人主義（楊朱）與功利主義（墨翟），同時發展，達于極點，人欲橫流，倫理被毀，人與禽獸幾無分矣！此種情勢之發展，必使人類前途日向黑暗，其敏感最強者爲青年，於是意志頹喪，道德日泯，成爲必然之結果，古今雖殊，因果則一。

戰國之世，幸有孟子，養浩然之氣，展雄辯之才，明義利之辨，別王霸之分，闡揚孔聖之道，以息邪說、距詖行、放淫辭爲己任。雖未能爲時君所用，志難得伸，其立言亦一時未見績效；而民族道統則賴以不墜。孟子七篇，大半爲其政治思想，要以行仁政爲主，而仁政之基礎，則建築于倫理道德之上。其要點爲：

一、反戰；

二、反殺；

三、反侵略；

四、反聚斂；

五、反暴虐；

六、愛人民；

七、首倡民貴君輕之民主思想；

八、闡揚重義輕利之正道；

九、說明仁政實施所必得之效果；

十、力闢邪說淫辭使政治與社會不受毒害；

十一、建立士——衞道者——之尊嚴地位；

十二、闡揚人生之意義與責任；

十三、宏揚孔學之眞諦；

十四、繼承中華文化之道統。

在今日之世界，正義不伸，道德淪喪，已成爲普遍現象，上舉要點正合需要，而吾人有中華文化與三民主義，足以爲救世之寶筏，所缺者爲智仁勇俱備如孟子其人。此書之編，目的在期國人能效法孟子之大無畏精神，弘道救世，若僅就國內而言，苟吾人能以 國父爲發明家，而以宣傳家實行家自任，則中華文化之復興，可指日而待也。

余編著是書之方法，在取孟子全文二百六十章，依其政治思想之綱要，分節分目，重行編列，不遺一字，而仍使全書貫通，成一思想體系，較之原書分篇，或易于了解。玆將出版問世，因略述余意，並以求正于有道焉。此書材料之整理編排及校勘，曾分別得力于沈篤夫學長、翁馥華表姊以及劉英柏、吳寄萍兩兄之助極多，謹此誌謝！吳興陳立夫於臺北天母弘毅齋，時在中華民國六十二年七月十日。

孟子之政治思想目錄

第一節　前　言

韓昌黎分析先王之道曰：「博愛之謂仁，行而宜之之謂義，由是而之焉之謂道，足乎己無待於外之謂德。」又謂：「堯以是道傳之舜，舜傳之禹，禹傳之湯，湯傳之文、武、周公，文、武、周公傳之孔子，孔子傳之孟軻，軻之死不得其傳焉。」此爲我國一貫相傳之道統。孟子生於孔子後百有餘年，不得爲孔子之門人。而師事孔子之孫子思，子思之學，則出自曾子。故孟子得傳其宗。孟子亦曰：「予未得爲孔子徒也，予私淑諸人也。」此孟子之學說，繼承孔子之道統明矣。

惟孔子生於春秋時代。雖其時周室衰微，五霸迭興，而尊王攘夷之風，猶能維繫於勿墜。五霸桓公爲盛，管仲相之，九合諸侯，一匡天下。即所以尊周室，攘夷狄也。而晉文公以狄人攻周，襄王出避於鄭，乃率師勤王，護送還都，亦以尊王攘夷爲職責。一統之局，尚未完全失望。故孔子有「久矣吾不復夢見周公，」與「如有用我者，吾其爲東周乎?」之語。極望展其抱負，輔佐周室，使周公當時之德政，重見於東周，而王室爲之一振也。

孟子生於戰國，七雄崛起，時國君惟知富國強兵是務，任用孫臏、吳起、商鞅諸人，從事聚歛，擴張國土。而蘇秦、張儀，又倡約縱連橫之說，利用彼此箝制。一統之局，至此已蕩然無存。故孟子鼓勵有國者，施行仁政，爭取民心，統治中國，以底於堯舜之治。其政治思想，尊王道，賤霸業，於七篇之中，反復申論闡釋無遺，希望執政者翻然變計，棄霸業而行王道。孟子亦得從旁贊助，以行其道，兼善天下。故謂：「如欲平治天下，當今之世，舍我其誰。」又謂：「由孔子而來，至於今百有餘歲，去聖人之世，若此其未遠也，近聖人之居，若此其甚也，然而無有乎爾，則亦無有乎爾。」其欲佐時君，行仁政，成王業，使是君爲堯舜之君，是民爲堯舜之民，而吾身親見之之意，溢於言表。惜齊、梁、宋、滕諸國之君，皆崇尚武力，未能接納其言。乃退而與公孫丑、萬章之徒，述孔子之道統，作孟子七篇，其說尊王貶霸，民貴君輕，崇仁義，非功利，承道統，闢邪說。而其要旨，不外乎教人正心。故曰：「學問之道無他，求其放心而已矣。」至論仁、義、禮、智，則曰：「惻隱之心，仁之端也，羞惡之心，義之端也，辭讓之心，禮之端也，是非之心，智之端也，人之有是四端也，猶其有四體也，……苟能充之，足以保四海，苟不充之，不足以事父母。」論邪說之爲害，則曰：「生於其心，害於其政。」論事君之道，則曰

：「格君心之非，……一正君而國定。」蓋一切事物之成敗，都由心而來，人能正心，則事無不成者。大學之修身、齊家、治國、平天下，其本亦是誠意正心。心得其正，乃能知性而知天。孟子之言曰：「盡其心者，知其性也，知其性，則知天矣。」言事天之道，則曰：「存其心，養其性，所以事天也。」心爲人之神明，具衆理而應萬事。性則爲生存之本能，有心以率之，則可導引至共生共存共進化之路，是謂之道。故心與性有不可分離之關係，孟子既言正心，又道性善，性既善則心之向易歸正矣。其闡揚中華文化，以繼承先聖之道統，誠如韓昌黎推尊其功不在禹下者。惟書中所記，原無次序，或爲當時隨說隨記者，或爲事後追述者，故無一貫之系統，玆將各章之性質相類者，掇拾合輯，全文不少一字而使之成體系，並於原文前後，加以闡釋，或亦對讀者有所助益焉。

第二節　吾國傳統之政治哲學

第一目　自格致誠正以達修齊治平

吾國文化，重視本末先後之道。大學謂：「物有本末，事有終始，知所先後，則近道矣。古之欲明明德於天下者，先治其國，欲治其國者，先齊其家，欲齊其家者，先修其身，欲修其身者，先正其心，欲正其心者，先誠其意，欲誠其意者，先致其知，致知在格物。」孟子承此道統，故其政治哲學，首在認清「天下之本在國，國之本在家，家之本在身。」先修其身，乃能齊家、治國、平天下。而身之修，須先正心誠意，而心正意誠，又須先格物致知。本末先後，自成序次，不容有所倒置。人如不能修其身，卽不足以齊其家，家不齊，卽不足以治其國，國不治，卽不足以平天下。故欲齊家、治國、平天下，當自修身始。

孟子曰。孟子說。**人有恆言。**現在的人有句常言**皆曰天下國家。**都是籠統着說，天下國家，却未必知道這四個字的解釋**天下之本在國。**原來，天下的基本是國，由國集合爲天下。**國之本在家。**國的基本是家，由家集合爲國。**家之本在身。**

家的基本是個人，由個人集合為家，個人實是主要的基本。【章旨】這章書是孟子提醒當時的諸侯，民為最貴，必須愛民。——孟子離婁上

君子所守，既以修身為本，故其守雖極簡約，而所施者實極廣博。迨身既修施之於家，則齊，於國則治，於天下則平矣。

孟子曰。孟子說。言近而指遠者。說話很淺近，含義卻很深遠的。善言也。是算最好的一種說話。守約而施博者。守養很簡約，做出事業來卻很廣博的。善道也。是算最好的一種道理。君子之言也。所以君子說的話，常是目前的近事。不下帶而道存焉。目光不看到自己所束的腰帶下面，但卻有很深遠的道理存在着。君子之守。至於君子的守養。修其身而天下平。只專力修養自己的身心，就能由齊家治國一直到天下太平。人病舍(音捨ㄕㄜˇ)其田。大凡一個人最容易犯的毛病，就是拋棄了自己的田不耕種。而芸人之田。卻去拔別人田裏的草。所求於人者重。所求在別人的反重。而所以自任者輕。拿來自身擔任的事反很輕。【章旨】這章書是孟子把務本的道理教人。——孟子盡心下

故人若不循正道以行事，即家中之妻與子女，亦不能使之皆循正道；人若不循正道以使人，即家中之妻與子女，亦無法以影響之。可見己身不修，即不足以齊其家，家且不齊，尚何論治國平天下乎。

孟子曰。（孟子說。）身不行道。（本身不能依正道做事。）不行於妻子。（這正道就不能施行到妻子方面。）使人不以道。（差使別人不依正道。）不能行於妻子。（差使妻子也就不能行得通了。）

【章旨】這章書是孟子說人必須先正自己纔能正別人。——孟子盡心下

以上三章，孟子言齊家、治國、平天下，必先從修身做起。而修身須先正其心，誠其意。至心之正，意之誠，又須先從事於格物致知。蓋致吾心靈之知，以窮事物之理，而後意自誠，心自正矣。孟子言明善，卽格物致知之謂，言誠身，卽誠意正心之謂。夫明善乃可以誠身，誠身乃可以悅親，悅親乃可以信友，信友乃可獲上之信任，而民亦得治矣。孟子之政治哲學，基於孔子之傳統學說，而發揚光大之，使此一道統，持續數千年而不墜。

孟子曰。（孟子說。）居下位。（在下位的人。）而不獲於上。（不能得到在上的人信任。）民不可得而治也。（對人民就不能治理了。）獲於上有道。（要得到在上的人信任，本有道理在着。）不信於友。（但如連朋友都不信任。）弗獲於上矣。（就不能得到在上的人信任了。）信於友有道。（要取得朋友信任，也有道理在着。）事親弗悅。（但如事奉父母都不能得到歡心。）弗信於友矣。（就不能取得朋友的信任了。）悅親有道。（要博得父母歡心，也有道理在着。）反身不誠。（但如反省自己的身心不能誠實。）不悅於親矣。（就不能博得父母的歡心了。）誠身有道。（要自己的身心誠實，也有道理在着。）不明乎善。（但如天理的正善都不明白。）不誠其

身矣。就不能使自己的身心誠實了。是故誠者。所以這誠實。天之道也。原是天所給人的自然道理。思誠者。想完全做到誠實。人之道也。乃是做人應該履行的道理。至誠而不動者。倘能修養到至誠的地步，卻還不能感動人心的。未之有也。那是沒有的事。不誠。反之，不能盡誠實工夫的。未有能動者也。也就決不能收感動人心的效果了。【章旨】這章書是孟子教人盡力在誠的工夫。——

孟子離婁上

此章孟子述中庸孔子之言，以思誠爲修身之本，而明善又爲思誠之本。乃子思所聞於曾子，而孟子所受乎子思者，與大學致知、誠意之說相表裏。

第二目　政治與教育皆不能離開倫理道德

管理衆人之事之政治（　國父語），首在正人倫，使父子有親，君臣有義，夫婦有別，長幼有序，朋友有信，然後其國得治。而人倫之中，尤以孝道爲治國之本，孔子所謂「明王以孝治天下」是也。故管理衆人者，必須在人倫方面，以身作則，庶能以道德領導人民。是以堯帝雖以天下與舜，而舜視猶草芥，惟以悅親爲急務。蓋不得乎親，不可以爲人，不順乎親，不可以爲子，卒使瞽瞍底豫，而天下之爲父子者定。乃可以君臨天下，施行仁政。

孟子曰。孟子說。天下大悅而將歸己。天下人民都非常喜悅想要來歸服我。視天下悅而歸己。看了這種天下喜悅都來歸服的事。猶草芥也。如同草芥般渺小。惟舜爲然。只有虞舜纔能够如此。不得乎親。在虞舜的意思，以爲不能得到父母的歡心。不可以爲人。就不能算做人。不順乎親。不能順父母的心。不可以爲子。就不能算做人子。舜盡事親之道。所以虞舜竭盡事奉父母的道理。而瞽瞍厎豫。終於使他頑固的父親瞽瞍歡樂。瞽瞍厎豫。能使瞽瞍歡樂。而天下化。天下的人就都受感化。瞽瞍厎豫。同時因爲能使瞽瞍歡樂。而天下之爲父子者定。天下做父親的應該慈愛做兒子的應該孝順的正道就確定了。此之謂大孝。這樣纔配稱爲大孝。【章旨】這章書是孟子表明舜的孝親能感化天下人，做了人子孝親的標準。——孟子離婁上

當舜帝不得父母之愛，則往田號泣，呼天而達其怨慕之思。舜以爲我雖貴爲天子，富有天下，且妻帝之二女，然皆不足以解憂。惟順於父母，始可解憂。故孔子稱其爲大孝。

萬章問曰。萬章問孟子說。舜往于田。當初舜到田裏耕種的時候。號（平聲ㄏㄠˊ）泣于旻天。對着憐憫人的天呼號痛哭。何爲其號泣也。他爲什麼要呼號痛哭呢。孟子曰。孟子說。怨慕也。他是怨恨自己不得父母的疼愛，在思慕父母啊。萬章曰

。萬章說。父母愛之。父母如果疼愛他。喜而不忘。自然心裏快活得不會忘記。父母惡(去聲ㄨˋ)之。父母如果憎惡他。勞而不怨。即使勞苦也不當怨恨的。然則舜怨乎。難道舜是怨恨父母麼。曰。孟子說。長息問於公明高曰。從前長息問他的先生公明高說。舜往于田。舜到田裏耕種的事。則吾既得聞命矣。我已經聽得夫子的指教了。號泣于旻天。至於對着憐憫人的天呼號痛哭。于父母。又喊着父母。則吾不知也。我還不能明白哩。公明高曰。公明高說。是非爾所知也。這不是你所能明白的。夫(音夫ㄈㄨˊ)公明高。推想公明高的意思。以孝子之心。一定覺得孝子的存心。為不若是恝(ㄐㄧㄚˊ)。應該不像這樣得不到父母疼愛，還是不憂愁似的。我竭力耕田。以為我只要努力耕種。共(平聲ㄍㄨㄥ)為子職而已矣。認眞盡點做兒子的本分就算了。父母之不我愛。舜對於父母的不疼愛自己。於我何哉。是在責備自己不知有了什麼罪，並不是怨恨父母啊。帝使其子九男二女。後來堯帝知道了舜的賢德，就差他的九個兒子和兩個女兒。百官牛羊倉廩備。備齊了辦事的百官，和供膳的牛羊，堆米的倉廩。以事舜於畎畝之中。去事奉舜在田野裏面。天下之士多就之者。天下的士人，也多有來歸服他的。帝將胥天下而遷之焉。堯帝看這樣子，就有把天下讓給他的意思。為(去聲ㄨㄟˋ)不順於父母。可是舜因為不能順父母的心。如窮人無所歸。依然像窮人無家可歸般的悲哀。天下之士悅之。講到天下士人悅服。人之所欲也。乃是人們最所希冀的。而不足以解憂。卻仍不够解去他的憂愁。好色。美好的女色。人之所欲。

也是人們所希冀的。妻帝之二女。舜娶了堯帝的兩個女兒。而不足以解憂。卻仍不够解去他的憂愁。富。富有。人之所欲。也是人們所希冀的。富有天下。舜有了整個天下。而不足以解憂。卻仍不够解去他的憂愁。貴。榮貴。人之所欲。也是人們所希冀的。貴爲天子。舜做了最尊貴的天子。而不足以解憂。卻仍不够解去他的憂愁。人悅之、像以上所說的士人悅服。好色、美好的女色。富貴。富有和榮貴。無足以解憂者。沒有一樣足够解去他的憂愁。惟順於父母。只有能順父母的心這一點。可以解憂。纔可以解去憂愁。人少(去聲ㄕㄠ)、大凡一個人，在年紀小的時候。則慕父母。都思慕父母。知好(去聲ㄏㄠ)色、到了知道喜好女色的時候。則慕少艾。就拿思慕父母的心，改做思慕年輕女人的心。有妻子、有了妻子的時候。則慕妻子。就拿思慕父母的心，改做思慕妻子的心。仕、等到做了官。則慕君。就拿思慕父母的心，改做思慕君上的心。不得於君。假使在君上面前失意。則熱中。心裏就要躁急得像火熱一般了。大孝終身慕父母。只有大孝的人纔終身不改永是思慕父母。五十而慕者。年紀到了五十歲，心裏還是思慕父母的。予於大舜見之矣。我在大舜身上見到了。【章旨】這章書是孟子推論大舜孝父母的本心，不是平常人所能及。

——孟子萬章上

至詩經小弁一詩，以周幽王嬖寵褒姒，廢黜申后與太子臼，其傅爲作此詩，亦以太子不得親愛，而表示怨慕之意，實寓有孝子欲親其親之仁也。乃高子視爲小人之詩，未免失之固執。故孟子詳言其理，以釋公孫丑之惑。

公孫丑問曰。公孫丑問孟子說。高子曰。高子說的。小弁（音盤ㄆㄢˊ）。詩經上小弁一詩。小人之詩也。是器量小的人做的詩。孟子曰。孟子說。何以言之。爲什麼這樣講呢。曰。公孫丑說。怨。因爲這時很有怨恨的意思。曰。孟子說。固哉。固執不通呀。高叟之爲詩也。要算高老先生的講詩了。有人於此。譬如有個人在這裏。越人關（ㄨㄢ）弓而射（ㄕㄜˋ）之。越國人彎着弓要射他。則已談笑而道之。他會很鎮定地用一種談笑的態度說出不可的道理。無他。這沒有別的。疏之也。是拿疏遠的情意待這越國人啊。其兄關弓而射之。假使他的哥哥彎着弓要射他。則已垂涕泣而道之。那末，他就會很痛心地用一種悲傷流涕的態度說出不可的道理。無他。這也沒有別的。戚之也。是拿親愛的情意待他的哥哥啊。小弁之怨小弁這詩的怨恨。親親也。是想親近父親。親親。這親近父親。仁也。就是仁愛啊。固已夫（音扶ㄈㄨˊ）。實在不通得極。高叟之爲詩也。要算高老先生的講詩了。曰。公孫丑說。凱風何以不怨。既這麼說，詩經上凱風那首詩，怎又不怨恨呢。曰。孟子說。凱風。凱風那詩中。親之過小者也。母親的過失還小。小弁。小弁這詩中。親之過大者也。父親的過失很大。親之過大而不怨。父親的過失很大，卻不怨恨。是愈疏也。這就越加疏遠父親的恩情了。親之過小而怨。母親的過失還小，卻已怨恨。是不可磯（音幾ㄐㄧ）也。那是像水激石一樣，稍微激一下就發怒了。愈疏。越加疏遠父親。不孝也。固然是不孝。不可磯。像水激石似的一碰便發怒，太不能容忍母親。亦不孝也。也是不孝啊。孔子曰。從前孔子曾說之舜其至孝矣。舜這人眞是大孝了。五十而慕。年紀到了五十歲，還在怨恨自己不能親近父母。【章旨】這章書是孟子闡明小弁詩中含怨的道理。——

孟子告子下

舜帝重視人倫，盡爲子爲臣之道。然猶有誣其南面而立，堯與瞽瞍北面而朝，致天下有岌岌可危之現象。咸丘蒙據以問孟子，孟子斥爲此非君子之言，齊東野人之語。並說明以舜帝之聖，決不有此顚倒人倫之舉也。

咸丘蒙問曰。孟子的弟子咸丘蒙問孟子說。語云。古語說。盛德之士。德行高深的人。君不得而臣。國君不能用他爲臣。父不得而子。父親不能看他爲子。舜南面而立。當初舜南面爲帝的時候。堯帥諸侯北面而朝（音潮 ㄔㄠˊ）之。堯帶領了諸侯北面朝見。瞽瞍亦北面而朝之。瞽瞍也北面朝見爲臣。舜見瞽瞍。舜看見瞽瞍。其容有蹙。他的面貌很不安的皺着額紋。孔子曰。孔子批評這事說。於斯時也。在這時候。天下殆哉。人倫顚倒，天下將要發生危亂。岌岌（ㄐㄧˊ）乎。總已有了岌岌不安的現象罷。不識此語誠然乎哉。不知道這話是眞的麼。孟子曰。孟子說。否。不是的。此非君子之言。這不是君子所說的話。齊東野人之語也。是齊國東邊鄉人的話啊。堯老而舜攝也。堯帝因自己年紀老了，所以把天下給舜代理。堯典曰。書經堯典上說。二十有八載。舜代理堯帝的天下二十八年。放勳乃徂落。堯帝纔死。百姓如喪考妣。百姓像死了父母一般。三年。服三年的孝。四海遏密八音。在三年裏面，天下都停止娛樂和音樂。孔子曰。孔子又曾說。天無二日。天上沒有兩個太陽。民無二王。人民沒有兩個帝王。舜既爲天子矣。若是舜已做了天子。又帥天下諸侯。後來堯帝死了，舜又帶領天下諸侯。以爲堯三年喪。替堯帝服三年的孝。是二天子矣。這豈不有了兩個天子了。咸丘蒙曰。咸丘蒙說。舜之不臣堯。舜不把堯當做臣子。則吾既得聞命矣。我已聽得夫子指教了。詩云。詩經上說。普天之下。徧佈在天的下面。莫非王土。沒有一處不是帝王的土地。率土之濱。在這土地上，一直到土地的邊沿。莫非王臣。沒有一個人不是帝王的臣子。而舜既爲天子矣。舜既做了天子。敢問瞽瞍之非臣如何。敢問那瞽瞍不算臣子卻算什麼呢。曰。孟子說。是詩也。這詩的原意。非是之謂也。不是這樣說法的。勞於王事。是指那些大夫們辦理國事太辛勞。而不得養（去聲）[一九]父母也。不得奉養自己的父母。曰。所以他們就怨恨說。此莫非王事。這些有那一件不是國家的事，大家都應該做。我獨賢勞也。怎麼因了我有賢才，就獨使我辛勞，連事奉父母都不能夠呢。故說詩者。所以講詩的人。不以文害辭。不可因了文字的表面，誤解那語句的口氣。不以辭害志。不可因着語句的口氣，誤解了作詩的本意。以意逆志。要拿講詩人的意思，迎合作詩人的本志。是爲得之。這纔能得到作詩人的眞實用意。**如以辭而已矣。**如果照字句上解釋就算了。**雲漢之詩曰。**那末，像雲漢這篇詩上說。**周餘黎民。**周朝遺下的少壯人民。**靡有孑遺。**沒有一個餘賸。**信斯言也。**眞的照這話講。**是周無遺民也。**豈不是周朝連一個人民都沒有遺賸了。**孝子之至。**講到做孝子做到極點。**莫大乎尊親。**沒有再大過推尊父母的了。**尊親之至。**推尊父母到極點。**莫大乎以天下養。**沒有再大過拿天下的俸祿去奉養的了。**為天子父。**瞽瞍做了天子的父親。**尊之至也。**已經尊到極點。**以天下養。**舜拿天下的俸祿去奉養。**養之至也。**也是奉養到了極點了。**詩曰。**詩經上說。**永言孝思。**時時紀念盡孝的心思。**孝思維則。**這盡孝的心思，就可以做天下的法則。**此之謂也。**便是舜這樣的說法啊。**書曰。**書經上也說。**祗載見瞽瞍。**舜很恭敬地事奉父母，見了瞽瞍。**夔夔齊（側皆反）(ㄓㄞ)栗。**非常謹慎恐懼。**瞽瞍亦允若。**瞽瞍因此也就相信並接受了他的孝心，事事順從他的意思。**是為父不得而子也。**這大概就算是父親不能拿他作兒子看待的說法了罷。

【章旨】這章書是孟子講君臣父子的大倫。——孟子萬章上

桃應又以舜為天子，皋陶為士，瞽瞍殺人之幻想，問孟子舜將何以處之，孟子認為若舜之大孝，其父如竟犯殺人之罪，舜雖為天子，亦不能為盡孝道，干國法以徇私。然則如之何而可。孟子以為皋陶仍應執法捉拿瞽瞍，而舜則惟有捨去帝位侍父逃隱遠處，以盡孝道。蓋國法猶可逃，而孝道則不能不盡。孝經云：「昔者明王事父孝。」又云：「故雖天

子，言有尊也，必有父也。」聖人之爲心，莫非窮天理之極，盡人倫之至。

桃應問曰。（孟子的弟子桃應問孟子說。）舜爲天子。（舜做天子。）皐陶爲士。（皐陶做獄官。）瞽瞍殺人。（如假瞽瞍殺了人。）則如之何。（那末，怎麼辦法呢。）孟子曰。（孟子說。）執之而已矣。（皐陶依法捉拿瞽瞍就是了。）然則舜不禁與（平聲ㄩˊ）。（桃應說，那末舜就不去阻止麼。）曰。（孟子說。）夫（音扶ㄈㄨˊ）舜惡（平聲ㄨ）得而禁之。（那舜又怎樣能去阻止。）夫有所受之也。（皐陶本受有拘捕犯人的職權啊。）然則舜如之何。（桃應說，既是如此，舜究竟怎樣處置這件事呢。）曰。（孟子說。）舜視棄天下。（舜看那拋棄天下。）猶棄敝蹝（音徙ㄒㄧˇ）也。（就同拋棄一雙破草鞋似的。）竊負而逃。（他也只有拋棄天子尊位，私下裏背負了瞽瞍逃避。）遵海濱而處。（依着海邊去隱居。）終身訢（與欣同ㄒㄧㄣ）然。（一生一世歡欣地事奉父親。）樂（音洛ㄌㄜˋ）而忘天下。（快樂得忘記了天下。）——孟子盡心上

【章旨】這章書是孟子推演聖人用心的極處。

舜之盡孝如是，何以娶帝之二女，不告父母，萬章疑而問之。孟子答以舜知父頑母嚚，如告，必不得娶，則廢人之大倫，將犯無後之大不孝，是以從權而不告。聖人之所爲，莫不從大處着想，以全孝道也。

萬章問曰。（萬章問孟子說。）詩云。（詩經上說。）娶妻如之何。（娶妻要怎樣呢。）必告父母。（一定要稟告父母。）

信斯言也。（眞個照這樣講。）宜莫如舜。（那末，最守禮的沒有人及得舜了。）舜之不告而娶。（可是舜卻不稟告父母就娶了妻。）何也。（這是什麼緣故呢。）孟子曰。（孟子說。）告則不得娶。（因爲舜的父母頑固，一經稟告，反而要娶不成。）男女居室。（男女成室。）人之大倫也。（原是做人的大道。）如告。（如果稟告後反不能娶。）則廢人之大倫。（就要廢棄了做人的大道。）以懟（ㄉㄨㄟˋ）父母。（使父母讎怨了。）是以不告也。（所以舜便不稟告咧。）萬章曰。（萬章說。）舜之不告而娶。（舜不稟告父母就娶妻的道理。）則吾既得聞命矣。（我已經聽得夫子的指教了。）帝之妻（ㄑㄧˋ去聲）舜而不告。（帝堯把女兒嫁給舜，也不去告知舜的父母。）何也。（又是什麼道理呢。）曰。（孟子說。）帝亦知告焉則不得妻也。（因爲堯帝也曉得，假使告知了，就反不能把女兒嫁給舜了。）萬章曰。（萬章說。）父母使舜完廩。（當初舜的父母叫舜去修理倉廩。）捐階。（等到他上了倉頂，卻把梯子抽去了。）瞽瞍焚廩。（他父親瞽瞍就放火燒這倉廩，想把舜燒死，幸而舜張着自己的笠帽跳了下來。）使浚井。（後來又叫舜挖井裏的泥土。）出。（舜下井去，就從旁邊掘個洞逃出。）從而揜之。（他們不知道，從上面用泥土掩蓋那井。）象曰。（舜的異母弟名叫象的就對父母說。）謨蓋都君。（想出這蓋井的法子，埋死那個把鄉里變成都市的都君。）咸我績。（都是我的功勞。）牛羊父母。（現在把牛羊歸給父母。）倉廩父母。（倉廩也歸給父母。）干戈朕。（盾戟這些兵器歸給我。）琴朕。（五絃琴也歸給我。）弤（ㄉㄧˇ）朕。（雕花弓也歸給我。）二嫂使治朕棲。（兩個嫂嫂也叫她們來料理我牀席的事。）象往入舜宮。（象分派定了，就到舜住的宮裏去。）舜在牀琴。（卻見舜坐在牀上彈琴。）象曰。（於是象就假意地說。）鬱陶。（我心裏很抑鬱的氣悶。思君爾。（就爲了思念你。）忸（ㄋㄧㄡˇ）怩（音尼ㄋㄧˊ）。（但他臉上終於現出慚愧難爲情的樣子。）舜曰。（舜也就說。）惟茲臣庶。（我想這些臣民缺人管束。）汝其于予治。（你可在這裏幫助我治理。）不識舜不知象之將殺己與（平聲ㄩˊ）。（在這時候，不知道舜的心裏有沒有知道象是預備殺害自己的呢。）曰。（孟子說。）奚而不知也。（怎麼會不知道。）象憂亦憂。（不過舜是友愛兄弟的人，所以看見象憂愁，他也憂愁。）象喜亦喜。（看見象喜歡，他也喜歡。）曰。（萬章說。）然則舜僞喜者與（平聲ㄩˊ）。（這樣說，舜是假裝喜歡的麼。）曰。（孟子說。）否。（不是的，我來解釋給你聽。）昔者有饋生魚於鄭子產。（從前有人送活魚給鄭國的子產。）子產使校（音效，又音教。ㄒㄧㄠˋ）人畜（ㄒㄩˋ）之池。（子產叫那管池的人養在池裏。）校人烹之。（管池的人卻把魚煮熟吃了。）反命曰。（回覆子產說。）始舍之。（起初把魚放在池裏。）圉圉焉。（像是很呆笨的樣子。）少則洋洋焉。（停了一會，卻很活潑起來。）攸然而逝。（就這麼自自在在地順水遊去了。）子產曰。（子產連說。）得其所哉。（這魚眞得到了安逸的所在咧。）得其所哉。（這魚眞得到了安逸的所在咧。）校人出。（管池的人出去後。）曰。（對人說。）孰謂子產智。（誰說子產是個聰明人。）予既烹而食之。（我已經把魚煮熟吃了。）曰。（他卻還連說。）得其所哉。（這魚眞得到了安逸的所在咧。）得其所哉。（這魚眞得到了安逸的所在咧。）故君子可欺以其方。（照這故事看起來，對君子可拿情理上所能有的事欺誑他。）難罔以非其道。（卻不能拿情理上不會有的事蒙蔽他。）彼以愛兄之道來。（那象是用了敬愛兄長的道理來說。）故誠信而喜之。（所以舜就誠心相信，不由的喜歡起來。）奚僞焉。（怎麼會假裝呢。）

【章旨】這章是孟子說舜雖遭人倫大變。卻仍不失天理的常道。——孟子萬章上

孟子曰。（孟子說。）不孝有三。（不孝的罪有三項。）無後爲大。（絕嗣算是最大。）舜不告而娶。（虞舜不稟告父母就娶妻。）爲（去聲）（ㄨㄟˋ）無後也。（就是爲了恐怕絕嗣啊。）君子以爲猶告也。（所以後來的君子批評這事，都以爲不稟告就和稟告過一樣。）

【章旨】這章書是孟子說明虞舜行權，實仍不背正道。——孟子離婁上

舜帝與象誼屬兄弟，自應極爲友愛。故弟象雖焚廩、揜井，日以殺舜爲事，而舜猶封之有庳。萬章不解，舉以爲問。孟子曉以舜之於象，不藏怒，不宿怨，親愛之而已。且象見舜在牀琴，卽曰：「鬱陶，思君爾，忸怩。」蓋愧悔之意，現於辭色，而已爲舜所感化。故舜以眞誠之友愛而封之，以盡兄弟人倫之誼。然不使治其國。是舜不欲以私情害公義，亦不欲公義害私情，公私兩全，仁之至也，義之盡也。

萬章問曰。（萬章問孟子說。）象日以殺舜爲事。（象天天在想法子，把殺舜當做一件必須幹的事。）立爲天子。（舜立爲天子後。）則放之。（並不殺象，卻把他放逐在一個地方。）何也。（這是什麼緣故呢。）孟子曰。（孟子說。）封之也。（實在是封他。）或曰放焉。（旁人卻誤會爲放逐。）萬章曰。（萬章說。）舜流共工于幽州。（舜流徙共工到幽州地方。）放驩兜于崇

山。放逐驩兜到崇山地方。殺三苗于三危。殺三苗的君長在三危地方。殛鯀于羽山。斬鯀在羽山地方。四罪而天下咸服。辦了這四個罪人，天下就都歸服了。誅不仁也。這是因爲舜能除去不仁的人啊。象至不仁。象是個最不仁的人。封之有庳。(朱注音鼻今讀ㄅ一ˋ)反而封他在有庳地方。有庳之人。那有庳的人民。奚罪焉。卻有什麼罪要受象的虐待呢。仁人固如是乎。仁人就應該這樣做的麼。在他人則誅之。別人不仁就殺了。在弟則封之。自己的兄弟不仁卻反而封起來。曰。孟子說。仁人之於弟也。仁人對於自己的兄弟。不藏怒焉。不把生氣的事藏在心裏。不宿怨焉。不把過去的仇怨記在心裏。親愛之而已矣。只是親愛他罷了。親之欲其貴也。既親近，就想使他榮貴。愛之欲其富也。既愛護，就想使他富有。封之有庳。封他在有庳地方。富貴之也。就是要使他又富又貴啊。身爲天子。自己做了天子。弟爲匹夫。兄弟卻還是一個平民。可謂親愛之乎。這可以算得親愛他麼。敢問或曰放者。萬章說，敢問旁人誤會爲放逐。何謂也。是什麼原因呢。曰。孟子說。象不得有爲於其國。象受封後，仍不能在自己國裏有所作爲。天子使吏治其國。朝廷另外派官吏去辦理他的國事。而納其貢稅焉。並給還他國內貢物和租稅。故謂之放。旁人就因此誤會爲放逐了。豈得暴彼民哉。他怎麼還能虐待他的人民呢。雖然。但雖如此。欲常常而見之。舜另外派官吏的又一動機，是想象常常來見。故源源而來。有朝廷所派的官吏，象就可以源源不絕地來朝見了。不及貢。古書上說，待諸侯朝貢天子的日期。以政接于有庳。只用政事的名義，隨時接見有庳國君。此之謂也。就是指這件事說的。【章旨】這章書是孟子說舜親愛他的兄弟卻不拿私恩害了公法。——孟子萬章上

以上各章，大抵言舜帝雖有頑嚚之父母，傲慢之弟象，仍能盡其在我，循人倫之大道以感化，使之皆進於善，凡此悉根仁義之心而達成孝弟之道。夫親親、仁也，友弟、義也。人之所以異於禽獸者，以其由仁義行也。而仁義之本則在孝弟。故管理衆人者，必須在人倫孝弟方面，先盡其在我，而後能爲民表率，民皆受其感召而風從焉。

孟子曰。孟子說。人之所以異於禽獸者幾希。人類和禽獸的分別，是很細微的。庶民去之。這一點點，普通的人，就把它丟了。君子存之。只有君子纔能保存它。舜明於庶物。舜能識得天下萬事萬物的理。察於人倫。又能詳細考察人和人間相處底道理。由仁義行。他是完全由仁義而行仁義。非行仁義也。並不是他要行仁義。【章旨】這章書是說明人和禽獸不同，因爲人知道倫理的道理。——孟子離婁下

是以孟子謂治民之道，近在咫尺，治民之事，易如反掌。管理衆人者，毋舍近以求遠，去易以就難。其術維何，教以孝悌之人倫而已，使人民皆知孝父母，敬尊長，則天下自無不平矣。

孟子曰。（孟子說。）道在爾（爾邇古字通用。ㄦˇ）而求諸遠。（做人的大道本來很近，偏要向遠處去求。）事在易（去聲ㄧˋ）而求諸難。（依大道去做事，本來很容易，偏要向難處去着手。）人人親其親。（其實，只要人人能夠親愛他的父母。）長（上聲ㄓㄤˇ）其長。（尊敬他的長輩。）而天下平。（天下就會太平了。）【章旨】這章書是孟子警戒人不要好高騖遠。——孟子離婁上

人倫之大道，以事親盡孝爲先，而事親盡孝，應以守身不辱其親爲要。人如一失其身，卽不能盡事親之孝道矣。孟子以此勉世之爲人子者，應先守其身，而以曾子之事親養志爲法。至曾子之不忍食羊棗，以有覩物思親之感，亦孝子之情所不能自已者。

孟子曰。（孟子說。）事孰爲大。（凡人所事奉的，什麼算最重大。）事親爲大。（只有事奉父母算最重大了。）守孰爲大。（凡人所保守的，什麼算最重大。）守身爲大。（只有保守身體算最重大了。）不失其身。（能保守自己的身體不辱沒。）而能事其親者。（又能事奉他父母的。）吾聞之矣。（我曾聽說有這種人。）失其身。（至於不能保守自己身體不辱沒。）而能事其親者。（又能事奉他父母的）吾未之聞也。（我卻沒聽說有這種人。）孰不爲事。（天下人那一個沒有應該事奉的。）事親。（只有事奉父母。）事之本也。（是事奉上的根本。）孰不爲守。（那一個沒有應該保守的。）守身。（只有保守身體。）守之本也。（是保守上的根本。）曾子養（去聲ㄧㄤˋ）曾晳。（從前曾子奉養他父親曾晳。）必有酒肉。（每餐一定有酒和肉。）將徹。（將要撤去的時候。）必請所與。（一定要問所剩

下的食物去給那一個吃。問有餘。如果曾皙問，還有多餘的沒有。必曰有。曾子一定答應說，還有。曾皙死。後來曾皙死了。曾元養曾子。曾元奉養他的父親曾子。必有酒肉。每餐雖也一定有酒和肉。將徹。可是，在將要撤去的時候。不請所與。並不請問所剩的給那個吃。問有餘。如果曾子問，還有多餘的沒有。曰亡矣。曾元卻答說，沒有了。將以復（ㄈㄨˋ）進也。他的意思是想第二餐再進奉。此所謂養口體者也。這個就不過古人所說的口腹上供養罷了。若曾子。要像曾子那樣。則可謂養志也。纔能算是順從親意的孝養。事親若曾子者。所以事奉父母，有能像曾子的。可也。這個人就算可以了。【章旨】這章書是孟子勉勵人守身事親，並須學曾子事親的養志。——孟子離婁上

曾皙嗜羊棗。曾皙在世時愛吃羊棗。而曾子不忍食羊棗。後來曾皙死了，曾子想着父親，就不忍吃那羊棗。公孫丑問曰。公孫丑問孟子說。膾炙與羊棗孰美。肉絲燻肉和羊棗，那一樣滋味好些。孟子曰。孟子說。膾炙哉。自然是肉絲和燻肉的滋味好了。公孫丑曰。公孫丑說。然則曾子何為食膾炙。這麼說來，曾皙也一定愛吃肉絲和燻肉的，為什麼曾子倒忍心吃肉絲和燻肉。而不食羊棗。卻祇不忍吃羊棗呢。曰。孟子說。膾炙所同也。因為肉絲和燻肉是大家同樣愛吃。羊棗所獨也。羊棗卻是曾皙一個人獨喜吃的。諱名不諱姓。好比避諱父親的名，不避諱父親的姓一般。姓所同也。就因為姓是大家同有的。名所獨也。名是個人獨有的啊。【章旨】這章書是孟子說明曾子的孝思。——孟子盡心下

子之生事父母，以上言之詳矣。而愼終之禮，較生事尤爲重要。孝經云：「生事愛敬，死事哀感，生民之本盡矣，死生之義備矣，孝子之事親終矣。」故孟子謂：「惟送死可以當大事。」

孟子曰。孟子說。養（去聲一尤）生者。能够奉養在世的父母。不足以當大事。還不能算是大事。惟送死。要能在父母死後盡哀盡禮。可以當大事。纔可以算是大事。【章旨】這章書是孟子叫人知道愼終的重要。——孟子離婁下

爲人子，止於孝。此天經地義者。而爲人父母者，亦應以慈待子，維繫恩情。故父子之間，不可責善，責善則離，離則不祥莫大焉。古者易子而教，其理卽在於此。

公孫丑曰。公孫丑問孟子說。君子之不教子。君子不親自教訓兒子。何也。是什麼緣故呢。孟子曰。孟子說。勢不行也。因爲在理勢上不能親自教訓啊。教者必以正。教訓兒子一定要用正道。以正不行。如果用正道教訓時，兒子不肯聽從。繼之以怒。那末，緊接着的自然是怒責了。繼之以怒。教訓兒子的本意，原是愛兒子，到了這第二步的怒責。則反夷矣。反而有傷兒子。夫子教我以正。假使兒子也反責說，父親用正道教訓我。夫子未出於正也。但是，父親自己所做的事，並不一定都是依照正道哩。則是父子相夷也。那就父子間互相傷害感情了。父子相夷。父子間互相傷了愛情。則惡矣。天倫的恩愛立卽變得惡劣。古

者易子而教之。（所以古時候的人，彼此掉換兒子去教訓。）父子之間不責善。（父子間不勉強責備學正道。）責善則離。（勉強責備兒子學正道，就要隔離恩情。）離則不祥莫大焉。（恩情一隔離，那種不吉祥的後果，就沒有比這更重大的了。）【章旨】這章書是孟子解釋古人不親自教子的原因——孟子離婁上。

匡章以責善而得罪於父，認為人倫之大變，於是出妻屏子以自責。乃通國之人，皆稱其不孝。惟孟子諒其內心之痛苦，故與之遊。並以責善賊恩之故告公都子。

公都子曰。（公都子問孟子說。）匡章。（匡章這個人。）通國皆稱不孝焉。（全國的人都說他不孝。）夫子與之遊。（夫子卻和他往來。）又從而禮貌之。（還要用禮貌對待他。）敢問何也。（敢問這是什麼意思。）孟子曰。（孟子說。）世俗所謂不孝者五。（世俗上所稱為不孝的有五種。）惰其四肢。（懶動他的手足。）不顧父母之養（去聲一九ˋ）。（全不顧到父母的應該奉養。）一不孝也。（這是第一種不孝。）博弈好（去聲ㄏㄠˋ）飲酒。（喜好賭博下棋，並又好吃酒。）不顧父母之養。（全不顧到父母的應該奉養。）二不孝也。（這是第二種不孝。）好貨財。（喜好貨物錢財。）私妻子。（偏私自己的妻和兒女。）不顧父母之養。（全不顧到父母的應該奉養。）三不孝也。（這是第三種不孝。）從（去聲ㄗㄨㄥˋ）耳目之欲。（只管依從耳目的私欲，在聲色上求滿足。）以為父母戮。（把來辱沒父母。）四不孝也。（這是第四種不孝。）好勇鬬很（ㄏㄣˇ）。（喜好逞勇和人爭鬬。）

以危父母。把危險的事連累父母。五不孝也。這是第五種不孝。章子於一有是乎。章子難道有這五種中的一種麼。夫(音扶ㄈㄨˊ)章子。講到章子所以冤受不孝的惡名。子父責善而不相遇也。是由於他做兒子的請求父親歸向正道，因而意見不相融洽。責善。他卻不知道責備向善。朋友之道也。乃是做朋友的道理。父子責善。父子間彼此責備向善。賊恩之大者。是傷害恩情最嚴重的。夫(音扶ㄈㄨˊ)章子。那章子的本心。豈不欲有夫妻子母之屬哉。豈是不願有夫妻子母的天倫呢。爲(去聲ㄨㄟˋ)得罪於父。只因得罪了父親，被父親驅逐。不得近。不得近身奉養。出妻屏(ㄅㄧㄥˇ)子。所以出退了妻，摒絕了兒子。終身不養焉。一生也不受奉養。其設心。他這種責罰自己的用心。以爲不若是。以爲不是如此。是則罪之大者。他的罪名就更要加大。是則章子已矣。這個便是章子的所以爲章子了。【章旨】這章書是孟子說論人應該推論他的本心。——孟子離婁下

古者易子而教，原爲維護親情。然不肖之子弟，父兄仍宜善爲誘導，使其成爲既中正，又才能之人。否則任其誤入歧途，又失父兄之責矣。

孟子曰。孟子說。中也養不中。父兄要把中正的道理教導那不中正的子弟。才也養不才。把自己的才能教導那沒有才能的子弟。故人樂(音洛ㄌㄜˋ)有賢父兄也。所以人人都喜歡有中道和才能的賢父兄。如中也棄不中。假如父母自己雖中正，卻棄絕了不中正的

子弟。**才也棄不才。**自己雖有才能卻棄絕了沒有才能的子弟。**則賢不肖之相去。**那末，賢和不賢的相隔。**其間不能以寸。**中間簡直不能拿分寸去度量了啊。【章旨】這章書是孟子叫人盡育才的道理。——孟子離婁下

五倫之中，家族實佔其三，故父子兄弟夫婦間，如能各盡其道，則家自齊。而國治、天下平，亦自可以達致矣。

管理衆人之事之政治，固宜首正人倫。而對於教育人民方面尤須使其明人倫。故當禹平洪水。后稷教民稼穡，樹藝五穀。然飽食煖衣，逸居而無教，則近於禽獸。於是堯命契爲司徒，教以人倫，父子有親，君臣有義，夫婦有別，長幼有序，朋友有信。而夏、商、周三代，亦設庠、序、學校以教之，夏曰校，殷曰序，周曰庠，學則三代共之，皆所以明人倫也。人倫既明，則人民自相親相愛矣。

后稷教民稼穡。等到水患已平，舜又派后稷教人民耕種的方法。**樹藝五穀。**去種植五穀。**五穀熟而民人育。**五穀成熟了，人民的生活這纔安定。**人之有道也。**堯舜又想到做人總有一定的道理。**飽食煖衣。**如果只知道吃得飽穿得煖。**逸居而無教。**安居治遊，沒有教訓去約束他。**則近於禽獸。**那就要和禽獸的行爲相近了。**聖人有憂之。**堯舜又非常憂愁。**使契**(音薛ㄒㄧㄝ)**爲司徒。**使契做司徒。**教以人倫。**教導他們做人的大道。**父子有親。**叫他們曉得父子要有親愛。**君臣有義。**

君臣要有義行。夫婦有別。夫婦要有分別。長(上聲)幼有序。長幼要有次序。朋友有信。朋友要有信誼。——孟子滕文公上

設為庠序學校以教之。庠者。養也。校者。教也。序者。射也。夏曰校。殷曰序。周曰庠。學則三代共之。皆所以明人倫也。人倫明於上。小民親於下。——孟子滕文公上

倫理與政治既不可分，於是有德治與禮治之崇信。

子曰。道之以政。齊之以刑。民免而無恥。道之以德。齊之以禮。有恥且格。——論語為政篇

政為治民之具，刑為輔治之法，僅能使民免於蹈罪而已，而不知受刑之可恥。惟以德治，則民有所觀感而興起。復治之以禮，則民恥於為不善，而自樂於為善也。故善政民畏，即「道之以政，齊之以刑」也。善教民愛，即「道之以德，齊之以禮」也。

孟子曰。孟子說。仁言不如仁聲之入人深也。仁厚的言論，不及仁厚的事實所造成的名聲感人深切。善政不如

善教之得民也。（好的法度禁令，不及好的教化能得到人民信從。）善政民畏之。（好的法度禁令，不過使人民畏懼。）善教民愛之。（好的教化纔能使人民愛戴。）善政得民財。（好的法度禁令，不過能得到人民財賦的供給。）善教得民心。（好的教化纔能得到人民眞心悅服。）

【章旨】這章書是孟子說做國君的總要以得民心爲本。——孟子盡心上

惟法原本於禮，禮本於德，德本於道，故法治亦不能離開道德，庶無舍本逐末之失。否則「上無道揆也，下無法守也，朝不信道，工不信度，君子犯義，小人犯刑，國之所存者幸也。」此昭示治民者應力行仁政，以救法治之偏失。故謂：「堯舜之道，不以仁政，不能平治天下。」

孟子曰。（孟子說。）離婁之明。（有着古人離婁那樣明亮的目力。）公輸子之巧。（公輸子那樣靈巧的技術。）不以規矩。（如不用做圓的規和劃方的矩做個模範。）不能成方員。（就不能製成方圓的器物。）師曠之聰。（有着師曠那樣精辨聲音的聰慧。）不以六律。（如不用黃鐘大簇姑洗蕤賓夷則無射這六種陽律，大呂夾鐘仲呂林鐘南呂應鐘這六種陰律，節定音階的高低。）不能正五音。（就不能校正宮商角徵羽五音。）堯舜之道。（所以唐堯虞舜的道理。）不以仁政。（如不施行敎養人民的仁政。）不能平治天下。（也不能治理天下獲致太平的。）今有仁心仁聞（去聲 ㄨㄣˋ）。（現在有些國君，雖有仁愛心和仁愛的名譽。）而民不被其澤。（人民卻受不到他的恩澤。）不可法於後世

者。不能留下榜樣給後世。不行先王之道也。就爲了不施行古時帝王的仁政啊。故曰。所以說。徒善不足以爲政。空有仁愛心，是不够治理國家的。徒法不能以自行。空定下法度，沒有實施的誠意，那法度也不會自己生效的。詩云。詩經上說。不愆不忘。不要格外做過了分，不要忘記了不及做。率由舊章。樣樣依照先王的舊典章。遵先王之法而過者。從這裏看起來，可見遵從先王的舊典章卻會做錯了事的。未之有也。從來沒有這個道理。聖人既竭目力焉。古時的聖人既經用盡自己的目力。繼之以規矩準繩。又繼續創製做圓的規，劃方的矩，和審定平正用的準，劃直線用的繩。以爲方員平直。後人做起方圓平直的東西來。不可勝（平聲ㄕㄥ）用也。就應用無窮了。既竭耳力焉。既經用盡自己的聽力。繼之以六律。又繼續發明節定音階高低的六律正五音。後人校正起五音來。不可勝用也。就應用無窮了。既竭心思焉。既經用盡自己的心思。繼之以不忍人之政。又繼續制定不忍害人的法度。而仁覆天下矣。那仁愛的恩澤就瀰滿在天下後世了。故曰。所以說。爲高必因丘陵。堆高一定要借着本來高的丘陵。爲下必因川澤。掘深一定要借着本來深的川澤。爲政不因先王之道。治理國家如不依循先王的法度。可謂智乎。可以算得聰明麼。是以惟仁者。爲了這，所以只有能行仁政的人。宜在高位。纔應該據有高位。不仁而在高位。假使根本沒有仁愛心，卻被他據有高位。是播其惡於衆也。這就要傳播他的禍害到衆人身上咧。上無道揆也。那禍害眞不止一端，在上的國君沒有仁愛心，不拿義理去審定政事的相宜不相宜。下無法守也。那在下的臣子也便不盡自己的職守了。朝

(音潮 ㄔㄠˊ)不信道。朝廷上不信服先王治國的大道。工不信度。百官也便不信服國家制定的法度了。君子犯義。做官的人不講道義。小人犯刑。人民也便不怕觸犯刑律了。國之所存者幸也。國家到了這個地步，還能存在的，那不過是僥倖罷咧。故曰。所以說。城郭不完。城郭不堅固。兵甲不多。軍備不充足。非國之災也。並不是國家的禍患。田野不辟(與闢同 ㄆㄧˋ)。田地不開闢。貨財不聚。貨財不積聚。非國之害也。也不是國家的弊害。上無禮。只怕在上的不講禮節。下無學。在下的不講學問。賊民興。亂民乘機興起。喪(去聲 ㄙㄤˋ)無日矣。滅亡就沒有日時了。詩曰。詩經上說。天之方蹶(ㄐㄩㄝˊ)。天意正要傾覆你的國家。無然泄泄(ㄧˋ)。你不要這像泄泄的若無其事啊。泄泄。那時說的泄泄。猶沓沓(ㄊㄚˋ)也。就是現在俗說的沓沓。事君無義。現在做官的人，事奉國君沒有道義。進退無禮。進退沒有禮節。言則非先王之道者。議論政事都是詆毀先王的道理。猶沓沓也。這就是以前所說泄泄現在俗說沓沓的意思啊。故曰。所以說。責難於君謂之恭。人臣把無道昏君認爲難行的事情請求國君施行，期望國君成爲堯舜，纔算是尊崇國君。陳善閉邪謂之敬。開陳仁政的大道，防止國君發生邪念，纔算是敬重國君。吾君不能謂之賊。如果推說我君不能行仁政，就不去勸告，那簡直是戕害他的國君了。【章旨】這章書是孟子說治國要用仁心行仁政，君臣各有責任。

——孟子離婁上

治民之道，既不能離開道德。故大學有明明德，新民，止於至善之三綱。而中庸有修身、尊賢、親親、敬大臣、體羣臣、子庶民、來百工、柔遠人、懷諸侯之九經。一切一切，都從修身、明德做起，進而親親而仁民，仁民而愛物，以達於物與民胞之最高境界。

孟子曰。（孟子說。）**君子之於物也。**（君子對於禽獸草木等物類。）**愛之而弗仁。**（祇是愛惜，卻不用體恤的仁心。）**於民也。**（對於人民。）**仁之而弗親。**（雖用體恤的仁心，卻還不像至親般的親切。）**親親而仁民。**（由親切自己的親人推而仁愛人民。）**仁民而愛物。**（由仁愛人民推而愛惜物類。）【章旨】這章書是孟子說君子用情，有親疏遠近的次序。——孟子盡心上

第三目　仁爲治民之要道

仁爲諸德之中心，故有「爲人君，止於仁」之標的。仁（愛）之反應爲敬，故有「爲人臣，止於敬」之確立。而仁、敬爲慈、孝之擴大，故有「爲人子，止於孝。爲人父，止於慈」之說明。一般人與人之維繫，則在一「信」字，故有「與國人交止於信」之肯定。其止於至善者在此。

是以在上位者，必須以仁人之心，行仁人之政。所謂仁心仁政，卽以愛民爲本。因而基於惻隱之心，發爲羞惡、辭讓、是非之心，滙成爲仁、義、禮、智之四端，又擴而充之

，自足以保四海。

孟子曰。（孟子說。）人皆有不忍人之心。（凡人都有不忍害人的心。）先王有不忍人之心。（古時候的帝王，就爲了有不忍害人的心。）斯有不忍人之政矣。（所以，有不忍害人的政事施行出來。）以不忍人之心。（拿不忍害人的心。）行不忍人之政。（施行不忍害人的政事。）治天下可運之掌上。（那末平治天下，就可以像在手掌上運轉了。）所以謂人皆有不忍人之心者。（爲什麼要說人都有不忍害人的心呢。）今人乍見孺子。（譬如現在有人忽然看見一個小孩子。）將入於井。（快要跌到井裏去。）皆有怵（音黜ㄔㄨˋ）惕惻隱之心。（那是無論心腸怎樣硬，都有驚駭和憐憫傷痛的心情表現出來。）非所以內（讀爲納ㄋㄚˋ）交於孺子之父母也。（這種心情完全出於自然，並不是想藉此結交那孩子的父母。）非所以要（平聲ㄧㄠ）譽於鄉黨朋友也。（也不是想博得鄉族朋友的稱讚。）非惡（去聲ㄨˋ）其聲而然也。（尤其不是憎惡那求救的呼聲纔會如此的。）由是觀之。（從這點看來。）無惻隱之心。（可見沒有憐憫傷痛的心。）非人也。（就算不得人。）無羞惡（去聲ㄨˋ）之心。（沒有羞恥憎惡的心）非人也。（也算不得人。）無辭讓之心。（沒有辭謝退讓的心。）非人也。（也算不得人。）無是非之心。（沒有是以爲是、非以爲非的心。）非人也。（也算不得人。）惻隱之心。（這憐憫傷痛的心。）仁之端也。（便是仁道的發端。）羞惡（去聲ㄨˋ）之心。（這羞恥憎惡的心。）義之端也。（便是義理的發端。）辭讓之心。（這辭謝退讓的心。）禮之端也。（便是禮節的發端。）是非之心。（這是是非非的心。）智之端也。（便是智識的發端。）人之有是四端也。（一個人具備了這四種情緒。）猶其有四體也。（就同具備着四肢一樣。）有是四端而謂不能者。（假使具備了這四種情緒，自己卻說沒有能力。）自賊者也。（那便是甘心暴棄賊害着自己。）謂其君不能者。（若是說，他的國君沒有能力的。）賊其君者也。（那更是賊害他的國君了。）凡有四端於我者。（凡是具備着這四種情緒在我身上。）知皆擴（音廓ㄎㄨㄛˋ）而充之矣。（又知道都拿來盡力在外去推廣，在內盡力去充滿。）若火之始然。（那就好像火在開始燃燒。）泉之始達。（泉水在開始湧出。）苟能充之。（所以如有能擴充這四種情緒的。）足以保四海。（就足够保有天下。）苟不充之。（如不能擴充。）不足以事父母。（便要連父母也不够事奉得完全了。）【章旨】（這章書是孟子說能推廣不忍害人的心，就足够保有四海。）——孟子公孫丑上

昔堯帝之治天下也，愛民如子，故命契慰其勞苦，安其來歸，匡其邪僻，理其枉屈，輔其不足，翼其無助，使各得其所，而又施以激勉，加以恩惠，則民自無不感奮而擁戴矣。

放（上聲ㄈㄤˇ）勳曰。（堯號放勳，他吩咐契說。）勞（去聲ㄌㄠˋ）之來（去聲ㄌㄞˋ）之。（要獎勵人民，要引掖人民。）匡之直之。（要匡正他們，要正直他們。）輔之翼之。（要幫助他們，要扶持他們。）使自得之。（使他們自己懂得做人道理。）又從而振德之。（又要時時去振奮他們，恩待他們。）——孟子滕文公上

文王之治岐也，視民如傷，故其發政施仁，必先及鰥寡孤獨之無告者。而於養老尤為重視，故近者悅遠者來。

昔者文王之治岐也，耕者九一，仕者世祿，關市譏而不征，澤梁無禁，罪人不孥。老而無妻曰鰥，老而無夫曰寡，老而無子曰獨，幼而無父曰孤，此四者，天下之窮民而無告者，文王發政施仁，必先斯四者。——孟子梁惠王下

孟子曰。孟子說。伯夷辟(去聲ㄅㄧˋ)紂。當初伯夷逃避紂王的禍亂。居北海之濱。隱居在北海邊上。聞文王作。聽得文王做了西伯施行仁政。興曰。心裏就感動的說。盍歸乎來。何不去歸服他。吾聞西伯善養老者。我聽說，西伯最能敬養老人的。太公辟紂。姜太公也逃避紂王的禍亂。居東海之濱。隱居在東海邊上。聞文王作。聽得文王做了西伯興曰。心裏也感動的說。盍歸乎來。何不去歸服他。吾聞西伯善養老者。我聽說西伯最能敬養老人的。二老者。這兩個老人。天下之大老也。都是天下德行最大的老人。而歸之。卻都來歸服。是天下之父歸之也。那就是天下人民的父老都來歸服了。天下之父歸之。天下人民的父老都來歸服。其子焉(ㄧㄢ)往。那些後輩子孫還要到那裏去呢。諸侯有行文王之政者。所以現在的諸侯，如果能施行文王的仁政。七年之內。只要有七年以內的工夫必為政於天

下矣。（一定可以平治天下了。）【章旨】這章書是孟子勸勉當時的諸侯學文王。——孟子離婁上

孟子曰。（孟子說。）伯夷辟（去聲，ㄅ一ˋ下同。）紂。（當初伯夷逃避紂王的禍亂。）居北海之濱。（隱居到北海的邊上。）聞文王作。（聽得文王做了西伯，施行仁政。）興曰。（心裏就感動的說。）盍歸乎來。（何不去歸服他。）吾聞西伯善養老者。（我聽說西伯最能敬養老人的。）大（通太。ㄊㄞˋ）公辟紂。（姜太公逃避紂王的禍亂。）居東海之濱。（隱居在東海邊上。）聞文王作。（聽得文王做了西伯，施行仁政。）興曰。（心裏就感動的說。）盍歸乎來。（何不去歸服他。）吾聞西伯善養老者。（我聽說西伯最能敬養老人的。）天下有善養老。（可見天下只要有能敬養老人的國君。）則仁人以爲己歸矣。（那末，有仁德的人就看做自己應該歸服的國君了。）五畝之宅。（那養老的辦法究竟怎樣呢，每一個男子給他五畝的住宅。）樹牆下以桑。（叫他在宅旁空地種些桑樹。）匹婦蠶之。（再使每一個女子養蠶。）則老者足以衣（去聲，ㄧˋ）帛矣。（那末，年老的人就足夠有綢緞的衣服穿了。）五母雞。（養五隻母雞。）二母彘。（兩隻母豬。）無失其時。（不要失錯它的生殖時期。）老者足以無失肉矣。（那末，年老的人就足夠有肉類吃，不會沒有肉類吃了。）百畝之田。（一百畝的田。）匹夫耕之。（一個男子勤勞些耕種。）八口之家。（那末，有八個人口的人家。）可以無飢矣。（就可以免掉饑餓的恐慌了。）所謂西伯善養老者。（伯夷太公所說西伯能養老人這句話。）制其田里。（就是派定人民的田地住宅。）教之樹畜。（教他們種桑樹，養雞豬。）導其妻子。（開導他們的妻子。）使養其老。（使她們奉養自己家裏的老人。）五十

非帛不煖。因爲年記到了五十歲，不是穿綢緞，就不會溫煖。七十非肉不飽。七十歲的人，不是吃肉類，就不能吃得飽。不煖不飽。穿得不煖，吃得不飽。謂之凍餒。就叫做受凍挨餓。文王之民。文王的人民。無凍餒之老者。沒有受凍挨餓的老人。此之謂也。就是文王能敬養老人的說法啊。【章旨】這章書是孟子希望當時做國君的也能施行養老的仁政。——孟子盡心上

愛民之道，在於豐其收入，減其支出，使民皆富足，生活安定，自無不樂於爲善矣。

孟子曰。孟子說。易(一、去聲)其田疇。敎人民勤耕他的田地。薄其稅斂(ㄌㄧㄢ、去聲)。再減輕他的租稅。民可使富也。就可使人民富足了。食之以時。飲食有一定的時候。用之以禮。使用有合禮的節制。財不可勝(音升ㄕㄥ)用也。錢財就可以用不完了。民非水火不生活。人民沒有水火便不能生活，可見水火是最貴重的東西。昏暮叩人之門戶。但如有人在黑夜裏敲人家的門。求水火。討點水或火。無弗與者。卻又沒有不肯給與的。至足矣。因爲這水火又是最多而最易得到的東西啊。聖人治天下。聖人治理天下。使有菽粟如水火。要使人民所有豆米也像水火這樣多。菽粟如水火。到了豆米像水火那麼多的時候。而民焉(一ㄢ、)有不仁者乎。人民怎會再有不仁的呢。【章旨】這章書是孟子說治天下第一要使人民富足，自然同歸於仁。——孟子盡心上

惟欲民之爲善，應從在上者自身做起，而後民皆風從。

孟子曰。孟子說。君仁莫不仁。做國君的能依仁道做事，全國的人就沒一個不依仁道做事。君義莫不義。做國君的能依義理做事，全國的人也就沒一個不依義理做事了。【章旨】這章書是向做國君的下警戒。——孟子離婁下

且上之愛民，應出於眞誠，而不可有所僞託者，人民自受其感召而順從之焉。

孟子曰。孟子說。恭者不侮人。恭敬的國君不肯欺侮人。儉者不奪人。節儉的國君不肯剝奪人。侮奪人之君。那專行侮奪政策的國君。惟恐不順焉。祇恐別人不順從他的侮奪政策。惡（ㄨ平聲）得爲恭儉。又怎能算得恭敬節儉。恭儉。因爲恭敬節儉要有實際。豈可以聲音笑貌爲哉。豈是可以拿空話笑容假裝得像的麼。【章旨】這章書是孟子說恭儉不能假裝得像，也是警悟當時的諸侯。——孟子離婁上

所以在上者，應時時反求諸己，不能處處責望於人。我之所施於人者，而人不我之理，其中必有故在。於是，反躬內省，以正己身之失檢，己身既正，則天下之民，自然悅服而來歸矣。

孟子曰。孟子說。愛人不親。我愛人家，人家卻不親近我。反其仁。我就該反省自己的仁愛有沒有缺點。治（平聲）人不治（去聲）。我管理人家，人家卻不受我管理。反其智。我就該反省自己的智能有沒有缺點。禮人不答。我敬禮人家，人家卻不回敬我。反其

敬。我就該反省自己的敬意有沒有缺點。行有不得者。大凡做事不能得到預期的效果。皆反求諸己。都要在自己的身心上去反省其身正而天下歸之。等到自己的身心正了，那天下的人自然都來歸服了。詩云。詩經上說。永言配命。常常思念着行爲是不是合於天理。自求多福。自家去尋求美滿的幸福。【章旨】這章書是叫做國君的不能祗責望人家，要處處向自己反省。——孟子離婁上

總之，在上者與在下者，其廢興存亡，皆有關於仁與不仁。故自天子以至於庶人，如行不仁，未有能保其天下、國家、身世者也。

孟子曰。孟子說。三代之得天下也以仁。夏商周三代的得到天下，是由於施行仁政其失天下也以不仁。到後來失掉天下，是由於施行不仁的虐政。國之所以廢興存亡者亦然。諸侯國家的衰敗和興盛，存在和滅亡，也是一樣的天子不仁。這麼看來，天子不行仁政。不保四海。就不能保全四海以內的天下。諸侯不仁。諸侯不行仁政。不保社稷。就不能保全本國的疆土。卿大夫不仁。公卿、大夫不行仁事。不保宗廟。就不能保全祖宗的祠堂。士庶人不仁。士人平民不行仁事。不保四體。就不能保全個人的身家。今惡（去聲ㄨˋ）死亡而樂（音洛ㄌㄜˋ）不仁。現在的人一面厭惡死亡，一面卻又喜歡做不仁的事。是猶惡（去聲ㄨˋ）醉而強（上聲ㄑㄧㄤˇ）酒。這就和一面厭惡酒醉，一面卻又勉強飲酒同樣的矛盾了。【章旨】這章書是孟子詳舉不仁的害處，警戒天下人。——孟子離婁上

不仁之爲害，既如上述。故桀、紂以不仁，失民心而失天下。惟以至仁愛民，乃能得民心。而民心之得，在於民之所好好之，民之所惡惡之，而後民之歸仁，莫之能禦。否則，雖有廣土衆民，終非爲我所有也。

孟子曰。（孟子說。）桀、紂之失天下也。（夏桀商紂的失去天下。）失其民也。（是因爲失去他的人民。）失其民者。（怎會失去他的人民呢。）失其心也。（是因爲失去人民的信仰心。）得天下有道。（這樣看起來，要得天下實有一定的道理。）得其民。（便是能得到人民歸服的。）斯得天下矣。（便能得到天下了。）得其民有道。（要得到人民歸服，也有一定的道理。）得其心。（就是要得到人民的信仰心。）斯得民矣。（便能得到人民歸服了。）得其心有道。（要得到人民的信仰心，也有一定的道理。）所欲與之聚之。（就是要把人民所需求的都給與他並聚集起來。）所惡（去聲ㄨˋ）勿施爾也。（人民所反對的中止不做便行了。）民之歸仁也。（人民的歸服仁君。）猶水之就下。（就同水性向低處流。）獸之走壙也。（獸性向野處走一樣啊。）故爲（去聲ㄨㄟˋ）淵敺（與驅同ㄑㄩ）魚者。（所以替深水趕魚出來的。）獺（音闥ㄊㄚˋ）也。（就是那吃魚的水獺啊。）爲叢敺爵（同雀ㄑㄩㄝˋ）者。（替樹林趕雀出來的。）鸇（ㄓㄢ）也。（就是那吃雀的鷹鸇啊。）爲湯、武敺民者。（替商湯、周武王趕人民出來的。）桀與紂也。（就是那殘害人民的夏桀和商紂啊。）今天下之君。（現在天下的國君。）有好（去聲ㄏㄠˋ）仁者。（如果有一個喜歡施行仁政的。）則諸侯皆爲之敺矣。

那末，各國諸侯就都替他趕人民出來歸服他了。雖欲無王(去聲ㄨㄤˋ)。雖是他不願意得到天下。不可得已。也推辭不掉的了。今之欲王(去聲ㄨㄤˋ)者。現在那些想得天下的人。猶七年之病。好比生了七年的老病。求三年之艾也。要找那三年的陳艾似的。苟爲不畜。如果自己不預先收藏陳艾。終身不得。雖把一生的光陰耗費在找尋上，也不會有得着的日子。苟不志於仁。所以現在那些想得天下的人，如果不立志施行仁政。終身憂辱。也只有把一生的光陰耗費在憂愁和恥辱上。以陷於死亡。終於還要陷入了身死國亡的結局。詩云。詩經上說。其何能淑。怎麼會有好結局呢。載胥及溺。只有大家相引着陷在亂亡裏罷了。此之謂也。就是這個意思啊。【章旨】這章書是孟子勉勵當時的諸侯好仁，所以說好仁就能王天下，不好仁便要陷於死亡。——孟子離婁上

是以在上者，欲憑己之德行以制服人，不過取勝於一時。惟以德行感化人，使其同歸於善，則中心悅而誠服。否則人不心服而欲王天下，未有能濟者也。

孟子曰。孟子說。以善服人者。拿自己的德行去制服人，這是爭勝。未有能服人者也。不能使人心服的。以善養人。必須拿自己的德行去化育人。然後能服天下。這纔能服天下的人心。天下不心服而王(去聲ㄨㄤˋ)者。不能使天下人心服而能稱王天下的。未之有也。那是從來不曾有過的事。【章旨】這章書是孟子警戒做國君的，不要有爭勝的私心。——孟子離婁下

仁政能得民心，自能得人和之多助。故鄰國雖有天時之宜，地利之險，終不能敵我人

和也。此無他，得道與失道之不同，非關乎戰力也。

孟子曰。孟子說。天時不如地利。擇適宜的時候用兵，還不如據有險要，能得到天時得到地利。地利不如人和。得到地利，又不如民心歸向。得到人和。三里之城。吾如只有三里寬廣的城牆。七里之郭。七里寬廣的外城。環而攻之而不勝。包圍起來攻打卻不能取勝。夫(音扶 ㄈㄨˊ)環而攻之。既經包圍攻打。必有得天時者矣。那一定選好吉期，得到適宜的天時了。然而不勝者。卻仍舊不能取勝。是天時不如地利也。這就是天時不如地方險要的明證啊。城非不高也。城牆並不是不高。池非不深也。城河並不是不深。兵革非不堅利也。兵器和盔甲並不是不堅固鋒利。米粟非不多也。糧食也並不是不多。委而去之。結果依然守不住，委棄了城池軍需逃去。是地利不如人和也。這就是地方險要不如得人心的明證啊。故曰。所以說。域民不以封疆之界。限止人民不要靠封國疆土的界限。固國不以山谿之險。鞏固國防，不要靠高山深溪的險要。威天下不以兵革之利。威服天下不要靠兵器盔甲的堅利。得道者多助。凡是治理國家能得正道的，就有人幫助。失道者寡助。那失卻正道的，就沒有人幫助。寡助之至。沒有人幫助到了極點。親戚畔之。連親戚也要叛離。多助之至。有人幫助到了極點。天下順之。那就普天下人都來歸順了。以天下之所順。把天下人所歸順的國家。攻親戚之所畔。去攻打那親戚也叛離的國家。故君子有不戰。雖然有道德的國君不願戰爭。戰必勝矣。假使不得已而

戰，那是一定勝利的了，【章旨】這章書是孟子說要得天下，首先要得民心。——孟子公孫丑下

第四目　取法古之明君、良臣以治民

故治民者，應以堯之爲君盡君道，舜之爲臣盡臣道，作爲君臣之模範。

孟子曰。孟子說。規矩。做圓的規和劃方的矩。方員之至也。是做方圓的最好模範。聖人。古時的聖人。人倫之至也。是做人道理的最好榜樣。欲爲君盡君道。要想做國君能盡自己做國君的道理。欲爲臣盡臣道。要想做臣子能盡自己做臣子的道理。二者皆法堯舜而已矣。這兩件事都只要取法唐堯虞舜就是了。不以舜之所以事堯事君。不依虞舜怎樣事奉唐堯的道理去事奉國君。不敬其君者也。就是不敬重他的國君。不以堯之所以治民治民。不依唐堯怎樣治理人民的道理去治理人民。賊其民者也。就是殘害他的人民。孔子曰。從前孔子曾說。道二。治理天下只有一個道理的兩面。仁與不仁而已矣。就是仁愛和不仁愛罷了。暴其民甚。那不仁愛的國君，假使暴虐他的人民到了極點，則身弒國亡。那他的本身就要被人殺死，國家也要被人滅亡。不甚。即使還沒有到極點。則身危國削。本身也要危殆，國家也要被人侵蝕。名之曰幽厲。身死以後，還要給他一個惡劣的謚號，叫他幽，表明這個國君是昏昧不明，或者叫他厲，表明這個國君是暴虐無道。雖孝子慈孫。一加上這種謚號，雖然後代出了孝子慈孫　百世

不能改也。(這個惡名經過百代也改不掉。)詩云。(詩經上說。)殷鑒不遠。(商紂的鏡子並不很遠。)在夏后之世。(就在夏桀的時候。)此之謂也。(便是這個意思了。)

【章旨】這章書是孟子警戒做國君的和做臣子的，都要取法堯舜。——孟子離婁上

以禹之治洪水，公而忘私，國而忘家，爲勤政之模範。

禹疏九河。(又派禹去疏通那名叫徒駭、太史、馬頰、覆釜、胡蘇、簡、潔、鉤盤、鬲津等九條大河。)瀹(音藥 ㄩㄝˋ)濟(ㄐㄧˇ)漯(ㄊㄚˋ)。(掘通了濟水和漯水。)而注諸海。(都灌注到海裏去。)決汝漢。(同時開濬汝水和漢水的河身。)排淮泗。(排除淮水和泗水的淤積。)而注之江。(都灌注到大江裏。)然後中國可得而食也。(然後中國地方纔可以種五穀，人類纔能夠生活。)當是時也。(當這時候。)禹八年於外。(禹有八年在外。)三過其門而不入。(三次走過自己的門口，都沒有工夫進去。)——孟子滕文公上

以商湯之執中立賢。周文王之視民如傷。武王之誅紂伐奄，不泄邇，不忘遠。周公之思兼三王之四事，夜以繼日。爲施政之模範。

孟子曰。(孟子說。)禹惡(朱注上聲 今讀ㄨˋ)旨酒。(夏禹憎惡美酒。)而好(去聲 ㄏㄠˋ)善言。(專愛聽有理的話。)湯執中。(商湯做事守中道。)立賢無方。(舉用賢才不限定資格。)文王視民如傷。(周文王對於已很安樂的人民，還恐怕他們有痛苦。)望道而(讀爲如，古字通用。ㄖㄨˊ)未之見。(對於所希冀的聖道，雖已求得，卻是好像沒有看見。)武王不泄邇。(武王不肯輕忽眼前的事。)不忘遠。

不會忘卻遠大的事。周公思兼三王。周公想兼有夏商周三代的美德。以施四事。去實行上面所說的四件善事。其有不合者，這四件事也有不合當時情勢的。仰而思之。就仰着頭細細研究。夜以繼日。日間研究不出來，夜裏繼續研究。幸而得之。湊巧得到了。坐以待旦。就坐待天亮，趕快去實地施行。【章旨】這章書是說明明君良臣的施政。——孟子離婁下

以伊尹之輔佐太甲，為負責之模範。（稱為聖之任者）

伊尹相湯。當初伊尹輔佐商湯。以王(去聲)(ㄨㄤˋ)於天下。施行王政於天下。湯崩。湯死後。太丁未立。太子太丁沒有登位就死了。外丙二年。太丁的弟弟外丙只兩歲。仲壬四年。又一個弟弟仲壬纔四歲，太丁的兒子太甲年紀反大些，所以就立他。太甲顛覆湯之典刑。誰知太甲竟顛倒敗壞湯所定的規矩制度。伊尹放之於桐。伊尹恐怕太甲失了天下，就把他放到桐邑去。三年。有三年的長久。太甲悔過。太甲漸漸能悔過。自怨自艾。自己怨恨，自己改革。於桐處仁遷義。便在桐邑居仁從義。三年。三年裏面。以聽伊尹之訓己也。完全聽受伊尹教訓自己的話。復歸於亳。伊尹仍舊迎他回到京城亳都來，恢復了帝位。

——孟子萬章上

公孫丑曰。公孫丑問孟子說。伊尹曰。伊尹說。予不狎于不順。我看不慣那不依正道做事的人。放太甲于桐。所以，他把不賢的太甲送到桐邑去。民大悅。當時人民都大大悅服。太甲賢。後來太甲變好了。又反之。又迎接他回來做天子。民

大悅。人民又大大悅服。賢者之爲人臣也。照這樣看來，賢者底做臣子。其君不賢。假使他的國君不賢。則固可放與？那就可以把他送到別處去的麼。孟子曰。孟子說。有伊尹之志則可。如有伊尹那樣大公無私的心，是可以的。無伊尹之志。沒有伊尹的心。則篡也。就要變成篡奪了。【章旨】這章書是孟子說伊尹的忠心國事。——孟子盡心上

所以大德之賢臣，可以感格君心之邪惡，使其復歸於正道。君心一正，則民無不趨於正，而國自定矣。

孟子曰。孟子說。人不足與適（音謫ㄓㄜˊ）也。國君用人不好，不必一一指摘過處。政不足閒（去聲ㄐㄧㄢˋ）也。行政不好，不必全部加以非難。惟大人爲能格君心之非。只有大德的人可以感格君心的邪非。君仁莫不仁。大抵國君能依仁道做事，在下的人就沒一個不依仁道做事。君義莫不義。國君能依義理做事，在下的人就沒一個不依義理做事。君正莫不正。國君能正直，在下的人就沒一個不正直。一正君而國定矣。所以只要國君一正直，國家自然就平定了。【章旨】這章書是孟子說明大臣事君的道理。——孟子離婁上

此在上者務必修己以安人，無時不以民事爲先，愛民爲主，先天下之憂而憂，後天下之樂而樂。而選賢與能，助理國事，使之皆上軌道，亦極重要，乃能奏近悅遠來之效。

孟子曰。孟子說。尊賢使能。尊重有道德的人，任用有才幹的人。俊傑在位。再去羅致那最有才幹的人，給他最高的職位。則天

下之士。（那末天下的士人。）皆悅而願立於其朝（音潮）矣。（都心裏悅服，願意立身在他的朝廷上了。）市。（對商人在市場做買賣。）廛而不征。（只徵收房捐，不徵收貨物稅。）法而不廛。（或者制定法律，平衡物價，連房捐也不徵收。）則天下之商。（那末天下的商人。）皆悅而願藏於其市矣。（都心裏悅服，願意把貨物運到他的市場上交易了。）關、（在關口地方。）譏而不征。（只稽查行人，不徵收通過稅。）則天下之旅。（那末天下的旅客。）皆悅而願出於其路矣。（都心裏悅服，願意在他的道路上出入了。）耕者、（對於種田的人。）助而不稅。（只叫他幫助耕種國家的公田，不徵收私田的租稅。）則天下之農。（那末天下的農夫。）皆悅而願耕於其野矣。（都心裏悅服，願意在他的田野裏耕種了。）廛、（街市的住宅。）無夫里之布。（不要因他不耕種就罰他一里納二十五家的布。）則天下之民。（那末天下的人民。）皆悅而願爲之氓（音盲）矣。（都心裏悅服，願意做他的人民了。）信能行此五者。（如果天下的國君，有眞能實行這五項善政的。）則鄰國之民。（那末鄰國的人民。）仰之若父母矣。（自然仰望他像自己的父母一樣了。）率其子弟。（假使還有叛亂的人，便帶領了自己父母的子弟。）攻其父母。（反攻自己的父母。）自生民以來。（那是自有人類以來。）未有能濟者也。（不曾有過能夠成功的。）如此。（國君做到如此地步。）則無敵於天下。（天下的人自然不敢抵敵了。）無敵於天下者。（天下沒有抵敵的人。）天吏也。（那就是奉行天命的官長。）然而不王者。（可是像這樣還不能稱王天下的。）未之有也。（也是從來不曾有過哩。）

【章旨】這章書是孟子說做國君的只要能施行仁政，自然能稱王天下。——孟子公孫丑上

第五目 對外則講信修睦與滅繼絕

在上者之治理內政，能以倫理道德爲基礎，則政治修明，民皆感化，莫不向善矣。而對外則講信修睦，彼此和親。我爲小國，固宜善事大國，以期相安無事。我爲大國，對小國應撫輯懷柔，使其悅服。然後國與國間，和好相處，而無爭端矣。

齊宣王問曰。（齊宣王問孟子說。）交鄰國有道乎。（和鄰近的國家交際，有道理麼。）孟子對曰。（孟子答說）有。（有的。）惟仁者爲能以大事小。（但也只有仁德的國君，能够拿自己的大國去事奉小國。）是故湯事葛。（所以商湯肯事奉葛國。）文王事昆夷。（文王肯事奉昆夷。）惟智者爲能以小事大。（同時，也只有明智的國君，能够拿自己的小國去事奉大國。）故大王事獯（音熏ㄒㄩㄣ）鬻（音育ㄩˋ）。（所以周太王事奉獯鬻。）句（音鉤ㄍㄡ）踐事吳。（越王句踐事奉吳國。）以大事小者。（拿自己的大國去事奉小國的。）樂（音洛ㄌㄨㄛˋ）天者也。（是順着天理，不肯欺侮弱小。）以小事大者。（拿自己的小國去事奉大國的。）畏天者也。（是敬畏天理，不敢得罪強大。）樂天者。（順着天理的人。）保天下。（可以保守天下。）畏天者。（敬畏天理的人）保其國。（也可以保守一國。）詩云。（詩經上說。）畏天之威。（能够敬畏天的威嚴。）于時保之。（就可以隨時保守住天命。）王曰。（宣王說。）大哉言矣。(很高遠呀，要算這兩句話了。)寡人有疾。(但是我有一種脾氣。)寡人好勇。(我喜好勇武。)對曰。(孟子說。)王請無好小勇。(請君王不要喜好小勇。)夫(音扶 ㄈㄨˊ)撫劍疾視曰。(譬如一手握劍，怒目圓睜地說。)彼惡(平聲 ㄨ)敢當我哉。(他怎麼敢抵擋我呢。)此匹夫之勇。(這是一個人的勇氣。)敵一人者也。(只能抵敵一個人罷了。)王請大之。(請君王把這勇氣擴大起來。)詩云。(詩經上說。)王赫斯怒。(文王聽說，密國無端的出兵攻打阮國，不禁赫然震怒。)爰整其旅。(立刻整頓兵馬。)以遏徂莒。(抵住密國的兵。)以篤周祜。(把來增厚並鞏固周朝的福基。)以對于天下。(去報答天下人的期望。)此文王之勇也。(這便是文王的大勇啊。)文王一怒。(文王一發怒。)而安天下之民。(就此安定了天下的人民。)書曰。(又書經上說。)天降下民。(天降生在下的人民。)作之君。(立起他的君長。)作之師。(立起他的師尊。)惟曰。(天意祇是這樣說。)其助上帝。(做君長師尊的人，要輔助上帝。)寵之四方。(管教四方人民。)有罪無罪。(對於天下有罪和無罪的人。)惟我在。(都只有我在着，負責去處罰和安頓。)天下曷敢有越厥志。(天下的人那一個敢有越軌作亂的惡念。)一人衡(與橫同 ㄏㄥˊ)行於天下。(所以紂王一個人橫行在天下。)武王恥之。(武王就以為羞恥而滅了他。)此武王之勇也。(這便是武王的大勇啊。)而武王亦一怒。(而武王也是一發怒。)而安天下之民。(就此安定了天下的人民。)今王亦一怒。(現在君王如果也是一發怒。)而安天下之民。(能夠安定天下的人民。)民惟恐王之不好勇也。(那末，人民還祇怕君王不喜好勇武哩。)

【章旨】這章書是

孟子因宣王問交鄰的道理，乘機勸他做仁智的國君，又就他好勇拿文王、武王的大勇勉勵他。——孟子梁惠王下

故葛伯放而不祀。商湯始則遺之牛羊，以爲祭品，繼又使衆往耕，以供粢盛，無非冀其感悟而祭祀，可謂盡睦鄰之道矣。然葛伯竟殺饋餉之童子，其不可理喻者至此，湯乃往征，民之望之，若大旱之望雨。蓋湯以仁道待鄰邦，以仁政得民心，故能不戰而勝。

萬章問曰（孟子的弟子萬章問孟子說。）宋、（宋國）小國也。（是個小國啊。）今將行王政。（現在要施行王天下的政策。）齊楚惡（去聲ㄨˋ）而伐之。（假使齊楚兩大國妒嫉他，要來攻伐。）則如之何。（可怎麼辦呢。）孟子曰。（孟子說。）湯居亳。（從前商湯在亳邑。）與葛爲鄰。（和葛國做鄰國。）葛伯放而不祀。（葛伯放肆無道，不舉行祭祀。）湯使人問之曰。（湯派人去問他說。）何爲不祀。（爲什麼不舉行祭祀。）曰。（葛伯說。）無以供犧牲也。（因爲沒有牲畜可以供給祭祀用的三牲啊。）湯使遺（ㄨㄟˋ）之牛羊。（湯就派人送牛羊去。）葛伯食之。（葛伯把牛羊吃了。）又不以祀。（又不舉行祭祀。）湯又使人問之曰。（湯再派人去問他說。）何爲不祀。（爲什麼又不舉行祭祀。）曰。（葛伯說。）無以供粢盛（音成ㄔㄥˊ）也。（因爲沒有米穀可以供給祭祀用的粢盛啊。）湯使亳衆。（湯就叫亳邑的壯年人民。）往爲之耕。（去替他耕種。）老弱饋食（音嗣ㄙˋ）。（老的小的送飯給耕種的人。）葛伯率其民。（葛伯帶了他自己的人民。）要（平聲ㄧㄠ）其有酒食（音嗣ㄙˋ）黍稻者奪之。（在路上攔住送

飯的人，揀那有酒飯和米穀的，刧奪去了。不授者殺之。那不肯給他的，就殺了。有童子以黍肉餉（ㄒㄧㄤˋ）。有一個小孩子，拿了熟飯和熟肉，送給耕種的人吃。殺而奪之。葛伯竟殺了這小孩子，奪去飯和肉。書曰。書經上說葛伯仇餉。葛伯仇視送田飯的人。此之謂也。就是說的這回事。爲（去聲ㄨㄟˋ）其殺是童子而征之。湯因爲葛伯殺了那小孩子，所以起兵去征伐他。四海之內。四海以內的人民。皆曰。都說非富天下也。湯這次攻伐的動機，並不是想富有天下。爲（去聲ㄨㄟˋ）匹夫匹婦復讎也。是給天下的平民報讎啊。湯始征。湯初次征伐。自葛載。就從這葛國開始。十一征而無敵於天下。前後共征伐了十一次，天下沒有人能抵敵。東面而征西夷怨。向東面征伐，西邊的夷人就抱怨。南面而征北狄怨。向南面征伐，北邊的狄人就抱怨曰。都說奚爲後我。爲什麼要把我們放在後面不先來征伐呢。民之望之。人民的仰望他。若大旱之望雨也。就像大旱時仰望天上落下雨來一樣。歸市者弗止。到市場上做買賣的人不停止交易。芸者不變。在田裏除草的人也不改變原狀。誅其君。殺了有罪的國君。弔其民。慰問受痛苦的人民如時雨降。眞像應時的雨落下來一樣。民大悅。人民大大地歡悅。書曰。書經上說。徯我后。等待我們的君王。后來其無罰。我們的君王來了，我們就不會受暴君的刑罰痛苦了。有攸不爲臣。書經武成篇上又記載周朝的事，說，所有那些幫助紂王不肯做周朝臣子的。東征。武王起兵，向東征伐。綏厥士女。綏靖那些受痛苦的人民。匪厥玄黃。那些人民都用竹籃裝了幣帛來迎接。紹我周王見休。並且說，我們受紂王的虐政已久，現在能繼續事奉我順天休命的周王，自然能將恩澤賜給我們。惟臣附于大邑周。於是大家都願意歸附大國的周。其君子。在那時候，商朝的官吏。實玄黃於匪。都把幣帛裝滿在竹籃裏。以迎其君子。迎接武王方面的官吏。其小人。那些人民。簞食(音嗣ㄙˋ)壺漿。都用竹籃裝了飯，瓦壺盛了湯。以迎其小人。迎接武王的兵卒。救民於水火之中。就因爲武王能够把他們從水深火熱般的痛苦中援救出來。取其殘而已矣。除去了殘害人民的暴君啊。

太誓曰。書經太誓篇上說。我武惟揚。武王的威武一奮揚。侵于之疆。就侵伐到紂王的疆土裏來。則取于殘。除去那殘害人民的暴君。殺伐用張。張大他殺伐暴君的功德。于湯有光。比了征伐夏桀的商湯，更加有光輝。不行王政云爾。照此看來，宋國不施行王政就罷了。苟行王政。如眞能施行王政。四海之內。四海以內的人民。皆舉首而望之。就都抬起頭來仰望他。欲以爲君。要奉他做君王。齊楚雖大。齊、楚兩國雖然強大。何畏焉。又怕他怎的。【章旨】這章書是孟子引述湯武的事，以明王政無敵於天下，只是宋國不會眞能行王政罷了。——孟子滕文公下

如小國恥受命於大國，惟有師法周文王，施行仁政，則必爲政於天下，所謂仁者無敵也。

孟子曰。孟子說。天下有道。天下有道的時候。小德役大德。德行淺薄的諸侯聽命於德行高厚的天子。小賢役大賢。才能狹小的諸侯聽命於才能廣大的天子。天下無道。天下無道的時候。小役大。小國的諸侯被那大國的諸侯所役使。弱役強。弱國的諸

侯被那強國的諸侯所役使。斯二者天也。這兩種情形，都是天然的理勢啊。順天者存。能夠順從這理勢的纔能存在。逆天者亡。違反這理勢的就要滅亡。齊景公曰。從前齊景公被蠻夷的吳國所威脅，對衆臣說。既不能令。既不能出命令制服別人。又不受命。又不肯接受別人的命令。是絕物也。這是自絕於人了。涕出而女(去聲ㄋㄩˋ)於吳。所以就心痛涕泣地把女兒嫁給吳國。今也小國師大國。如今啊，小國不修德圖強，反學大國的行爲。而恥受命焉。把接受大國命令認爲可恥。是猶弟子而恥受命於先師也。這就好比做了弟子，卻把接受師長的教訓認爲可恥一樣。如恥之。如果眞以爲接受命令是可恥的。莫若師文王。就不如去學文王治國的法則。師文王。學了文王的法則。大國五年。那末，大國只要五年的工夫。小國七年。小國只要七年的工夫。必爲政於天下矣。一定可以拿他的仁政平治天下了。詩云。詩經上說商之孫子。商朝的子孫。其麗不億。他的數目不知有多少。上帝既命。天命既已應運周朝。侯于周服。商朝子孫也只得向周朝臣服。侯服于周。臣服周朝的原因。天命靡常。就爲了天命是循環不定的，應該歸於有德的人。殷士膚敏。那商朝的一班臣子，雖是儀態威武，才能敏捷。祼(音灌ㄍㄨㄢˋ)將于京。也只得用了祼獻的禮節，到周朝京城去助祭。孔子曰。孔子讀了這首詩，慨歎地說。仁、不可爲衆也。能行仁政的君王，是不怕無數的人來抵敵的。夫(音扶ㄈㄨˊ)國君好(去聲ㄏㄠˋ)仁。所以國君如喜歡施行仁政。天下無敵。天下就沒有人敢來抵敵。今也欲無敵於天下。如今的諸侯，只想天下沒有人敢抵敵。而不以仁。卻又不肯施行仁政。是猶執熱而不以濯也。這就和要拿熱的東西，卻不去預先用水浸手一樣。詩云。詩經上說。誰能執熱。那一個能拿熱的東西。逝不以濯。去拿的時候不預先用水浸手呢。【章旨】這章書是孟子說國君不能自強，只好聽天由命，如能修德行仁，天命就會改而在我。——孟子離婁上

睦鄰之外，又宜從事於興滅國，繼絕世，如周代封堯、舜、夏、商之後，使天下之民歸心焉。故齊人取燕，諸侯謀救，宣王問計於孟子。孟子教其反旄倪，止重器，謀燕衆，置賢君。亦卽興滅繼絕之意也。

齊人伐燕。齊國出兵攻伐燕國。取之。取了燕國的土地。諸侯將謀救燕。各國諸侯都想去救燕國。宣王曰。宣王向孟子說。諸侯多謀伐寡人者。現在各國諸侯都在準備攻伐我。何以待之？該怎樣對付呢？孟子對曰。孟子答說。臣聞七十里爲政於天下者。我聽說只有七十里的小地方，也能推行統治天下的王政的。湯是也。那便是商湯。未聞以千里畏人者也！卻不曾聽說過有了一千里地方的大國會恐懼別人來攻伐啊！書曰。書仲虺之誥篇有說。湯一征。商湯第一次征伐。自葛始。自葛國開始。天下信之。天下的人都信任商湯的救人民。東面而征。所以商湯向東面征伐。西夷怨。西方的夷人就抱怨。南面而征。向南面征伐。北狄怨。北方的狄人又抱怨。曰。大家都說。奚爲後我？爲什麼把我國放在後面，不先來征伐呢？民望之。人民盼望商湯到臨。若大旱之望雲霓也。就同大旱時盼望雨前的雲和雨後的虹一樣迫切。歸市者不

止。到市上做買賣的人並不停止交易。耕者不變。在田裏耕種的人也不變更工作。誅其君而弔其民。殺了暴君救出痛苦的人民。若時雨降。好像應時的雨從天上降下來。民大悅。人民都大大地悅樂。書曰：書仲虺之誥篇又說。徯(胡禮反)我后。等待我們的君王到臨。后來其蘇！君王來了，我們就可以復活了。今燕虐其民。現在燕王虐待他的人民。王往而征之。王去征伐他。民以爲將拯己於水火之中也。人民以爲王將要把他們從水深火熱般的痛苦中救出來。簞食壺漿。所以拿竹器盛好了飯，拿壺子裝好了酒漿。以迎王師。來迎接君王的軍隊。若殺其父兄。如果殺戮他們的父兄。係累(力追反)其子弟。綑綁他們的子弟。毀其宗廟。拆毀他們的宗廟。遷其重器。搬出他們的寶器。如之何其可也！怎麼可以呢！天下固畏齊之彊也。天下諸侯本來就畏齊國的強大。今又倍地。現在又取了燕國，加上一倍的土地。而不行仁政。卻還不施行仁政。是動天下之兵也。這明明是自己引動天下的兵來攻伐自己啊。王速出令。王趕快發出命令。反其旄(同耄)倪。倪是小兒，放回所擄掠來的老小。止其重器。中止搬移寶器。謀於燕衆。和燕國人民商量。置君而後去之。給他們立一個君，然後撤去齊國軍隊。則猶可及止也。那還可以來得及停止諸侯未發的救兵哩。【章旨】這章書是孟子教宣王保存燕國不可滅亡。——孟子梁惠王下

太王居邠，狄人侵之，去之岐山之下，而從之者如歸市。其得民心，有若是者，可見

人之好善，出乎本性，是以「君子創業垂統，為可繼也。」

滕文公問曰。（滕文公問孟子說。）齊人將築薛。（齊國人將要在靠近我國的薛邑築城。）吾甚恐。（使我國感受威脅，心裏很恐慌。）如之何則可。（要怎麼樣纔可以應付呢。）孟子對曰。（孟子答說。）昔者大王居邠（與豳同ㄅㄧㄣ）。（從前周太王，立國在邠地。）狄人侵之。（狄人侵伐他。）去之岐山之下居焉。（太王就離去了。逃到岐山腳下居住。）非擇而取之。（並不是太王揀擇這地方。）不得已也。（實在是沒法呀。）苟為善。（假如能施行善政。）後世子孫。（他後代的兒孫。）必有王者矣。（一定可有稱王於天下的。）君子創業垂統。（有道德的人創造基業，垂下統緒。）為可繼也。（就是要後代的人能繼續不斷。）若夫（音扶ㄈㄨˊ）成功。（講到成功的話。）則天也。（那就要聽天命了。）君如彼何哉。（現在君上對於齊國，又能有什麼辦法呢。）彊（上聲ㄑㄧㄤˇ）為善而已矣。（只有勉力施行善政，傳給後代兒孫的了。）【章旨】這章書是孟子引太王事教文公自強。——孟子梁惠王下

第三節　孟子時代之政治環境及社會風氣

第一目　政治環境：務富强，嗜殺戮，重利輕義

戰國諸侯，承五霸之後，自以攻伐併吞爲務，於是競尚武力，擴展疆土。如秦用商鞅，主富國強兵。楚、魏用吳起，主戰勝弱敵。齊用孫臏，使諸侯來朝。而蘇秦、張儀，又以約縱連橫之說，各展計謀。致干戈擾攘，天下糜爛。孟子愍焉傷之，乃游說各國，述唐虞三代之德，以期當時國君，有所省悟，發政施仁，挽狂瀾於既倒，致域內之治平，所以痛斥戰爭之爲禍人民，罪大惡極。力勸國君行仁，以爭取民心，能如是，自無敵於天下矣。

孟子曰。（孟子說。）**有人曰。**（假如有個人說。）**我善爲陳**（ㄓㄣˋ去聲）**。**（我最擅長擺列隊伍的陣勢。）**我善爲戰。**（我最擅長用兵交戰的兵法。）**大罪也。**（這種人就是天下的大罪人。）**國君好**（ㄏㄠˋ去聲）**仁。**（只要國君喜歡施行仁政。）**天下無敵焉。**（天下自然沒有人敢和他抵敵。）**南面而征北狄怨。**（當初商湯向南面征伐，北方的狄人就抱怨。）**東面而征西夷怨。**（向東面征伐，西邊的夷人又抱怨

曰。大家都這樣說。奚為後我。為什麼把我們放在後面。武王之伐殷也。周武王征伐商紂時。革車三百兩(去聲ㄌㄧㄤˋ)。皮革包裹的兵車只有三百輛。虎賁(音奔ㄅㄣ)三千人。紏壯的兵士不過三千人。王曰。武王向人民說。無畏。你們不要怕。寧爾也。我是來安定你們。非敵百姓也。不是來攻打百姓啊。若崩厥角稽首。人民聽了這話，就像走獸用角觸地一樣，拜伏在地。征之為言正也。因為這征字，就是正的說法。各欲正己也。各處人民受了暴君的虐政，都想有個好的國君來改正他們的國家。焉(於虔反ㄧㄢ)用戰。那裏還用得着戰爭呢。

【章旨】這章書是孟子拿湯武的事，喚醒當時好戰的人。——孟子盡心下

上章孟子述湯、武之行仁政，以王天下，皆未嘗憑藉武力也。故專務富強之臣，以蠱惑其君者，是直助桀為虐，為民之賊，罪不容於死矣。

孟子曰。孟子說。今之事君者。現在事奉國君的人。曰。常常自誇地說我能為(去聲ㄨㄟˋ)君辟(與闢同ㄆㄧˋ)土地。我能夠幫國君開闢土地。充府庫。充實府庫的貨財。今之所謂良臣。現在所稱的這種好臣子。古之所謂民賊也。其實，就是古時候所說傷害人民的賊啊。君不鄉(與向同，下皆同。ㄒㄧㄤˋ)道。國君不肯歸向道義。不志於仁。不肯立志施行仁政。而求富之。卻再去幫他搜刮民財。是富桀也。這好比是助桀為虐啊。我能為君約與國。又有人這樣說，我能幫國君聯結和好相與的國家。戰必克。征戰一定勝利。今之所謂良臣。現在所稱的這種好臣子。古之所謂民賊也。其實，也就是

（古時候所說傷害人民的賊。）君不鄉道。（國君不肯歸向道義。）不志於仁。（不肯立志施行仁政。）而求爲之强戰。（卻再去幫助他逞強征戰。）是輔桀也。（這好比是助桀爲虐啊。）由今之道。（照現在的道理。）無變今之俗。（不改變現在的風俗。）雖與之天下。（雖是把天下送給他。）不能一朝居也。（也不能有一天的安穩哩。）

【章旨】這章書是孟子警戒做國君的不要用專務富強的臣子。——

孟子告子下

蓋當時之君臣，以爲欲富國，必橫征暴斂。欲強兵，必掠地爭城。而人民受苦深矣，此皆爲聖賢所不取。

孟子曰。（孟子說。）求也爲季氏宰。（從前冉求做季氏的家臣。）無能改於其德。（不能改正季氏的不良行爲。）而賦粟倍他日。（徵取百姓的米穀，反比往日加倍。）孔子曰。（孔子很生氣的向弟子們說。）求。（這冉求。）非我徒也。（不是我的門徒）小子鳴鼓而攻之可也。（你們大家聲討他的罪惡，儘量攻擊便了。）由此觀之。（從這事看來。）君不行仁政而富之。（國君不施行仁政，做臣子的反去幫人搜括民財。）皆棄於孔子者也。（都是孔子所棄絕的人。）況於爲（去聲）（ㄨㄟˋ）之强戰。（何況那些專仗兵力強大，喜好戰爭的人呢。）爭地以戰。（爲了奪取土地而戰爭。）殺人盈野。（被殺死的人堆滿田野。）爭城以戰。（爲了奪取城池而戰爭。）殺人盈城。（被殺死的人堆滿城池。）此所謂率土地而食人肉。（這就叫做帶了土地去吃人肉。）罪不容於死。（他的罪惡豈僅是一死就可了的呢）故善戰者服上刑。（所以，最擅長用兵的人應該受極刑。）連諸侯者次之。（連結諸侯興兵相爭的人減一等。）辟（與闢同）（ㄆㄧˋ）草萊任土地者次之。（開闢荒野變亂古制迫民苦耕徵取重稅的人再減一等。）【章旨】（這章書是孟子表示痛恨不行仁政只圖富國強兵的諸侯。）

——孟子離婁上

乃其時在位者，祇知爭城掠地，罔顧民命。如魯命愼子伐齊，竟以不戰之民出戰。孟子斥爲殃民，不容於堯舜之世。並勉其引君志仁。賢者之心可見矣。

魯欲使愼子爲將軍。（魯國要任命愼子名滑釐的做統兵的將軍攻伐齊國。）孟子曰。（孟子說。）不教民而用之。（不教育人民，卻用他們去打仗。）謂之殃民。（這叫做傷害人民。）殃民者。（傷害人民的人。）不容於堯、舜之世。（是不能容留在堯舜時世的。）一戰勝齊。（即使一戰，勝了齊國。）遂有南陽。（就此佔有南陽地方。）然且不可。（在道理上尚且講不過去哩。）愼子勃然不悅曰。（愼子突然變了臉色，很不樂的說。）此則滑（音骨）（ㄍㄨˇ）釐所不識也。（這種話，不是我滑釐所能了解的啊。）曰。（孟子說。）吾明告子。（我明白告訴你。）天子之地方千里。（天子京城的土地，必須方圓一千里。）不千里。（沒有一千里。）不足以待諸侯。（就不能接待諸侯。）諸侯之地方百里。（諸侯的土地，必須方圓一百里。）不百里。（沒有一百里。）不足以守宗廟之典籍。（就不夠保守宗廟的典制冊籍。）周公之封於魯。（當初周公封在魯國）爲方百里也。是方圍一百里。地非不足。並不是周朝因爲土地不够。而儉於百里。要限定一百里。太公之封於齊也。太公的封在齊國。亦爲方百里也。也是方圍一百里。地非不足也。同樣，不是周朝因爲土地不够。而儉於百里。要限定一百里的。今魯方百里者五。現在魯國裏面，方圍一百里的土地已有五個。子以爲有王者作。你以爲有個聖王出來。則魯在所損乎。那末，在魯國的土地，還是應該減去呢。在所益乎。還是應該加多呢。徒取諸彼以與此就是用不着戰爭，空手取那地方來給魯國。然且仁者不爲。尚且不是仁人所願做的。況於殺人以求之乎。何況要發動戰爭，拿殺人去求得呢。君子之事君也。君子的事奉國君。務引其君以當道。務要引掖他做合理的事。志於仁而已。使他的心志趨向仁道纔對啊。

【章旨】這章書是孟子責愼子不能引掖國君愛民，反而好戰殃民，並拿仁字服他的心。——孟子告子下

孔子亦謂「…：「以不教民戰，是謂棄之。」此乃不仁者之所爲。梁惠王於戰敗之餘，復驅其所愛子弟以殉之。是以不愛者及其所愛，尤爲不仁之甚。

孟子曰孟子說。不仁哉。不仁呀。梁惠王也。要算梁惠王這個人了。仁者以其所愛。有仁道的人，是拿那愛惜親近人的心。及其所不愛。推到所不愛惜的疏遠人身上。不仁者以其所不愛。不仁的人卻是拿那不愛惜疏遠人的心。及其所愛。加到所愛惜的親近人身上。公孫丑曰。公孫丑便問孟子說。何謂也。這是怎麼說法呢。梁惠王以土地之

故。（孟子說梁惠王為了爭奪土地的緣故。）糜爛其民而戰之。（不惜糜爛人民的血肉，叫他們打仗。）大敗。（不料大大的失敗。）將復之。（還要再打下去。）恐不能勝。（又恐怕不能取勝。）故驅其所愛子弟以殉之。（於是驅使他所愛的子弟去死戰。）是之謂以其所不愛。（這就叫做拿那不愛惜疏遠人的心。）及其所愛也。（加到所愛惜的親近人身上。）【章旨】這章書是孟子借着責備梁惠王。喚醒當時好戰的諸侯。——孟子盡心下

孟子曰。（孟子說。）春秋無義戰。（春秋這部書上所記載的，沒有合理的戰爭。）彼善於此。（不過那邊比較這邊好些。）則有之矣。（卻是有的。）征者。（本來，征這個字的意思。）上伐下也。（是說在上的天子討伐在下的諸侯。）敵國不相征也。（平等的諸侯國是不能彼此互相討伐的啊。）【章旨】這章書也是孟子為當時諸侯好戰而說的。——孟子盡心下

綜觀以上各章，具見當時諸侯之爭為雄長，紛爭不已，不仁達於極點。孟子歎其如此執迷不悟，終必敗亡。然此亦不仁者自取其咎也。

孟子曰。（孟子說。）不仁者。（對於不仁的國君。）可與言哉。（怎能和他講仁道呢。）安其危而利其菑（與災同ㄗㄞ）。（私欲遮蔽了他的本心，顛倒錯亂着，明明很危險，卻不知道，反以為安全，明明要有災禍，卻不知道，反以為有利。）樂（音洛ㄌㄜˋ）其所以亡者。（只喜歡幹那荒淫暴虐的亡國行為。）不仁而可與言。（如果對於不仁的國君還可以和他講仁道。）則何亡國敗家之有。（他又怎會弄到亡國敗家的地步呢。）有孺

子歌曰。（從前有個小孩子唱歌道。）滄浪（音郎ㄌㄤˊ）之水清兮。（滄浪的水這麼清呀。）可以濯我纓。（可以洗我的帽纓。）滄浪之水濁兮。（滄浪的水這麼渾呀。）可以濯我足。（可以洗我的脚。）孔子曰。（孔子聽得這歌，就對他的弟子們說。）小子聽之。（你們這些小子聽聽看。）淸斯濯纓。（水清便拿來洗帽纓。）濁斯濯足矣。（水渾便拿來洗脚了。）自取之也。（這種分別都是由那水自取的啊。）夫（音扶ㄈㄨˊ）人必自侮。（大凡一個人，必定先自己欺侮自己。）然後人侮之。（然後別人纔敢欺侮他。）家必自毀。（一個家庭，必定自己先毀壞。）而後人毀之。（然後別人纔敢毀壞他。）國必自伐。（一個國家，必定先自己攻伐自己。）而後人伐之。（然後別國纔敢攻伐他。）太甲曰。（書經太甲篇上說。）天作孽。（天降的災孽。）猶可違。（還可以避得開。）自作孽。（自家造的罪孽。）不可活。（那就不能活了。）此之謂也。（就是這個說法啊。）【章旨】這章書是孟子說國破家亡的慘禍，都是不仁的人自取的。

——孟子離婁上

所以梁襄王卒問天下惡乎定。孟子答以定于一。又問孰能一之，則答以不嗜殺人者能一之。又問孰能與之，則答以天下莫不與也。夫貪生畏死，人之常情，生之者人皆歸之，死之者人皆避之。今我以仁政治民，則民之率土來歸，不期然而然。

孟子見梁襄王。（孟子見過了梁惠王的兒子襄王。）出、語（去聲ㄩˋ）人曰。（出來後告訴人說。）望之不似人君。

(遠望毫無威儀，不像個國君的樣子。)就之而不見所畏焉。(到了他面前，也不足使人敬畏。)卒(ㄘㄨˋ)然問曰。(他急遽地問我說。)天下惡(ㄨ 平聲)乎定。(天下要怎樣纔能夠平定。)吾對曰。(我答說。)定于一。(要平定只有天下統一。)孰能一之。(他又問，那一個能夠統一天下呢。)對曰。(我答說。)不嗜殺人者能一之。(不喜歡殺人的人，就能夠統一。)孰能與之。(他又問，那一個能夠叫人民歸服呢。)對曰。(我答說。)天下莫不與也。(天下的人民沒有什麼不肯歸服的。)王知夫(ㄈㄨˊ 音扶)苗乎。(我說一個比方，君王可知道那稻苗麼。)七八月之間旱。(七、八月的中間，天久不雨。)則苗槁矣。(那稻苗就乾枯了。)天油然作雲。(等到天上濃濃地作起黑雲。)沛然下雨。(滂沱地下了一陣大雨。)則苗浡(ㄅㄛˊ 音勃)然興之矣。(那稻苗就勃然興起來了。)其如是。(國君如果注意民生疾苦，也像下雨救活枯苗似的。)孰能禦之。(那一個能夠阻止天下人民歸服呢。)今夫天下之人牧。(現在天下的國君。)未有不嗜殺人者也。(沒有一個不喜歡殺人的。)如有不嗜殺人者。(假使有一個不喜歡殺人的國君。)則天下之民。(那末天下的人民。)皆引領而望之矣。(就都要伸長了頸子盼望着了。)誠如是也。(要是眞個如此啊。)民歸之。(人民的歸服他。)由(當作猶，古字借用，後多做此。)水之就下。(便同水向低流一樣。)沛然誰能禦之。(浩浩蕩蕩地，還有那一個抵擋得住呢。)

【章旨】這章書是孟子申說不好殺人的國君就能使人民歸服而統一。——孟子梁惠王上

仁德之君，固不嗜殺人。然爲保護良民，則社會上之暴民，亦必除惡務盡，使良民得

以安居樂業，所謂除暴安良，殺一儆百，亦仁君之德政。故暴民雖被殺，亦自知罪有應得而不致抱怨。至使民之道亦然，如能使其一勞永逸，則民雖勞，亦不怨其勞也。

孟子曰。孟子說。以佚道使民。實行一勞永逸的政策使用人民。雖勞不怨。人民雖勞苦，也不會怨恨。以生道殺民。實行保護良民的政策殺死暴民。雖死不怨殺者。暴民雖死，也不會怨恨那殺他的人。【章旨】這章書是孟子希望做國君的使民殺民都要在正道上。——孟子盡心上

孟子慨當時國君，惟知富強是務，故於窮兵黷武之餘，復橫征暴斂，以重苦其民。

孟子曰。孟子說。古之為關也。古時候設置關口。將以禦暴。是用它檢查奸宄，抵制強暴的。今之為關也。現在設置關口。將以為暴。卻只用它徵收重稅，本身反成為強暴了。【章旨】這章書是孟子慨歎古時候的善政，到了後世卻變成虐政。——孟子盡心下

於是提示國家賦稅之征，人民勞役之服，皆當依照制度以行，既不可妄事征取，亦不可任意役使，致民疲財盡也。

孟子曰。孟子說。有布縷之征。國家的征賦法，有一種是布線，在夏季征取。粟米之征。一種是米穀，在秋季征。力役之征。一種是服勞役，在冬季征用。君子用其一。有道的國君，一季只征用一種。緩其二。寬緩其餘兩種。用其二。

假如在一季併征兩種。而民有殍。人民就會有餓死的。用其三。假如在一季併征三種。而父子離。人民就要父子離散了。【章旨】這章書是孟子警戒征取沒有限制的國君。——孟子盡心下

是以戴盈之欲請宋王減輕賦稅，而謂今茲未能，以待來年。孟子促其速請，何待之有。

戴盈之曰。宋國的大夫戴盈之向孟子說。什一。我要請宋王實行古時的井田制度，十分裏徵收一分租稅。去關市之征。並除去關口和市場上的捐稅。今茲未能。不過現在還不能做到這一步。請輕之。只好請宋王把捐稅減輕些。以待來年然後已。等待到明年，然後完全廢止。何如。夫子看來怎麼樣。孟子曰。孟子說。今有人。比方現在有個人。日攘（ㄖㄤˇ）其鄰之雞者。每天偷取鄰家的鷄。或告之曰。另有一個人對他說。是非君子之道。這不是做君子的道理。曰。偷鷄的人說。請損之。那末就請減少些。月攘一雞。改為每月偷一隻鷄。以待來年然後已。等待到明年，然後完全歇手，你想這話通不通呢。如知其非義。如果已知道那捐稅不合理。斯速已矣。就快些取銷好了。何待來年。何必等待到明年呢。【章旨】這章書是孟子說不合理的事應當趕快改革，不可延挨。——孟子滕文公下

惟過於減輕賦稅，使國政無法施行，亦非治國之道。

白圭曰。(周朝人白圭名丹的，問孟子說。)吾欲二十而取一何如。(我想改變稅則，從二十分裏徵取一分，怎麼樣呢。)孟子曰。(孟子說。)子之道。(你這道理。)貉(音貊ㄇㄛˋ)道也。(是北方夷狄的道理啊。)萬室之國。(譬如有一萬分人家的國家。)一人陶。(只有一個人燒窰。)則可乎。(那末可以不可以呢。)曰。(白圭說。)不可。(不可以的。)器不足用也。(因為窰器不夠用啊。)曰。(孟子說。)夫(音扶ㄈㄨˊ)貉。(講到貉那個地方。)五穀不生。(五穀都不生長。)惟黍生之。(只有黍米能生長一點。)無城郭宮室宗廟祭祀之禮。(沒有內城外城房屋祠堂這些制度。)無諸侯幣帛饔飧。(沒有諸侯來往送禮宴會這些應酬。)無百官有司。(又沒有百官辦事人的俸祿支出。)故二十取一而足也。(所以二十分裏徵取一分就够用了。)今居中國。(現在住在中國。)去人倫。(如果也學他們拋棄了人倫禮節。)無君子。(不用辦理政事的人。)如之何其可也。(那怎麼可以呢。)陶以寡。(燒窰的人不過太少。)且不可以為國。(尚且不可以成功一國。)況無君子乎。(何況沒有辦理政事的人呢。)欲輕之於堯舜之道者。(所以要減輕堯舜所定的什一稅則。)大貉小貉也。(是那大貉和這後起的小貉。)欲重之於堯舜之道者。(反之，要加重堯舜所定的什一稅則。)大桀小桀也。(也就是大桀和這後起的小桀了。)

【章旨】這章書是孟子說先王至中至正的道理，不能矯情改變。——孟子告子下

夫賦稅之征。為恤民力，固不可過重，為供國用，亦不可過輕，取其適中可也。

孟子鑒於當時君臣，大抵重利而輕義。於是說明利之如何爲害，仁義之如何可貴，勸其重視仁義，以打破利慾之心。卽大學所謂：「不以利爲利，以義爲利也。」如能明辨義利，自然尊王道而賤霸業矣。

孟子見梁惠王。梁惠王就是魏侯，名罃，因爲建都大梁，所以又稱爲梁，孟子游歷到梁，和惠王相見。王曰。惠王說。叟。老人家。不遠千里而來。你這樣不怕千里遠的路程來到這裏。亦將有以利吾國乎。總也有什麼好方法能使我梁國有利罷。孟子對曰。孟子答說。王何必曰利。君王何必說到這利字呢。亦有仁義而已矣。恐怕也只有仁義兩字可說罷了。王曰。假如國君說。何以利吾國。怎樣能使我國有利。大夫曰。大夫也說。何以利吾家。怎樣能使我家有利。士庶人曰。讀書人和百姓又都說。何以利吾身。怎樣能使我身有利。上下交征利。似此，上上下下都在互相奪利。而國危矣。那他的這一國就很危險了。萬乘(去聲下同ㄕㄥˋ)之國。所以天子擁有可出萬輛兵車的畿內地方。弒其君者。那弒死天子的人。必千乘之家。必然就是天子屬下，享有千輛兵車采邑的公卿。千乘之國。擁有可出千輛兵車的諸侯國。弒其君者。那弒死國君的人。必百乘之家。必然就是諸侯屬下，享有百輛兵車采邑的大夫。萬取千焉。既已從萬分裏取得千分。千取百焉。從千分裏取得百分。不爲不多矣。這比例也不算不多的了。苟爲後義而先利。但如不講義理，只把私利做前提。不奪不饜(ㄧㄢˋ)。在勢就非完全奪到手不能滿足。未有仁而遺其親者也。我沒有聽說過講仁愛的人會拋棄父母的。未有義而後其君者也。也沒有聽說過講義理的人反把君上放在腦後的。王亦曰仁義而已矣。君王也只該說說仁義罷了。何必曰利。為什麼卻要說到利。【章旨】這章書是孟子拿仁義二字，打破當時諸侯的利心，實為孟子一生尊王道賤霸術的主要思想。——孟子梁惠王上

故一國之人，如皆去仁義而懷利，其國未有不亡者。反之，懷仁義而去利，則未有不王者。

宋牼（口莖反）將之楚。一個姓宋名牼的人，將要到楚國去。孟子遇於石丘。孟子和他相遇在石丘地方。曰。就問他說。先生將何之。宋先生，你到那裏去。曰。宋牼說。吾聞秦楚構兵。我聽說秦、楚兩國正在醞釀戰爭。我將見楚王說（音稅下同ㄕㄨㄟˋ）而罷之。我想去見楚王。勸說他中止。楚王不悅。如果楚王不滿意我的話。我將見秦王。我再去見秦王。說而罷之。也勸說他中止。二王我將有所遇焉。這兩個國王裏面，我想總有一個會和我的意見投合罷。曰。孟子說。軻也。我孟軻啊。請無問其詳。也不必請問詳細。願聞其指。只願聽聽你勸說的大旨。說之將何如。你預備怎樣去勸說呢。曰。宋牼說。我將言其不利也。我預備解說兩國戰爭，毫無實際利益。曰。孟子說。先生之志則大矣。先生的志願誠然偉大。先生之號則不可。但先生所號召的理由卻是使不得。先生以利說秦楚之王

。先生拿實利的話去勸說秦楚兩國國王。秦楚之王悅於利。如果秦楚兩國國王都喜歡那實利。以罷三軍之師。就此停止三軍的師旅出動。是三軍之士。那末，這些三軍將士。樂(音洛下同ㄌㄜˋ)罷而悅於利也。也是爲了實利纔樂於停戰的了。爲人臣者。做人臣下的。懷利以事其君。懷着實利的思想去事奉他的君上。爲人子者。做人兒子的。懷利以事其父。懷着實利的思想去事奉他的父親。爲人弟者。做人弟弟的。懷利以事其兄。懷着實利的思想去事奉他的哥哥。是君臣父子兄弟。這就是使全國裏面的君上和臣下，父親和兒子，哥哥和弟弟。終去仁義。完全拋棄了仁道義理。懷利以相接。大家都懷着實利的思想去互相交接了。然而不亡者。像這樣還不亡國的。未之有也。是從來沒有的事。先生以仁義說秦楚之王。假使先生拿仁道義理去勸說秦楚兩國的國王。秦楚之王悅於仁義。秦楚兩國國王都喜歡那仁道義理。而罷三軍之師。就此停止三軍的師旅出動。是三軍之士。那末，這些三軍將士。樂罷而悅於仁義也。也就是爲了仁道義理，而樂於停戰的了。爲人臣者。做人臣下的。懷仁義以事其君。懷着仁道義理的思想去事奉他的君上。爲人子者。做人兒子的。懷仁義以事其父。懷着仁道義理的思想去事奉他的父親。爲人弟者。做人弟弟的。懷仁義以事其兄。懷着仁道義理的思想去事奉他的哥哥。是君臣父子兄弟。這就是使全國裏面的君上和臣下，父親和兒子，哥哥和弟弟。去利。都拋棄了實利的觀念。懷仁義以相接也。懷着仁道義理的思想去互相交接了。然而不王(去聲ㄨㄤˋ)者。像這樣還不能稱王天下的。未之有也。

也是從來沒有的事。何必曰利。為什麼定要說一個利字呢。【章旨】這章書是孟子說同一罷戰，有義利的不同，結果便有興亡的大差別。——孟子告子下

即個人之處世，財力充足，如遇荒年，亦不過免於餓死而已。惟有德行之人，雖在邪惡之世，亦不能亂其心志。故重利不如重仁義之為愈。

孟子曰。孟子說。周于利者。充足了財利的人。凶年不能殺。至多遇着荒年，不能餓殺他的生命。周于德者。充足了德行的人。邪世不能亂。就是遇着衰邪的時世，也不能擾亂他的心志。【章旨】這章書是孟子說聚財不如積德。——孟子盡心下

時諸侯爭以擴張國土，僭稱王號，乃廢棄周室爵祿之册籍，以便利其私圖。孟子趁北宮錡之問，言其嘗聞大略，以示先王定封建之制，實含有防僭竊之意也。

北宮錡(ㄑㄧˊ)問曰。衛國人北宮錡問孟子說。周室班爵祿也。周朝排定爵位和田祿的制度。如之何。是怎樣呢。

孟子曰。孟子說。其詳不可得聞也。那詳細的規定，是不可得知了。諸侯惡(ㄨˋ去聲)其害己也。因為各國諸侯兼併僭竊，嫌它妨害自己的行為。而皆去其籍。就將記載爵祿的冊籍都廢去了。然而軻也。然而我孟軻。嘗聞其略也。也曾聽得一些大略的情形。天子一位。通行天下的，天子是一個級位，列為第一等。公一位。公爵是一個級位，列為第二等。侯一位。侯爵是一個級位，列為第三等。伯一位。伯爵是一個級位，列為第四等。子男同一位。子爵、男爵同是一個級位，列為第五等。凡五等也。共有五等。

（爵位。）君一位。（通行一國的，國君是一個級位，列爲第一等。）卿一位。（卿相是一個級位，列爲第二等。）大夫一位。（大夫是一個級位，列爲第三等。）上士一位。（上士是一個級位，列爲第四等。）中士一位。（中士是一個級位，列爲第五等。）下士一位。（下士是一個級位，列爲第六等。）凡六等。（共有六等祿位。）天子之制。（又規定田爵，天子京城以內。）地方千里。（土地方圍一千里。）公侯皆方百里。（公爵侯爵都是方圍一百里。）伯七十里。（伯爵七十里。）子男五十里。（子爵男爵五十里。）凡四等。（共是四等田祿。）不能五十里。（土地不滿五十里的小國。）不達於天子。（不能直接朝貢天子。）附於諸侯曰附庸。（附屬在鄰近的諸侯，叫做附庸。）天子之卿。（天子的卿相。）受地視侯。（所受封地照侯爵的比例。）大夫受地視伯。（大夫受封地照伯爵的比例。）元士受地視子男。（上士受封地照子爵男爵的比例。）大國地方百里。（公侯的大國，土地方圍一百里。）君十卿祿。（國君所得的俸祿，比卿相的俸祿十倍。）卿祿四大夫。（卿相的俸祿，比大夫的俸祿四倍。）大夫倍上士。（大夫比上士加一倍。）上士倍中士。（上士比中士加一倍。）中士倍下士。（中士比下士加一倍。）下士與庶人在官者同祿。（下士和在公門當差的平民，受同等俸祿。）祿足以代其耕也。（這種俸祿，只足夠代替耕種所得的收穫。）次國地方七十里。（伯爵的次等國，土地方圍七十里。）君十卿祿。（國君所得的俸祿，比卿相的俸祿十倍。）卿祿三大夫。（卿相的俸祿，比大夫的俸祿三倍。）大夫倍上士。（大夫比上士加一倍。）上士倍中士。（上士比中士加一倍。）中士倍下士。（中士比下士加一倍。）下士與庶人在官者同祿。下士和在公門當差的平民受同等俸祿。祿足以代其耕也。這種俸祿，也足夠代替耕種所得的收穫。小國地方五十里。子爵男爵的小國，土地方圓五十里。君十卿祿。國君所得的俸祿，比卿相的俸祿十倍。卿祿二大夫。卿相的俸祿，比大夫的俸祿二倍。大夫倍上士。大夫比上士加一倍。上士倍中士。上士比中士加一倍。中士倍下士。中士比下士加一倍。下士與庶人在官者同祿。下士和在公門當差的平民受同等俸祿。祿足以代其耕也。這種俸祿也足夠代替耕種所得的收穫。耕者之所獲。種田的人所得的收穫。一夫百畝。一個男子有百畝田。百畝之糞。這一百畝田所用的肥料如果豐足，再加上勤力耕種上農夫食（音嗣）九人。那末，收穫成績上等的農夫，可以養活九個人。上次食八人。比上等次一些的，可以養活八個人。中食七人。中等的可以養活七個人。中次食六人。比中等次一些的，可以養活六個人。下食五人。下等的可以養活五個人。庶人在官者。那平民在公門當差的。其祿以是爲差。所得俸祿就拿這五等做比例。【章旨】這章書是孟子說明先王封建制度，含有糾彈當時諸侯僭竊的意思。

——孟子萬章下

第二目　國君圖一己之享樂，不顧人民疾苦

時君待國力富強之後，輒圖一己之享樂，宮室園林之築，聲色犬馬之娛，無不惟心所

欲。而於人民疾苦，則漠不關心。故齊宣王於雪宮問孟子賢者亦有此樂。孟子以君民共憂樂之說進。並舉景公納晏子之諫，始則大戒舍郊，出責省民。繼又散發廩粟，補民不足。勸宣王之重視民生，毋一人獨樂也。

齊宣王見孟子於雪宮。齊宣王見孟子在雪宮裏。王曰。宣王說。賢者亦有此樂（音洛下同ㄌㄜˋ）乎。賢德的人也有這樣的快樂麼。孟子對曰。孟子答說。有。有的。人不得。但如使人不能同享快樂。則非其上矣。人就要毀謗他的國君了。不得而非其上者。為了不得同享快樂就毀謗國君。非也。固然不對。為民上而不與民同樂者。做了人民的君長，卻不肯和人民同享快樂。亦非也。也是不對的啊。樂民之樂者。君長能夠把人民所快樂的引為快樂。民亦樂其樂。人民也自然把君長所快樂的引為快樂了。憂民之憂者。君長能夠把人民所憂愁的引為憂愁。民亦憂其憂。人民也自然把君長所憂愁的引為憂愁了。樂以天下。快樂為了天下。憂以天下。憂愁也為了天下。然而不王者。像這樣還不能稱王天下的。未之有也。那是從來沒有的事啊。昔者齊景公問於晏子曰。從前齊景公問晏子說。吾欲觀於轉附朝（音潮ㄔㄠˊ）儛。我想去看看轉附和朝儛兩座山。遵海而南。再沿海向南。放（朱注上聲ㄈㄤˇ）於琅邪。一直到那琅邪地方。吾何修而可以比於先王觀也。我要怎樣做去，纔可以比得上古代帝王的壯遊呢。晏子對曰。晏子答說善哉問也。很好呀，這一問。天子適諸侯曰巡狩(ㄕㄡˋ)。天子十二年周臨諸侯一次，叫做巡狩。巡狩者。巡狩的意思。巡所守也。就是巡查諸侯所守的地方。諸侯朝於天子曰述職。諸侯每六年朝見天子一次，叫做述職。述職者。述職的意思。述所職也。就是陳述自己的職事。無非事者。這一往一來，沒有不爲了正經大事。春省(ㄒㄧㄥˇ)耕而補不足。還有春天出去視察人民的耕種情形，補助那播種不够的。秋省斂而助不給。秋天出去視察人民的收穫情形，發出存儲的倉米，資助那食糧不敷的。夏諺曰。夏朝時候，有句俗話。吾王不遊。我們的君王如果不出來巡遊。吾何以休。我們怎麼會得着恩惠呢。吾王不豫。我們的君王如果不快樂吾何以助。我們怎麼會得着補助呢。一遊一豫。天子的一遊一樂。爲諸侯度。都可以做諸侯的模範。今也不然。現在的諸侯就不這樣了。師行而糧食。軍隊一開拔，首先要人民供給糧草。飢者弗食。饑餓的人民反而得不着吃的。勞者弗息。勞苦的人民一些得不着休息。睊(ㄐㄩㄢˋ)睊胥讒。大家斜起眼睛來，彼此恨恨地毀謗着。民乃作慝。到了無可奈何，就做起壞事來了。方命虐民。然而諸侯們還是違背天子的命令，虐待人民。飲食若流。自己飲食糜費，就同流水有去無來一樣。流連荒亡。似這等流啊連啊荒啊亡啊，一味淫樂。爲諸侯憂。不但不能做那些附庸小國和縣邑長官的模範，反而勞他們憂慮。從流下而忘反。什麼叫做流連荒亡呢，儘情游玩下去，好比放舟隨水而下，忘記了回頭。謂之流。就叫做流。從流上而忘反。只管逆理淫邪，好比挽舟逆水而上，忘記了回頭。謂之連。就叫做連。從獸無厭。打獵趕逐禽獸，沒有厭足的時候，曠廢了光陰。謂之荒。就叫做荒。樂酒無厭(朱注平聲今讀ㄧㄢˋ)。任意飲酒作樂，沒有厭足的時候，失誤了正事。謂之亡。就叫做亡先王無流連之樂。古代帝王沒有流連的樂法。荒亡之行。荒亡的行爲。惟君所行也。還是學古代帝王，還是學現在的諸侯，就在君上自己選擇實行了。景公說(音悅ㄩㄝˋ)。景公聽了晏子的話，心裏很歡悅。大戒於國。先出告示，大大的曉諭全國人民。出舍於郊。然後出城住在郊野地方，表示自責並慰問人民。於是始興發。於是開始發出倉中的米穀。補不足。補助食糧不足的人民。召太師曰。又召了樂官來，對他說。爲(去聲ㄨㄟˋ)我作君臣相說之樂(如字ㄩㄝˋ)。給我製作我和晏子君臣和樂的樂歌。蓋徵(陟里反ㄓˇ)招(與韶同ㄕㄠˊ)角招是也。這樂歌就是現在所傳的徵招和角招兩章。其詩曰。那歌中有一句是。畜(ㄔㄨˋ)君何尤。阻止國君的私欲有什麼罪過。畜君者。好君也。所以阻止國君不要做錯事的人，正是敬愛國君哩。【章旨】這章書是孟子說國君要與人民憂樂相共，並引古事爲證。——孟子梁惠王下

其後宣王以文王之囿大，民以爲小，寡人之囿小，民以爲大，以問孟子。孟子說明囿之大小，視國君是否能與民同樂，若僅爲國君之獨享其樂，則民自視之爲太大矣。

齊宣王問曰。齊宣王問孟子說。文王之囿(音又ㄧㄡˋ)。周文王養鳥獸的園子。方七十里。方圍七十里廣闊。有諸。有這事麼。孟子對曰。孟子答說。於傳(直戀反ㄓㄨㄢˋ)有之。在古書上是有的。曰。宣王說。若是其大乎。像這樣的大麼。曰。孟子說。民猶以爲小也。人民還以爲太小哩。曰。宣王說。寡人之囿。我養鳥獸的園子。方四

十里。（方圍不過四十里。）民猶以爲大。（人民還以爲太大。）何也。（這是什麼緣故呢。）曰。（孟子說。）文王之囿。（文王的園子。）方七十里。（方圍有七十里。）芻（朱注音初今讀ㄔㄨˊ）蕘（音饒ㄖㄠˊ）者往焉。（割草和砍柴的人可以到裏面去。）雉兎者往焉。（打野鷄和打野兎的人也可以到裏面去。）與民同之。（是和人民共有的。）民以爲小。（人民以爲太小。）不亦宜乎。（不正是應該的麼。）臣始至於境。（我這次到齊國來，在開始入境的時候。）問國之大禁。（先打聽齊國的最大禁令。）然後敢入。（然後纔敢入境。）臣聞郊關之內。（我聽說城外一百里的郊關裏面。）有囿方四十里。（有個園子方圍四十里。）殺其麋鹿者。（如有殺死了園子裏大鹿小鹿的人。）如殺人之罪。（就和殺人的罪一樣。）則是方四十里。（那末，這方圍四十里地方。）爲阱（ㄐㄧㄥˇ）於國中。（便好似掘了個陷坑在齊國境內。）民以爲大。（人民以爲太大。）不亦宜乎。（不也是應該的麼。）【章旨】這章書是孟子借着論囿說到與民同樂，還是上一章的意思。——孟子梁惠王下

孟子與宣王談好樂之事，暢言獨樂樂與衆樂樂之得失，力勸其與民同樂，以王天下。

莊暴見孟子曰。（齊國的大夫莊暴見了孟子說。）暴見（音現下見同。ㄒㄧㄢˋ）於王。（暴在前日朝見君王時。）王語（去聲下同ㄩˋ）暴以好（去聲。篇內並同。ㄏㄠˋ）樂。（君王把喜歡音樂的話告訴暴。）暴未有以對也。（暴在當時不曾有話對答。）曰。（接着莊暴就問了一句說。）好樂何如。（喜好音樂可又怎樣呢。）孟子曰。（孟子說。）王之好樂甚。（君王的喜好音樂，如果到了極點。）則齊國其庶幾

乎。（齊國就差不多可以平治了。）他日見於王曰。（過了一天，孟子去見齊宣王說。）王嘗語莊子以好樂。（君王曾把喜好音樂的話告訴莊暴。）有諸。（有這事麼。）王變乎色。（宣王心裏很覺慚愧，臉上變了色）曰。（說）寡人非能好先王之樂也。（我那裏能够喜好古代帝王的高尚音樂。）直好世俗之樂耳。（不過喜好現在世俗上的音樂罷了。）曰。（孟子說。）王之好樂甚。（君王的喜好音樂，如果到了極點。）則齊其庶幾乎。（齊國也就差不多可以平治了。）今之樂。（現在的音樂。）由古之樂也。（實際仍和古代的音樂一樣。）曰。（宣王說。）可得聞與（平聲ㄩˊ）。（這個道理可以說給我聽聽麼。）曰。（孟子說。）獨樂樂（音洛ㄌㄜˋ）。（一個人欣賞音樂的快樂。）與人樂樂（音洛ㄌㄜˋ）。（和人共同欣賞音樂的快樂。）孰樂（音洛ㄌㄜˋ）。（這兩種比較起來，那一種更快樂呢。）曰。（宣王說。）不若與人。（不如和人共同欣賞。）曰。（孟子說。）與少樂樂（音洛ㄌㄜˋ）。（和少數人共同欣賞音樂的快樂。）與衆樂樂（音洛ㄌㄜˋ）。（和多數人共同欣賞音樂的快樂。）孰樂（音洛ㄌㄜˋ）。（這兩種比較起來。又是那一種最快樂呢。）曰。（宣王說。）不若與衆。（不如和多數人共同欣賞。）臣請爲王言樂。（孟子說，那末，我就給君王講講音樂的道理。）今王鼓樂於此。（假定現在君王在這裏奏樂。）百姓聞王鐘鼓之聲。（百姓聽得了君王敲鐘擊鼓的聲音。）管籥之音。（吹管吹籥的聲音。）舉疾首蹙（子六反ㄘㄨˋ）頞（音遏ㄜˋ）而相告曰。（大家都感覺頭痛，皺着額紋，互相告訴說。）吾王之好鼓樂。（我們的君王如此喜好奏樂。）夫（音扶ㄈㄨˊ）何使我至於此極也。（怎又使我們陷在這樣窮困的境地呢。）父子不相見。（父親兒子不能够見面。）兄弟妻子離散。（兄弟和妻子離散在四方。）今王田獵於此。再假定現在君王打獵在田野裏。百姓聞王車馬之音。百姓聽得了君王車輪馬蹄的聲音。見羽旄之美看見羽毛旄旗的美麗。舉疾首蹙頞而相告曰。大家也都感覺頭痛，皺着額紋，互相告訴說。吾王之好田獵。我們的君王如此喜好打獵。夫何使我至於此極也。怎又使我們陷在這等窮困的境地呢。父子不相見。父親兒子不能夠見面。兄弟妻子離散。兄弟和妻子離散在四方。此無他這沒有別的。。不與民同樂(音洛ㄌㄜˋ)也。就是為了君王不能和百姓共同享樂啊。今王鼓樂於此。反過來說，現在君王在這裏奏樂。百姓聞王鐘鼓之聲。百姓聽得了君王敲鐘擊鼓的聲音。管籥之音。吹管吹籥的聲音。舉欣欣然有喜色而相告曰。大家都非常高興，臉上有喜色，互相告訴說。吾王庶幾無疾病與。我們的君王大概沒有疾病，很健康罷。何以能鼓樂也。不然，怎麼能有奏樂的興致呢。今王田獵於此。再如，現在君王打獵在田野裏。百姓聞王車馬之音。百姓聽得了君王車輪馬蹄的聲音。見羽旄之美。看見羽毛旄旗的美麗。舉欣欣然有喜色而相告曰。大家也都非常高興，臉上有喜色，互相告訴說。吾王庶幾無疾病與(平聲ㄩˊ)。我們的君王大概沒有疾病，很健康罷。何以能田獵也。不然怎麼能够有打獵的興致呢。此無他。這也沒有別的。與民同樂(音洛ㄌㄜˋ)也。就是為了君王能和百姓共同享樂啊。今王與百姓同樂。現在君王如能和百姓共同享樂。則王矣。那便一定可以稱王天下了。【章旨】這章書是孟子因宣王好樂，趁勢引伸，勸他施行仁政。——孟子梁惠王下梁惠王立于沼上亦問孟子賢者是否樂此。孟子告以周文王與民偕樂，故能樂其樂，夏桀暴虐其民，民欲與之偕亡，尚何樂之可言。說明國君非不可有臺池鳥獸之娛，惟應與民共樂，而不可獨享也。

孟子見梁惠王。（孟子又去見梁惠王。）王立於沼上。（那時惠王正站在池邊。）顧鴻雁麋鹿。（左顧右盼地玩賞那大的鴻，小的雁，大的麋，小的鹿。）曰。（惠王說。）賢者亦樂（音洛，篇內同。ㄌㄜˋ）此乎。（講仁義的賢君，也喜歡玩賞這些，當做樂事麼。）孟子對曰。（孟子答說。）賢者而後樂此。（正是要講仁義的賢君，纔能享受這種快樂。）不賢者雖有此不樂也。（如不是賢君，雖有這樣的好地方，也不能儘情享受，感到快樂的。）詩云。（詩經上稱贊文王說。）經始靈臺。（文王開始準備建築靈臺。）經之營之。（正在計劃着怎樣佈置，怎樣營造。）庶民攻之。（衆多的人民知道了，就一齊來動手建築。）不日成之。（沒有多天就全部完成。）經始勿亟（音棘ㄐㄧˊ）。（文王的初意，本不急想實現。）庶民子來。（可是那衆多的人民，卻都像兒子一樣的趕來，在很短的時期裏替他造好。）王在靈囿。（文王在這靈囿裏遊玩。）麀（音憂ㄧㄡ）鹿攸伏。（看見那些牝鹿都安靜地伏着不動。）麀鹿濯濯。（身子都肥胖而光滑。）白鳥鶴鶴（詩作翯，戶角反ㄏㄜˋ）。（白色的鳥兒，毛羽也都是潔白而清爽。）王在靈沼。（文王又在靈沼邊上玩賞。）於（音烏ㄨ）牣魚躍。（看那滿池的游魚跳來跳去。）文王以民力為臺為沼。（文王使用人民的勞力，建築臺和池。）而民歡樂之。（人民反而歡喜快樂）謂其臺曰靈臺。（稱他的臺叫靈臺。）謂其沼曰靈沼。

稱他的池叫靈沼。樂其有麋鹿魚鼈。大家都很高興那園裏有大鹿小鹿，池裏有魚和鼈。古之人與民偕樂。古時候做君上的人，就爲了和人民共同享樂。故能樂也。所以能够盡情享樂啊。湯誓曰。又書經湯誓篇上，人民怨恨夏桀說。時日害（音曷ㄏㄜˊ）喪（去聲ㄙㄤˋ）。這天天在我們頭上烈日似的暴君啊，什麼時候纔滅亡呢。予及女（音汝ㄖㄨˇ）偕亡。我們情願和你一同滅亡。民欲與之偕亡。人民怨恨到情願一同滅亡的地步。雖有臺池鳥獸。雖有臺池和鳥獸。豈能獨樂哉。又怎能保得住一個人獨樂呢。【章旨】這章書是孟子說國君要和人民同樂，並警戒惠王不要像夏桀那樣。——孟子梁惠王上

乃梁惠王非特不與民共樂，而且民有飢色，野有餓莩。反觀其庖廐，則有肥肉供食，肥馬供乘，孟子因以率獸食人之說，促其速去暴政，以行仁政也。

梁惠王曰。梁惠王向孟子說。寡人願安承教。我願安心承受教誨。孟子對曰。孟子答說。殺人以梃（ㄊㄧㄥˇ）與刃。殺人拿木棍打死和用刀戮死。有以異乎。有沒有分別呢。曰。惠王說。無以異也。都是殺人，沒有分別的。以刃與政。孟子說，殺人用刀戮死和用法陷害。有以異乎。有沒有分別呢。曰。惠王說。無以異也。也沒有分別的。曰。孟子說。庖有肥肉。如今的國君，廚房裏有肥肉。廐有肥馬。馬房裏有肥馬。民有飢色。那人民的臉上卻有餓色。野有餓莩。荒地裏有餓死的屍體。此率獸而食人也。似此養着禽獸而餓了人民，就和率領禽獸去吃人一樣了啊。獸相食。野獸

吃。互相吞且人惡(ㄨˋ去聲)之。人尚且要憎惡。爲民父母行政。現在做人民父母辦理國家政事的。不免於率獸而食人。也免不了率領禽獸吃人的情形。惡(ㄨ平聲)在其爲民父母也。怎麼好算是做人民的父母呢。仲尼曰。孔子曾說過。始作俑(ㄩㄥˇ音勇)者。開始製作從葬木偶的人。其無後乎。他不會有後代罷。爲(ㄨㄟˋ去聲)其象人而用之也。那不過因他製作得太像個眞人，去陪着死人同葬，孔子尙且要斥責。如之何其使斯民飢而死也。怎麼可以使這些活着的人民受饑餓而死呢。【章旨】這章書是孟子借客形主，勸惠王除去暴政。——孟子梁惠王上

至珠玉亦爲當時諸侯之所寶。孟子慮其玩物喪志，特舉以爲戒。而望其寶土地、人民、與政事。

孟子曰。孟子說。諸侯之寶三。諸侯的寶貝有三種。土地。一是土地。人民。一是人民。政事。一是政事。寶珠玉者。假使看輕了這三種，到處搜求那珍珠玉石，當做寶貝。殃必及身。禍害就一定要臨到他自己身上的。【章旨】這章書是孟子警戒做國君的，要寶愛他的所當寶愛。——孟子盡心下

在上者祇圖一己之妄爲，在下者復迎合其意，甚且爲之掩飾辯護，強詞奪理，恬不知恥，此逢君之惡，甚於長君之惡也。

燕人畔。(齊國取了燕國，後來燕國人又背叛了。)王曰。(齊宣王說。)吾甚慙於孟子。(我對於孟子很覺慚愧。)陳賈曰。(大夫陳賈說。)王無患焉。(君王不必憂愁。)王自以為與周公。(君王自己以為和周公比較。)孰仁且智。(誰是仁而且智呢。)王曰。(宣王說。)惡(平聲ㄨ)。(咳。)是何言也。(這是什麼話啊。)曰。(陳賈說。)周公使管叔監(平聲ㄐㄧㄢ)殷。(武王滅了紂王，把紂王的兒子武庚封在殷地，周公使他的哥哥管叔監守武庚。)管叔以殷畔。(後來管叔反幫助武庚叛亂。)知而使之。(如果周公明知道武庚會叛亂，有意使他去，卻等他犯了法殺他。)是不仁也。(這便是不仁。)不知而使之。(如果周公不知道管叔會叛亂，所以使他去，卻不料他竟會叛亂起來。)是不智也。(這便是不智了。)仁智。(可見仁和智。)周公未之盡也。(像周公那樣的大聖人，還有不完全的地方。)而況於王乎。(何況君王呢。)賈請見而解之。(賈請替君王去見孟子解說這件事。)見孟子問曰。(於是陳賈去見孟子，問孟子說。)周公何人也。(周公是何等人呢。)曰。(孟子說。)古聖人也。(古時候的聖人啊。)曰。(陳賈說。)使管叔監殷。(周公使管叔監守武庚。)管叔以殷畔也。(後來管叔反幫助武庚叛亂。)有諸。(有這事麼。)曰。(孟子說。)然。(是有的。)曰。(陳賈說。)周公知其將畔而使之與(平聲ㄩ)。(周公知道他會叛亂，有意使他去的麼。)曰。(孟子說。)不知也。(並不知道的。)然則聖人且有過與。(陳賈說，這麼看來，聖人尚會有過錯麼。)曰。(孟子說。)周公弟也。(周公是弟啊。)管叔兄也。(管叔是兄啊。弟只有敬愛兄長的心，那裏敢防他叛亂呢。)周公之過。(周公犯了這一過錯。)不亦宜乎。(不也是應該的麼。)且古之君子。(不過古時候的君子)過則改之。（有了過錯就會改。）今之君子。（現在的所謂君子。）過則順之。（有了過錯不但不改，還要順着性兒錯到底。）古之君子。（古時候的君子。）其過也。（他如有了過錯。）如日月之食。（就像日蝕和月蝕一樣。）民皆見之。（人民都有得見的。）及其更（平聲）也。（等到他改了的時候。）民皆仰之。（人民仍都仰望他。）今之君子。（現在的所謂君子。）豈徒順之。（豈但順着性兒錯到底。）又從爲之辭。（還要替他強詞辯護哩。）【章旨】這章書是孟子說古人的過錯不是今人所能拿來藉口，並深責陳賈替齊宣王文飾過錯。——孟子公孫丑下

蓋戰國君臣，同惡相濟。故孟子謂：「今之諸侯，爲五霸之罪人。而今之大夫，又爲今之諸侯之罪人。」其致慨可以想見矣。

孟子曰。（孟子說。）五霸者。（齊桓公晉文公秦穆公宋襄公楚莊王這五個諸侯霸主。）三王之罪人也。（是夏禹商湯周文王三代天子的罪人。）今之諸侯。（現在的諸侯。）五霸之罪人也。（又是五霸的罪人。）今之大夫。（現在的大夫。）今之諸侯之罪人也。（卻又是現在諸侯的罪人。）天子適諸侯曰巡狩。（天子每十二年一到諸侯的國家，叫做巡狩。）諸侯朝（音潮）於天子曰述職。（諸侯每六年朝見天子，叫做述職。）春省耕而補不足。（春天出去省察人民的耕種情形，穀種若有不夠的，就發出存穀補足他。）秋省斂而助不給。（秋天出去省察人民的收穫情形，若有收穫少不能繼續維持到下期收穫的，就發出倉米補助他。）入其疆。（走進諸侯的國境。）土地辟（與闢）

同ㄨˋ)。看那土地都已開闢。田野治(去聲ㄓˋ)。田野都已耕種。養老尊賢。能供養年老的人，並尊重賢德的人。俊傑在位。同時有才幹的人也都舉用在位。則有慶。那末就有賞。慶以地。賞的辦法是拿土地再去加封給那諸侯。入其疆。如果走進諸侯的國境。土地荒蕪。看見土地荒廢着不耕種。遺老失賢。拋開了老人不養，放棄了賢人不用。掊克在位。剝削人民的壞人倒充滿在官位上。則有讓。那末就有責罰。一不朝。責罰的辦法是一步嚴厲一步的，第一次不來朝見。則貶其爵。只降小他的爵位。再不朝。兩次不來朝見。則削其地。就削小他的土地。三不朝。到了三次不來朝見。則六師移之。天子便命令六軍去誅殺了他，另立別人爲君了。是故天子討而不伐。所以天子只是出命令去討有罪的，並不親自去征伐。諸侯伐而不討。諸侯只是奉天子的命令去征伐，卻不能擅自作主去討那有罪的。五霸者。五霸呢。摟諸侯以伐諸侯者也。卻都是擅自連合諸侯去攻伐諸侯的啊。故曰。所以說。五霸者。照五霸的行爲三王之罪人也。都是三王的罪人。五霸桓公爲盛。五霸當中，齊桓公的功業最盛大。葵丘之會諸侯。但他在葵丘地方大會諸侯時。束牲載書。卻只縛好了牲口，安放下公立的盟書。而不歃(所治反ㄕㄚˋ)血。並不行那拿牲口的血塗在嘴上宣讀誓約的古禮。初命曰。第一條宣言說。誅不孝。誅殺不孝父母的逆子。無易樹子。不要更改已經立定的太子。無以妾爲妻。不要把小妾立做正妻。再命曰。第二條宣言說。尊賢育才。尊重賢士，教育人才。以彰有德。去表揚有德行的人。三命曰。第三條宣言說。敬老慈幼。恭敬年老的人，愛護年幼的人。無忘賓旅。不要怠慢別國來的賓客行旅。四命曰。第四條宣言說。士無世官。（功臣只能有世襲的俸祿，不能有世襲的官職。）官事無攝。（公事要劃清職權，不能一人兼辦。）取士必得。（取用士人一定要求得眞才。）無專殺大夫。（不要自已一人作主殺有罪的大夫）五命曰。（第五條宣言說。）無曲防。（不要做彎曲的隄防，防礙鄰國水利。）無遏糴（音狄ㄉㄧˊ）。（不要禁止糴賣米穀，坐視鄰國的飢荒。）無有封而不告。（不要在封授土地時不稟告天子。）曰。（最後又申明說。）凡我同盟之人。（凡我同訂盟書的人。）既盟之後。（在已經訂了盟書以後。）言歸于好（朱注去聲ㄏㄠˋ）。（總要大家恢復和好纔是。）今之諸侯。（現在的諸侯。）皆犯此五禁。（仍然都犯這五條禁約。）故曰。（所以說。）今之諸侯。（現在的諸侯。）五霸之罪人也。（又是五霸的罪人。）長（上聲ㄓㄤˇ）君之惡。（至於大夫，那聽任國君增加過惡，不去諫勸的。）其罪小。（他的罪還算小。）逢君之惡。（迎合引誘國君去犯過惡。）其罪大。（他的罪就大了。）今之大夫。（現在的大夫。）皆逢君之惡。（都是迎合引誘國君去犯過惡。）故曰。（所以說。）今之大夫。（現在的大夫。）今之諸侯之罪人也。（又都是現在諸侯的罪人啊。）【章旨】這章書是孟子歎息王道不行，世風一天壞似一天。——孟子告子下

小人侍君側，讒諂面諛，陷君爲惡。雖有一二君子，從旁規勸，亦屬孤掌難鳴，無甚助益。

孟子謂戴不勝曰。（孟子向宋國的大夫戴不勝說。）子欲子之王之善與（平聲ㄩˊ）。（你要你的國王成爲一個賢明的國王麼。）

我明告子。（我明白告訴你。）有楚大夫於此。（比方有一個楚國的大夫在這裏。）欲其子之齊語也。（要想使他的兒子學說齊國話。）則使齊人傅諸。（那末，請齊國人教授他呢。）使楚人傅諸。（還是請楚國人教授他呢。）曰。（戴不勝說。）使齊人傅之。（當然請齊國人教授他了。）曰。（孟子說。）一齊人傅之。（一個齊國人教授他齊國的話。）衆楚人咻（音休ㄒㄧㄡ）之。（許多的楚國人卻把楚國話來混亂他。）雖日撻而求其齊也。（雖是天天責打他，要他把齊國話說得純熟。）不可得矣。（總是不可能的了。）引而置之莊嶽之閒。（如果帶了他把他安置在齊國名叫莊嶽的街市閒。）數年。（住上幾年。）雖日撻而求其楚。（那雖是天天責打他。要他仍舊說楚國話。）亦不可得矣。（也是不可能的啊。）子謂薛居州。（你說薛居州這人。）善士也。（是個心善有才幹的。）使之居於王所。（所以你舉薦到宋王面前，可以時時諫勸宋王行些善政。）在於王所者。（假使和宋王在一起的人）長（上聲ㄓㄤˇ）幼卑尊。（無論年記大的小的。官位低的高的。）皆薛居州也。（都能像薛居州一樣心善有才幹。）王誰與爲不善。（那末，還有誰去和宋王做不善的事呢。）在王所者。（假使和宋王在一起的人。）長幼卑尊。（無論年記大的小的官位低的高的。）皆非薛居州也。（都不像薛居州那樣心善有才幹。）王誰與爲善。（那末，還有誰去和宋王做出善事來呢。）一薛居州。（只有一個薛居州。）獨如宋王何。（能使宋王怎麼樣。）【章旨】（這章書是孟子說國君左右的小人多，君子只有一個，就很難匡正國君。）——孟子滕文公下

第三目　社會風氣：尚武爭利，毀人譽己，恬不知恥

至其時社會風氣，亦崇尚武力，好勇鬥很，怨仇相報，互殺父兄。是無異間接殺己之父兄，如此道德倫理，喪失殆盡。社會秩序，安得不異常混亂，卽法律亦失其效用。

孟子曰。孟子說。吾今而後知殺人親之重也。我從今以後，纔知道殺死別人的親人這事的重大意義了。殺人之父。殺死別人的父親。人亦殺其父。別人也殺死他的父親。殺人之兄。殺死別人的哥哥。人亦殺其兄。別人也殺死他的哥哥。然則非自殺之也。這麼看來，雖不是自己殺死自己的父親和哥哥。一閒（去聲ㄐㄧㄢˋ）耳。實在也不過掉換一個殺的人手罷了。【章旨】這章書是孟子說人事報復的可怕。——孟子盡心下

於斯時也，人皆惟利是圖，無善可取。孟子慨世風之日下，乃以舜之爲善，蹠之爲利，以儆當世之人。

孟子曰。孟子說。雞鳴而起。雞叫的時候就起身。孳孳爲善者。勤勉地做善事。舜之徒也。這是大舜一類的人。雞鳴而起。雞叫時就起身。孳孳爲利者。勤勉地謀利益。蹠之徒也。那是盜蹠一類的人。欲知舜與蹠之分。要想曉得大舜和盜蹠的分別。無他。沒有別的大同。利與善之閒也。就在這行善和謀利兩點中間去分辨就是了。

【章旨】這章書是孟子說明聖凡的分別。——孟子盡心上

即偶有潛修德行之人，其目的亦在於求得富貴尊榮，迨一旦素願獲償，則妄作威福，棄德行於不顧，其不亡何待。

孟子曰。孟子說。有天爵者。有從天所得的爵位。有人爵者。有從人所得的爵位。仁義忠信。能實行仁義忠信。樂(音洛ㄌㄜˋ)善不倦。樂於從善不厭倦。此天爵也。這就是從天所得的尊貴爵位。公卿大夫。公爵和大夫。此人爵也。這就是從人所得的尊貴爵位。古之人修其天爵。古時候的人，修養好從天所得的尊貴爵位，換句話說，也就是修養好自己的德行。而人爵從之。那人爵的官祿自然會跟着得到。今之人修其天爵。現在的人修養自己的德行。以要(音邀ㄧㄠ)人爵。卻是爲了求取官祿。既得人爵。既經得着了官祿。而棄其天爵。就拋棄德行不再修養。則惑之甚者也。那眞是糊塗到極點了。終亦必亡而已矣。結果連官祿也一定要失掉哩。【章旨】這章書是孟子勉勵人保守天爵。——孟子告子上

人既利慾薰心，一見權貴，逢迎之惟恐不及。而賢者志行高潔，自鄙棄之而不屑與之言。然猶不肯明言其故，具見賢者待人之忠厚也。玆舉二例以明之。

公行子有子之喪。齊國大夫公行子有兒子的喪事。右師往弔。一般卿大夫都奉了國君的命令去弔喪，所以右師王驩也去弔。入門。

右師進了門。有進而與右師言者。就有上前去和右師接談的。有就右師之位。也有走到右師的坐位旁邊。而與右師言者。去和右師說話的。孟子不與右師言。只有孟子不和右師說話。右師不悅曰。右師心裏很不樂，對人說。諸君子皆與驩言。諸位都來和我王驩說話。孟子獨不與驩言。只有孟子一個人，獨不和我王驩說話，是簡驩也。這就是輕慢我王驩啊。孟子聞之曰。孟子聽得了，就說。禮。照禮節說。朝(音潮)(ㄔㄠˊ)廷不歷位而相與言。在朝廷上是不准離開位次去和人說話的。不踰階而相揖也。也不准越過自己的班次去和人作揖的。我欲行禮。我要遵守這禮節。子敖以我爲簡。子敖反當做我輕慢他。不亦異乎。不是很可怪麼。【章旨】這章書是孟子維持朝廷的禮節對待權臣。——孟子離婁下

孟子爲卿於齊。孟子在齊國做客卿。出弔於滕。替齊王出使滕國弔喪。王使蓋(ㄍㄜˇ)大夫王驩爲輔行。齊王派蓋邑大夫王驩做副使。王驩朝暮見。王驩早晚和孟子見面。反齊滕之路。往返在齊滕間的路上。未嘗與之言行事也。卻不曾和他談起過出使的事。公孫丑曰。公孫丑問孟子說。齊卿之位。王驩居有齊卿的爵位。不爲小矣。不能算小了。齊滕之路。齊國到滕國的路程不爲近矣。不能算近了。反之而未嘗與言行事。在一去一來中不曾和他談起一句出使的事。何也。是爲了什麼呀。曰。孟子說。夫(音扶)(ㄈㄨˊ)既或治之。這種事既經有司們去辦了。予何言哉。我還有什麼話說呢。【章旨】這章書是孟子待小人不惡而嚴。——孟子公孫丑下

人皆好利而不好善，故孟子一聞樂正子爲政，竟至喜而不寐，何也，以其好善也。

魯欲使樂正子爲政。魯國要使樂正子主持國政。孟子曰。孟子說。吾聞之喜而不寐。我聽了這消息，高興得不想睡哩。公孫丑曰。公孫丑說。樂正子强乎。樂正子有辦大事的力量麼。曰。孟子說。否。不是爲了這個。有知(去聲ㄓˋ)慮乎。公孫丑說，他有決斷大事的智謀思慮麼。曰。孟子說。否。也不是。多聞識乎。公孫丑說，他富有通達道理的閱歷見識麼。曰。孟子說。否。也不是。然則奚爲喜而不寐。公孫丑說，那末，究竟爲了什麼要高興得不想睡呢。曰。孟子說。其爲人也好(去聲，下同。ㄏㄠˋ)善。因爲他的做人，喜好做一切美善的事情。好善足乎。公孫丑說，喜好做美善的事情，就足够辦理國政麼。曰。孟子說。好善優於天下。能够喜歡美善，就是使他治理天下，也綽綽有餘。而況魯國乎。何況治理一個魯國呢。夫(音扶，下同。ㄈㄨˊ)苟好善。一個人只要喜好美善。則四海之內。那末，四海以內的人。皆將輕千里而來。就都把千里路看得輕易，要到這裏來。告之以善。拿一切美善的事情告知他。夫苟不好善。如果不喜好美善。則人將曰訑訑(音移ㄧˊ)。那末，別人就要說他自作聰明，不肯聽取好言好語。予既已知之矣。即使去告知他，他也要說，我早就明白了。訑訑之聲音顏色。這種自作聰明的口氣和態度。距人於千里之外。早已把人拒絕在千里以外了。士止於千里之外。好人既被拒絕在千里以外。則讒諂面諛之人至矣。那些說長道短撥弄是非和諂媚奉承當面討好的小人就都來了。與讒諂面諛之人居。和這些讒諂面諛的小人在一起。國欲治(去聲ㄓˋ)。

要想把國家治理好。可得乎。可以辦得到麼。【章旨】這章書是孟子說做大臣只要有容善的器量，不全在有才。——孟子告子下

賢者守正不阿，易爲一般人所嫉視，從而毀謗之，侮蔑之，以逞一時之快，使賢者無以展其抱負。

孟子曰。孟子說。言無實不祥。說話沒有什麼眞個不吉祥的。不祥之實。但所謂不吉祥有時卻也實在。蔽賢者當之。那只有遮蔽賢能的奸巧言辭纔當得不吉祥哩。【章旨】這章書是孟子警戒一般妒嫉賢才的人。——孟子離婁下

人有短處，即任意指摘之，至後果如何，則不遑計及。其所以如此者，以未受過人之責備故也。

孟子曰。孟子說。言人之不善。專指摘別人的短處。當如後患何。對於別人報復的後患，又怎樣去防止呢。【章旨】這章書是孟子警戒一般不能隱惡的人。——孟子離婁下

孟子曰。孟子說。人之易(去聲)其言也。一個人隨便說着沒見識的話。無責耳矣。這是因爲沒有受過人的責備啊。【章旨】這章書是孟子教人謹言。——孟子離婁上

乃大言不慚之白圭，竟謂其治水之術，勝於夏禹。孟子責其自誇。並言禹之治水，順

水之性，故能行其所無事。以儆世之自命爲智者，爲事都應順其自然趨勢，而不可矯揉造作，穿鑿附會也。

白圭曰。(白圭向孟子說。)丹之治水也。(丹現在築隄防水的成績。)愈於禹。(自信能勝過禹。)孟子曰。(孟子說。)子過矣。(你這話錯了。)禹之治水。(當初禹的治水。)水之道也。(是順着水性的自然。)是故禹以四海爲壑。(所以禹把四海做聚水的地方。)今吾子以鄰國爲壑。(現在你卻把鄰國做聚水的地方。)水逆行。(水倒向流行。)謂之洚水。(就叫做洚水。)洚水者。(洚水怎樣講。)洪水也。(便是唐堯時代所說的洪水。)仁人之所惡(ㄨˋ去聲)也。(仁人所厭惡的。)吾子過矣。(你眞弄錯了。)【章旨】這章書是孟子責白圭自誇，治水要取法夏禹。——孟子告子下

孟子曰。(孟子說。)天下之言性也。(天下的人要研究萬物的性理。)則故而已矣。(只須從過去的事跡上推求就是了。)故者以利爲本。(這過去的事跡，都是拿自然趨勢爲主。)所惡(ㄨˋ去聲)於智者。(我們所以要嫌惡一般自作聰明的人。)爲(ㄨㄟˋ去聲)其鑿也。(是爲了他們專愛不自然地穿鑿附會。)如智者若禹之行水也。(如果那肯用聰明推求性理的人，能如夏禹導水流行一樣。)則無惡於智矣。(也就不會嫌惡那聰明了。)禹之行水也。(夏禹的導水流行。)行其所無事也。(因爲能順着水性，所以他治水很自然，一些不矯揉造作。)如智者亦行其所無事。(如果聰明人推求性理，也能按着自然的趨勢，一些不矯揉造作。)則智亦大矣。(那末，這聰明纔眞是遠大高明了。)

天之高也。（比方天是這樣的高。）星辰之遠也。（星宿是這樣的遠。）苟求其故。（假使能從過去的現象上考察。）千歲之日至。（就是千年以前的多至節氣。）可坐而致也。（也可以坐着推算出來的啊。）【章旨】這章書是孟子警戒一般自作聰明的人。——孟子離婁下

故貉稽不理於口。孟子慰以無傷。且舉如文王孔子之聖，猶不免有此遭遇，而況常人乎，惟在俯仰無愧而已。

貉（音陌ㄇㄛˋ）稽曰。（貉稽向孟子說。）稽大不理於口。（我貉稽很受衆人的訕笑。）孟子曰。（孟子說。）無傷也。（這沒有什麼妨害。）士憎茲多口。（做士人的本來更加被這些無知識的衆人訕笑。）詩云。（詩經上說。）憂心悄悄。（憂愁的心鬱悶不解。）慍于羣小。（受許多小人的惱怒。）孔子也。（孔子也曾有過這種遭遇。）肆不殄厥慍。（詩經上又說，雖不能消滅昆夷的惱怒。）亦不隕厥問。（也不能降低我的聲譽。）文王也。（那是連文王也有過同樣遭遇的了。）【章旨】這章書是孟子說人只要自問不慚愧，不必問人家訕笑不訕笑。——孟子盡心下

蓋其時是非顛倒，黑白混淆，竟有人謂食色之重要，甚於禮儀，作強詞奪理之言，以蒙蔽眞理。孟子乃以紾臂奪兄之食，踰牆得妻爲喩，以證明禮之仍重於食色，而遏其邪惡之談也。

任（平聲ㄖㄣˊ）人有問屋廬子曰。（任國有個人，問孟子的弟子屋廬子名叫連的說。）禮與食孰重。（禮節和飲食，那一樣重要。）曰。

屋廬子說。禮重。禮節重要。色與禮孰重。任人又問，女色和禮節那一樣重要。曰。屋廬子說。禮重。禮節重要。曰。任人說。以禮食。譬如依了禮節去吃。則飢而死。卻吃不到，要餓餓而死。不以禮食。不依禮節去吃。則得食。就可以吃得着。必以禮乎。在這種情形下，難道也一定要依禮節麼。親迎。又譬如親身去接親。則不得妻。卻不能得到妻。不親迎不親身去接親。則得妻反可以得到妻。必親迎乎。在這種情形下，難道一定要依禮節自去接親麼。屋廬子不能對。屋廬子不能回答。明日之鄒。第二天到鄒國。以告孟子。把任人的話告訴孟子。孟子曰。孟子說。於答是也何有。對於回答這種話，有什麼難處呢。不揣(ㄔㄨㄞˇ)其本。不量度底下的根本。而齊其末。只比較上面的梢頭。方寸之木。那末，就是一寸的木頭。可使高於岑樓。也可以使它高過那高樓的。金重於羽者。黃金重過羽毛這話。豈謂一鉤金與一輿羽之謂哉。難道是說一隻鉤那麼小的黃金和一車子的羽毛比較麼。取食之重者。把飲食方面最重大的。與禮之輕者而比之。和禮節方面最輕微的來比較。奚翅(與啻同，古字通用。ㄔˋ)食重。豈但飲食爲重就算了呢。取色之重者。把女色方面最重大的。與禮之輕者而比之。和禮節方面最輕微的來比較。奚翅色重。又豈但女色爲重就算了呢。往應之曰。你去回答他。紾(音軫ㄓㄣˇ)兄之臂。譬如扭轉你哥哥的臂膀。而奪之食。搶奪他所吃的東西。則得食。就能吃得着。不紾。不扭轉他的臂膀。則不得食。就不能吃得着。則將紾之乎。那末，你究竟想不想扭轉他的臂膀呢。踰東家牆。又譬如爬過東邊人家的牆頭，而摟（朱注音樓 今讀ㄌㄡˇ）其處子。去摟抱這個人家的處女。則得妻。就可以得到妻。不摟。不去摟抱。則不得妻。就不能得着妻。則將摟之乎。那末，你究竟想不想去摟抱呢。【章旨】這章書是孟子說禮和食色的分別裏，又有輕重的分別，不能拘泥。——孟子告子下

故毀譽之來，往往出乎意料，如未爲善，而人反譽之，力爲善而人反毀之。

孟子曰。孟子說。有不虞之譽。有自己想不到的意外稱譽。有求全之毀。有自己想求完全反而遭到毀謗。【章旨】這章書是孟子說毀譽都不一定實在。——孟子離婁上

於是運用機變之巧，爾虞我詐，不以爲恥。如欺世盜名者，矯情可以讓國，實則簞食豆羹之微，亦何嘗云肯輕易舍棄之哉。

孟子曰。孟子說。恥之於人大矣。羞恥心對於怎樣做人，關係太極了。爲機變之巧者。那些專做機詐變幻的巧騙的人。無所用恥焉。本來就用不着有羞恥心。不恥不若人。沒有羞恥心，自然不如人。何若人有。也就不論什麼都不如人了。

【章旨】這章書是孟子警戒人不要失去了羞恥心。——孟子盡心上

孟子曰。孟子說。好（去聲ㄏㄠˋ）名之人。喜好名譽的人。能讓千乘（去聲ㄕㄥˋ）之國。能矯情推讓千輛兵車的大國。苟非其人。但如不是眞把富貴看得輕淡的人。簞食（去聲ㄙˋ）豆羹見（音現ㄒㄧㄢˋ）於色。雖是一竹籃飯一木碗湯也要現出捨不得的顏色在臉上。【章旨】

這章書是孟子說好名的人欺世盜名。——孟子盡心下

試觀齊人乞墦間之餘食，歸而以驕妻妾，其卑鄙之行爲，可恥孰甚。世之求謀富貴尊榮，而不知羞愧者，何以異於是。

齊人有一妻一妾而處室者。(孟子說，有個齊國人，和他的一妻一妾同住在一個家裏。)其良人出。(這個做丈夫的每天出去後。)則必饜酒肉而後反。(就一定吃飽了酒肉然後回來。)其妻問所與飲食者。(他的妻問他和什麼人一起吃的。)則盡富貴也。(他說都是富貴人。)其妻告其妾曰。(他的妻就告訴那妾說。)良人出。(我們丈夫出去。)則必饜酒肉而後反。(就一定吃飽了酒肉然後回來。)問其與飲食者。(問他和什麼人一起吃的。)盡富貴也。(據他說都是富貴人。)而未嘗有顯者來。(但卻沒見過一個做大官的人到我們家裏來過。)吾將瞷良人之所之也。(我倒要暗中看看他到底是往那裏去的。)蚤起。(第二天就很早的起來。)施(音迤；又音異一`)從良人之所之。(遠遠的跟隨丈夫走去。)徧國中。(那知走遍了城裏的地方。)無與立談者。(沒有一個人和他丈夫站下來說句話的。)卒之東郭墦(音燔ㄈㄢˊ)間之祭者。(最後跟到東門城外，墳墓間有人在祭祀。)乞其餘。(他丈夫就討那祭剩下來的酒肉吃。)不足。(吃得不夠。)又顧而之他。(又左右張望，到別的墳上去討。)此其爲饜足之道也。(這個就是他每天吃飽酒肉的法子了。)其妻歸。(他的妻回到家裏。)告其妾曰。(告訴那妾說。)良人者。(做丈夫的人。)所仰望

而終身也。是我們所倚靠着養活一生的啊。今若此。現在竟是這個樣子。與其妾訕其良人。便和妾怨罵她的丈夫。而相泣於中庭。彼此相對哭泣在中庭裏。而良人未之知也。那丈夫還沒有知道哩。施施（如嗣字）從外來。仍是得意洋洋的從外面回來。驕其妻妾驕傲他的妻妾。由君子觀之。從這件故事上面，依照君子的眼光看來。則人之所以求富貴利達者。那末，現在的人營求富貴利祿時的那種醜態。其妻妾不羞也。假使也給他的妻妾看見，不以為可羞而不相泣者。而不相對哭泣的。幾希矣。也就很少了。【章旨】這章書是孟子借着齊人喚醒世上謀求富貴不知羞愧的人。——孟子離婁下

蓋無恥則一切悖理違法之事，無所不為。因其不知何者為悖理，何者為違法，故吾行吾素，無歉於中，久而久之，則習以為常，終其身而不明其所以然。此悖理違法之人，到處皆是。此孟子所以為之長太息也。

孟子曰。孟子說。行之而不著焉。做一件事卻不明白它的道理。習矣而不察焉。習慣久了更不能深識它的因由。終身由之而不知其道者衆也。就這麼一生依照着做去，終於不明白那道理的當然，這種人實在很多啊。【章旨】這章書是孟子歎息不明道的人。

——孟子盡心下

所以孟子戒人不可無羞恥之心。並且時時防範其有羞恥之事發生，如是，自可免於羞

恥矣。

孟子曰。孟子說。人不可以無恥。做了一個人，不可以沒有羞恥心。無恥之恥。能够把沒有羞辱的事也好像當做羞恥一樣。無恥矣。那就終身不會有恥辱了。【章旨】這章書是孟子說知恥就是免恥的方法。——孟子盡心上

綜觀以上所述，當時社會情形，相當黑暗。此乃在上者之昏憒庸愚，不明常道與正理，遂使上行下效，暗無天日矣。

孟子曰。孟子說。賢者以其昭昭。古時候賢人，是拿自己已明白的道理。使人昭昭。叫人也明白這道理。今以其昏昏。現在的人，卻拿自己的昏暗道理使人昭昭。也要叫人去明白他所謂的道理。【章旨】這章書是孟子說當時的國君太昏憒糊塗。——孟子盡心下

第四目　孟子勉人保持其固有之善心

原其所以致此者，由於放失其原有之善心，而不知追回之也。

孟子曰。孟子說。仁。仁道人心也。就是人的本心。義。義理人路也。就是人的大路。舍(上聲ㄕㄜˇ)其路而弗由。拋卻了大路不去走。放其心而不知求。放棄了本心不知道找回來。哀哉。眞可憐極了。人有雞犬放。人有雞犬逃出去。則知求之。就知道找回來。有放心而不知求。現在竟有放棄了本心卻不知道追求回來。學問之

道無他。要曉得講究學問的道理，並沒有別的目的。求其放心而已矣。就只是要追求那已被放棄的本心仍舊回來罷了。【章旨】這章書是孟子教人凡事要反求自己的心。——孟子告子上

追回放失之心，而善爲保持，此之謂學問。或故曰「學問之第一目的在管制自己；道德之第一目的在顧及他人。」心能操之在我，縱之在我，則不受物欲之誘矣。我之處境，雖不如人，而心中一片寧靜，淡泊自甘，自無營營擾擾之思慮，起伏於方寸中也。

孟子曰。孟子說。飢者甘食。饑餓的人，無論什麼食物，都覺得好吃。渴者甘飲。口渴的人，無論什麼飲料，都覺得好喝。是未得飲食之正也。這是沒有得着飲食的正味。飢渴害之也。被饑渴所侵害的緣故啊。豈惟口腹有飢渴之害。豈但口腹有饑渴的害處。人心亦皆有害。人心也都有侵害的東西。人能無以飢渴之害爲心害。假使一個人能不把饑渴的害處做心的害處。則不及人不爲憂矣。那末，就是富貴不如人也不動心，自然不把貧賤以爲可憂了。【章旨】這章書是孟子教人養心免害

——孟子盡心上

故養心之要，莫善於寡欲。人能寡欲，則道義之本心，自能永存而勿失。

孟子曰。孟子說。養心莫善於寡欲。保養自己的良心，沒有再好過減少私欲了。其爲人也寡欲。他的做人如果

私欲少。雖有不存焉者寡矣。即使也有道義不存在心裏的時候，但總是很少的。其爲人也多欲。他的做人如果私欲多。雖有存焉者寡矣。即使也有把道義存在心裏的時候，但也總是很少的了。【章旨】這章書是孟子教人養心的要義。——孟子盡心下

養心猶植木也。欲木之成材，善加培植，未有不欣欣向榮者。其所以枯萎而無生氣，以人畜之摧殘耳。人心亦何嘗不如是。初生之時，皆有善良之心，迨與習俗相染，善心漸失，惡心滋生。雖清夜捫心，天良發現。然晝之所爲，輒害其夜之所息，而夜之所息，又不勝其晝之所爲，是以不是以存其仁義之善心。即平旦之氣，亦不能清其所染之惡習，其心遂與初生時遠矣。蓋物之消長，莫不關乎養之得失，山木人心，其理一也。

孟子曰。孟子說。牛山之木嘗美矣。齊國東南牛山的樹木，從前原是很茂美的。以其郊於大國也。只因靠近大國的郊外。斧斤伐之。那些斧頭砍刀就常常去砍伐。可以爲美乎。還能够保持它的茂美麼。是其日夜之所息。這山上日夜所生長的。雨露之所潤。雨水露水所培養的。非無萌蘖(五割反ㄋㄧㄝˋ)之生焉。並不是沒有枝芽發生出來。牛羊又從而牧之。可是牛羊又去吃了它。是以若彼濯濯也。所以就弄得像那樣的光禿禿了。人見其濯濯也。人見了這山是光禿的。以爲未嘗有材焉。就以爲不曾生長木材。此豈山之性也哉。這難道就是山的本性麼。雖存乎

人者。（那存在人身上的。）豈無仁義之心哉。（豈眞沒有仁義的心。）其所以放其良心者。（他所以放棄本來的良心）亦猶斧斤之於木也。（也和斧頭砍刀對於樹木一樣。）旦旦而伐之。（天天去砍傷。）可以為美乎。（還能夠保持他的美德麼。）其日夜之所息。（他日夜所生長的。）平旦之氣。（到了天明時沒有和外物接觸以前，性氣還很清明。）其好（去聲ㄏㄠˋ）惡（去聲ㄨˋ）與人相近也者幾希。（可是他那喜好與厭惡的心本來和好人相同處已是不多。）則其旦晝之所為。（經不起日間所做的行為不對。）有梏亡之矣。（就將那點清氣壓滅完了。）梏之反覆。（這樣三反四覆的壓滅。）則其夜氣不足以存。（那夜裏生長的清氣就一些不能存。）夜氣不足以存。（在夜裏生長的清氣不能存在。）則其違禽獸不遠矣。（也就和禽獸相差不遠了。）人見其禽獸也。（人見他和禽獸差不多。）而以為未嘗有才焉者。（便以為他本來沒有人的材質。）是豈人之情也哉。（這難道就是人的本性麼。）故苟得其養。（所以只要能得到適當的培養。）無物不長。（天下沒有一樣事物不會生長的。）苟失其養。（假使失卻了適當的培養。）無物不消。（那就沒有一樣事物不歸消滅的。）孔子曰。（孔子曾說。）操則存。（能保持就能存在。）舍（音捨ㄕㄜˇ）則亡。（放棄了就滅亡。）出入無時。（進出沒有定時。）莫知其鄉。（沒有人知道他的方向。）惟心之謂與（平聲ㄩˊ）。（就是說的心性罷。）

【章旨】這章書是孟子拿牛山樹木做比方，說明人的良心不能失了培養。——孟子告子上

孟子曰。（孟子說。）拱把之桐梓。（兩手可以合抱一手可以把握的桐樹和梓樹。）人苟欲生之。（人如果要使它生長。）皆知

所以養之者。都知道怎樣培養的法子。至於身而不知所以養之者。對於自己的身心，卻就不知道該怎樣修養。豈愛身不若桐梓哉。難道愛護自己的身心不及桐樹和梓樹麼。弗思甚也。眞是太不肯思考了。【章旨】這章書是孟子教人愛護身心加以適當的修養。——孟子告子上

欲人保持其善良之本心，孟子因又引伸其說，軀體健全，爲人人所共欲，而本心之善良，尤爲人人所應保持。如放失善良之本心，則仁義忠信，綱紀倫常，一概棄置而不顧。其有害世道之深，豈可與無健全軀體者同日語耶。

孟子曰。孟子說。人之於身也。一個人對於自己的身體。兼所愛。應該是全部愛惜的。兼所愛。既應該全部愛惜。則兼所養也。就要全部加以保養。無尺寸之膚不愛焉。沒有一尺一寸的皮肉不應該愛惜。則無尺寸之膚不養也。就沒有一尺一寸的皮肉不應該加以保養。所以考其善不善者。至於審察那保養的好不好。豈有他哉。難道有別的道理麼。於己取之而已矣。只要在自己身上取那保養得適宜的方法就是了。體有貴賤。整個身體的各部，有貴重和輕賤的分別。有小大。有只具一形的小的口腹，有統管全體的大的心志。無以小害大。不要只保養小的妨害了大的。無以賤害貴。不要只依從了輕賤的去妨害貴重的。養其小者爲小人。那只能保養小的口腹的人就算是下等人。養其大者爲大人。必須能保養大的心志的人纔算是上等人。今

有場師。（好比現在有個種園地的場師。）舍（上聲 ㄕㄜˇ）其梧檟（音賈 ㄐㄧㄚˇ）。（他抛棄桐樹梓樹一類的好木材。）養其樲（音貳 ㄦˋ）棘。（卻去培養那酸棗一類的壞木材。）則爲賤場師焉。（這就成爲一個下等的場師了。）養其一指。（又好比只保養了一個手指。）而失其肩背。（卻傷損了肩背。）而不知也。（自己還不知道。）則爲狼疾人也。（這就要像那顧前不能顧後有了病的狼了。）飲食之人。（那些只注意飲食的人。）則人賤之矣。（人人都要看輕他的。）爲（去聲 ㄨㄟˋ）其養小以失大也。（因爲他只保養了小的口腹卻喪失了大的心志。）飲食之人。（假使注意飲食的人。）無有失也。（能够不喪失心志。）則口腹豈適爲尺寸之膚哉。（那末，口腹也是生命所關，又豈只爲了一尺一寸的皮肉呢。）

【章旨】這章書是孟子說身體本應該保養，但拿來比較養心，便是賤而小。——孟子告子上

孟子曰。（孟子說。）今有無名之指。（現在有個人，手上第四個指頭叫做無名指的。）屈而不信（與伸同 ㄕㄣ）。（彎屈着不能伸直。）非疾痛害事也。（並沒有什麼痛苦或者妨礙做事。）如有能信之者。（但如能有使他伸得直的人。）則不遠秦楚之路。（那末，便是由秦國到楚國這麼遠的路，他也要去醫治。）爲（去聲 ㄨㄟˋ）指之不若人也。（就只爲了他的手指不像別人好看罷了。）指不若人。（手指不像別人好看。）則知惡（去聲 ㄨˋ）之。（卻知道嫌惡。）心不若人。（心德不像別人完好。）則不知惡。（卻不知道嫌惡。）此之謂不知類也。（這便叫做不知道大小輕重的類別啊。）

【章旨】這章書是孟子拿手指做比方，教人知道保全本心的重要。——孟子告子上

人人能保持其善良之本心，則戰國時代之政治環境，社會風氣，定能改觀。故孟子力主正心，求其放心，無爲心害，養心寡欲。蓋心一正，則一切無不正矣。

第四節　以政治正道說時君期挽頹勢

第一目　力主罷兵愛民推行仁政

上節述戰國時之政治環境，社會風氣，如此腐敗。所以孟子欲以治國之正道，勸說當時諸侯，冀其省悟，廢棄暴政，施行仁政，以王天下。歷經宋、滕、梁、齊諸國，從事游說，鼓勵其效法先王，爭取民心，以期挽救頹勢。故當滕文公爲世子時，過宋而見孟子，孟子卽與言人性皆善。並舉唐堯、虞舜之言行以證實之。迨世子自楚反而復進見。孟子又以成覸、顏淵、公明儀三子所作奮發自勵之言，勗世子盡一己固有之善性，學堯、舜以治國。

滕文公爲世子。（滕文公做太子的時候。）將之楚。（將要到楚國去。）過宋見孟子。（聽得孟子在宋國，特地經過宋國去見孟子。）

孟子道性善。（孟子和他講說人性本來是善的道理。）言必稱堯舜。（並且所講說的一定要引唐堯虞舜的言行來證實）世子自楚反。（既而太子從楚國回來。）復（ㄈㄨˋ）見孟子。（再度去見孟子。）孟子曰。（孟子說。）世子疑吾言乎。（太子懷疑我的話麼。）夫

（音扶ㄈㄨˊ）道一而已矣。（大凡做人的道理，無論聖人愚人只是根據着一個性善的道理就是了。）成覸（ㄐㄧㄢˋ）謂齊景公曰。（從前齊臣成覸向齊景公說。）彼丈夫也。（他做聖賢的是個男子漢。）我丈夫也。（我也是個男子漢。）吾何畏彼哉。（我為什麼畏懼他呢。）顏淵曰。（顏淵也說。）舜何人也。（舜是什麼人。）予何人也。（我是什麼人。）有為者亦若是。（只要有志做去，也可以像他一樣的。）公明儀曰。（魯國的賢人公明儀也說。）文王我師也。（文王是我的導師。）周公豈欺我哉。（這話難道是周公欺騙我麼。）今滕絕長補短。（現在滕國雖小，截長補短。）將五十里也。（差不多也有五十里方圍的土地。）猶可以為善國。（還可以做成一個完善的國家。）書曰。（書經上說。）若藥不瞑（ㄇㄧㄢˋ）眩（朱注音縣。今讀ㄒㄩㄢˋ）（假使一個人在服了藥後不覺得暈亂，那就是藥力不足。）厥疾不瘳。（這病是不會好的，所以治理國家，總要振作精神，澈底除去積弊纔行。）【章旨】這章書是孟子勉勵滕文公盡自己的本性，學堯舜治國。——孟子滕文公上

滕定公薨，文公卽位。孟子自鄒至滕。文公曾受孟子之一再啓迪，頗具奮發有為之志，因問孟子為國之道。孟子首答以「民事不可緩也。」而後告以先定民之恆產，使有恆心，不致為非作歹。至律己則恭儉禮下，取民則賦稅有制。而又教民以人倫之道，使上下相親。勉其力行，以革新國政。其後使畢戰問井田之制。孟子述其大略。且欲畢戰與文公共為潤澤，推行仁政。其殷盼文公之有所作為者如此。

滕文公問爲國。滕文公向孟子問治國的道理。孟子曰。孟子說。民事不可緩也。人民耕種的事，最是不能延誤的。詩云。詩經上說。晝爾于茅。日裏你去將茅草割來。宵爾索綯（音陶ㄊㄠˊ）。晚間你就將繩索搓好。亟（ㄐㄧˊ）其乘屋。趕緊趁這田事空閒的時候把屋子修好。其始播百穀。一到來春就要開始播種百穀了。民之爲道也。因爲人民的普通性情。有恆產者有恆心。必須有常產的纔有常心。無恆產者無恆心。沒有常產的就沒有常心。苟無恆心。假如沒有常心。放辟邪侈。那就放蕩乖僻，不依正道，膽大妄爲。無不爲已。一切犯法的事，沒有一樣不做了。及陷乎罪。等到犯了罪。然後從而刑之。這纔用刑罰去處治他。是罔民也。這就等於拿魚網去網羅人民了。焉有仁人在位。那裏會有仁君在位。罔民而可爲也。可以實行這種網民政策的。是故賢君必恭儉禮下。所以古來賢德的國君，一定要恭敬節儉，用禮法對待在下的人。取於民有制。向人民徵稅有限制。陽虎曰。從前陽虎曾說。爲富不仁矣。假使要發財，就不能根據良心做事。爲仁不富矣。假使要根據良心做事，就不能發財了。夏后氏五十而貢。夏朝的制度，每一夫給他五十畝田，只收他五畝田租，這稅本叫做貢。殷人七十而助。殷朝的制度，每一夫給他一百畝田，集合八家的人共同幫種七十畝公田，這稅法叫做助。周人百畝而徹（ㄔㄜˋ）。周朝的制度，八家都有一百畝田，通力合作，計畝分收，集合八家的人共同耕種公田一百畝，這稅法叫做徹。其實皆什一也。講到實際，都是從十分裏收取一分的辦法啊。徹者、徹也。徹字怎樣講呢，就是通共均勻的意思。助者、藉（ㄐㄧㄝˋ）也。助字怎樣講呢，就是靠大家幫助的意思。龍子曰。古時的賢人龍子說。治地莫善於助。辦理地租的制度，沒有比助法再好的。莫不善於貢。沒有比貢法再壞的。貢者。那貢的辦法。校數歲之中以爲常。乃是比較幾年中等的收成，作爲一定的徵收稅額。樂(音洛ㄌㄜˋ)歲粒米狼戾。在豐熟的年歲，米麥撥撒滿地。多取之而不爲虐。即使多徵收點，也不算為虐。則寡取之。卻為了限額的規定，只得少收。凶年糞其田而不足。可是碰着災荒的年歲，祇供自己施肥的用費還不够。則必取盈焉。卻也一定要照規定的限額，十足徵收。爲民父母。做人民的父母。使民盻盻(ㄒㄧˋ)然。使人民怒目怨恨的樣子。將終歲勤勤。就是一年辛苦到頭。不得以養(去聲ㄧㄤˋ)其父母。還不够奉養自己的父母。又稱貸而益之。又要出了利息借款，湊足規定的數目去完稅。使老稚轉乎溝壑。使那年老的年少的因饑寒困迫，輾轉餓死在田溝山坑裏。惡(平聲ㄨ)在其爲民父母也。有那一點好算是人民的父母呢。夫(音扶ㄈㄨˊ)世祿。講到有功國家的子孫，世代受國家俸祿。滕固行之矣。在滕國本已實行這辦法了。但這世祿是要靠公田裏生產出來的。詩云。詩經上說。雨(ㄩˋ)我公田。願天下雨在我的公田裏。遂及我私。同時也就及到我的私田。惟助爲有公田。只有助法纔有公田的規定。由此觀之。從這詩上看來。雖周亦助也。可見周朝雖行徹法，也兼行助法的了。設爲庠序學校以敎之。人民既有了常產，然後再設立庠序學校去教化他們。庠者、養也。庠字怎樣講呢，就是注重在養老的意思。校者、敎也。校字怎樣講呢，就是注重在敎訓的意思。序者、射也。序字怎樣講呢，就是注重在習射講武的意思。夏曰校。夏朝的鄉學叫做校。殷曰序。殷朝的鄉學叫做序。周曰庠。周朝的鄉學叫做庠。學則三代共之。至於國立的所謂學，那是三代都一樣的，沒有其他的名稱。皆所以明人倫也。設立了這些庠序學校，用意都在於提倡申明做人的大道啊。人倫明於上。在上的人既能提倡申明做人的大道。小民親於下。在下的小民自然就能親親相愛了。有王者起。如有聖王出世。必來取法。也一定依照這法子做去的。是為王者師也。這就可以做聖王的導師。詩云。詩經上說。周雖舊邦。周朝雖然是個舊時的諸侯國。其命維新。但是所負荷的天命卻很新。文王之謂也。這是稱贊文王的話。子力行之。滕君如能盡力做去。亦以新子之國。也可以依照這法子革新滕君的國家。

使畢戰問井地。於是文公就叫大夫畢戰去問孟子施行井田的辦法。孟子曰。孟子說。子之君你的國君。將行仁政。想要施行古時的仁政。選擇而使子。在衆臣裏面選擇而委派到你。子必勉之。你一定要格外努力纔是。夫(音扶ㄈㄨˊ)仁政。講到施行仁政。必自經界始。必須從劃正田畝的界限着手。經界不正。假使田畝的界限不正確。井地不均。井田就不能均勻。穀祿不平。徵收穀米也就不能不平了。是故暴君汙吏。所以暴虐的國君和貪汙的官吏。必慢其經界。一定要混亂那田畝的界限纔好從中作弊。經界既正。如果田畝界限已經劃得正確。分田制祿。然後均派田畝，分配俸祿。可坐而定也。就可以毫不費事地辦理妥當了。夫(音扶ㄈㄨˊ)滕壤地褊小。現在滕國的土地雖然狹小。將為君子焉。同樣也有做官受祿的人。將為野人焉。和在鄉村中耕種的人。無君子莫治野人。假使沒有做官的人出政令，就沒法管理耕種的鄉人。無野人莫養(去聲一ㄤˋ)君子。沒有耕種的鄉人出租稅，也就無從去供養做官的人。請野。現在可以把鄉村土地。九一而助。依照井田助法，在九區裏劃出一區公田。

國中。城市中不能適用。什一使自賦。就另用十分裏徵取一分的辦法。使人民自行繳納租稅。卿以下。至於世祿制度，自宰相一直到大夫士人。必有圭田。一定要有供給祭祀用的田，這名稱就叫圭田。圭田五十畝。圭田每人分給五十畝。餘夫二十五畝。如果一家裏面還有未成家卻已成年的子弟，再另給他二十五畝。死徙無出鄉。這樣，人民的死葬和遷移，都要被固定不動的產業所限，就不會越出本鄉的地方了。鄉田同井。鄉田既同在一個井字形裏面。出入相友。出去工作和同家休息，大家都是同伴。守望相助。對於看守地方和防禦盜賊，都互相幫助。疾病相扶持。有了疾病，也彼此照料看顧。則百姓親睦。那末，人民自然就大家親近和睦了。方里而井。再講到那井田的辦法，乃是將方圓一里的地方劃成井字形。井九百畝。在這井字形裏的田，共計九百畝。其中為公田。中央的一百畝，作為國家的公田。八家皆私百畝。此外八分人家都有私田一百畝。同養（去聲 ㄧㄤˋ）公田。八家的人共同耕種公田，就算納了私田的租稅。公事畢。必須要把公田裏的事做完畢了。然後敢治私事。然後纔敢做自己私田裏的事。所以別（ㄅㄧㄝˊ）野人也。拿這點先公後私的精神，表示在下的人對於在上的人勞心管理盡一些勞力的義務。此其大略也。這便是井田制度的大概情形。若夫（音扶 ㄈㄨˊ）潤澤之。至於實行時斟酌加減。則在君與子矣。那就全在你的國君和你自己了。

【章旨】這章書是孟子論治國重在民事，引述古時制度，勉勵文公施行仁政。——孟子滕文公上

時滕苦於大國之侵凌，文公問孟子何以處之？孟子告以太王居邠遷岐之往事。蓋不欲以其所養人者害人，而以邠讓狄。邠人感其仁德，從之遷岐者如歸市。此君子造基業於前

，垂統緒於後，果也文武繼起，而周室以興。否則團結民心，效死共守。孟子之所言，無非欲文公行仁政，得民心，則讓地與守國，二者擇一而爲之可也。

滕文公問曰。滕文公問孟子說。滕小國也。我滕國是個小國啊。竭力以事大國。盡力去事奉大國。則不得免焉。卻還不能免了被侵伐。如之何則可。要怎麼樣纔可以應付呢。孟子對曰。孟子答說。昔者大王居邠。從前周太王立國在邠地。狄人侵之。狄人侵伐他。事之以皮幣。太王拿獸皮和絲帛去奉獻。不得免焉。卻還不能免了侵伐。事之以犬馬。又拿狗和馬去奉獻。不得免焉。仍然不能免了侵伐。事之以珠玉。最後拿珍珠和寶玉去奉獻。不得免焉。終於不能免了侵伐。乃屬（朱注音燭（今讀ㄓㄨˇ））其耆老而告之曰。太王就召集那些老百姓，告訴他們說。狄人之所欲者。狄人所要的東西。吾土地也。是我這邠的土地啊。吾聞之也。我曾聽說過。君子不以其所以養人者害人。有道德的君長不因爭奪養人的土地反而害人的。二三子何患乎無君。你們大家不必憂慮沒有好好的君長。我將去之。我是預備離去了。去邠。於是太王就離開邠地。踰梁山。越過梁山。邑于岐山之下居焉。到了岐山脚下居住建起一個城邑來。邠人曰。邠地的人民都說。仁人也。這是仁君啊。不可失也。不可以失掉的。從之者如歸市。大家都跟着太王走，就同趕市集一般。或曰。也有人這樣說。世守也。土地是要世代子孫替祖宗保守的非身之所能爲也。

不是自身要棄就棄的作得主。效死勿去。寧可拚命死守。不要讓給人。君請擇於斯二者。君上就請在這兩條路裏揀擇一條路。【章旨】這章書是孟子拿退讓和死守請文公自擇，要他能見機權變。——孟子梁惠王下

滕文公問曰。滕文公問孟子說。滕小國也。我滕國是個小國啊。間於齊楚。卻夾在齊楚兩大國的中間。事齊乎。還是服事齊國呢。事楚乎。還是服事楚國呢。孟子對曰。孟子答說。是謀非吾所能及也。這項謀算不是我能夠想得周到的啊。無已。眞個不得已。則有一焉。倒也有一個辦法在這裏。鑿斯池也。不妨掘深了這護城的池。築斯城也。築高了這城垣。與民守之。和人民合力堅守住城池。效死而民弗去。大家情願拚死保衛，使人民不肯棄了城池逃走。則是可為也。那還可以有些作為呢。【章旨】這章書是孟子說國家要能自強，不可依賴大國。——孟子梁惠王下

梁惠王欲雪戰敗之恥，問計於孟子。孟子語以簡刑、輕稅、增產、教民諸端，施行仁政，卽制梃亦可以撻秦楚之堅甲利兵。蓋仁者得民之信仰，以至仁伐至不仁，民且簞食壺漿以迎之不遑，尙何患恥之不能雪也。

梁惠王曰。梁惠王向孟子說。晉國天下莫强焉。梁國祖先原是春秋時晉國的大夫魏氏，到戰國時代纔和韓氏趙氏同分晉土，各自獨立，從前天下再沒有比晉國更強大的國家。叟之所知也。這是你老人家所知道的。及寡人之身。現在到了我的身上。東敗於齊。在東方被齊國戰敗。

長(上聲ㄓㄤˇ)子死焉。我的長子就在那次戰役裏被虜而死。西喪(去聲ㄙㄤˋ)地於秦七百里。在西方喪失土地給秦國，有七百里廣大。南辱於楚。在南方又飽受楚國的侮辱。寡人恥之。我對於這種種，實在羞恥得很。願比(ㄅㄧˋ)死者一洒(ㄒㄧˇ)之。極願振作一下，替那些戰死的人報仇雪恨。如之何則可。可是要怎麼樣纔能達到目的呢。孟子對曰。孟子答說地方百里。國土就是小到只有一百里。而可以王。也可以統一天下做天子。王如施仁政於民。君王如能對人民施行仁政。省(ㄕㄥˇ)刑罰。減輕刑罰。薄稅斂(去聲ㄌㄧㄢˋ)。減少租稅。深耕易(去聲ㄧˋ)耨(ㄋㄡˋ)。教人民勤勞着耕田除草。壯者以暇日。同時使年輕人利用空閒日子。修其孝悌忠信。修學那孝悌和忠信的道理。入以事其父兄。在家裏拿孝悌的道理事奉父兄。出以事其長(上聲ㄓㄤˇ)上。在外面拿忠信的道理事奉尊長。可使制梃。到了這個地步，簡直可以叫他們造些木棍一類的武器。以撻秦楚之堅甲利兵矣。去打秦楚兩國堅固的盔甲和鋒利的兵器了。彼奪其民時。那些敵國的國君，都是奪去了人民的農作時間。使不得耕耨。使他們不能耕田除草。以養(去聲ㄧㄤˋ)其父母。去奉養他的父母。父母凍餓。因而父母挨冷挨餓。兄弟妻子離散。兄弟和妻子離散在四方。彼陷溺其民。這是那些國君把人民推進陷坑和深水裏，人民自然怨恨。王往而征之。君王在這時候出兵去征討。夫(音扶ㄈㄨˊ)誰與王敵。還有那一個能和君王對敵。故曰。所以古人說。仁者無敵。仁君無敵於天下。王請勿疑。君王請不要對這句話懷疑。

【章旨】這章書是孟子勸惠王施行仁政，王天下尚且不難何必只圖報怨。——孟子梁惠王上梁惠王銳意圖治，故於河內河東之凶，有移民移粟之舉，自思如此愛民，而民尚不增多，惑而以問孟子。孟子以其好戰，因以戰爲喻，戰敗之兵，棄甲曳兵而走者，或百步而止，或五十步而止，步之多寡雖不同，而其走也則一。其時諸侯之黷武殘民，各國皆然，惠王僅施轉粟移民之小惠，實不足以感動天下之民心也。惟行王道，施仁政，使民飽食煖衣，養生喪死無憾，則民心誠服，近悅遠來，而王於天下。何止望民之多於鄰國也。

梁惠王曰。（梁惠王向孟子說。）寡人之於國也。（我對於國事啊。）盡心焉耳矣。（也算得用心應付的了。）河內凶。（譬如河內地方發生饑荒。）則移其民於河東。（就遷移人民到河東地方去。）移其粟於河內。（再把河東的米穀搬運到河內，賑濟那年老年幼不能遷移的。）河東凶亦然。（河東地方如發生饑荒。也採取同樣辦法。）察鄰國之政。（考察鄰國所行的政策。）無如寡人之用心者。（沒有像我這樣在人民身上用心的。）鄰國之民不加少。（可是鄰國人民並不見得減少。）寡人之民不加多。（我的人民也不見得加多。）何也。（這卻是什麼緣故呢。）孟子對曰。（孟子答說。）王好（去聲）（ㄏㄠˋ）戰。（君王是喜歡講論戰爭的。）請以戰喻。（就請拿戰爭來做比方。）塡（音田）（ㄊㄧㄢˊ）然鼓之。（當那鼓聲擊得塡塡地促令兵士進攻時。）兵刃既接。（兵器一經接觸。）棄甲曳兵而走。（就丟了盔甲拖着兵器敗下來。）或百步而後止。（有的逃了一百步然後站住。）或五十步而後止。（有的逃了五十步然後站住。以五十步笑百步。那只逃五十步的。笑那逃了一百步的膽量太小。則何如。怎麼樣呢。曰。惠王說。不可。這是不可以的。直不百步耳。他不過不到一百步罷了。是亦走也。這也是一樣的逃走啊。曰。孟子說。王如知此。君王如果知道這個道理。則無望民之多於鄰國也。那就不必希望人民的數目比鄰國加多，反正都是一樣啊。不違農時。只要不躭誤農人耕種的時令。穀不可勝（音升下同ㄕㄥ）食也。五穀就不會吃得完了。數（音促ㄘㄨˋ）罟（音古ㄍㄨˇ）不入洿（音烏ㄨ）池。細密的網子不放到低深的池裏。魚鼈不可勝食也。魚鼈就不會吃得完了。斧斤以時入山林。斧頭和砍刀依着一定的時令到山上去砍伐。材木不可勝用也。材木就不會用得完了。穀與魚鼈不可勝食。五穀和魚鼈不會吃得完。材木不可勝用。材木不會用得完。是使民養生喪死無憾也。這就使人民養生送死的需要都沒有缺憾了。養生喪死無憾。能使人民養生送死沒有缺憾。王道之始也。便是用王道治國的初步啊。五畝之宅。再進一步，使每一夫所受五畝地的宅子牆邊。樹之以桑。種些桑樹養蠶。五十者可以衣（去聲ㄧˋ）帛矣。那末，五十歲的人，就可以穿綢緞衣裳了。雞豚狗彘之畜（ㄒㄩˋ）。雞狗和小豬母豬的飼養。無失其時。不要誤失了生殖時期。七十者可以食肉矣。那末，七十歲的人就可以吃肉類了。百畝之田。每家給他百畝田。勿奪其時。不要因別的差役奪去他耕種的時令。數（去聲ㄕㄨˋ）口之家。那末，有幾個人的人家可以無飢矣。就可以不愁饑餓了。謹庠序之教。更進而愼重地實施學校的教化。申之以孝悌之義。反覆開導那孝順父母恭敬兄長的道理。頒白者不負戴於道路矣。那末，頭髮已經半黑半白的老人，就不致自家肩挑背負的在道路上辛苦了。七十者衣帛食肉。七十歲的人可以穿綢吃肉。黎民不飢不寒。年輕髮黑的人不饑餓不寒冷。然而不王(去聲 ㄨㄤˋ)者。像這樣還不能稱王天下的。未之有也。恐怕從來不曾有過呢。

狗彘食人食。如今的國君，竟有養了豬狗，奪去民食。而不知檢。卻不知道檢察節制。塗有餓莩(ㄆㄧㄠˇ)。路上有餓死的死屍而不知發。卻不知道把倉裏的米穀發出去賑濟。人死。等到人民餓死了。則曰。非我也。還說不是我弄死他。歲也。是年歲凶荒的緣故啊。是何異於刺(ㄘˋ)人而殺之。這又怎麼別於拿刀殺死人。曰。非我也。還說不是我殺死他。兵也。是這把刀殺死他啊。王無罪歲。君王只要自己負起責任，不推卸到年歲凶荒上去。斯天下之民至焉。這就可以使天下的人民都來歸服了。

【章旨】這章書是孟子說國君爲人民盡心，要從根本上講王道，不當講小恩小惠。——孟子梁惠王上

上之於下，利害相關，休戚與共。上如不恤其下，下亦不願赴上之難，此必然之理。鄒與魯戰而敗，有司死者衆，而民竟莫之死，穆公忿而以問孟子。孟子對以凶年民飢，上不發廩粟以救濟之，尚何責下之不肯效死也。惟行仁政，使民感動，自能親其上，死其長矣。孟子望穆公反躬內省，以愛民爲先也。

鄒與魯鬨(ㄏㄨㄥˋ)。鄒國和魯國發生戰鬥。穆公問曰。鄒穆公問孟子說。吾有司死者三十三人。

（我的地方官戰死的已有三十三人。）而民莫之死也。（人民卻沒有一個肯為國效死。）誅之。（要是殺這些人民罷。）則不可勝（平聲ㄕㄥ）誅。（那也殺不了這麼多。）不誅。（不殺罷。）則疾視其長（上聲下同ㄓㄤˇ）上之死而不救。（那他們還是眼睜睜地看着長官戰死不肯救。）如之何則可也。（該有怎樣辦法纔可以呢。）孟子對曰。（孟子答說）凶年饑歲。（平時遇着荒旱饑饉的年歲。）君之民。（君上的人民。）老弱轉乎溝壑。（老的，小的和不能行動的，餓死在淺溝深坑裏。）壯者散而之四方者。（強壯的人分散了向四方逃難的。）幾（上聲ㄐㄧˇ）千人矣。（總有幾千人哩。）而君之倉廩實。（可是君上的倉廩裏卻堆滿着米穀。）府庫充。（府庫裏的錢財也很充足。）有司莫以告。（做地方官的竟不把人民的痛苦情形來稟告一下。）是上慢而殘下也。（這便是在上慢誤了公事在下殘害了人民啊。）曾子曰。（曾子曾說。）戒之戒之。（做事要警戒啊，要警戒啊。）出乎爾者。（一件惡事從你身上做出來。）反乎爾者也。（也一定要還報到你身上的。）夫（音扶ㄈㄨˊ）民今而後得反之也。（在平時人民吃了長官的虧，到現在便得着還報的機會了。）君何尤焉。（君上也不必責怪他們。）君行仁政。（只要君上能施行仁政。）斯民親其上。（那些人民自然會親愛在上的長官）死其長矣。（拚死救他的長官了。）

【章旨】（這章書是孟子說國君要率同有司愛護人民，不能怪人民怨恨有司。）——孟子梁惠王下

時諸侯尚霸業，輕王道，故戰伐頻仍，兵連禍結。孟子承孔子之道統，以行仁政，愛人民為己任。所以齊宣王欲聞齊桓晉文之事，孟子對以未聞，而進保民而王之說。夫王道

之始，在於保民，而保民之用，在於推其心之不忍，所謂「以不忍人之心，行不忍人之政，治天下可運諸掌上。」故孟子先問以羊易牛之事。蓋此時宣王之心，雖已萌不忍，惟不能擴而充之，又不能反求而得之，尤不知此心之合於王也。孟子乃復以百鈞與一羽，秋毫與輿薪，挾太山與折枝六者爲喻，以明不爲與不能之別，期宣王能充是心之爲用，因語以古之人所以大過人者，善推其所爲也。繼並曉以辟土地，朝秦楚，莅中國，撫四夷之四大欲，甚於緣木求魚之難，且有後灾。不若反求其本，制民產，謹教化，使倉廩實而民知禮節，衣食足而民知榮辱，以行王道之政治爲愈也。

齊宣王問曰。（齊宣王姓田，名辟疆，問孟子說。）齊桓晉文之事。（齊桓公晉文公兩個霸主的事業。）可得聞乎。（可以講給我聽麼。）孟子對曰。（孟子答說。）仲尼之徒。（孔子的門徒。）無道桓文之事者。（沒有講到桓公文公兩個霸主事業的。）是以後世無傳焉。（所以後世沒有傳述。）臣未之聞也。（我也沒有聽聞過。）無以。（假使君王一定要我說一點。）則王乎。（那末，就請說說用仁政治理天下的王道罷。）曰。（宣王說。）德何如。（德行要怎麼個樣子。）則可以王矣。（纔可以稱王天下呢。）曰。（孟子說。）保民而王。（實行保護人民的仁政，去統一天下。）莫之能禦也。（就沒有人能夠阻擋了。）曰。（宣王說。）若寡人者。（像我這樣子。）可以保民乎哉。（可以做到你所說的保護人民麼。）曰。（孟子說。）可。（可以的。）曰。（宣王說。）何由知吾可也。

你從什麼地方曉得我可以呢。曰。孟子說。臣聞之胡齕(音核ㄏㄜˊ)曰。我曾聽得君王的臣子胡齕說。王坐於堂上。有一天，君王坐在堂上有牽牛而過堂下者。有個牽着牛走過堂下的人。王見之。君王看見了。曰。就問牛何之。把這頭牛牽到那裏去。對曰。牽牛的人答說。將以釁鐘。預備殺了它取它的血，去塗新鑄的鐘。王曰。君王說。舍(上聲ㄕㄜˇ)之。放了它罷。吾不忍其觳(音斛ㄏㄨˊ)觫(音速ㄙㄨˋ)。我不忍看它這種恐懼發抖的樣子。若無罪而就死地。好像沒有犯罪而被枉送到死地。對曰。牽牛的人答說。然則廢釁鐘與(平聲ㄩˊ)。這麼說，可是廢止了取血塗鐘的事麼。曰。君王說。何可廢也。這個又怎麼可以廢止呢。以羊易之。用一頭羊去換掉它便了。不識有諸。不知道有沒有這件事。曰。宣王說。有之。有的曰。孟子說。是心足以王矣。有這種仁心，擴充開來，就可以實行王道政治了。百姓皆以王為愛也。可是有一般沒知識的百姓，還都以為君王吝嗇這頭牛。臣固知王之不忍也。我原知道君王是不忍眼睜睜地看這頭牛送到死地啊。王曰。宣王說。然。對了誠有百姓者。真有這種沒知識的百姓哩。齊國雖褊小。齊國的地方雖然狹小。吾何愛一牛。我又何至於吝嗇一頭牛。即不忍其觳觫。就為了不忍看它那種恐懼發抖的樣子。若無罪而就死地。好像沒有犯罪而被枉送到死地。故以羊易之也。所以拿羊去換掉它啊。曰。孟子說。王無異於百姓之以王為愛也。君王倒也不必責怪那些百姓誤會君王為吝嗇一頭牛。以小易大。拿一頭小的羊去換大的牛。彼惡(平聲ㄨ)知之。他們沒知識，怎會曉得君王有別的意思。王若隱其無罪而就死地。君王如果真個心痛它不犯罪而被枉送到死地。則牛羊何擇焉。那末，牛和羊又有什麼分別呢。王笑曰。宣王笑說。是誠何心哉。這眞是什麼存心呢。我非愛其財。我並非爲了吝嗇一頭牛的價值大。而易之以羊也。纔拿價值小的羊去換了它。宜乎百姓之謂我愛也。但在表面上，百姓倒也應該有這疑心，說我是吝嗇一頭牛。曰。孟子說。無傷也。沒有什麼妨礙的。是乃仁術也。這正是行仁的法術。見牛未見羊也。因爲只看見那頭牛恐懼發抖的樣子，卻沒有看見羊啊。君子之於禽獸也。有道德的君子對於禽獸。見其生、不忍見其死。看見它生，就不忍再看見它死。聞其聲、不忍食其肉。聽了它怕死的聲音，就不忍再吃它的肉。是以君子遠(去聲ㄩㄢˋ)庖廚也。所以君子總是遠離了廚房的。王說(音悅ㄩㄝˋ)曰。宣王聽了這番解釋，心裏很歡悅的說。詩云。詩經上說。他人有心。別人有什麼心事。予忖(ㄘㄨㄣˇ)度(ㄉㄨㄛˋ)之。我能猜度出來。夫子之謂也。就是像夫子所說的了。夫(音扶ㄈㄨˊ)我乃行之。這件事是我自己做的。反而求之。可是回想起來。不得吾心。連自己也想不出當時是一種什麼心理。夫子言之。現在夫子講出這個道理。於我心有戚戚焉。在我心上很有些感動。此心之所以合於王者何也。不過這種心情的會能合於王道，又是什麼意思呢。曰。孟子說。有復於王者曰。假定有人來告訴君王說。吾力足以舉百鈞。我的氣力能夠舉得起三千斤重的東西。而不足以舉一羽。卻拿不起一根鳥的羽毛。明足以察秋毫之末。我的視力能夠看清楚秋天鳥換毛後的細毛尖端。而不見輿薪。卻看不見一車子的柴草。則王許之乎。君王肯相信這些話麼。曰。

（宣王說。）否。（不相信的。）今恩足以及禽獸。（孟子說，現在君王的恩惠能夠施到禽獸身上。）而功不至於百姓者。（但是功德卻不能施到百姓身上。）獨何與（平聲ㄩˊ）。（這又是什麼緣故呢。）然則一羽之不舉。（照上面假定的話看起來，一根羽毛的拿不起。）爲（去聲ㄨㄟˋ）不用力焉。（是爲了不肯用他的氣力去拿。）輿薪之不見。（一車子柴草的看不見。）爲（去聲ㄨㄟˋ）不用明焉。（是爲了不曾用他的眼睛去看。）百姓之不見保。（百姓的不能受到保護。）爲（去聲ㄨㄟˋ）不用恩焉。（就爲了君王不肯施用恩惠。）故王之不王。（所以君王不實行王道政治。）不爲也。（乃是不肯實行。）非不能也。（並不是力量上不能夠哩。）曰。（宣王說。）不爲者與不能者之形。（不肯和不能夠的兩種情形。）何以異。（究竟憑什麼來分別。）曰。（孟子說。）挾太山以超北海。（譬如一手挾了太山去跳過北海。）語（去聲ㄩˋ）人曰。（告訴人說。）我不能。（我的力量不能夠做這件事。）是誠不能也。（那的確是不能夠去做的。）爲（去聲ㄨㄟˋ）長（上聲ㄓㄤˇ）者折枝。（又譬如替長輩折一根樹枝。）語人曰。（告訴人說。）我不能。（我的力量不能夠做這件事。）是不爲也。（這就是不肯去做。）非不能也。（不是力量上不能夠去做了。）故王之不王。（君王的不實行王道政治。）非挾太山以超北海之類也。（不是一手挾了太山去跳過北海的一類。）王之不王。（君王的所以不實行王道政治。）是折（ㄓㄜˊ）枝之類也。（乃是折一根樹枝的一類啊，王道政治並不難實行，可以先從推恩上做起。）老吾老。（先敬重我自己的父母。）以及人之老。（再把敬重的心推廣開去同樣敬重別人的父母。）幼吾幼。（愛恤我自己的子弟。）以及人之幼。（再把愛恤的心推廣開去，同樣愛恤別人的子弟。）天下可運於掌。（能夠這樣用心，天下事就可以運籌在手掌上了。詩云。（詩經上說。）刑于寡妻。（先做個榜樣在妻身上。）至于兄弟。（再及到兄弟身上。）以御于家邦。（更進而擴大這教化去治理一家以至一國。）言舉斯心。（這幾句話的意思。就是說拿這個仁心。）加諸彼而已。（推置到別人身上而已。）故推恩足以保四海。（所以能推恩保護百姓的，便能保有天下。）不推恩無以保妻子。（不能保護百姓的，便無從保得住自己的妻子。）古之人所以大過人者。（古時候的帝王，所以能大大地勝過別人。）無他焉。（並沒有其他緣故。）善推其所爲而已矣。（就只是善於推廣他從仁心上所做的事罷了。）今恩足以及禽獸。（如今君王的恩惠能够施到禽獸身上。）而功不至於百姓者。（可是君王的功德卻不能施到百姓身上。）獨何與（ㄩˊ平聲）。（這究竟是什麼緣故呢。）權。（譬如一樣東西要用秤稱過了。）然後知輕重。（然後纔知道輕重。）度。（用尺量過了。）然後知長短。（然後纔知道長短。）物皆然。（一切東西都是這個樣子。）心爲甚。（心情更其加甚。）王請度（ㄉㄨㄛˋ）之。（君王要細細地比較斟酌。）抑王興甲兵。（或者君王是在想動員軍隊。）危士臣。（使將士冒戰爭的危險。）構怨於諸侯。（結怨列國諸侯。）然後快於心與（ㄩˊ平聲）。（然後纔得心上痛快罷。）王曰。（宣王說。）否。（不是的。）吾何快於是。（我何必痛快在這上面。）將以求吾所大欲也。（我是在想求實現我最大的心願呀。）曰。（孟子說。）王之所大欲。（君王的最大心願。）可得聞與（ㄩˊ平聲）。（可以說給我聽聽麼。）王笑而不言。（宣王笑了一笑。卻不肯說。）曰。（孟子說。）爲（ㄨㄟˋ去聲）肥甘不足於口與（ㄩˊ平聲）。（是爲了肥甘美味還不够口腹享受罷。）輕煖不足於體與（ㄩˊ平聲）。（輕煖的衣服還不够身體享受罷。）抑爲(去聲ㄨㄟˋ)采色不足視於目與(平聲ㄩˊ)。或是爲了五采的顏色還不够使視覺滿足罷。聲音不足聽於耳與(平聲ㄩˊ)。音樂的聲調還不够使聽覺滿足罷。便(平聲ㄆㄧㄢˊ)嬖不足使令(朱注平聲今讀ㄌㄧㄥˋ)於前與(平聲ㄩˊ)。再或是在面前奉承意旨的人還不够隨意使喚罷。王之諸臣。在我看來，君王的許多臣子。皆足以供之。對於這些事都足够供應的了。而王豈爲(去聲ㄨㄟˋ)是哉。君王豈眞是爲了這些事。曰。宣王說。否。不是的。吾不爲(去聲ㄨㄟˋ)是也。我不爲這些事。曰。孟子說。然則王之所大欲可知已。這麼說，君王的最大心願，是可以推想而知的了。欲辟(與闢同ㄆㄧˋ)土地。無非要開拓疆土。朝(音潮ㄔㄠˊ)秦楚。使秦楚來朝貢。蒞中國而撫四夷也。威臨中國而撫服四方蠻夷。以若所爲。但像君王現在所做的事。求若所欲。去求實現君王的心願。猶緣木而求魚也。那就同爬在樹上去找魚一樣的難了。王曰。宣王說。若是其甚與(平聲ㄩˊ)。竟比方得這樣厲害麼。曰。孟子說。殆有甚焉。恐怕事實上比這個更厲害哩。緣木求魚。爬在樹上找魚。雖不得魚。雖然找不着魚。無後災。卻沒有災禍在後面。以若所爲。像君王現在所做的事。求若所欲。去求實現君王的心願。盡心力而爲之。就此盡心盡力地向前做去。後必有災。到後來一定有災禍。曰。宣王說。可得聞與(平聲ㄩˊ)。可以說給我聽麼。曰。孟子說。鄒人與楚人戰。假定鄒國人和楚國人開戰。則王以爲孰勝。君王以爲那一方面會勝。曰。宣王說。楚人勝。當然是楚國人勝了。曰。孟子說。然則小固不可以敵大。照這樣說，小國當然不能够抵敵大國。寡固不可以敵衆。兵少的當然不能够抵敵兵多的。弱固不可以敵彊。力弱的當然不能够抵敵力強的。海內之地。現在四海以內的土地。方千里者九。方圓千里的有九分。齊集有其一。齊國四面湊攏來，也只有九分中的一分。以一服八。想拿一分的勢力去收服八分。何以異於鄒敵楚哉。這和鄒國敵楚有什麼兩樣呢。蓋亦反其本矣。實在也就該回頭想想根本大計了。今王發政施仁。現在君王如果能發表善政，施行仁德。使天下仕者皆欲立於王之朝(音潮 ㄔㄠˊ)。使天下做官的人都願站在君王的朝廷上。耕者皆欲耕於王之野。種田的人都願耕種在君王的田野裏。商賈(音古 ㄍㄨˇ)皆欲藏於王之市。轉運買賣的人都願把貨物交易在君王的市場上。行旅皆欲出於王之塗。出門的人都願走過君王的道路。天下之欲疾其君者。天下怨恨自己國君的人。皆欲赴愬(與訴同 ㄙㄨˋ)於王。都願趕來訴苦在君王面前。其若是。能够如此。孰能禦之。那一個還能抵敵君王呢。王曰。宣王說。吾惛(與昏同 ㄏㄨㄣ)。我自己覺得昏瞶。不能進於是矣。恐怕不能够做到如此地步。願夫子輔吾志。願請夫子輔助我的志向。明以教我。明白地教導我。我雖不敏。我雖然不聰敏。請嘗試之。總依照夫子的話試着實行。曰。孟子說，講到實行，先要安定民生，從人民的產業上着手。無恆(ㄏㄥˊ)產而有恆心者。沒有固定不動的常產而有固定不移的常心。惟士爲能。只有士人纔能够。若民。至於普通人民。則無恆產。就會因了沒有固定不動的常產。因無恆心。也就沒有固定不移的常心。苟無恆心。假如沒有了固定不移的常心。放辟(與僻同 ㄆㄧˋ)邪侈。那就放蕩越軌，邪道妄爲，一切犯法的事。無不爲已。

沒有不做的了。及陷於罪。等到他犯了罪。然後從而刑之。然後拿刑法去處治他。是罔民也。這便等於拿魚網去網羅人民。焉（ㄧㄢ）有仁人在位。豈有仁德的國君在位。罔民而可爲也。把網民政策認爲可以實行的。是故明君制民之產。所以賢明的國君，制定人民的產業。必使仰足以事父母。必然使他們上能事奉父母。俯足以畜（ㄒㄩ）妻子。下能養活妻子。樂歲終身飽。豐年一年到頭吃得飽。凶年免於死亡。荒年也可免饑餓而死。然後驅而之善。然後施行敎化，督促他們向善。故民之從之也輕。這樣，人民服從起來也就容易了。今也。現在的國君啊。制民之產。制定人民的產業都是相反。仰不足以事父母。使他們上不能事奉父母。俯不足以畜妻子。下不能養活妻子。樂歲終身苦。豐年也是一年到頭受痛苦。凶年不免於死亡。荒年就不免饑餓死亡。此惟救死而恐不贍。照這樣子，只圖救濟死亡還恐怕力量不足。奚暇治（平聲）禮義哉。那有空閒去講究禮儀呢。王欲行之。君王既想實行王道政治。則盍反其本矣。何不反省一下，尋求根本大計。五畝之宅。只要使每一夫所受五畝地的宅子牆邊。樹之以桑。種些桑樹養蠶。五十者可以衣帛矣。那末，五十歲的人，就可以穿綢緞衣裳了。雞豚狗彘之畜。雞狗和小猪母猪的飼養。無失其時。不要誤失了生殖的時期。七十者可以食肉矣。那末，七十歲的人，就可以吃肉類了。百畝之田。每家給他百畝田。勿奪其時。不要因別的差役奪去他耕種的時令。八口之家。那末，有八個人的人家。可以無飢矣。就可以不愁饑餓了。謹庠序之教。然後愼重地實施學校的敎化。申之以孝悌之義。反覆開導那孝順父母恭敬兄長的道理。頒白者不負戴於道路矣。那末，頭髮已經半黑半白的老人，就不致自家肩挑背負的在道路上辛苦了。老者衣帛食肉。年老的人可以穿綢吃肉。黎民不飢不寒。少壯的人不饑餓不寒冷。然而不王者。像這樣還不能稱王天下的。未之有也。那是從來沒有的事哩。【章旨】這章書是孟子層層引發勸宣王黜霸功，行王道。——孟子梁惠王上

迨宣王欲聞王政，孟子以文王治岐之德政告之，輕稅省刑，尤澤及於鰥寡孤獨之無告者。後宣王諉以己身有好貨好色之疾而不能行。孟子又勸其與百姓同之，雖好貨好色，初無妨於王政之行也。其欲宣王棄霸業，行王道之苦心孤詣，於此尤可見矣。

齊宣王問曰。齊宣王問孟子說。人皆謂我毀明堂。別人都向我建議拆毀了那太山明堂。毀諸。你看拆了呢。已乎。還是不拆呢。孟子對曰。孟子答說。夫(音扶ㄈㄨˊ)明堂者。說起這明堂。王者之堂也。乃是從前做天子的人所造的宮室啊。王欲行王政。君王如果也想實行稱王天下的仁政。則勿毀之矣。那就不必拆毀了。王曰。宣王說。王政可得聞與(平聲ㄩˊ)。從前稱王天下的人所行的仁政，可以說給我聽聽麽。對曰。孟子答說。昔者文王之治岐也。從前周文王治理岐山地方的時候。耕者九一。對於農人只取九分之一的租稅。仕者世祿。做官的人世代有俸祿。關市譏而不征。關口和市場只稽查匪類，卻不徵收商

賈的捐稅。澤梁無禁。蓄水養魚和有石橋的地方，不禁止人民網魚。罪人不孥(音奴 ㄋㄨˊ)。對於犯罪的人，不連累他的妻子。老而無妻曰鰥(ㄍㄨㄢ)。凡是年老沒有妻室的叫做鰥夫。老而無夫曰寡。老年沒有丈夫的叫做寡婦。老而無子曰獨。年老沒有兒子的叫做獨老。幼而無父曰孤。年幼沒有父親的叫做孤兒。此四者。這四種人。天下之窮民而無告者。都是天下最窮困沒處去訴說痛苦的人。文王發政施仁。文王發表善政，施行仁德。必先斯四者。必定先保護這四種人。詩云。詩經上說。哿(ㄍㄜˇ)矣富人。可以過活的是富人。哀此煢(音瓊 ㄑㄩㄥˊ)獨。最可憐的就是這些沒有依靠的孤獨者。王曰。宣王說。善哉言乎。很好呀，夫子的這些話了。曰。孟子說。王如善之。君王如贊好這些話。則何爲不行。那又爲什麼不實行呢。王曰。宣王說。寡人有疾。我有一種癖好。寡人好貨。我祇喜歡錢財貨物。對曰。孟子答說，這也沒有妨礙。昔者公劉好貨。從前公劉也是喜歡財貨的。詩云。詩經上說。乃積乃倉。露天堆積着稈稭，倉庫裏儲滿了米穀。乃裹餱(音侯 ㄏㄡˊ)糧。還包好了乾糧。于橐(音拓 ㄊㄨㄛˋ)于囊。裝在有底無底的袋子裏。思戢(詩作輯音集 ㄐㄧˊ)用光。心思集中在安頓人民上，使國家增加光彩。弓矢斯張。又把弓箭準備好。干戈戚揚。盾戟斧鉞也收拾好。爰方啓行。這纔動身遷居到豳地去。故居者有積倉。有公劉這樣的喜歡財貨，所以在家的人有露積和倉儲。行者有裹糧也。出門的人有裝裹的乾糧。然後可以爰方啓行。然後纔可以動身遷移。王如好貨。君王如果喜歡財貨像公劉一般。與百姓同之。和百姓公共享有。於王何有。對於實行王道政治，又有什麼困難呢。

王曰。(宣王說。)寡人有疾。(我還有一種毛病。)寡人好色。(我喜好女色。)對曰。(孟子答說，這更沒有關係。)昔者大(音泰ㄊㄞ)王好色。(從前周太王也喜好女色。)愛厥妃。(愛他的妃子。)詩云。(詩經上說。)古公亶父。(古公亶父逃避狄人的難。)來朝走馬。(明天早晨就要騎馬動身。)率西水滸。(沿着西河水邊走。)至于岐下。(直到岐山腳下。)爰及姜女。(於是和他的妃子姜女。)聿來胥宇。(一同來看居住的屋宇。)當是時也。(在這時候。)內無怨女。(閨房裏面沒有怨恨不得丈夫的女子。)外無曠夫。(外面也沒有空身一人不得妻室的男子。)王如好色。(君王如果喜好女色也像太王一般。)與百姓同之。(也使百姓同樣都有配偶。)於王何有。(那末，對於實行王道政治，可又有什麼困難呢。)

【章旨】 這章書是孟子說明堂的可毀不可毀，在乎能不能施行仁政，對於人欲，只要能和百姓相共，雖好貨好色也不妨。——

孟子梁惠王下

孟子復謂今之齊國，行仁政而王天下，其易猶反手也。蓋夏后殷周之盛，地未有過千里者，而齊已有其地，雞鳴狗吠相聞而達乎四境，而齊已有其民，地不必改闢，民不必改聚，行仁政而王，誠莫之能禦也。且王者之不作，未有疏於此時，民之憔悴於虐政，亦未有甚於此時，故行仁政，實事半功倍於古之人也。孟子以爲宣王如能採約其言，則堯舜之治，不難復見於當世矣。

公孫丑問曰。(孟子的弟子公孫丑，齊國人，他問孟子說。)夫子當路於齊。(假使夫子做了齊國的當道，執掌大權。)管仲晏子之功。（那管仲和晏子的功業。）可復（扶又反ㄈㄨˋ）許乎。（可以再望出現麼。）孟子曰。（孟子說。）子誠齊人也。（你眞是一個齊國人。）知管仲晏子而已矣。（只知道管仲晏子罷了。）或問乎曾西曰。（從前有人問曾子的孫兒曾西說。）吾子與子路孰賢。（我夫子和子路比起來，那一個能幹些。）曾西蹴（ㄘㄨˋ）然曰。（曾西臉上現出不安的樣子說。）吾先子之所畏也。（子路是我先人所敬畏的，我那裏敢和他比較呢。）曰。（那人又問。）然則吾子與管仲孰賢。（這麼說，我夫子和管仲比起來，那一個能幹些。）曾西艴（音拂，又音勃。ㄈㄨˊ）然不悅曰。（曾西臉上現着怒色，很不樂的說）爾何曾（朱注音層並音增今讀ㄘㄥˊ）比予於管仲。（你怎麼拿我去比管仲呢。）管仲得君。（管仲得到國君寵任。）如彼其專也。（能夠那樣的專斷。）行乎國政。（辦理國家政事。）如彼其久也。（又能夠那樣的長久。）功烈。（可是他做出來的功業。）如彼其卑也。（卻竟那樣的卑下。）爾何曾比予於是。（你怎麼拿我去比管仲這種人呢。）曰。（孟子引述了這個故事，自己繼續說。）管仲。（管仲這種人。）曾西之所不為也。（連曾西也不屑做。）而子為（去聲ㄨㄟˋ）我願之乎。（你卻當做我願意學他麼。）曰。（公孫丑說。）管仲以其君霸。（管仲使他的國君成就霸業。）晏子以其君顯。（晏子使他的國君威名顯揚。）管仲晏子。（管仲晏子的功業此何偉大。）猶不足為與（平聲ㄩˊ）。（卻還不值得照樣做麼。）曰。（孟子說。）以齊王（去聲ㄨㄤˋ）。（你要知道，在管仲晏子的時代，拿齊國來稱王天下。）由（與猶通ㄧㄡˊ）反手也。（就同反一反手掌那樣的容易啊。）曰。（公孫丑說）若是。（如此說來。）則弟子之惑滋甚。（那末，弟子的疑惑更甚了。）且以文王之德。（況且照文王那樣的德行。）百年而後崩。（又是一百歲左右纔死的。）猶未洽於天下。（還不能把教化普遍地潤澤天下。）武王周公繼之。（要武王周公繼續下去。）然後大行。（這纔教化大行，成就了王業。）今言王若易（去聲，下同。一丶）然。（現在把王業說得這般容易。）則文王不足法與（平聲ㄩˊ）（難道連文王都不值得取法麼。）曰。（孟子說。）文王何可當也。（文王怎麼可以比得呢。）由湯至於武丁。（因爲在文王的時代，商朝由湯王傳到高宗武丁。）賢聖之君六七作。（中間賢能仁聖的君長有六七個興起。）天下歸殷久矣。（天下人心歸服商朝已經很長久了。）久則難變也。（一長久，就難在短時期裏改變過來。）武丁朝（音潮ㄔㄠˊ）諸侯。（所以武丁朝會諸侯。）有天下。（有了天下。）猶運之掌也。（就同把一件東西運轉在手掌上一樣。）紂之去武丁。（紂王離開武丁時代。）未久也。（還沒有多久。）其故家遺俗。（他的忠臣世家和遺留的風俗。）流風善政（以及流佈的教化和仁善的政績。）猶有存者。（還有存在着的。）又有微子、微仲。（又有微子和微仲。）王子、比干。（王子和比干。）箕子、膠鬲（音隔，又音歷ㄍㄜˊ ㄌㄧˋ）。（箕子和膠鬲。）皆賢人也。（都是賢人啊。）相與輔相（去聲ㄒㄧㄤˋ）之。（大家同心幫助他。）故久而後失之也。（所以紂王雖極暴虐，也經過較久的時期，纔失去天下。）尺地莫非其有也。（那時雖一尺的土地沒有不是紂王所有。）一民莫非其臣也。（雖是一個人民也沒有不是紂王的臣子。）然而文王猶（與由通一ㄡˊ）方百里起。（然而文王只在方圓一百里的地方起來推行王道政治。）是以難也。（所以難見成功啊。）齊人有言曰。（齊國人有句話說。）雖有智慧。（雖然有智識和聰明。）不如乘勢。（不如趁着可爲的時勢。）雖有鎡（音茲ㄗ）基。（雖然有犂頭和釘鈀。）不如待時。（不如等待可種的時期。）今時則易然也。（現在時機已到，所以有這樣的容易啊。）夏后殷周之盛。（在夏商周這三朝最盛的時代。）地未有過千里者也。（諸侯擁有的土地，沒有超過一千里的。）而齊有其地矣。（現在齊國卻擁有這樣廣大的土地了。）雞鳴狗吠相聞。（雞鳴狗叫的聲音，到處互相呼應。）而達乎四境。（一直通達到全國的邊境。）而齊有其民矣。（現在齊國已經擁有這樣衆多的人民了。）地不改辟（與闢同）（ㄆㄧˋ）矣。（土地不必再想法子開闢。）民不改聚矣。（人民不必再想法子招集。）行仁政而王。（就此施行仁政，稱王於天下。）莫之能禦也。（沒一個能抵擋得住的啊。）且王者之不作。（而且自文王到現在七百多年，王者仁君的不興起。）未有疏於此時者也。（從來沒有少過這個時期的了。）民之憔悴於虐政。（人民痛苦呻吟在虐政壓迫下。）未有甚於此時者也。（也沒有甚過這個時期的了。）飢者易為食。（好比肚餓的人，容易給他吃得滿足。）渴者易為飲。（口渴的人，容易給他飲得滿足。）孔子曰。（從前孔子曾說。）德之流行。（德政流佈開來）速於置郵（音尤）（ㄧㄡˊ）而傳命。（比了驛站傳信還要快。）當今之時。（碰着現在這個時勢。）萬乘（去聲）（ㄕㄥˋ）之國。（擁有萬輛兵車的大國。）行仁政。（如果肯施行仁政。）民之悅之。（人民心裏的歡悅。）猶解倒懸也。（就同解救了他們顛倒懸吊的困苦一樣。）故事半古之人。（所以做起來只要有古人一半的工夫。）功必倍之。（所成的功績一定比古人加倍。）惟此時為然。（也只有現在這個時勢能夠如此。）

【章旨】這章書是孟子拿王天下的事業自任，澈底反對霸道。——孟子公孫丑上宣王伐燕而勝，問孟子取之何如？孟子答以民悅則可取，民不悅則不可取。所謂民悅者，發政施仁，救民於水火之中，則民自簞食壺漿以迎之，此在我之能行仁政否耳。

齊人伐燕。（齊國出兵攻伐燕國。）勝之。（得到勝利。）宣王問曰。（宣王問孟子說。）或謂寡人勿取。（有人向我建議不要取燕國的土地。）或謂寡人取之。（又有人向我建議去取。）以萬乘（去聲下同ㄕㄥˋ）之國。（拿我擁有萬輛兵車的齊國。）伐萬乘之國。（去攻伐同樣擁有萬輛兵車的燕國。）五旬而舉之。（五十天就成了大功。）人力不至於此。（單靠人力不會有這樣快，定是天意。）不取。（如果不取土地。）必有天殃。（就是違背天意，定有天降的禍殃。）取之。（我打算去取。）何如。（夫子的意思以為怎樣。）孟子對曰。（孟子答說。）取之而燕民悅。（取了土地如果燕國人民心裏歡悅呢。）則取之。（那就去取便了。）古之人有行之者。（古時候的人曾有這樣做過的。）武王是也。（像周武王伐紂便是啊。）取之而燕民不悅。（取了土地如果燕國人民心裏不歡悅呢。）則勿取。（那就不要取。）古之人有行之者。（古時候的人也有這樣做過的。）文王是也。（像周文王不肯伐紂便是啊。）以萬乘之國。（拿擁有萬輛兵車的國家。）伐萬乘之國。（去攻伐同樣擁有萬輛兵車的國家。）簞（音丹ㄉㄢ）食（音嗣ㄙˋ）壺漿。（人民用竹器盛好了飯。用壺子裝好了酒漿。）以迎王師。（來迎接君王的軍隊。）豈有他哉。（豈有別的意思呢。）避水火也。（不過想要避開水淹火熱般的虐政罷了。）如水益深。（倘然水淹般的痛苦格外加深）如火益熱。（火燒般的痛苦格外加燒。）亦運而已矣。（人民也只有轉向別國求救的咧。）【章旨】

這章書是孟子說征伐要順人心，必須人心喜悅，纔合乎天心。——孟子梁惠王下

至或有人謂孟子勸齊伐燕，則誤矣。燕君不仁，沈同問燕可伐。孟子當然答以可伐。然須先問我有無天吏之仁德，而後可興師問罪也。若燕齊二國，地醜德齊，莫能相尚，而欲藉武力以制服之，宜其起燕民之反感也。總之孟子之政治思想，王道仁政而已，以德化而非以取之也。

沈同以其私問曰。（齊臣沈同拿他個人的意見去問孟子說。）燕可伐與（平聲，下伐與殺與同。ㄩ）。（燕國可以去攻伐麼。）孟子曰。（孟子說。）可。（可以的。）子噲不得與人燕。（燕王子噲不該像遜位的樣子，把燕國給與人。）子之不得受燕於子噲。（燕臣子之更不該像受禪的樣子，就受燕王子噲的王位。）有仕於此。（比方有個熱心做官的人在這裏。）而子悅之。（卻是你喜歡他。）不告於王。（就不去稟告齊王。）而私與之吾子之祿爵。（而在私下裏把你的俸祿和官爵給了他。）夫（音扶ㄈㄨˊ）士也。（這個熱心做官的人呢。）亦無王命。（也不待齊王的命令。）而私受之於子。（就這麼在私下裏接受了你的俸祿和官爵。）則可乎。（那末，這事可以麼。）何以異於是。（現在燕國子噲子之的私相授受，和這情形有什麼兩樣呢。）齊人伐燕。（後來齊國果然出兵攻伐燕國。）或問曰。（有人問孟子說。）勸齊伐燕。（夫子曾勸齊國攻伐燕國。）有諸。（有這事麼。）曰。（孟子說。）未也。（沒有這事。）沈同問燕可伐與。

沈同曾問我燕國可以去攻伐麼。吾應之曰。我答他說。可。可以彼然而伐之也。他自己以為對，就此實行去攻伐了。彼如曰。假如他再問我說。孰可以伐之。那一個可以去攻伐。則將應之曰。那我就要答他說。為天吏。要奉行天命的國君。則可以伐之。纔可以去攻伐。今有殺人者。好比現在有個殺了人的人。或問之曰。有人來問我說。人可殺與。這殺人的人可以殺了他麼。則將應之曰。那我就要答他說。可。可以彼如曰。假如他再問我說。孰可以殺之。那一個可以殺他。則將應之曰。那我也就要答他說。為士師。要做獄官的。則可以殺之。纔可以殺他。今以燕伐燕。如今齊國的情形也和燕國差不多，等於拿燕國去攻伐燕國。何為勸之哉。有什麼勸他攻伐的道理呢。【章旨】這章書是孟子說燕國是可伐的，但齊國不是伐燕的國家。——孟子公孫丑下

齊人伐燕。齊國出兵攻伐燕國。取之。取了燕國的土地。諸侯將謀救燕。各國諸侯都想去救燕國。宣王曰。宣王知道了，向孟子說。諸侯多謀伐寡人者。現在各國諸侯都在準備攻伐我。何以待之。該怎樣對付呢。孟子對曰。孟子答說。臣聞七十里為政於天下者。我聽說只有七十里小地方，能推行統治天下的王政的。湯是也。那便是商湯了。未聞以千里畏人者也。卻不曾聽說過有了一千里地方的大國會恐懼別人來攻伐啊。書曰。書經上說。湯一征。商湯第一次征伐。自葛始。自葛國開始。天下信之。天下的人都信任商湯是救人民。東面而征。所以商湯向東面征伐。西夷怨。西方的夷人就

抱怨。南面而征。向南面征伐。北狄怨。北方的狄人又抱怨。曰。大家都說。奚為後我。為什麼把我國放在後面不先來征伐呢。民望之。人民盼望商湯到臨。若大旱之望雲霓（ㄋㄧˊ）也。就同大旱時盼望雨前的雲和雨後的虹一樣迫切。歸市者不止。到市上做買賣的人並不停止交易。耕者不變。在田裏耕種的人也不變更工作。誅其君而弔其民。殺了暴君救出痛苦的人民。若時雨降。好像應時的雨從天上降下來。民大悅。人民都大大地歡悅。書曰。書經上又說。徯（ㄒㄧ）我后。等待我們的君王到臨。后來其蘇。君王來了，我們就可以復活了。今燕虐其民。現在燕王虐待他的人民。王往而征之。君王去征伐他。民以為將拯己於水火之中也。人民以為君王將要把他們從水淹火燒般的痛苦中救出來。簞食壺漿。所以拿竹器盛好了飯。拿壺子裝好了酒漿。以迎王師。來迎接君王的軍隊。若殺其父兄。假如盼望得到了，反而殺戮他們的父兄。係累（ㄌㄟˋ）其子弟。綑綁他們的子弟。毀其宗廟。拆毀他們的宗廟。遷其重器。搬出他們的寶器。如之何其可也。豈不使他們大大地失望，怎麼可以呢。天下固畏齊之彊也。天下諸侯本來就畏忌齊國的強大。今又倍地。現在又取了燕國，加上一倍的土地。而不行仁政。卻還不施行仁政。是動天下之兵也。這明明是自己引動天下的兵來攻伐自己啊。王速出令。君王只有快些發出命令。反其旄（與耄同）（ㄇㄠˋ）倪（ㄋㄧˊ）。放回所擄掠來的老小。止其重器。中止搬移寶器。謀於燕眾。誠意和燕國人民討論。置君而後去之。給他們立一個君長，然後撤去軍隊。則猶可及止也。那還可以來得及止住諸侯未發的救兵哩。

【章旨】這章書是孟子給宣王劃策，要放

棄燕國土地，纔可免兵禍。——孟子梁惠王下

第二目　盼爲世用以行其道

仁君治國，貴德尊士，使賢者在位，能者在職，而後政簡刑清，大國自畏而不敢侮。不仁者則反是，般樂怠傲，是自求禍。故國之禍福，無不自己求之者，卽仁與不仁之別耳。

孟子曰。（孟子說。）仁則榮。（國君能有仁心，就會有光榮。）不仁則辱。（不仁就要有恥辱。）今惡（去聲。下同。ㄨˋ）辱而居不仁。（現在的國君只知道憎惡恥辱，居心偏又不仁。）是猶惡溼而居下也。（這就和憎惡潮濕偏又住在低下的地方一樣。）如惡之。（如果做國君的眞個憎惡恥辱。）莫如貴德而尊士。（就不如崇尚道德，同時尊敬士人。）賢者在位。（使有道德的人在位。）能者在職。（有才幹的人守職助理。）國家閒（音閑ㄒㄧㄢˊ）暇。（這樣，國家便太平無事。）及是時。（就趁這時候。）明其政刑。（修明那政事和刑法。）雖大國必畏之矣。（雖是大國也必畏懼他了。）詩云。（詩經上說。）迨天之未陰雨。（鳥兒趁着天尚未下雨的時候。）徹（ㄔㄜˋ）彼桑土（音杜ㄉㄨˋ）。（取那帶泥的桑根皮。）綢（音稠ㄔㄡˊ）繆（ㄇㄡˊ）牖戶。（補葺窠巢中通氣出入的洞，這樣及時預備。）今此下民。（今後在下面的人。）或敢侮予。（那個敢來欺侮我呢。）孔子曰。（孔子讀了這首詩，稱贊說。）爲此詩者。（做這首詩的人。）其知道乎

（是知道防患的道理罷。）能治其國家。（能够拿防患的道理去治理國家。）誰敢侮之。（還有那一個敢欺侮。）今國家閒暇。（現在的國君，遇着閒暇無事。）及是時。（卻就趁這時候。）般（音盤ㄆㄢˊ）樂（音洛ㄌㄜˋ）怠敖（音傲ㄠˋ）。（遊玩作樂。怠惰驕傲。）是自求禍也。（這正是自己去找禍患啊。）禍福無不自己求之者。（禍患和幸福沒有不是由己身找得來的。）詩云。（詩經上說。）永言配命。（常常思念那合於天理的事。）自求多福。（自己去尋求多樣幸福。）太甲曰。（書經太甲篇也說。）天作孽（ㄋㄧㄝˋ）（天造的災禍。）猶可違。（還可以逃避。）自作孽。（自己造下災禍。）不可活。（那便不能够活命。）此之謂也。（就是這個說法啊。）【章旨】這章書是孟子勸勉做國君的施行仁政，預防恥辱禍患。——孟子公孫丑上

所以治國者，首在任用仁賢，而後禮義興，政治舉。否則國且不成其為國矣。而國內之世臣巨室，尤宜善為撫輯，使其生傾慕之心，然後全國以至於天下之人，莫不心悅誠服。而我之德行教化，自充滿於四海矣。

孟子曰。（孟子說。）不信仁賢。（國君如果不信任有仁道的人和有才幹的人。）則國空虛。（那末，國中就像空虛沒有人一樣了。）無禮義。（再如沒有尊卑貴賤的禮節，和行政制事的義宜。）則上下亂。（那末，上下就要顛倒，一切法度都亂了。）無政事。（再加沒有做大事的綱領，做小事的條目。）則財用不足。（那末，貨財用度就要不充足了。）【章旨】這章書是孟子說治國第一要得人，有了仁賢，禮義政事就會上軌道。——孟子盡心下

孟子曰。孟子說。爲政不難。處理國政並不怎樣困難。不得罪於巨室。只要能依正道使那世臣大家不起反對就得了。巨室之所慕。等到那些世臣大家都傾心悅服。一國慕之。一國的人也就傾心悅服了。一國之所慕。一國的人既傾心悅服。天下慕之。那就普天下的人都傾心悅服了。故沛然德教溢乎四海。到了這地步，那德行教化自然很盛大的流行開來，充滿在四海以內咧。【章旨】這章書是孟子說，爲政要使難服的人先服，難服的已服，自然無人不服。——孟子離婁上

齊宣王乃私心自用，不能接納孟子之說。孟子復以匠人斲木，玉人琢玉之理，詳爲譬喻，以冀宣王之憬然省悟，廣納善言，任用專才，而施行仁政也。

孟子見齊宣王曰。孟子去見齊宣王說。爲巨室。譬如君王要建築高大的宮室。則必使工師求大木。那就一定要叫工頭去尋找高大的木料。工師得大木。工頭找着了大木料。則王喜。君王便很喜歡。以爲能勝(平聲ㄕㄥ)其任也。以爲這個工頭確是能稱職的。匠人斲而小之。後來工人卻把木料削小了。則王怒。君王便要發怒。以爲不勝其任矣。以爲工人幹不來這些事，太不能稱職咧。夫(音扶ㄈㄨˊ)人幼而學之。大凡一個人從小去求學。壯而欲行之。原是想在壯年時實用的。王曰。君王卻對他說。姑舍(朱注去聲今讀ㄕㄜˇ)女(音汝ㄖㄨˇ)所學而從我。你姑且丟了你所學的照我的意思做。則何如。那他的成績會怎麼樣。今有璞玉於此。好比現在有一塊未經開琢的石玉在這裏。雖萬鎰。雖值萬金。必使玉人彫琢之

（也一定要叫玉工去雕成玉器纔行。）至於治國家。（到了治理國家的事。）則曰姑舍女所學而從我。（卻說你姑且丟了你所學的照我的意思做。）則何以異於敎玉人彫琢玉哉。（那又和硬敎玉工一定要怎樣雕琢有什麼分別呢。）

【章旨】（這章是孟子設比喻說明治國要用賢才。）——孟子梁惠王下

孟子又勸宣王之進賢去惡，應詳加審察，博採衆議以爲斷，決不可憑一己之好惡，而生殺予奪。能如是，則阿黨比周者不得逞，特立不羣者不致遺，乃能成爲有累世親臣之故國矣。

孟子見齊宣王曰。（孟子去見齊宣王，說。）所謂故國者。（所稱爲故舊國家的。）非謂有喬木之謂也。（並不是說有高大的樹木而算古老。）有世臣之謂也。（乃是說要有累世勳舊的臣子啊。）王無親臣矣。（現在君王不但沒有累世勳舊的臣子，連親信的臣子都沒有哩。）昔者所進。（昨天所進用的人。）今日不知其亡也。（今天就會糊塗的不知道他已逃亡了。）王曰。（宣王說。）吾何以識其不才而舍（ㄕㄜˇ上聲）之。（那末，我得請問要怎麼樣纔能預先曉得這人是個不成才的，捨了不用呢。）曰。（孟子說。）國君進賢。（國君進用賢人。）如不得已。（到了實在不得已的時候。）將使卑踰尊。（勢必使位卑的越過位尊的。）疏踰戚。（疏遠的越過親近的。）可不慎與（ㄩˊ平聲）。（這個怎能不慎重呢。）左右皆曰賢。（假如左右近臣都說這是好的。）未可也。（不能就相信。）諸大夫皆

曰賢。滿朝的大夫都說這人是好的。未可也。還不能就相信。國人皆曰賢。等到全國的人都說這人是好的。然後察之。然後自己審察過。見賢焉。看出這人確是好的。然後用之。這纔進用他。左右皆曰不可。又如左右近臣都說這人不可用。勿聽。不能就聽從。諸大夫皆曰不可。滿朝的大夫都說這人不可用。勿聽。還不能就聽從。國人皆曰不可。等到全國的人都說這人不可用。然後察之。然後自己審察過。見不可焉。發現這人確是不可用的。然後去之。這纔能去他。左右皆曰可殺。用刑也要這樣愼重，假如左右近臣都說這人可殺。勿聽。不要聽他。諸大夫皆曰可殺。滿朝的大夫都說這人可殺。勿聽。也還不要聽他。國人皆曰可殺。等到全國的人都說這人可殺。然後察之。然後自己審察過。見可殺焉。判明這人確是可殺的。然後殺之。這纔殺了他。故曰。所以殺人的時候說。國人殺之也。這是全國的人殺了他啊。如此。能够如此。然後可以爲民父母。然後纔可以做人民的父母。【章旨】這章書是孟子說進退人才和用刑都要愼重，纔能成爲故國而永久存在。——孟子梁惠王下

孟子望宣王之行王道，至殷且切。故嘗謂：「我非堯舜之道，不敢以陳於王前。」然宣王有意求治，而實無此決心。故孟子問四境之內不治，則如之何？王顧左右而言他。

孟子謂齊宣王曰。孟子向齊宣王說。王之臣。比方君王的臣子裏面。有託其妻子於其友。有把他的妻子

(寄託在一個要好朋友處。)而之楚遊者。(自己到楚國去遊歷的人。)比(ㄅㄧˋ)其反也。(等到他回來。)則凍餒其妻子。(卻凍餓了他的妻子。)則如之何。(對於這等負心朋友可怎樣對付呢。)王曰。(宣王說。)棄之。(棄絕他。)曰。(孟子說。)士師而能治士。(假使有個獄官。竟不能管束他的屬員。)則如之何。(又該怎樣處置。)王曰。(宣王說。)已之。(罷免他。)曰。(孟子說。)四境之內不治。(再如有一個國君，在他的四方國境以內全不能平治。)則如之何。(又該怎麼辦。)王顧左右而言他。(宣王聽了，覺得不好回答，就看看左右的人，有意說着別樣事情。)

【章旨】這章書是孟子設比喻逼問宣王想勸他醒悟，卻終於不能悟。——孟子梁惠王下

其所以如此者，以宣王之側，羣小環集。孟子進見時暫，雖陳以堯舜之道，而未能邀其採納也。

孟子曰。(孟子說。)無或(與惑同)(ㄏㄨㄛˋ)乎王之不智也。(不要怪那齊王不聰明啊。)雖有天下易(去聲)(ㄧˋ)生之物也。(雖是天下最容易生長的東西。)一日暴(ㄆㄨˋ)之。(假如只有一天溫煖它。)十日寒之。(倒有十天冷凍它。)未有能生者也。(也就沒有能生長的道理了。)吾見亦罕矣。(我去見齊王的時候也很少。)吾退而寒之者至矣。(我退出後，那冷凍他的人又到了他面前。)吾如有萌焉何哉。(我雖能使他有點萌芽，又有什麼用呢。)今夫(音扶)(ㄈㄨˊ)弈之為數。(現在拿下棋的技能來說。)小數也。(那不過是很小的玩意罷了。)不專心致志。(但如不肯專心盡志。)則不得也。(就得不着訣竅。)弈秋。(那弈秋。)

通國之善弈者也。是全國最擅長下棋的人。使弈秋誨二人弈。譬如請弈秋教兩個人下棋。其一人專心致志。其中一個是專心盡志。惟弈秋之爲聽。把弈秋所教的話完全聽在心裏。一人雖聽之。另一個雖在聽着。一心以爲有鴻鵠將至。心裏卻以爲也許會有雁鵝就要飛來。思援弓繳(音灼)(ㄓㄨㄛˊ)而射(ㄕㄜˋ)之。想拿起弓，用繩子弔了箭，去射它下來。雖與之俱學。雖和前一個共同學習。弗若之矣。總不能够及得上的了。爲(去聲)(ㄨㄟˋ)是其智弗若與(平聲)(ㄩˊ)是不是爲了他的聰明及不上呢。曰。我可以說。非然也。完全不是，就只不肯專心盡志罷咧。【章旨】這章書是孟子慨歎齊王不能專心用賢。——孟子告子上

孟子見道之難行，於是致爲臣而歸。然宣王不明其意，猶欲授以室，養以萬鍾，爲大夫國人之矜式。此非孟子之所願也。

孟子致爲臣而歸。孟子在齊國辭了客卿的地位，就要歸去。王就見孟子曰。齊王親來見孟子說。前日願見而不可得。從前我想見夫子，卻不能够。得侍。現在已得在夫子旁邊領教。同朝甚喜。不但我心裏喜歡，同朝的人也很喜歡。今又棄寡人而歸。如今又要拋棄我歸去。不識可以繼此而得見乎。不知道還有什麼日子可以繼續相見啊。對曰。孟子答說。不敢請耳。這是不敢預先訂定的。固所願也。我心裏本來也很願日後能相見哩。他日。過了一天。王謂時子曰。齊王對大夫時子說。我欲中國而授孟子室。我想在齊國適中的地點，替孟子造一所房屋。養弟子以萬鍾。供給他養弟子的俸祿每

年一萬鍾。使諸大夫國人。使大夫們和全國的人。皆有所矜式。都有一種可以敬慕的模範。子盍為(去聲ㄨㄟˋ)我言之。你何不替我去說說看。時子因陳子而告孟子。時子便將齊王的話託陳臻告訴孟子。陳子以時子之言告孟子。陳臻就把時子的這番話對孟子說了。孟子曰。孟子說。然。是的。夫(音扶ㄈㄨˊ)時子惡(平聲ㄨ)知其不可也。但那時子怎麼會知道我是留不住的呢。如使予欲富。假使我想發財的話。辭十萬而受萬。那末，辭掉客卿十萬鍾的俸祿，去受一萬鍾的教書束脩。是為欲富乎。這算是想發財麼。季孫曰。從前魯國大夫季孫曾說。異哉子叔疑。奇怪呀，子叔疑這個人。使己為政。想法子使自己得做官。不用。後來國君不用他。則亦已矣。那也就罷了。又使其子弟為卿。卻又四處設法，叫他的子弟們去做官。人亦孰不欲富貴。人是那一個不想富貴的。而獨於富貴之中。但是子叔疑這個人，偏偏在富貴場中。有私龍(音壟ㄌㄨㄥˇ)斷焉。有站在岡壟高處左右覇視，存心想把持的樣子。古之為市者。這話怎講呢，因為古時候在市場做交易的人。以其所有。拿自己所有的東西。易其所無者。掉換自己所沒有的。有司者治之耳。那市場的官吏，不過處理他們的爭執就是了。有賤丈夫焉。卻有一種卑鄙的賤男子。必求龍斷而登之。一定要找個高處先去佔據着。以左右望。左右候望。而罔市利。去網羅市上的利益。人皆以為賤。人人都把這種專利勾當認為卑鄙。故從而征之。所以就取他的稅。征商。現在徵收商人的稅。自此賤丈夫始矣。就是從這種卑鄙的賤男子起頭的，我斷不肯去學這種卑鄙的小人。

【章旨】這章書是孟子表明自己的去就，是在道的行不行，不在利得上。——

惟孟子雖已去齊。然猶冀宣王之幡然變計，加以重用，則唐、虞、三代之治，不難重見於當時。故曰：「千里見王，是予所欲，不遇故去，豈予所欲。」「王由足用爲善。」「王如用予，則豈徒齊民安，天下之民舉安。」 其欲輔弼宣王，以行王道，施仁政，若是其殷切也。

孟子去齊。孟子離了齊國。尹士語(ㄩˋ去聲)人曰。齊人尹士對人說。不識王之不可以爲湯武。孟子，如果不曉得齊王不可以做商湯周武王的事業。則是不明也。那便是糊塗不明白。識其不可。如果知道不可能。然且至。卻還到齊國來。則是干澤也。那便是他想求祿位的恩澤了。千里而見王。不怕千里遠的路程來見齊王。不遇故去。結果因爲意見不合所以又離去。三宿而後出晝。但卻過了三夜，然後走出晝邑。是何濡滯也。爲什麼這樣遲延耽擱呢。士則茲不悅。我尹士就不大贊成。高子以告。孟子的弟子高子聽了這些話，就去告訴孟子。曰。孟子說。夫(音扶，下同。ㄈㄨˊ)尹士惡(ㄨ平聲)知予哉。那尹士怎能知道我的心思呢。千里而見王。不怕千里遠的路程來見齊王。是予所欲也。這是我自願的。不遇故去。意見不合而離去。豈予所欲哉。這難道也是我願意的。予不得已也。我實在是不得已啊。予三宿而出晝。

至於我過了三夜纔走出晝邑。於予心猶以爲速。在我的心上還以爲太快哩。王庶幾改之。我還希望齊王或者能悔改以前的行爲。王如改諸。齊王如果悔改。則必反予。那就一定要追我同去。夫出晝而王不予追也。直等到三天後已走出了晝邑，齊王卻還不來追同我。予然後浩然有歸志。我這纔如水流般的止不住，決心歸去。予雖然。但我雖然如此。豈舍王哉。又那裏完全拋棄了齊王。王由足用爲善。齊王的天資很樸實，還能够教他行些善政。王如用予。假如齊王肯用我。則豈徒齊民安。那豈但齊國的人民能安定。天下之民舉安。天下的人民都能安定。王庶幾改之。齊王或者能悔改罷。予日望之。這是我天天盼望的。予豈若是小丈夫然哉。我難道像那器量狹小的人一樣。諫於其君而不受。諫勸他的國君不聽。則怒。就要忿怒。悻（ㄒㄧㄥ）悻然見（音現ㄒㄧㄢ）於其面。悻悻地擺在臉上。去則窮日之力而後宿哉。去的時候就要儘在一天裏把所有氣力用出來，去遠了然後纔歇宿呢。尹士聞之曰。尹士聽到了這些話，悔悟說。士誠小人也。我尹士眞是個沒有見識的小人啊。

【章旨】這章書是孟子自表他的用世心切。——孟子公孫丑下

惜宣王卒不能用，孟子終於去齊。然其欲爲世用之心，未嘗稍殺。故又曰：「夫天未欲平治天下也。如欲平治天下，當今之世，舍我其誰也。」其自任於天下之重如此。

孟子去齊。孟子離了齊國。充虞路問曰。充虞在路上問孟子說。夫子若有不豫色然。夫子臉上好像有不高興

的氣色似的。前日虞聞諸夫子曰。(從前虞曾聽得夫子說。)君子不怨天。(君子不怨恨天不保祐。)不尤人。(也不嗔怪人不用他，現在爲什麼不高興呢。)

曰。(孟子說。)彼一時。(那是從前的時候。)此一時也。(這是現在的時候啊。)五百年必有王者興。(自古以來，大約每隔五百年，一定有個聖王興起。)其間必有名世者。(而且這其間也一定有個名傳當世輔佐聖王的賢人。)由周而來。(從周朝開基到現在。)七百有餘歲矣。(已經有七百多年了。)以其數。(拿那五百年一王的數目算來。)則過矣。(已經過了頭。)以其時考之。(照現在的時勢考察起來。)則可矣。(也該有聖賢出世了，可是還沒有，我怎麼會高興呢。)夫(音扶 ㄈㄨˊ)天未欲平治天下也。(假使天意也還不要天下治得太平，那就罷了。)如欲平治天下。(如果要把天下治得太平。)當今之世。(當着現在的世上。)舍(上聲 ㄕㄜˇ)我其誰也。(除了我還有那一個。)吾何爲不豫哉。(我又爲什麼不高興呢。)

【章旨】這章書是孟子自表他的憂世心切。——孟子公孫丑下

第五節　宣揚革命理論勉人奮發有為

第一目　鼓吹革命剷除暴君

孟子不得行其道。而當時諸侯，崇霸業，惟富強是務。使人民困於橫征暴歛之賦稅，爭城掠地之災禍。孟子愍焉傷之，乃宣揚革命理論，喚起剷除暴君，撫輯良民。其對齊宣王問湯放桀、武王伐紂之言曰：「聞誅一夫紂矣，未聞弒君也。」夫桀紂之為君殘賊仁義，暴虐無道，民欲與之偕亡，雖在君位，實已成為一夫，是以湯武出征，民皆起而響應，倒戈相向。故易曰：「湯武革命，順乎天而應乎人。」

齊宣王問曰。齊宣王問孟子說。湯放桀。商湯把夏桀放逐到南巢。武王伐紂。周武王出兵在牧野攻伐紂王。有諸。真有這等事麼。孟子對曰。孟子答說。於傳(ㄓㄨㄢˋ)有之。在古書上是有的。曰。宣王說。臣弒其君可乎。桀紂是天子，湯武是諸侯，做臣子的弒死君上，也可以麼。曰。孟子說。賊仁者。傷害仁道的人。謂之賊。叫做賊。賊義者。毀壞義理的人。謂之殘。叫做殘。殘賊之人。賊仁殘義的人。謂之一夫。就叫他獨夫。聞誅一夫紂矣。我只聽說武王

殺了一個獨夫名紂的。未聞弒君也。沒有聽說武王弒死君上啊。【章旨】這章書是孟子深警宣王，垂戒後世。——孟子梁惠王下

孟子期望當時豪傑之士，踔厲奮發，有所作爲，如遇暴君，民不堪命，應起而效湯武之革命，救民於水火之中。無爲凡民，待文王而後興也。

孟子曰。孟子說。待文王而後興者。要待到有文王那樣的教化纔興起歸善的。凡民也。那是平常百姓啊。若夫(音扶ㄈㄨˊ)豪傑之士。至於有非常才智的賢傑。雖文王猶興。雖沒有文王那樣的教化，還是能奮發興起。【章旨】這章書是孟子勉勵人做豪傑，不要把自己作凡民看待。——孟子盡心上

若舜帝居深山之中，與木石居，與鹿豕遊。及聞一善言，見一善行，卽有所感而奮起。其自發自強之精神，誠足爲後世法。

孟子曰。孟子說。舜之居深山之中。當初舜住在深山裏面。與木石居。和木頭石頭一處住。與鹿豕遊。和野鹿野豬一處走。其所以異於深山之野人者幾希。他和那深山裏面的鄉下人實在很少不同的地方。及其聞一善言。等到他聽得一句好的說話。見一善行(去聲ㄒㄧㄥˋ)。見到了一件好的事情。若決江河。心裏一有了感觸隨卽明白了道理，那響應的迅速，就像放決江河的水。沛然莫之能禦也。浩浩蕩蕩地灌注下來，沒有能够止住它的。【章旨】這章書是孟子說舜能奮發自強。——孟子盡心上

蓋自古聖賢，莫不歷盡艱辛，自圖奮發，而後創業成功，名垂史冊。良以人非經過折磨歷練，不能有所建樹。所謂「動心忍性，增益其所不能。」故孤臣孽子，因操心危，慮患深，而所事無不達者。此疢疾之促成德慧術知也。

孟子曰。（孟子說。）舜發於畎畝之中。（當初舜發跡在田畝裏面。）傅說（音悅ㄩㄝˋ）舉於版築之間。（傅說是從築牆泥匠這些工人裏面被舉用的。）膠鬲舉於魚鹽之中。（膠鬲是從魚鹽商販中被舉用的。）管夷吾舉於士。（管夷吾是在監獄中被舉用的。）孫叔敖舉於海。（孫叔敖是隱居在海邊被舉用的。）百里奚舉於市。（百里奚是在市街上做買賣被舉用的。）故天將降大任於是人也。（所以天要把重大責任給與這人。）必先苦其心志。（一定要困苦他的心志。）勞其筋骨。（勞碌他的筋骨。）餓其體膚。（饑餓他的體膚。）空乏其身。（貧窮他的身家。）行拂亂其所為。（所做的事又拂逆攪亂他，使他不得順利。）所以動心忍性。（這都是天有意激動他的心情，忍耐他的性氣。）曾（與增同ㄗㄥ）益其所不能。（增多他的才學力量上所不能。）人恆過。（本來，一個人不免常犯錯誤。）然後能改。（然後纔能改好。）困於心。（要有困難的心境。）衡（與橫同ㄏㄥˊ）於慮。（不順的思慮。）而後作。（然後纔能奮發振作。）徵於色。（甚至要徵驗在人的顏色上。）發於聲。（發現在人的聲音上。）而後喻。（然後纔能醒悟警戒。）入則無法家拂（與弼同ㄅㄧˋ）士。（國家也是這樣的，假使國內沒有守法度的世家和輔弼的賢士。）出則無敵國外患者。（外面又沒有對敵的國家和外來的禍患。）國恆亡。（這個國家往往會滅亡。）然後知生於憂患。（從以上所說的看來，然後纔知道生存是由憂患中奮鬬而得到的。）而死於安樂（音洛）也。（死亡卻完全由於安樂哩。）【章旨】這章書是孟子勉勵人不要憂愁困窮。——孟子告子下

孟子曰。（孟子說。）人之有德慧術知（去聲）者。（一個人有那德行的聰明和法術的智巧。）恆存乎疢（ㄔㄣˋ）疾。（往往是存在患難裏面的。）獨孤臣孽子。（獨有那孤立疏遠的臣子和被人輕視的庶子。）其操心也危。（他們因爲地位關係，保持心思常常怕危險，更不敢有一點放肆。）其慮患也深。（他們憂慮有禍患襲來，非常深切，決不敢有一點忽略。）故達。（他們老是這樣的用心，所以都能明白事理，通達那德慧和術知。）【章旨】這章書是孟子勉勵困苦的人自己奮發。——孟子盡心上

第二目　主張民貴君輕開民主政治之先聲

孟子重視民主政治。嘗曰：「得天下有道，得其民，斯得天下矣，得其民有道，得其心，斯得民矣，得其心有道，所欲與之聚之，所惡勿施爾也。」因倡民貴君輕之說。欲秉國政者，以愛民爲先，一切爲人民着想，則民心自得，而國基亦固。

孟子曰。（孟子說。）民爲貴。（人民最重要。）社稷次之。（土神和穀神爲次要。）君爲輕。（國君最不重要。）是故得

乎丘民而爲天子。因此，要能够得到田野人民的心，纔能够做天子。得乎天子爲諸侯。能够得到天子的心，不過可以做個諸侯。得乎諸侯爲大夫。能够得到諸侯的心，不過可以做個大夫。諸侯危社稷則變置。假使諸侯無道，危害到社稷的存在，那就要改立一個賢君。犧牲既成。假使牛羊這些三牲既已齊備。粢盛（音成ㄔㄥˊ）既潔。米穀這些粢盛既已豐潔。祭祀以時。而祭祀又依照一定的時候。然而旱乾水溢。卻還有旱乾水淹的災荒。則變置社稷。那就可以毀除社稷壇位重新建立起來。【章旨】這章書是孟子說明人民是國家的根本。

——孟子盡心下

即如堯、舜、禹三君之傳賢傳子，亦皆基於天與人歸之故，而所傳不同，非堯舜禹得以自主之也。

萬章曰。萬章問孟子說。堯以天下與舜。堯把天下給與舜。有諸。有這事麼。孟子曰。孟子說。否。不天子不能以天下與人。天子不能把天下給與人的。然則舜有天下也。萬章說，那末舜有這天下。孰與之。是那一個給與他的呢。曰。孟子說。天與之。天給與的。天與之者。萬章說，天給與他的時候。諄諄然命之乎。是不是鄭重地說明給與他的。曰。孟子說。否。不天不言。天並不說話。以行（去聲。下同。ㄒㄧㄥˋ）與事示之而已矣。不過就舜的行爲和事業暗示着把天下給他就是了。曰。萬章說。以行與事示之者。就舜的行爲和事業暗示給他天下。如之何。

又是怎麼樣呢。曰。孟子說。天子能薦人於天。天子能把人才保薦給天。不能使天與之天下。卻不能使天一定將天下給他。諸侯能薦人於天子。諸侯也只能把人才保薦給天子。不能使天子與之諸侯。不能使天子一定把諸侯給他做。大夫能薦人於諸侯。大夫也只能把人才保薦給諸侯。不能使諸侯與之大夫。不能使諸侯一定把大夫給他做。昔者堯薦舜於天。從前堯把舜保薦給天。而天受之。天就接受了。暴（ㄆㄨˋ）之於民。表揚舜的賢才在人民面前。而民受之。人民也都接受了。故曰。所以說。天不言。天並不說話。以行與事示之而已矣。不過就舜的行爲和事業暗示着把天下給與他就是了。曰。萬章說。敢問薦之於天。敢問堯把舜保薦給天。而天受之。天就接受了。暴之於民。表薦給人民。而民受之。人民也都接受了。如何。又是怎麼一回事呢。曰。孟子說。使之主祭。派舜去主持祭祀。而百神享之。一切神明都來歆享。是天受之。這便是天默認而接受了。使之主事而事治（去聲ㄓˋ）。派舜去主持天下的事，天下就都平治。百姓安之。百姓安心服從。是民受之也。這便是人民同意而接受了。天與之。就爲了是天給與他。人與之。人民給與他。故曰。所以說。天子不能以天下與人。天子不能把天下給與人的。舜相（去聲ㄒㄧㄤˋ）堯。講到舜輔佐堯辦理天下的事。二十有八載。有二十八年的長久。非人之所能爲也。這實在不是人力所能做得到的。天也。是天意如此啊。堯崩。到了堯死後。三年之喪畢。三年的喪禮完畢。舜避堯之子於南河之南。

舜就避讓堯的兒子，躲到南河的南邊去。天下諸侯朝音潮ㄔㄠˊ覲者。可是天下諸侯來朝見天子的。不之堯之子而之舜。不到堯的兒子這邊來卻都到舜那邊去。訟獄者。訴訟刑事的人。不之堯之子而之舜。，不到堯的兒子這邊來卻都到舜那邊去。謳歌者歌頌功德的人。不謳歌堯之子而謳歌舜。，不歌頌堯的兒子卻都歌頌舜。故曰。我所以說。天也。是天意啊。夫音扶ㄈㄨˊ然後之中國。舜到了這時候，纔回到中國地方來。踐天子位焉。踏上天子的座位。而居堯之宮。假使舜在堯死後，就住在堯的宮裏。逼堯之子。逼走堯的兒子。是篡也。那便是篡奪。非天與也。不是天給與他了。泰誓曰書經泰誓篇上說。天視自我民視。天的視察依我人民的視察爲定。天聽自我民聽。天的聽聞依我人民的聽聞爲定。此之謂也這就是天與人與的講法了。

【章旨】這章書是孟子說明堯把天下傳給舜，純出於大公無私。——孟子萬章上

萬章問曰。萬章問孟子說。人有言。世人有句話說。至於禹而德衰。到了夏禹，帝王的德行就衰敗了。不傳於賢。不把帝位傳給賢人。而傳於子。卻傳給自己的兒子。有諸。有這句話麼。孟子曰。孟子說。否。沒有這句話。不然也。也不是這樣說法。天與賢。假使天要傳給賢人。則與賢。那就傳給賢人。天與子。天要傳給他的兒子。則與子。那就傳給他的兒子。昔者舜薦禹於天。從前舜把禹保薦給天。十有七年。禹輔佐舜辦理國事十七年。舜崩。到了舜死後。三年之喪畢。三年的喪禮完畢。禹避舜之子於陽城。，禹就避讓舜的兒子自己到陽城去。天下之民從之。

（那知天下人民都歸從他。）若堯崩之後不從堯之子而從舜也。（就像堯死以後，不歸從堯的兒子卻歸從舜一樣。）禹薦益於天。（禹也把益保薦給天。）七年。（益輔佐禹辦理國事七年。）禹崩。（到禹死了。）三年之喪畢。（三年的喪禮完畢。）益避禹之子於箕山之陰。（益也避讓禹的兒子，自己到箕山背面去。）朝（音潮）（ㄔㄠˊ）覲訟獄者。（可是諸侯朝見和訴訟刑事的人。）不之益而之啓。（並不跟到益那邊去，仍到禹的兒子啓這裏來。）曰。（大家都說。）吾君之子也。（這是我們君上的兒子啊。）謳歌者。（那歌頌功德的人。）不謳歌益而謳歌啓。（也不歌頌益，都歌頌啓，）曰。（大家也同樣說。）吾君之子也。（這是我們君上的兒子啊。）丹朱之不肖。（因為堯的兒子丹朱，德行不能像堯。）舜之子亦不肖。（舜的兒子商均，德行也不能像舜，所以人心不歸服他。）舜之相堯。（並且舜的輔佐堯。）禹之相舜也。（禹的輔佐舜。）歷年多。（經過的年分多。）施澤於民久。（施恩惠給人民當然深厚。）啓賢。（禹的兒子啓卻很賢。）能敬承繼禹之道。（又能敬謹承受，繼續禹的教化。）益之相（去聲）（ㄒㄧㄤˋ）禹也。（同時那益輔佐禹。）歷年少。（經過的年分少。）施澤於民未久。（施恩惠給人民還不深厚。）舜、禹、益相去久遠。（舜禹益三人理政的年代彼此比較，相差又很久遠。）其子之賢不肖。（他們三人的兒子有賢有不賢。）皆天也。（都是天意如此。）非人之所能為也。（不是人力所能做得到的。）莫之為而為者。（凡是沒有人去做，卻會自然而成。）天也。（這便是天意。）莫之致而至者。（凡是沒有人指使，卻會自然而來。）命也。（這便是命運。）匹夫而有天下者。（一個平民能夠有天下。）德必若舜、禹。（德行必須像舜禹。而又有天子薦之者。並且要有明德的天子保薦纔成。故仲尼不有天下。所以孔子雖有舜禹般的德行，卻不能有天下。繼世以有天下。父子相傳得有天下。天之所廢。到了天意要廢棄他。必若桀、紂者也。也一定要像夏桀商紂那樣的自絕於天。故益、伊尹、周公不有天下。所以益伊尹周公這三人，德行雖都崇高，但因所輔佐的是啓太甲成王三個賢嗣，也就不能得有天下。

伊尹相(去聲 ㄒㄧㄤ)湯。當初伊尹輔佐商湯。以王(去聲 ㄨㄤ)於天下。施行王政於天下。湯崩。湯死後。太丁未立。太子太丁沒有登位就死了。外丙二年。太丁的弟弟外丙只兩歲。仲壬四年。又一個弟弟仲壬纔四歲，太丁的兒子太甲年紀反大些，所以就立他。太甲顛覆湯之典刑。誰知太甲竟顛倒敗壞湯所定的規矩制度。伊尹放之於桐。伊尹恐怕太甲失了天下，就把他安置在桐邑。三年。有三年的長久。太甲悔過。太甲漸漸能悔過。自怨自艾(音乂 ㄧˋ)。自己怨恨，自己改革。於桐處仁遷義。便在桐邑存心仁道改就義理做事。三年。三年裏面。以聽伊尹之訓己也。完全聽受伊尹教訓自己的話。復歸於亳。伊尹仍舊迎他回到京城亳都來，恢復了帝位。周公之不有天下。周公的不能有天下，是爲了有成王。猶益之於夏。就和益在夏朝遇着啓。伊尹之於殷也。伊尹在殷朝遇着太甲一樣啊。孔子曰。所以孔子說。唐、虞禪(音擅 ㄕㄢˋ)。唐堯虞舜把天下讓與賢人。夏后、殷、周繼。夏商周三代把帝位傳給子孫。其義一也。那種順天命的意義都是一樣的。

【章旨】這章書是孟子說舜禹傳賢傳子，都是順天命，沒有私意。——孟子萬章上所以君有大過，貴戚之卿，如反覆諫之而不聽，則易其位，另立宗族之賢者以代之，以安民生而保國祚。

齊宣王問卿。齊宣王向孟子問那做卿相的道理。孟子曰。孟子說。王何卿之問也。君王所問的是那一種卿相呢。王曰。宣王說。卿不同乎。卿相也有不同麼。曰。孟子說。不同。不同的。有貴戚之卿。有同姓貴族親戚的卿相。有異姓之卿。有異姓的卿相。王曰。宣王說。請問貴戚之卿。請先問同姓貴族的卿相。曰。孟子說。君有大過則諫。國君有重大過失就要諫勸。反覆之而不聽。如果再三諫勸還是不聽。則易位。那就該掉換君位，另立宗族裏的賢人。王勃然變乎色。宣王突地變了臉色。曰。孟子說。王勿異也。君王不要見怪。王問臣。君王既問臣。臣不敢不以正對。臣不敢不拿正理奉答。王色定。宣王臉色稍定。然後請問異姓之卿。這纔再問異姓的卿相。曰。孟子說。君有過則諫。國君有過失就要諫勸。反覆之而不聽。如果再三諫勸還是不聽。則去。那就該離去。【章旨】這章書是孟子說卿相有親疏常變的不同，實是警戒宣王。——孟子萬章下

如太甲顛覆湯之典刑，伊尹雖非貴戚之卿，然激於公忠體國之心，乃曰：「予不狎于不順，放太甲于桐。」欲其密邇先王之訓，無俾世迷。果也太甲自怨自艾，于桐處仁遷義

，伊尹復歸之于亳。否則其君不賢，既放而又不知悔改，以伊尹之忠心耿耿，勢將改立賢君，以固國本。

公孫丑曰。（公孫丑問孟子說。）伊尹曰。（伊尹說的。）予不狎于不順。（我看不慣那不依正道做事的人。）放太甲于桐。（所以他把不賢的太甲安置到桐邑去。）民大悅。（當時人民都大大悅服。）太甲賢。（後來太甲改歸賢德了。）又反之。（又迎接他回來做天子。）民大悅。（人民又大大悅服。）賢者之為人臣也。（照這事看來，賢人做了臣子。）其君不賢。（假使他的國君不賢。）則固可放與（平聲）。（那就本該可以把他安置到別處去的麼。）孟子曰。（孟子說。）有伊尹之志則可。（如有伊尹那樣大公無私的心志，原是可以的。）無伊尹之志。（沒有伊尹的心志。）則簒也。（就要變成簒奪了。）【章旨】這章書是孟子說忠臣可以放逐不賢之君，另立賢君，以安其國。——孟子盡心上

故在位者，苟不能愛護其民，治理其國，應自知無能，而還政於民，使賢能之士，出而任其職責。是猶受人之牛羊而為之牧，求牧與芻而不得，則反諸其人，而不可立而視其死也。

孟子之平陸。（孟子到齊國的下邑平陸。）謂其大夫曰。（向那邑宰說。）子之持戟之士。（假使你屬下執戟的戰士。）

一日而三失伍。在一天裏面就失了行列三次。則去之否乎。那你還是殺掉他，還是不殺呢。曰。邑宰說。不待三。不必等到三次。然則子之失伍也亦多矣。孟子說，既是這麼說，那你自己失職，就同戰士失了行列一樣的，也已很多了，卻到現在還做着邑宰哩。凶年饑歲。在凶荒饑饉的年歲。子之民。他治下的人民。老羸轉於溝壑。年老和體弱的，因爲不能移動就食，輾轉餓死在田溝山坑裏。壯者散而之四方者。強壯的逃散到四方去餬口。幾(上聲ㄐㄧˇ)千人矣。都不知已有幾千人了。曰。邑宰說。此非距心之所得爲也。這是國君失政，不是我距心所能有辦法的啊。曰。孟子說。今有受人之牛羊。譬如現在有個人受了別人的牛羊。而爲之牧之者。去替他看養。則必爲(去聲ㄨㄟˋ)之求牧與芻矣。那就一定要找尋養的地方和餵的草料。求牧與芻而不得。假使養的地方和餵的草料都找尋不到。則反諸其人乎。那末，還是把牛羊送還給原主人呢。抑亦立而視其死與(平聲ㄩˊ)。還是站在那裏眼睜睜地看着牛羊餓死呢。曰。那邑宰因此感到自己的責任，便說。此則距心之罪也。這確是我距心的罪過。他日。過了一天。見於王曰。孟子見齊王說。王之爲都者。君王屬下治理都邑的。臣知五人焉。臣認識有五個人。知其罪者。但能够知道自己的罪過。惟孔距心。卻只有孔距心一個。爲(去聲ㄨㄟˋ)王誦之。於是在齊王面前把前日的一番話說了。王曰。齊王說。此則寡人之罪也。這個卻是我的罪過啊。【章旨】這章書是孟子說君臣都要把愛恤人民做自己的本職。——孟子公孫丑下賢者之於國君，自有其清高之志節，堅定之立場，而不爲權勢所震懾，尊榮所誘惑。曾子曰：「彼以其富，我以吾仁，彼以其爵，我以吾義，吾何慊乎哉。」擇善固執，貴有自信也。

孟子曰。（孟子說。）說（音稅 ㄕㄨㄟˋ）大人。（遊說在上位的人。）則藐（音眇 ㄇㄧㄠˇ）之。（自己先要看輕他。）勿視其巍巍然。（不要把他那種高大顯赫放在眼裏，因爲他那種高大顯赫，就不過如下面所舉的幾點罷了。）堂高數仞。（堂屋高到幾個八尺。）榱（ㄘㄨㄟ）題數尺。（檐下椽子頭長到好幾尺。）我得志弗爲也。（似此奢華闊綽，假使我有一天得了志，還不屑這樣做呢。）食前方丈。（面前吃的東西擺到有一丈見方。）侍妾數百人。（服侍的妾婢有幾百人。）我得志弗爲也。（似此浪費放恣，假如我有一天得了志，還不屑這樣做呢。）般（音盤 ㄆㄢˊ）樂（音洛 ㄌㄜˋ）飲酒。（終日遊樂，吃酒無度。）驅騁田獵。（更不時跑馬打獵。）後車千乘（去聲 ㄕㄥˋ）。（往往後面跟隨的車子有千輛。）我得志弗爲也。（似此過分荒唐，假如我有一天得了志，還不屑這樣做呢。）在彼者。（在他的事。）皆我所不爲也。（都是我所不屑做的。）在我者。（在我的事。）皆古之制也。（都是古時候的好法度。）吾何畏彼哉。（我爲什麼要畏懼他呢。）【章旨】這章書是孟子說遊說的人先要自己沒有勢利心。——孟子盡心下

故君之於臣，如不以禮遇之，則臣之於君，亦不以忠事之，蓋君臣相處之道，以義爲表，以恩爲裏，猶若聲之有響，形之有影也。是以「君之視臣如手足，則臣視君如腹心，

君之視臣如犬馬，則臣視君如國人，君之視臣如土芥，則臣視君如寇讎。」既成寇讎，尚何爲舊君有服。所謂出乎爾者，反乎爾者，此自然之理也。

孟子告齊宣王曰。（孟子向齊宣王說。）君之視臣如手足。（假使國君看待臣子如同手足般的親近。）則臣視君如腹心。（那末，臣子也便看待國君如腹心一樣的貼切了。）君之視臣如犬馬。（假使國君看待臣子如同犬馬般的輕賤。）則臣視君如國人。（那末，臣子也便看待國君如路人一樣的疏遠了。）君之視臣如土芥。（假使國君看待臣子如同泥土草芥般可以任意踐踏。）則臣視君如寇讎。（那末，臣子也便看待國君如仇敵一樣的嫉恨了。）王曰。（宣王覺得仇敵這話有些過分，就問孟子說。）禮。（照儀禮上說。）爲（去聲，下爲並同。ㄨㄟˋ）舊君有服。（對於曾經事奉過的國君，死後替他服齊衰三個月的服。）何如。（要怎樣的國君。）斯可爲服矣。（纔可以對他服孝呢。）曰。（孟子說。）諫行言聽。（臣子的諫勸能聽受，建議能依行。）膏澤下於民。（把恩惠加到人民身上。）有故而去。（到了臣子因有別故離去本國時。）則君使人導之出疆。（國君派人護送他出境。）又先於其所往。（又先派人到他所赴國裏，稱揚他的賢能。）去三年不反。（必待他去了三年不回來。）然後收其田里。（然後收回他的田祿和里居。）此之謂三有禮焉。（這就叫做三面週到的禮節。）如此。（要能這樣）則爲之服矣。（就可以替他服孝了。）今也爲臣。（現在啊，那些做臣子的。）諫則不行。（向國君諫勸不見依行。）言則不聽。（向國君建議不見聽從。）膏澤不下於民。（恩惠不能加到人民身上。）有故而去。（臣子因有別故離去本國。）則君搏執之。國君就看押他或阻擋他。又極之於其所往。又斷絕他所赴國的任用機會。去之日。去的日子。遂收其田里。就收回他的田祿和里居。此之謂寇讎。這就叫做仇敵相待。寇讎何服之有。對於仇敵，還要服什麼孝呢。【章旨】這章書是孟子因宣王待臣下恩禮衰薄，所以露骨地對他講報施的道理。——孟子離婁下

第六節　闡明王道與霸道之分及王政實施之方法與內容

第一目　尊王貶霸

戰國諸侯，醉心於霸業之可以懾人，而不知王道之眞能服人。孟子乃說明王者以德行仁之實，仁政所播，人自來歸，故國雖小而能王天下，若商湯、周文是也。霸者以力假仁之名，故非有大國之廣土衆民，堅甲利兵，不足以服人，若齊桓、晉文是也。夫以德服人者，人皆感我之德澤，中心悅而誠服也。以力服人者，人之力不如我，畏而服之，非眞心服也。其不同之處在是，所以王道可久可遠，而霸道一瞬卽逝，殊不足恃。孟子希望當時諸侯，憬然省悟，棄霸業而行王道焉。

孟子曰。（孟子說。）以力假仁者霸。（實際用武力壓迫，外面拿仁義做幌子，便能做諸侯的霸主。）霸必有大國。（所以要做諸侯霸主一定要有實力充足的廣大土地。）以德行仁者王。（用道德施行仁政的，可以稱王於天下。）王不待大。（要想稱王天下，就不一定待到有廣大土地。）湯以七十里。（商湯只靠了七十里地方。）文王以百里。（周文王也只靠了一百里地方。）以力服人者。（拿武力去降服人。）非心服也。（不是心裏眞的歸服。）力不贍也。（是爲了力量不够。）以德服人者。（拿德行去使人歸服。）中心悅而誠服也。（是從心底裏喜悅，眞誠信服的。）如七十子之服孔子也。（就同七十弟子信服孔子一樣。）詩云。（詩經上說。）自西自東。（從西到東。）自南自北。（從南到北。）無思不服。（沒有一個人想不信服的。）此之謂也。（就是這個說法啊。）

【章旨】這章書是孟子說王霸的分別，在於存心眞假的不同。——孟子公孫丑上

霸者以力假仁，僞仁也，嚴格言之，卽不仁也。故僥倖而得國者有之。若欲以霸道而得天下，則未之有也。

孟子曰。（孟子說。）不仁而得國者。（不仁的人能用智術得國的。）有之矣。（那是有過的了。）不仁而得天下。（不仁的人能得到民心稱王天下的。）未之有也。（那就從來不曾有過哩。）

【章旨】這章書是孟子說不仁的人到底不能倖得民心。——孟子盡心下

孟子謂唐堯、虞舜之以德行仁，基於天性，而自然合於仁德者。至商湯、周武之以德行仁，是賴修養身心，而後施行仁德者。若五霸則假借仁德之美名，而以欺世罔人者。且假用僞仁，爲時稍久，人亦習而不察其僞，此霸業爲當時諸侯之所尙已。

孟子曰。（孟子說。）堯舜性之也。（唐堯和虞舜是本着天性自然合於仁義的。）湯武身之也。（商湯和周武是修養身心勉力施行仁義的。）五

霸假之也。(五霸就只是假借仁義的美名做幌子罷了。)久假而不歸。(假使長久假借着不歸還。)惡(ㄨ)(平聲)知其非有也。(又怎會知道他不是眞有仁義呢。)

【章旨】這章書是孟子說明王道的眞誠，霸道的欺僞。——孟子盡心上

霸者既以僞仁攝民，民自不得深蒙其澤，偶得小惠，即感奮而不能自已者。至王者之民，時在其大德教化之下，悠然自得，而不自覺也。且王者爲政，其所殺者，因民之所惡而殺之，故被殺者，自知罪有應得，而無怨心。其所與者，因民之所利而與之，與者不自以爲功，於是民皆爲善，而不知其所自然。盖王者感人之深，存心之神，自可以與天地參矣。豈若霸者之僅施小惠，博人民之歡心而已。

孟子曰。(孟子說。)霸者之民。(霸主統治下的人民。)驩虞如也。(受一些小恩惠，就要有感激而高興的樣子。)王者之民。(聖王統治下的人民。)皞皞(ㄏㄠˋ)如也。(受着大德化，還是不知不覺而自在自得的樣子。)殺之而不怨。(所以聖王的人民，殺了他卻不會怨恨。)利之而不庸。(有好處待他也不稱頌功德。)民日遷善而不知爲之者。(人民天天向好的方面改進，也不知那一個在推動着。)夫(音扶)(ㄈㄨˊ)君子所過者化。(所以有道德的人，所到的地方，人民都在無形中感化。)所存者神。(他所存在心裏的，便神妙不測，自然有感應。)上下與天地同流。(一身的仁道善德，往上向下，和天地的化育同運並行。)豈曰小補之哉。(難道說像那霸主般只用一些小恩惠彌補彌補就算了呢。)

【章旨】這章書是孟子分析王霸不同的地方。——孟子盡心上

如子產以乘輿濟人於溱洧，孟子譏其惠而不知爲政。蓋王道之行仁政，貴在普濟人羣。所謂歲十一月徒杠成，十二月輿梁成，使全民不致病涉卽可矣。何能每人皆以乘輿濟之哉。

子產聽鄭國之政。（從前子產主持鄭國的政事。）以其乘（朱注去聲今讀ㄔㄥ）輿（曾拿自己坐的車子。）濟人於溱（音臻ㄓㄣ）洧（ㄨㄟˇ）。（渡人過溱洧兩條河。）孟子曰。（孟子批評說。）惠而不知爲政。（只知道施些小恩惠，卻不明白行政的大體。）歲十一月徒杠（音江ㄐㄧㄤ）成。（照道理講起來，十月裏農事完畢，十一月裏走人的小橋就要造成。）十二月輿梁成。（十二月裏走車馬的大橋也要造成。）民未病涉也。（那末，人民就不會痛苦着赤脚過水了。）君子平其政。（在上位的人能夠施行適當的政事。）行辟（與闢同ㄆㄧˋ）人可也。（就是出行時驅使路人迴避也可以的。）焉（ㄧㄢ）得人人而濟之。（天下渡河的人這樣多，一輛車子又怎麼能使人人得渡呢。）故爲政者。（所以辦理國政的人。）每人而悅之。（如果要想向每個人拿私恩去討他的喜歡。）日亦不足矣。（也要爲了人太多，時間上來不及哩。）【章旨】這章書是孟子說爲政要講大德，不當講小惠。——孟子離婁下

所以如堯舜之仁，不偏愛人。惟急於親賢，俾爲其輔佐，則仁政所施，民皆蒙澤，此

君子之務其所急也。

孟子曰。（孟子說。）知（ㄓˋ）（去聲）者無不知（ㄓ）（如字）也。（聰明人固然沒有一事不明白。）當務之爲急。（卻只把應當先做的事認爲要緊。）仁者無不愛也。（有仁德的人固然沒有一人不加愛護。）急親賢之爲務。（卻認爲最要緊的是親近賢才，必須先做到。）堯舜之知（ㄓˋ）（去聲）。（像堯舜那樣的聰明。）而不徧物。（也不能普徧地知道萬事萬物。）急先務也。（只把要緊的事先做就是了。）堯舜之仁。（像堯舜那樣的仁德。）不徧愛人。（也不能普徧地愛護天下每一個人。）急親賢也。（只着緊在親近賢人就是了。）不能三年之喪。（好比不能守三年的喪期。）而緦小功之察。（卻在三個月的緦麻孝和五個月的小功孝上去研究。）放飯（ㄈㄢˋ）流歠。（又好比用手抓飯吃，水流般的喝湯，已是大大的不敬。）而問無齒決。（卻反問吃乾肉的人不該用牙齒咬的小不敬。）是之謂不知務。（這種人就叫做不知道事情的輕重和緩急。）

【章旨】這章書是孟子說用智行仁，總要先揀要緊的做。——孟子盡心上

第二目　王政重民生敦民教養老尊賢以仁爲歸

至王道之實施，首在重視民生，乃能取得民心。而民生之要，莫如飲食宮室以養生，祭祀棺槨以送死。故孟子告梁惠王始行王政之大要如下：

不違農時。（只要不躭誤農人耕種的時令。）穀不可勝（音升）食也。（五穀就不會吃得完了。）數（音促）罟（音古）不入洿（音烏）池。（細密的網子不放到低深的池裏。）魚鼈不可勝食也。（魚鼈就不會吃得完了。）斧斤以時入山林。（斧頭和砍刀依著一定的時令到山上去砍伐。）材木不可勝用也。（材木就不會用得完了。）穀與魚鼈不可勝食，（五穀和魚鼈不會吃得完）材木不可勝用。（材木不會用得完。）是使民養生喪死無憾也。（這就使人民養生送死的需要都沒有缺憾了。）養生喪死無憾。（能使人民養生送死沒有缺憾。）王道之始也。（便是用王道治國底初步啊。）——孟子梁惠王上（重見）

養生喪死無憾，乃可謹教申義，使民知孝親敬長，以盡子弟之職。否則飽食煖衣，逸居而無教，則近於禽獸，聖人之所憂也。故孟子又曰：

五畝之宅。（每一夫所受五畝地的宅子牆邊。）樹之以桑。（種些桑樹養蠶。）五十者。可以衣（去聲）帛矣。（那末，五十歲的人，就可以穿綢緞衣裳了。）雞豚狗彘之畜。（鷄狗和小猪母猪的飼養。）無失其時。（不要誤失了生殖時期。）七十者。可以食肉矣！（那末七十歲的人，就可以吃肉類了。）百畝之田。（每家給他百畝田。）勿奪其時。（不要因別的差役奪去他耕種的時令。）數口之家。（那末，有幾個人的人家。）可以無飢矣！（就可以不憂饑餓了。）謹庠序之教。（更進而慎重地實施學校的教化。）申之以孝悌之義。（反覆開導那孝順父母恭敬兄長底道理。）頒白者不負戴於道路矣！（那末，頭髮已經半黑半白的老人，就不致自家肩挑背負的在道路上辛苦了。七十者衣帛食肉。（七十歲的人可以穿綢吃肉。）黎民不飢不寒。（年輕髮黑的人不饑餓不寒冷。）然而不王（去聲ㄨㄤˋ）者。（象這樣還不能稱王天下的。）未之有也！——孟子梁惠王上（重見）

至王道政治之如何實施，孟子對梁惠王曾剴切言之。

地方百里。（國土就是小到只有一百里。）而可以王。（也可以統一天下做天子。）王如施仁政於民。（王如能對人民施行仁政。）省（ㄕㄥˇ）刑罰。（減輕刑罰。）薄稅斂。（減少租稅。）深耕易（去聲ㄧˋ）耨（ㄋㄡˋ）。（教人民深深地耕種，快快的除草。這「易」有快的意思，據經義述聞。）壯者以暇日。（同時使年輕人利用空閒日子。）修其孝悌忠信。（修學那孝悌和忠信底道理。）入以事其父兄。（在家裏事奉父兄。）出以事其長（上聲ㄓㄤˇ）上。（在外面事奉尊長。）可使制挺。（簡直可以叫他們造些木棍一類的武器。）以撻秦楚之堅甲利兵矣！（去打秦楚兩國堅固的盔甲和鋒利的兵器了。）彼奪其民時。（那些敵國的國君，都是奪去了人民的農作時間。）使不得耕耨。（使他們不能耕田除草。）以養（去聲ㄧㄤˋ）其父母。（去奉養他的父母。）父母凍餓。（因而父母挨冷挨餓。）兄弟妻子離散。（兄弟和妻子離散在四方。）彼陷溺其民。（他們簡直把人民推進低坑和深水裏。）王往而征之。（王出兵去征討。）夫（音扶ㄈㄨˊ）誰與王敵？（還有那一個能和王對敵。）故曰。（所以古人說。）仁者無敵。（仁君無敵於天下。）王請勿疑。（請王不要對這句話懷疑。）——孟子梁惠王上（重見）

孟子對齊宣王欲聞實施王政之方法與內容，則舉文王治岐之事實以告之曰：

昔者文王之治岐也。(從前周文王治理岐山地方底時候。)耕者九一。(對於農人只取九分之一的租稅。)仕者世祿。(做官的人世代有俸祿。)關市譏而不征。(關口和市場只稽查匪類，卻不徵收商賈的捐稅。)澤梁(梁)無禁。(任何人到設有攔魚裝置底湖泊捕魚，不加禁止。)罪人不孥(音奴 ㄋㄨˊ)。(對於犯罪的人，不連累他的妻子。)老而無妻曰鰥。(凡是年老沒有妻室的叫鰥夫。)老而無夫曰寡。(年老沒有丈夫的叫做寡婦。)老而無子曰獨。(年老沒有兒子的叫做獨。)幼而無父曰孤。(年幼沒有父親的叫做孤兒。)此四者。(這四種人。)天下之窮民而無告者。(都是天下最窮困沒處去訴說痛苦底人。)文王發政施仁。(文王行善政，施仁德。)必先斯四者。(一定先保護這四種人。)詩云。(詩：小雅正月篇有說。)哿(ㄍㄜˇ)矣富人。(可以過活的是富人。)哀此煢(音瓊 ㄑㄩㄥˊ)獨。(最可憐的就是這些沒有依靠的孤獨者。)——孟子梁惠王下(重見)

文王之發政施仁，既如上述。而尤注重於養老，使其豐衣足食，不飢不寒。於是隱居之老者，亦聞風興起，樂於來歸矣。

孟子曰。(孟子說。)伯夷辟(去聲 ㄅㄧˋ)紂。(當初伯夷逃避紂王的禍亂。)居北海之濱。(隱居在北海邊上。)聞文王作。(聽得文王做了西伯，施行仁政。)興曰。(心裏就感動的說。)盍歸乎來！(何不去歸服他！)吾聞西伯善養老者。(我聽說西伯最能敬養老人的。 太公辟紂。 姜太公也逃避紂王的禍亂。 居東海之濱。 隱居在東海邊上。 聞文王作。 聽得文王做了西伯。 興曰。 心裏也感動的說。 盍歸乎來！ 何不去歸服他！ 吾聞西伯善養老者。 我聽說西伯最能敬養老人的。 二老者。 這兩個老人。 天下之大老也。 是天下的大老。 而歸之。 如果來歸服他。 是天下之父歸之也。 那就是天下人民的父老都來歸服了。 天下之父歸之。 天下人民的父老都來歸服。 其子焉往！ 那些後輩子孫還要到那裏去呢！ 諸侯有行文王之政者。 所以現在的諸侯。如果能施行文王的仁政。 七年之內。 只要有七年以內的工夫。 必爲政於天下矣。 一定可以行於治天下了。 ——孟子離婁上（重見）

又對齊宣王述保民而王之道，始則曰：

老吾老。 先敬重我自己的父母。 以及人之老。 同樣敬重別人的父母。 幼吾幼。 愛恤我自己的子弟。 以及人之幼。 同樣愛恤別人的子弟。 天下可運於掌。 能够這樣用心，天下事就可以運轉在手掌上了。 詩云。 詩大雅思齊篇有說。 刑于寡妻。 先做個榜樣在妻身上。 至于兄弟。 再及到兄弟身上。 以御于家邦。 御，是治的意思。更進而擴大這教化去治理一家以至一國。 言舉斯心。 這幾句話的意思，就是說拿這個仁心。 加諸彼而已。 推到別人身上而已。 故推恩足以保四海。 所以能推恩的，便能保有天下。 不推恩無以保妻子。 不能推恩的，便無從保得住自己的妻子。 古之人所以大過人者。 古時候的帝王，所以能大大地勝過別人。

無他焉。（並沒有其他緣故。）善推其所爲而已矣。（就是善於推廣他從仁心上所做底事罷了。）今恩足以及禽獸。（如今王的恩惠能够施到禽獸身上。）而功不至於百姓者。（可是君王的功德卻不能施到百姓身上。）獨何與？（這究竟是什麼緣故呢？）——孟子梁惠王上（重見）

繼則曰：

今王發政施仁。（現在王如果能行善政，施行仁德。）使天下仕者皆欲立於王之朝。（使天下做官的人都願意立身於君王的朝廷上。）耕者皆欲耕於王之野。（種田的人都願意耕種於王的田野裏。）商賈（音古 ㄍㄨˇ）皆欲藏於王之市。（做轉運買賣底人都願意把貨物儲藏到王的市場上。）行旅皆欲出於王之塗。（出門的人都願意走動在王的道路上。）天下之欲疾其君者。（天下怨恨自己國君的人。）皆欲赴愬（與訴同 ㄙㄨˋ）於王。（都願意趕來訴苦在君王面前。）其若是。（能够如此。）孰能禦之？（那一個還能抵敵君王呢！）王曰。（宣王說。）吾惛（與昏同 ㄏㄨㄣ）。（我自己覺得昏瞶。）不能進於是矣！（恐怕不能够做到如此地步。）願夫子輔吾志。（願夫子輔助我的志向。）明以教我。（明白地教導我。）我雖不敏。（我雖然不聰敏。）請嘗試之。（當依照夫子的話嘗試著做去。）曰。（孟子說。）無恆產而有恆心者。（沒有固定不動的常產。而有固定不移的常心。）惟士爲能。（只有士纔能。）若民。（至於普通人民。）則無恆產。（就會因了沒有固定不動的常產。）因無恆心。（也就沒有固定不移的常心。）苟無恆心

○（假如沒有了固定不移的常心。）放辟（與僻同ㄆㄧˋ）邪侈。（那就放僻邪侈一切犯法的事。）無不為已。（沒有不做的了。）及陷於罪。（等到他犯了罪。）然後從而刑之。（然後拿刑法去處治他。）是罔民也。（這便等於拿魚網去網羅人民。）焉有仁人在位。（豈有仁德的國君在位。）罔民而可為也！（網羅人民也可以做的麼！）是故明君制民之產。（所以賢明的國君，制定人民的產業。）必使仰足以事父母。（一定要使他們上能事奉父母。）俯足以畜妻子。（下能養活妻子。）樂歲終身飽。（豐年一年到頭吃得飽。）凶年免於死亡。（荒年也可免饑餓而死。）然後驅而之善。（然後督促他們向善。）故民之從之也輕。（所以，人民服從起來也就容易了。）今也。制民之產。（現在，制定人民的產業都是相反。）仰不足以事父母。（使他們上不能事奉父母。）俯不足以畜妻子。（下不能養活妻子。）樂歲終身苦。（豐年也是一年到頭受痛苦。）凶年不免於死亡。（荒年就不免饑餓死亡。）此惟救死而恐不贍。（照這樣子，只圖救濟死亡還恐怕力量不足。）奚暇治禮義哉？（那有空閒去講究禮義呢！）王欲行之。（王要實行王政。）則盍反其本矣！（何不反轉來尋求很本底所在！）——孟子梁惠王上（重見）

孟子對梁襄王問孰能定于一。則曰：

不嗜殺人者能一之。（不喜歡殺人的人就能夠統一。）孰能與之？（他又問，那一個能夠叫人民服從呢。這「與」是從的意思。國語齊語「桓公知天下諸侯多與己也」韋昭注：「與」，從也。）對曰。（孟子答說。）天下莫不與也。（天下的人民沒有什麼不肯服從的。）王知夫（音扶ㄈㄨˊ）苗乎？

王可知道那稻苗麼？七八月之間旱。七八月的中間，天久不雨。則苗槁矣。那稻苗就乾枯了。天油然作雲。等到天上濃濃地作起黑雲。沛然下雨。滂沱地下了一陣大雨。則苗浡（音勃ㄅㄛˊ）然興之矣。那稻苗就勃然興起來了。其如是。國君如果也象下雨救活枯苗似的。孰能禦之？那一個能够阻止天下人民底服從呢？今夫天下之人牧。現在天下的國君。未有不嗜殺人者也。沒有一個不喜歡殺人的。如有不嗜殺人者。假使有一個不喜歡殺人底國君。則天下之民。那末，天下的人民。皆引領而望之矣。就都要伸長了頸子盼望著了。誠如是也。要是眞個如此啊。民歸之。人民歸從他。由（同猶，古字借用。）水之就下。便同水向低流一樣。沛然誰能禦之？浩浩蕩蕩地，還有那一個抵擋得住呢。——孟子梁惠王上（重見）

孟子對滕文公問爲國之道，則首言民事不可緩。繼言制民恆產，使有恆心。取民有制，使其不匱。復設庠序學校以敎之，使民明人倫而上下相親。終言井田之制，使君子得養，野人得治，而王道政治之大略備矣。

滕文公問爲國。滕文公向孟子問治國的道理。孟子曰。孟子說。民事不可緩也。人民耕種的事，最是不能延誤的。詩云。詩豳風七月篇有說。晝爾于茅。日裏你去將茅草割來。宵爾索綯。綯，音陶。晚間你就將繩索搓好。亟（ㄐㄧˊ）其乘屋。趕緊趁這田事空閒的時候把屋子修好。其始播百穀。一到來春就要開始播種百穀了。民之爲道也。人民的一般情形。有恆產者有恆心。有常產的纔有常心。無恆產者無恆心。沒有常產的就沒有常心。苟無恆心。假如沒有常心。放辟邪侈。那就放蕩乖僻，不依正道，膽大妄爲。無不爲已。一切犯法的事，沒有一樣不做的了。及陷乎罪。等到犯了罪。然後從而刑之。這纔用刑罰去處治他。是罔民也。這就是欺騙人民了。焉有仁人在位。那裏會有仁君在位。罔民而可爲也。可以欺騙人民的。是故賢君必恭儉禮下。所以古來賢德的國君，一定要恭敬節儉，禮待在下底人。取於民有制。向人民徵稅有限制。陽虎曰。從前陽虎曾說。爲富不仁矣！假使要發財，就不能根據良心做事。爲仁不富矣！假使要根據良心做事，就不能發財了。夏后氏五十而貢。夏朝的制度，每一夫給他五十畝田，只收他五畝的田租，這稅法叫做貢。殷人七十而助。殷朝的制度。每一夫給他一百畝田，集合八家的人共同幫種七十畝公田，這稅法叫做助。周人百畝而徹。周朝的制度，八家都有一百畝田，通力合作，計畝分收，集合八家的人共同耕種公田一百畝，這稅法叫做徹。其實皆什一也。實在都是從十分裏收取一分的辦法啊。徹者。徹也。徹，就是通共均勻底意思。助者。藉（ㄐㄧㄝ）也。助，就是靠大家幫助底意思。龍子曰。古時的賢人龍子說。治地莫善於助。辦理地租的制度，沒有比助法再好的。莫不善於貢。沒有比貢法再壞的。貢者。那貢的辦法。校數之中以爲常。乃是比較幾年裏中等的收成，作爲一定的徵收稅額。樂（音洛 ㄌㄛ）歲粒米狼戾。在豐熟的年歲，到處多是米穀。多取之而不爲虐。即使多徵收點，也不算暴虐。則寡取之。爲了限額的規定，只得少收。凶年糞其田而不足。可是碰著災荒的年歲，祇供自己施肥的用費還不够。則必取盈焉。

卻是一定要照規定的限額，十足徵收。為民父母。做人民的父母。使民盻盻(ㄒㄧˋ)然。使人民怒目怨恨的樣子。將終歲勤勤。就是一年辛苦到頭。不得以養(去聲ㄧㄤˋ)其父母。還不夠奉養自己的父母。又稱貸而益之。又要出了利息借款，湊足規定的數目去完稅。使老稚轉乎溝壑。使那年老的年少的因饑寒困迫，輾轉餓死在田溝山坑裏。惡(平聲ㄨ)在其為民父母也？怎樣好算是人民的父母呢？夫(音扶ㄈㄨˊ)世祿。那有功國家底子孫，世代受國家俸祿。滕固行之矣。在滕國本已實行這辦法了。詩云。詩小雅大田篇有說雨(ㄩˋ)我公田。願天下雨在我的公田裏。遂及我私。同時也就及到我的私田。惟助為有公田。只有助法纔有公田底規定。由此觀之。從這詩上看來。雖周亦助也。可見周朝雖行徹法，也兼行助法的了。設為庠序學校以教之。人民有了常產，然後再設立庠序學校去教育他們。庠者，養也。庠，就是養老的意思。校者，教也。校，就是教訓的意思。序者，射也。序，就是習射講武的意思。夏曰校。夏朝的鄉學叫做校。殷曰序。殷朝的鄉學叫做序。周曰庠。周朝的鄉學叫做庠。學則三代共之。至於「學」，三代都是一樣的，沒有其他的名稱。皆所以明人倫也。設立了這些庠序學校，用意都在於要闡明人與人之間怎樣相處底道理。人倫明於上。在上的對於人與人之間相處底大道都明白了。小民親於下。在下的小民自然就能相親相愛了。有王者起。如有聖王出世，必來取法。也一定依照這法子去做的。是為王者師也。這就可以做聖王的導師。詩云。詩大雅文王篇有說。周雖舊邦。周朝雖然是個舊時的諸侯國。其命維新。國運卻是充滿着新氣象。文王之謂也。這是稱贊文王的話。子力行之。滕君如能盡力做去。亦以新子之國。也可以革新你的國家。使畢戰問井地。於是文公就叫大夫畢戰去問孟子施行井田的辦法。孟子曰。孟子說。子之君。你的國君。將行仁政。想要施行古時的仁政。選擇而使子。在衆臣裏面選擇而委派到你。子必勉之！你一定要格外努力纔是。夫(音扶ㄈㄨˊ)仁政，必自經界始。那仁政，必須從劃分田畝的界限著手。經界不正。假使田畝的界限不正確。井地不均。井田就不能均勻。穀祿不平。徵收穀米也就不能公平了。是故暴君汙吏。所以暴虐的國君和貪汙的官吏。必慢其經界。一定要混亂田畝的界限，纔好從中作弊。經界既正。如果田畝界限已經劃得正確。分田制祿。然後均派田畝，分配俸祿。可坐而定也。就可以毫不費事地辦理妥當了。夫(音扶ㄈㄨˊ)滕壤地褊小。現在滕國的土地雖然狹小。將為君子焉。同樣也有做官受祿的人。將為野人焉。和在鄉村中耕種的人。無君子，莫治野人。假使沒有做官的人出政令，就沒法管理耕種的鄉人。無野人，莫養(去聲一ㄤˋ)君子。沒有耕種的鄉人出租稅，也就無從去供養做官的人。請野。現在可以把鄉村土地。九一而助。依照井田助法，在九區裏劃出一區公田。國中。城市中不能適用。什一使自賦。就另用十分裏徹取一分的辦法，使人民自行繳納租稅。卿以下。至於世祿制度，自宰相一直到大夫士人。必有圭田。一定要有供給祭祀用的田。這名稱就叫圭田。圭田五十畝。圭田每人分給五十畝。餘夫二十五畝。如果一家裏面還有未成家卻已成年底子弟，再另給二十五畝。死徙無出鄉。這樣，人民的死葬和遷移，都要被固定不動的產業所限，就不會越出本鄉的地方了。鄉田同井。鄉田既同在一個井字形裏面。出入相友。出去工作和回家休息，大家都是同伴。守望相助。

(對於看守地方和防禦盜賊，也都互相幫助。)疾病相扶持。(有了疾病，也彼此照料看顧。)則百姓親睦。(那末，人民自然就大家親近和睦了。)方里而井。(再講到那井田的辦法，乃是將方圓一里的地方劃成井字形。)井九百畝。(在這井字形裏底田，共計九百畝。)其中爲公田。(中央的一百畝，作爲國家的公田。)八家皆私百畝。(此外八分人家都有私田一百畝。)同養(去聲)(ㄧㄤˋ)公田。(八家的人共同耕種公田，就算納了私田的租稅。)公事畢。(必須要把公田裏的事做完畢了。)然後敢治私事。(然後纔敢做自己私田裏的事。)所以別(ㄅㄧㄝˊ)野人也。(拿這點先公後私的精神，表示在下的人對於在上的人勞心管理盡一些勞力底義務。)此其大略也。(這便是井田制度的大概情形。)若夫(音扶)(ㄈㄨˊ)潤澤之。(至於實行時斟酌加減。)則在君與子矣。(那就全在你的國君和你自己了。)——孟子滕文公上(重見)

孟子又謂行仁政之天吏，不遺賢才，不征苛稅，使天下之士農商旅，以及困於暴政之人民，皆仰若父母，率子弟而來歸。若是，當無敵於天下，而成王業矣。

孟子曰。(孟子說。)尊賢使能。(尊重有道德的人，任用有才幹的人。)俊傑在位。(那最有才幹的人，給他最高的職位。)則天下之士。(那末，天下的士人。)皆悅而願立於其朝(音潮)(ㄔㄠˊ)矣。(都願意立身在他的朝廷上了。)市。(對商人在市場做買賣。)廛而不征。(只徵收房捐。不徵收貨物稅。)法而不廛。(或者制定法律。平衡物價，連房捐也不徵收。)則天下之商。(那末，天下的商人。)皆悅而願藏於其市矣。(都心裏悅服，願意把貨物運到他的市場上儲藏了。)關。(在關口地方。)譏而不征。(只稽查行人，不徵收通過稅。)則天下之旅。(那末，天下的旅客。)皆悅而願出於其路矣。(都願意在他的道路上出入了。)耕者。(對於種田的人。)助而不稅。(只叫他幫助耕種國家的公田，不徵收私田的租稅。)則天下之農。(那末，天下的農夫。)皆悅而願耕於其野矣。(都心裏悅服願意在他的田野裏耕種了。)廛。(街市的住宅。)無夫里之布。(不要因他不耕種就罰他一里納二十五家的布。)則天下之民。(那末天下的人民。)皆悅而願爲之氓(音盲)矣。(都心裏悅服，願意做他的人民了。)信能行此五者。(如果天下的國君，有眞能實行這五項善政的。)則鄰國之民。(那末，鄰國的人民。)仰之若父母矣。(自然仰望他象自己的父母一樣了。)——孟子公孫丑上(重見)

總之，王道政治，不外乎仁而已矣。其施行也，以不忍人之心，行不忍人之政。故處處以愛民爲先，養民爲要，然後教民而民樂從。以上所述，皆爲行仁政之要點。

第七節　王道政治與倫理道德

第一目　內聖：由善、信、美、大、發而爲誠、仁、中、行、之大道

王道以德行仁，故其政治之設施，不離乎倫理道德。而倫理道德，當自修身始。然後內可以言聖學，外可以行王道，卽孟子所謂「得志澤加於民，不得志修身見於世。」「窮則獨善其身，達則兼善天下」是也。玆先言內聖之道。

內聖工夫，宜從心志上達做起，心志上達，則事事從其大體，從其大體爲大人，若從其小體則爲小人矣。其不同之處，在愼于始，蓋從心志方面之大體行事者，其所見者大，從耳目方面之小體行事者，其所見者小。蓋耳目所司爲視聽，易爲外來之聲色所誘，因之視非禮之色，聽非禮之聲，久而久之，遂流爲小人而不自知矣。惟大人先正其心，「心者，人之神明，所以具衆理而應萬物者也。」（朱子）故心之于體，猶帥之于軍，故心正，則萬事正，自不爲非禮非義之事，亦不受外物之誘惑矣。

公都子問曰。公都子問孟子說。**鈞是人也。**同是一樣的人。**或爲大人。**有的算是上等人。**或爲小人。**

有的算是下等人。何也。是什麼道理呢。孟子曰。孟子說。從其大體為大人。依從心志方面的大體做事，就算是上等人。從其小體為小人。依從耳目方面的小體做事，就算是下等人。曰。公都子說。鈞是人也。同是一樣的人。或從其大體有的依從大體做事。或從其小體。有的依從小體做事。何也。又是什麼緣故呢。曰。孟子說。耳目之官不思。耳目只能管聽和管看的事，不能思想。而蔽於物。外來的聲色事物容易遮蔽它。物交物。耳目沒有思想，本身也不過是事物，和外來的聲色事物相接觸。則引之而已矣。就要被引誘去妄聽妄看了。心之官則思。心的職司卻是運用思想。思則得之。能夠思想就能得到道理。不思則不得也。不能思想就不能得到道理。此天之所與我者。所以天給與我們這全部身體。先立乎其大者。就得先立定大體的心。則其小者不能奪也。那小體的耳目就不能奪去心的主意了。此為大人而已矣。這就是成為上等人的原因啊。

【章旨】這章書是孟子說人品的分別，在於從大體從小體的不同。——孟子告子上

孟子曰。孟子說。非禮之禮。不中正的那種禮。非義之義。不合宜的那種義。大人弗為。有道德學問的人是不肯盲從的。

【章旨】這章書是孟子教人隨事順理，因時處宜。——孟子離婁下

所以大人能保全其純潔之本性，與天眞之孩子無異，而勿使其有所失。

孟子曰。孟子說。大人者。通達萬變的大人物。不失其赤子之心者也。不過是保全純潔的本性，不失去做孩子時的一片天

眞罷了。【章旨】這章書是孟子敎人保全純一無僞的本然。——孟子離婁下

孟子曰。孟子說。有事君人者。有一種專想奉承國君的人。事是君。他事奉那國君。則爲容悅者也。專想逢迎承受國君的私意，博取愛寵。有安社稷臣者。有一種專心安定國家的大臣。以安社稷爲悅者也。他服務國家，是專拿國家安定引爲愉快的。有天命者。又有一種求盡天理的人。達可行於天下。他一定先要認識清楚，富貴了可以行道在天下。而後行之者也。然後纔去事奉國君，行他的道。有大人者。又有一種具有最大學問最高道德的人。正己而物正者也。他只是修正自身，天下萬事萬物自然隨而化正。【章旨】這章書是孟子說人品不同，大略有這四等。——孟子盡心上

人之本性，莫不純潔。惟因惑於外物之誘，而專事逢迎，以博取上之寵愛爲能事，此人品之最下者。至爲國服務，求其安定爲已足，此其中也者。更進而上者，其深信達理之終能行，則可兼善天下而致仕者。惟大人乃能德智兼備，正其身，使萬事萬物，自然隨之而化正，其事君也上以治國，下以利民者也。故凡古人均可稱之爲君子。君子者，入聖之門也。

君子之行，異於常人者，以其存心之善，自反之切。

孟子曰。孟子說。君子所以異於人者。君子所以和衆人不同的地方。以其存心也。就在於能保持心性的正常。有
君子以仁存心。君子是拿仁道存在心裏。以禮存心。並拿禮法存在心裏的。仁者愛人。有仁道的人就能愛護人。
禮者敬人。有禮法的人就能敬重人。愛人者。能夠愛護人的人。人恆(ㄏㄥˊ)愛之。人也常常愛護他。敬人者。能夠敬重人的人。人恆敬之。人也常常敬重他。有人於此。假定有個人在這裏。其待我以橫(去聲，同。下ㄏㄥˋ)逆。他拿凶橫拗逆的行爲對待我。則君子必自反也。那末，君子就一定要自己反省。我必不仁也。必是我自己先有不仁的地方。必無禮也。或者必是我自己先有無禮的地方。此物奚宜至哉。不然這種橫逆的行爲怎會加到我身上來呢。其自反而仁矣。等到自己反省明白已能仁道無缺了。自反而有禮矣。自己反省後，也能禮節週到了。其橫逆由(與猶同，下同。ㄧㄡˊ)是也。可是橫逆的行爲依舊襲來。君子必自反也。那末，君子一定再要自己反省。我必不忠。必是我自己待人還有不忠心的地方。自反而忠矣。等到自己反省明白，已能忠心了。其橫逆由是也。那橫逆的行爲還是照舊襲來。君子曰。君子這纔歎息着說。此亦妄人也已矣。這也是個不講道理的妄人罷了。如此。一直這樣的妄作妄爲。則與禽獸奚擇哉。那和禽獸還有什麼分別呢。於禽獸又何難(去聲ㄋㄢˋ)焉。對於禽獸又何必和他計較。是故君子有終身之憂。所以君子們只有一生永在憂愁着是不是處處能反省。無一朝之患也。卻不憂愁那一時從外面來的禍患。乃若所憂。不過君子所憂愁的事。則有之。倒也有的。舜人也。譬如虞舜是個人。我

亦人也。我也是個人。舜爲法於天下。虞舜做出榜樣在天下。可傳於後世。可以流傳到後世。我由未免爲鄉人也。我卻不免還是個鄉里的平常人。是則可憂也。這卻是可憂愁的。憂之如何。憂愁又怎辦呢。如舜而已矣。只要能够像虞舜一樣就是了。若夫（音扶ㄈㄨˊ）君子所患。再講到君子所可有的禍患。則亡矣。那確是沒有了。非仁無爲也。既對於不合仁道的事不肯做。非禮無行也。不合禮法的事也不肯實行。如有一朝之患。即使有一時外來的禍患。則君子不患矣。君子也坦然得很，不去擔心計較的啊。【章旨】這章書是孟子說君子和衆人不同，就在於存心，存心的要義在於自反。——孟子離婁下

君子之探求眞理，必循序漸進，而不躐等以求，至功深養到之時，左右逢源自無往而不咸宜也。

孟子曰。孟子說。君子深造（ㄗㄠˋ）之以道。君子向前深進。必依照方法次序。欲其自得之也。是要用自己的心力自然得到這道理啊。自得之。能够由自己的心力自然得到。則居之安。那末，存在心中就可安定不失了。居之安。能够存在心中安定不失。則資之深。那末，靠了這道理做事，就可應用不窮了。資之深。能够靠了這道理應用不窮。則取之左右逢其源。那末，取用起來，無論或左或右，就都可和這道理的本原相合了。故君子欲其自得之也。所以君子研求道理，都要用自己的心力去自然得到的。【章旨】這章書是孟子叫人求學要注重心得。——孟子離婁上

君子之學養，非一蹴可就也。有如原泉之有本，不舍晝夜，盈科後進。蓋君子之志於道，必須多下存養省察工夫，而後能上達聖人之境域。

徐子曰。(徐子問孟子說。)仲尼亟(ㄑㄧˋ)稱於水曰。(從前孔子屢次稱贊那水說。)水哉水哉。(水呀水呀。)何取於水也。(水又有什麼可取的呢。)孟子曰。(孟子說。)原泉混混。(那水從源泉裏滾滾地湧出來。)不舍(上聲ㄕㄜˇ)晝夜。(不分日夜的流着不停。)盈科而後進。(流滿了低下的坑坎，又向前通行。)放乎四海。(一直灌注到四海裏去。)有本者如是。(有根本來源的纔能如此。)是之取爾。(就是這點可取啊。)苟爲無本。(假使沒有根本來源。)七八月之間雨集。(就像那七八月間的大雨降下。)溝澮(ㄎㄨㄞˋ)皆盈。(田裏的小溝水道雖然都滿了。)其涸(ㄏㄜˊ)也。(但是乾涸起來。)可立而待也。(可以立着等待的。)故聲聞(去聲ㄨㄣˋ)過情。(所以外面的虛名如果超過了實學。)君子恥之。(君子就認爲可恥。)【章旨】這章書是孟子拿水須有本，表明君子的學問也須有本。——孟子離婁下

孟子曰。(孟子說。)孔子登東山而小魯。(孔子走到魯國東境的東山頂上，看那魯國就覺得小了。)登太山而小天下。(走到泰山頂上，看那天下也就覺得小了。)故觀於海者難爲水。(所以見慣海洋的人難和他講江河裏的水。)遊於聖人之門者難爲言。(遊學在聖人門下的人，也就難和他講淺近的話了。)觀水有術。(看水有個法術。)必觀其瀾。(一定要看它急流的地方，纔曉得它的來源。)日

月有明。譬如日月一樣，因在明亮的眞體。容光必照焉。所以凡是容得住光線的地方，一定都照到的。流水之爲物也。流水這樣東西。不盈科不行。不流滿了低的坑坎，就不能再向前流行。君子之志於道也。君子的有志在道義上。不成章不達。不積厚工夫成就文章，就不能向上通達到聖人的境地。【章旨】這章書是孟子說聖人大道，學聖道的人要逐步前進。——孟子盡心上

君子以道自重，故遇不賢之君臣，即不屑與之交往，因而受困於一時。然君子時窮而其道不窮。所以孔子曰：「君子固窮，小人窮斯濫矣。」（論語衛靈公篇）

孟子曰。孟子說。君子之戹於陳蔡之間。孔子受困在陳蔡兩國中間。無上下之交也。是因了這兩國在上的國君和在下的臣子都是不賢，沒有交往的緣故啊。【章旨】這章書是孟子說明君子困窮不是道窮。——孟子盡心下

孟子分析人之成爲神聖，必先經過善、信、美、大四個階段，步步踏實，步步精進，而後可以達致。

浩生不害問曰。齊國人浩生不害問孟子說。樂正子何人也。樂正子是何等人呢。孟子曰。孟子說。善人也。是個良善的人。信人也。又是個信實的人。何謂善。浩生不害說，怎樣纔叫做良善。何謂信。怎樣纔叫做信實。曰。孟子說。可欲之謂善。別人能對他的行爲有好感的，這人就叫做良善的人。有諸己之謂信。這種良善的行爲完全從心裏發出來沒有欺騙的，就叫做信實。充

實之謂美。（再充實這些善行，使自身沒有缺點，就叫做成全美德。）充實而有光輝之謂大。（自身既已充實，更能發出光輝到外面來，就叫做擴大。）大而化之之謂聖。（既已擴大，又能演化無窮，就叫做聖。）聖而不可知之之謂神。（到了神聖的地步，別人卻無從知道他所以然的道理，就叫做神妙不測。）樂正子。（樂正子的品格。）二之中。（在善和信這兩等的中間。）四之下也。（在美大聖神這四等的下面。）

【章旨】這章書是孟子論樂正子造詣的程度。——孟子盡心下

所謂善，如舜帝之「樂取於人以為善。」「禹聞善言則拜。」「故君子莫大乎與人為善。」所謂信，君子「信以成之。」（論語衞靈公）「君子不亮惡乎執。」擴此善、信之心，善、信之行而充實之，使其發皇光大，自然至於美，至於大，而演化無窮，神妙不測，底於神聖之境矣。

孟子曰。（孟子說。）子路、（子路這個人。）人告之以有過則喜。（有人告訴他有過失，就非常喜歡。）禹聞善言則拜。（夏禹聽得人家說善言，他就拜受。）大舜有大焉。（大舜所為，又比這兩人更偉大。）善與人同。（一件好事做出來，總要和別人共同。）舍（上聲 ㄕㄜˇ）己從人。（並且能犧牲自己的成見，依從大眾的公意。）樂（音洛 ㄌㄜˋ）取於人以為善。（喜歡採取別人的長處作為模範。）自耕稼陶漁。（從他微賤時所做耕種燒窰打魚等事起。）以至為帝。（一直做到帝王。）無非取於人者。（沒有不是採取別人的長處自己照樣做的。）取

諸人以爲善。（拿別人的善言善行做榜樣。）是與人爲善者也。（就是幫助別人爲善。）故君子莫大乎與人爲善。（所以君子的美德，沒有再大過幫助別人爲善的了。）【章旨】這章書是孟子說聖賢好善的誠心沒有窮盡。——孟子公孫丑上

孟子曰。（孟子說。）君子不亮。（君子如果不誠信。）惡（ㄨ平聲）乎執。（到了做事的時候，又怎能把握得定呢。）【章旨】這章書是孟子勉勵人要見理明白。——孟子告子下

由善與信，發而爲誠、仁、中、行之大道。蓋明「善」必先誠身，誠身乃能悅親，悅親乃能「信」友。故明「善」「信」友，皆與誠身有關。君子推此至「誠」，以表現其「仁」心，故曰：「誠者」，非自成己而已也，所以成物也，成己，仁也；成物，智也……。」（中庸第二十五章）

孟子曰。（孟子說。）居下位。（在下位的人。）而不獲於上。（不能得到在上的人信任。）民不可得而治也。（對人民就不可能治理了。）獲於上有道。（要得到在上的人信任，是有道的。）不信於友。（連朋友都不能信任。）弗獲於上矣。（就不能得到在上的人信任了。）信於友有道。（要取得朋友的信任，是有道的。）事親弗悅。（但如事奉父母都不能得到歡心。）弗信於友矣。（就不能取得朋友的信任了。）悅親有道。（要博得父母的歡心，是有道的。）反身不誠。（假如反省自己本身不能誠實。）不悅於親矣。

就不能博得父母的歡心了。誠身有道。要自己本身誠實是有道的。不明乎善。不明白什麼是善。不誠其身矣。就不能使自己本身誠實。

是故誠者。所以這誠。天之道也。是天所給人底自然的道。思誠者。想要完全做到誠。人之道也。乃是做人的道

至誠而不動者。倘能做到至誠的地步，卻還不能感動人的。未之有也。那是沒有的事。不誠。不能做到誠的。未有能

動者也。也就沒有能感動人的。——孟子離婁上(重見)

成己，仁也。仁卽惻隱之心，爲人人所固有者，人能不失此心，卽爲有道德之人。

孟子曰。孟子說。仁也者。仁這德性。人也。是做人的原理。合而言之。合了仁理和人身講起來。道也。就是做人的道德。【章旨】這章書是孟子教人拿體仁的工夫盡力於道。——孟子盡心下

仁爲人之安宅，亦稱天下之廣居。人能居仁，則氣質變移，大人之事備矣。

孟子自范之齊。孟子從范邑到齊國。望見齊王之子。遠遠地望見齊王的兒子。喟然歎曰。長嘆一聲說。居

移氣。所處的地位高，能夠改變了神氣。養移體。享受的物質好，能夠改變了體態。大哉居乎。這地位一層關係很大啊。夫(音扶ㄈㄨˊ)非

盡人之子與(平聲ㄩˊ)。那原來不是一般人同樣的兒子麼。孟子曰。(張鄒都說是衍文。)王子宮室車馬衣服。

王子住的屋子，坐的車馬，穿的衣服。多與人同。多和別人相同。而王子若彼者。然而王子的神氣體態是那樣好。其居使之然

也。（就是所處的地位使他改變得如此啊。）況居天下之廣居者乎。（何況那處在天下最廣大的地位上的人呢。）魯君之宋。（從前魯君到宋國。）呼（ㄏㄨˋ）（去聲）於垤澤之門。（傳呼在垤澤門邊。）守者曰。（管城門的人聽得了，說。）此非吾君也（這不是我們的國君。）何其聲之似我君也。（為什麼傳呼的聲音很像我們的國君呢。）此無他。（這沒有別的。）居相似也。（就因為彼此所處地位相像的緣故啊。）

【章旨】這章書是孟子用居仁去期望天下人。——孟子盡心上

人固皆有仁心。然為外物（利）所誘，或受職業之影響，往往不知不覺存不仁之心為不仁之事。惟君子能反求諸己，操持仁心而勿失。孔子所謂「克己復禮為仁。」「為仁由己」是也。（論語顏淵篇）

孟子曰。（孟子說。）矢人豈不仁於函人哉。（造箭的人難道比那造盔甲的人來得不仁麼。）矢人唯恐不傷人。（造箭的人只怕造的箭不好，不能傷人。）函（ㄏㄢˊ）（音含）人唯恐傷人。（造盔甲的人只怕造造的盔甲不好，仍舊要傷人。）巫匠亦然。（巫師和木匠也是這個樣子，巫師代人家祝禱長生，木匠卻代人家造棺材。）故術不可不慎也。（所以在選擇一種技術的時候不能不慎重。）孔子曰。（孔子曾說過。）里仁為美。（里中要有仁厚的風俗纔好。）擇不處仁。（選擇鄰居不住到有仁厚風俗的地方。）焉（ㄧㄢ）得智。（怎算得有智。）夫（ㄈㄨˊ）（音扶）仁、（講到仁。）天之尊爵也。（是天給予人最尊貴的爵位。）人之安宅也。（是人的最平安的住宅。）莫之禦而不仁。（假使沒有人阻止他做仁

人。他卻自己不去做仁人。是不智也。這也是不智。不仁不智。不仁又不智。無禮無義。無禮又無義。人役也。

那就要做人的奴隸了。人役而恥爲役。到了做人奴隸的時候，又以爲羞恥想擺脫。由（與猶同）（ㄧㄡˊ）弓人而恥爲弓。好比造弓的人把造弓以爲羞恥想不造。矢人而恥爲矢也。造箭的人把造箭以爲羞恥想不造，怎麼可以呢。如恥之。如果眞知道羞恥。莫如爲仁。就不如實行仁道。仁者如射。行仁好像射箭一樣。射者正己而後發。射箭必須立正了自己的身子，然後再發箭。發而不中（去聲）（ㄓㄨㄥˋ）。發出去如果不中靶。不怨勝己者。也不恨那勝過自己的人。反求諸己而已矣。只要能反省。責備自己就是了。

【章旨】這章書是孟子用比喻來析明爲仁由己。——孟子公孫丑上

是以人人應操持此心，盡力爲仁，務使其達到至仁地步，而後仁之功力到，不爲不仁者所欺罔。

孟子曰。孟子說。五穀者。五穀的種子。種之美者也。在百樣種子裏面是最美好的。苟爲不熟。但若不能成熟。不如荑（音蹄）（ㄊㄧˊ）稗（ㄅㄞˋ）。反不如荑稗的有用。夫（音扶）（ㄈㄨˊ）仁。講到仁道。亦在乎熟之而已矣。也只在能夠純熟就是了。【章旨】這章書是孟子借五穀勉勵人盡力爲仁。——孟子告子上

孟子曰。孟子說。仁之勝不仁也。仁道的克勝不仁。猶水勝火。就和水能克勝火一樣。今之爲仁者

○現在那些從浮面上依仁道做事的人。猶以一杯水。彷彿用一杯的水。救一車薪之火也。去救一車子柴草燒起來的大火。不熄○火當然不會熄。則謂之水不勝火。卻反說是水不能克勝火。此又與於不仁之甚者也。這種話，眞是幫助那不仁的人太甚了。亦終必亡而已矣。結果也一定要弄到完全滅亡纔罷休哩。【章旨】這章書是孟子教人盡力爲仁。——孟子告子上

君子以「誠」律己，以「仁」待人，尤宜以「中」處事，無使過與不及，所謂「行而宜之之謂義。」故義之所在，有時亦可權宜地言不必信，行不必果也。

孟子曰。孟子說。大人者。通達萬變的大人物。言不必信。說話不一定要信實。行(去聲ㄒㄧㄥˋ)不必果。做事不一定要果決。惟義所在。只依照義理的所在一心做去就是了。【章旨】這章書是孟子說大人物不拘泥死守。——孟子離婁下

惟欲做到中道，亦非易事。孔子之諸弟子，惟顏回能擇乎中庸。故「孔子不得中道而與之，必也狂獧乎，狂者進取，獧者有所不爲也。孔子豈不欲中道者，不可必得，故思其次也。」

萬章問曰。萬章問孟子說。孔子在陳曰。孔子在陳國時，說。盍歸乎來。何不回到魯國去呢。吾黨之士狂簡。我們下的士人，有的志氣太高大，有的做事又太脫略。進取不忘其初。雖還知道向學問上求進步，卻總不能忘掉本來的習性。孔子在陳。

敢問孔子那時在陳國。何思魯之狂士。怎麼會想起魯國這些志氣過高的士人來呢。孟子曰。孟子說。孔子不得中道而與之。孔子因爲不能夠得着中道的人和他講學。必也狂獧(音絹ㄐㄩㄢˋ)乎。一定要有的話，也只好降低水準，在那志氣高和守本分的兩種人中去找罷。狂者進取。志氣高的人能向上深求。獧者有所不爲也。守本分的人對於外事總有不肯做的。孔子豈不欲中道哉。孔子難道不想得到中道的人麼。不可必得。既然不能一定得到。故思其次也。就只好注意次一等的人了。敢問何如斯可謂狂矣。萬章說，敢問要怎樣纔可以叫做志氣高呢。曰。孟子說。如琴張、曾皙、牧皮者。像琴張曾皙牧皮三個人。孔子之所謂狂矣。就是孔子所說志氣高的人了。何以謂之狂也。萬章說，爲什麼說他們志氣高呢。曰。孟子說。其志嘐嘐(ㄒㄧㄠ)然。他們的志向和言論都高大，看不起現在的人。曰。時常說着大話。古之人。古時候的人是那樣的啊。古之人。古時候的人是那樣的啊。夷考而行(去聲ㄒㄧㄥˋ)。可是一考察他的行爲。而不掩焉者也。卻又不能蓋過他的大話。狂者又不可得。志氣高的人又不能夠得着。欲得不屑不潔之士而與之。就想得到那不願做不潔事情的人和他講學。是獧也。這便是守本分的人了。是又其次也。這又比志氣高的人次了一等。孔子曰。萬章說，從前孔子又曾說過。過我門不入我室。走過我的門口，卻不進到我屋裏來。我不憾焉者。我並不當做憾事的。其惟鄉原(與愿同ㄩㄢˋ)乎。那惟有假裝忠厚的鄉原這種人罷。鄉原。假裝忠厚的鄉原。德之賊也。就是傷害道德的賊啊。曰。敢問夫子。何如。要怎樣的人。斯可謂之鄉原也。這纔可以叫他鄉原呢。曰

○孟子說。何以是嘐嘐也○鄉原譏笑狂者，意思是說，爲什麼志氣要這樣高。言不顧行(去聲ㄒㄧㄥˋ)○說話不顧到做的事。行不顧言○做事不顧到說話。則曰○開口總是說。古之人○古時候的人是那樣的。古之人○古時候的人是那樣的。行何爲踽踽(ㄐㄩˇ)涼涼○鄉原又譏笑那獧者，意思是說，他的行爲何必這樣孤零零冷清清呢。生斯世也○生在這個世上。爲斯世也○就得做這個世上的人。善斯可矣○只要大家說聲好就可以了。閹(音奄ㄧㄢ)然媚於世也者○他自己做事總是掩頭掩腳的樣子討好世人。是鄉原也○這便是假裝忠厚的鄉原啊。萬章曰○萬章說。一鄉皆稱原人焉○既然一鄉都說他是個忠厚人。無所往而不爲原人○那就無論到什麼地方總不會不當他是忠厚人。孔子以爲德之賊○孔子卻認爲他是傷害道德的賊。何哉○這是什麼緣故呢。曰○孟子說。非之無舉也○要想說他的不是，卻又指不出他的毛病。刺之無刺也○要想攻擊他的行爲，卻又沒處可以攻擊。同乎流俗○他是同化了下流的習俗。合乎汙世○一味迎合着卑汙的世風。居之似忠信○看他的居心，很像忠厚信實。行之似廉潔○看他的做事，又很像清正廉潔。衆皆悅之○大家都喜歡他。自以爲是○他自己也以爲不錯。而不可與入堯舜之道○卻又難和他同進到堯舜的道理上去。故曰○所以說。德之賊也○他是傷害道德的賊啊。孔子曰○孔子還曾說過。惡(去聲ㄨˋ)似而非者○我憎恨那表面上很相似，實際卻完全不是的人物。惡莠(音有ㄧㄡˇ)○憎恨那像稻苗的莠草。恐其亂苗也○就恐怕它混亂了稻苗。惡佞○憎恨那口才好的人。恐其亂義也○就恐怕他混亂了義理。惡利口○憎恨那利嘴的人。恐其亂信也○就恐怕他混亂了信實。惡鄭聲。憎恨那歪邪的鄭國聲調。恐其亂樂也。就恐怕它混亂了正樂。惡紫。憎恨那紫的顏色。恐其亂朱也。就恐怕它混亂了朱紅的正色。惡鄉原。憎恨那假裝忠厚的鄉原。恐其亂德也。也就是恐怕他混亂了眞正的道德啊。君子反經而已矣。所以君子只求歸到經常的大道就是了。經正。經常的大道既正。則庶民興。平民百姓就都會感動奮發起來。庶民興。平民百姓既都感動奮發。斯無邪慝矣。這就不會再有鄉原一類邪僻惡念的人了。【章旨】這章書是孟子說聖道只在一個中字，失中就離了道，所以人都要守中道。——孟子盡心下

卽如伯夷，柳下惠之聖，聞其風者，能使頑廉懦立，薄敦鄙寬，以興起百世下之後人。然一則器量太狹窄，一則行爲太簡慢，亦各有所偏，未能適中也。

孟子曰。孟子說。聖人。才德絕世的聖人。百世之師也。眞是百世的師表。伯夷柳下惠是也。伯夷柳下惠這兩個人便是。故聞伯夷之風者。所以聽得伯夷的風敎的。頑夫廉。雖是頑梗不化的人也知道廉潔。懦夫有立志。懦弱無用的人也知道立志。聞柳下惠之風者。聽得柳下惠的風敎的。薄夫敦。就是刻薄的人也會變得敦厚。鄙夫寬。器量狹小的人也會變得寬大。奮乎百世之上。奮發那淸和的美德在百世以前。百世之下。百世以後的人。聞者莫不興起也。聽得他的風敎，沒有一個不興起學他的。非聖人而能若是乎。不是聖人能夠像這樣麼。而況於親炙之者乎。何況那當時親身薰炙聖人敎化的呢。【章旨】這章書是孟子說聖人感動人最深最遠。——孟子盡心下

孟子曰。孟子說。伯夷、伯夷的為人。非其君不事。不是他應該事奉的國君不事奉。非其友不友。不是他應該結交的朋友不結交。不立於惡人之朝(音潮ㄔㄠˊ)。不肯站在壞人的朝廷上。不與惡人言。不肯和壞人說一句話。立於惡人之朝。假如硬使他站在壞人的朝廷上。與惡人言。或者和壞人說一句話。如以朝衣朝冠。那就好像穿戴了上朝的衣冠。坐於塗炭。坐在爛泥炭灰裏一樣。推惡(去聲ㄨˋ)惡(如壞字ㄜˋ)之心。從他這種憎惡壞人的心理推演開來。思與鄉人立。他的意思就是偶然和鄉人站在一起。其冠不正。如果那人的帽子戴得不正。望望然去之。他也要頭也不回的立刻走開。若將浼(ㄇㄟˇ)焉。好像快要被染着汙穢似的。是故諸侯雖有善其辭命而至者。所以各國諸侯雖有用了最動聽的說詞來請他做官的。不受也。他也不肯接受。不受也者。他那不接受的意思：是亦不屑就已。就是不屑去做官罷了。柳下惠不羞汙君。柳下惠的為人、卻不把事奉汙穢的國君以為羞恥。不卑小官。也不看卑了小官。進不隱賢。一做了官，決不枉曲了自己的直道。必以其道。一定要依着自己的直道去做。遺佚(音逸ㄧˋ)而不怨。就是直道不行。被放棄了，也不怨望。阨窮而不憫。處在窮困的境地，從不憂愁。故曰。所以他常說。爾為爾。你是你。我為我。我是我。雖袒(音坦ㄊㄢˇ)裼(音錫ㄒㄧ)裸(ㄌㄨㄛˇ)裎(音呈ㄔㄥˊ)於我側。即使你露臂赤身站在我旁邊。爾焉(ㄧㄢ)能浼我哉。你又怎樣能夠汙穢了我呢。故由由然與之偕。所以他很自得的和這些人在一起而不自失焉。卻不會失掉他的品行。援而止之而止。他在要辭退的時候，假如有人挽留他，他就中止。援而止之而止者。挽留了就中止的意思。是亦不屑去已。也就是不一定要辭退罷了。孟子曰。於是孟子批評這兩人說。伯夷隘。伯夷的器量太狹窄。柳下惠不恭。柳下惠的行爲太簡慢。隘與不恭。狹窄和簡慢都是一偏。君子不由也。這兩條路都是君子所不走的。

【章旨】這章書是孟子論伯夷柳下惠的偏處，表明君子應該求中道。——孟子公孫丑上

中道之行，其難如是。所以孟子謂不可中止之事，如亦中止而不做，則其人對於無論何事，皆可半途而廢。應予厚待之人，如亦薄待之，則其人對於無論何人，勢必皆薄待之也。故前進太勇猛者，其後退亦必迅速。此皆蹈過與不及之弊耳。

孟子曰。孟子說。於不可已而已者。對於不可中止的事卻也會中止不做的人。無所不已。那就沒有一件事不可中止的了。於所厚者薄。對於應該厚待的人卻也薄待起來。無所不薄也。那就沒有一個人不遭他薄待的了。其進銳者。那前進太勇猛的人。其退速。他後退起來也最迅速。【章旨】這章書是孟子說做事待人，不能不及，也不能太過。——孟子盡心上

惟以孔子之大智，乃知適可而止，不爲已甚。故可以速而速，可以久而久，可以處而處，可以仕而仕，卽中道也。

孟子曰。孟子說。仲尼不爲已甚者。孔子處置自己和對待別人，總不肯太過分的。【章旨】這章書是孟子指示世人做事要適可而止。——

孟子離婁下

既能誠、仁、中矣，最後則在於「行」。君子言必能行，行必篤敬，且能素其位而行，不願乎其外。（中庸第十四章）

故㈠以誠律己而動人。

至誠而不動者，未之有也。不誠，未有能動者也。——孟子離婁上（重見）

㈡以仁待人而愛物。

君子之於物也，愛之而弗仁，於民也，仁之而弗親，親親而仁民，仁民而愛物。——孟子盡心上（重見）

㈢以中處事而待能者之相從。

君子引而不發，躍如也，中道而立，能者從之。——孟子盡心上。

㈣以「行」健不息達成己成物之功業。

君子本「誠」、「仁」、「中」、「行」四者，體天以「行」聖人之道。「行」有不得者，則反求諸己。蓋聖人之道，源于人性，合乎人情，一切都從本身做起，而後及於人，及於物，及於事。所以大學云：「自天子以至於庶人，壹是皆以修身爲本。」

聖人能此道而勿失，窮時如此，達時亦如此，不以處境之不同，而有所改變。

孟子曰。（孟子說。）舜之飯糗（ㄑㄧㄡˇ）茹（朱注音汝，今讀ㄖㄨˊ）草也。（舜做平民時，只吃些乾米麥粉和蔬菜。）若將終身焉。（好像是打算一輩子這樣。）及其為天子也。（等到他做了天子。）被袗（ㄓㄣˇ）衣。（穿着采畫的衣服。）鼓琴。（彈着五絃琴。）二女果（說文作婐。ㄨㄛˇ）。（又有堯的兩個女兒侍奉着。）若固有之。（又好像是本來就有的。）【章旨】，這章書是孟子說聖人的心，不因處境不同而改變。——

孟子盡心下

且道既為人類共生共存共進化之原理，故聖人揆度行道之心，亦都相同，不以地域之遠近，時代之先後，而有所區別。

孟子曰。（孟子說。）舜生於諸馮。（虞舜出生在諸馮地方。）遷於負夏。（後來移到負夏地方居住。）卒於鳴條。（最後死在鳴條地方。）東夷之人也。（這麼看來，原是個東方的夷人哩。）文王生於岐周。（周文王出生在岐周地方。）卒於畢郢。（後來死在畢郢地方。）西夷之人也。（卻是個西方的夷人啊。）地之相去也。（兩個人所在地的相隔。）千有餘里。（有一千多里。）世之相後也。（兩個人時代的先後。）千有餘歲。（有一千多年。）得志行乎中國。（然而兩個人得志推行大道在中國。）若合符節。（卻好像和符印相合一樣。）先聖後聖。（所以無論是先古的聖人，或後世的聖人。）其揆一也。（他那治天下的道理總是一樣的。）

【章旨】這章書是孟子說古來聖人揆度行道的心沒有分別。——孟子離婁下

故齊王使人往視孟子，果有異於人乎？孟子告以何異於人，堯舜與人同耳。

儲子曰。（齊國人儲子向孟子說。）王使人瞷（ㄐㄧㄢˋ）夫子。（齊王曾派人在暗中偷看夫子的舉動。）果有以異於人乎。（要看看果眞有沒有和衆人不同的地方。）孟子曰。（孟子說。）何以異於人哉。（怎麼會和衆人不同呢。）堯舜與人同耳。（就是堯舜也和衆人相同的。）

【章旨】這章書是孟子說聖賢和衆人不同的地方，不是從形跡上看得出來。——孟子離婁下

聖賢之行動，旣如此相似。然有時亦因處境不同，而行動隨之而稍異。惟不背離乎道則一。此卽窮則獨善其身，達則兼善天下是也。

禹、稷當平世。（夏禹和后稷當着唐虞太平的時世，因爲治水和敎民耕種的事。）三過其門而不入。（三次走過自己的家門不進去。）孔子賢之。（孔子很稱贊他們。）顏子當亂世。（顏子當春秋混亂的時世。）居於陋巷。（隱居在狹窄的小巷裏。）一簞食（音嗣ㄙˋ）。（吃着一小竹籃的飯。）一瓢飲。（喝的一小瓢子的水。）人不堪其憂。（別人處在這種境況裏，要不知怎樣的憂愁了。）顏子不改其樂（音洛ㄌㄨㄛˋ）。（顏子卻一點也不改變他那自得的樂趣。）孔子賢之。（孔子也稱贊他。）孟子曰。（孟子評論說。）禹、稷、顏回同道。（夏禹后稷和顏回，是同守一道的。）禹思天下有溺者。（夏禹以爲天下如有被水淹的人。）由（與猶同。ㄧㄡˊ）己溺之也。（就像自己所淹

樣的一。稷思天下有飢者。后稷以爲天下有饑餓的人。如由己饑之也。就像由自己致使他們饑餓一樣。是以如是其急也。所以都有那等憂急。禹、稷、顏子。夏禹后稷和顏回。易地則皆然。假使互換所處的地位，他們都會這般做法的。今有同室之人鬬者。好比現在有同住在一室中的人發生了爭鬬。救之。要去解救他們雖被髮纓冠而救之。雖是急迫得披了頭髮結着帽纓去解救。可也。也是可以的。鄉鄰有鬬者。但如鄉間鄰舍有爭鬬的事。被髮纓冠而往救之。卻也急迫得披了頭髮結着帽纓去解救。則惑也。那就太張惶了。雖閉戶可也。雖是關起門來不管也未嘗不可以，這就是所處地位不同的緣故啊。

【章旨】這章書是孟子說聖賢同道，只因所處地位不同，行事纔會各異。——孟子離婁下

孔子之聖，集諸聖之大成。如伯夷爲聖之淸者，伊尹爲聖之任者，柳下惠爲聖之和者。皆不及孔子之可以速而速，可以久而久，可以處而處，可以仕而仕、爲聖之時者。孟子稱之爲金聲玉振，始終條理，以達於巧力俱全，聖知兼備。故曰：「乃所願則學孔子也。」蓋「唯天下至聖，爲能聰明睿知，足以有臨也，寬裕溫柔，足以有容也，發強剛毅，足以有執也，齊莊中正，足以有敬也，文理密察，足以有別也。」（中庸第三十一章）是則惟孔子有之。

孟子曰。孟子說。伯夷。伯夷做人的宗旨。目不視惡色。眼不看不正的顏色。耳不聽惡聲。耳不聽不正的聲音。

非其君不事。（不是他應該事奉的國君不肯事奉。）非其民不使。（不是他應該使用的人民不肯使用。）治（去聲，下同。ㄓˋ）則進。（天下平治就在朝做官。）亂則退。（天下混亂就退隱在家。）橫（去聲ㄏㄥˋ）政之所出。（凶暴政事的發源地）橫民之所止。（凶暴人民的聚集地。）不忍居也。（都不肯居住。）思與鄉人處。（照他的意思，假如和鄉間不明白道理的人坐在一起。）如以朝（音潮ㄔㄠˊ）衣朝冠。（就和穿戴了上朝的衣冠。）坐於塗炭也。（坐在爛泥灰堆裏一般。）當紂之時。（當那商紂的時候。）居北海之濱。（隱居在北海邊上。）以待天下之淸也。（靜待着天下淸平。）故聞伯夷之風者。（所以聽得伯夷這種風節的人。）頑夫廉。（就是沒見識的貪夫也知道廉潔。）懦夫有立志。（沒志氣的懦夫也知道立志。）伊尹曰。（那伊尹做人的宗旨呢，他自己曾說。）何事非君。（那有不該事奉的國君。）何使非民。（那有不該使用的人民。）治亦進。（天下平治固然出來做官。）亂亦進。（天下混亂也出來做官。）曰。（他又時常說。）天之生斯民也。（天生下這些人民。）使先知覺後知。（是叫先有知識的人去覺醒那落在後面沒有知識的人。）使先覺覺後覺。（叫那先明白道理的人去覺醒那落在後面不明白道理的人。）予天民之先覺者也。（我是天生人民裏先明白道理的一個。）予將以此道覺此民也。（我要拿我所明白的道理去覺醒這些人民。）思天下之民。（在他想來，天下的人民。）匹夫匹婦。（無論一個男子一個女子。）有不與（音預ㄩˋ）被堯、舜之澤者。（如有不受到堯舜所施給般的恩惠。）若己推而內（音納ㄋㄚˋ）之溝中。（就好像由他自己推倒他們陷在水溝裏去一樣。）其自任以天下之重也。（他是這樣重大的把天下的責任自己擔負起來。）柳下惠。（柳下惠做人的宗旨。）不羞汙君。不把事奉汚穢的國君以爲羞恥。不辭小官。也不推辭低微的官職。進不隱賢。並且一做了官，決不枉曲了自己的直道。必以其道。一定要依着自己的直道做去。遺佚而不怨。就是直道不行，被放棄了，也不怨望。阨窮而不憫。處在窮困的境地，從不憂愁。與鄉人處。他要是和鄉間不明白道理的人坐在一起。由由然不忍去也。也是很自在的樣子不忍走開。爾爲爾。他的意思是說，你是你。我爲我。我是我。雖袒裼裸裎於我側。雖露出臂膀甚至裸露身體在我旁邊。爾焉能浼我哉。你又怎麼能夠染汚了我呢。故聞柳下惠之風者。所以聽得柳下惠這種風度的人。鄙夫寬。就是氣量狹小的也會寬宏起來。薄夫敦。輕薄的也會變得厚重。孔子之去齊。再講到孔子，又不同了，他在離開齊國的時候。接淅(丅一)而行。米已經淘好，連煮飯都來不及，拿起米，又用手接了水，急匆匆的動身。去魯。後來離開魯國的時候，子路催着快走。曰。孔子說。遲遲吾行也。我們慢一些走好了。去父母國之道也。這是離開父母邦國的道理啊。可以速而速。照這樣看起來，可以快速就快速。可以久而久。可以長久就長久。可以處而處。可以隱居就隱居。可以仕而仕。可以做官就做官。孔子也。這便是孔子做人的宗旨。孟子曰。孟子又繼續批評說。伯夷。伯夷這個人。聖之淸者也。是聖人當中最淸高的。伊尹。伊尹這個人。聖之任者也。是聖人當中最負責任的。柳下惠。柳下惠這個人。聖人之和者也。是聖人當中最和氣的。孔子。只有孔子。聖之時者也。在聖人當中行動最得時宜。孔子之謂集大成。所以孔子可說是集合三聖的優點，成爲大聖。集大成也者。這集大成的意思，好比集合衆音的小成而爲大成一樣。金聲而玉振之也。(因為奏樂先要鐘聲來開始，最後要磬聲做收束的啊。)金聲也者。(拿鐘聲開始是什麼意義呢。)始條理也。(就是啓發衆音的脈絡。)玉振之也者。(拿磬聲收束是什麼意義呢。)終條理也。(就是集結衆音的脈絡。)始條理者。(這啓發脈絡。)智之事也。(就是明智所及的工夫。)終條理者。(這集結脈絡。)聖之事也。(就是聖道成就的工夫。)智。(那智)譬則巧也。(好比心思的靈巧。)聖。(那聖)譬則力也。(好比本身的氣力。)由射於百步之外也。(如同在百步以外射箭打靶。)其至。(那箭射得到。)爾力也。(這是你的氣力。)其中(去聲ㄓㄨㄥˋ)。(要箭射中紅心。)非爾力也。(那就不是你的氣力，而是心思靈巧的緣故了，孔子能够巧力俱全，聖智兼備，不似三聖各有一長，所以成為大聖。)

【章旨】這章書是孟子用比較方法說明孔子在許多聖人當中的特點。——孟子萬章下

孔子為天下之至聖。然尚有人誣衊其於衞住在癰疽家，於齊住在侍人瘠環家。孟子乃，力辯其誣，以尊敬孔子之為人。

萬章問曰。(萬章問孟子說。)或謂孔子於衞主癰(ㄩㄥ)疽(ㄐㄩ)。(有人說，孔子在衞國是住在一個外科醫生家裏。)於齊主侍人瘠環。(在齊國是住在太監瘠環家裏。)有諸乎。(有這等事麼。)孟子曰。(孟子說。)否。(沒有。)不然也。(不是那樣說法。)好(去聲ㄏㄠˋ)事者為之也。(這完全是喜歡生事的人揑造出來的。)於衞主顏讎(如仇字，又音犫。ㄔㄡ)由。(孔子在衞國，乃是住在賢大夫顏讎由家裏。)彌子之妻。(那時衞君有個寵臣彌子瑕，他的妻。)與子路之妻。(和子路的妻。)兄弟也。(是同胞姊妹。)

彌子謂子路曰。彌子瑕曾向子路說。孔子主我。假如孔子不要住在顏讎由家，到我家裏來住。衛卿可得也。就是衛國上卿也可以做得着的。子路以告。子路把這話告訴孔子。孔子曰。孔子說。有命。這是有天命的。孔子進以禮。孔子進取總要依照禮法。退以義。退隱總要依照義理。得之不得。得做官和不得做官。曰有命。既說是有天命。而主癰疽與侍人瘠環。假使住在外科醫生和太監瘠環這些小人家。是無義無命也。那豈非不明義理和不知天命了。孔子不悅於魯衛。孔子曾因不樂於住在魯衛兩國，所以到宋國去。遭宋桓司馬。不料遇着宋國的司馬桓魋。將要(平聲一幺)而殺之。預備攔在路上殺害。微服而過宋。孔子就改穿了微賤的服裝逃過宋境。是時孔子當阨。這時候，孔子處在危險的境遇裏，尙且要選擇地方。主司城貞子。住在後來做宋國司城的貞子家裏。爲陳侯周臣。當這時候，貞子還在做着陳侯周的臣子。吾聞觀近臣。我聽說要觀察在朝的近臣是好是歹。以其所爲主。只須看他家裏所寄居的賓客就可知道。觀遠臣。要觀察由別國來的遠臣是好是歹。以其所主。只須看他所寄居的主家就可知道。若孔子主癰疽與侍人瘠環。如果孔子所寄居的人家是外科醫生和人監瘠環。何以爲孔子。那又怎能成爲大聖孔子呢。

【章旨】這章書是孟子辯明孔子主癰疽與侍人瘠環說的無稽。——孟子萬章上

第二目　外王：根據大同世界之理想以天下爲公爲基礎

修身以內聖爲成己之標的，然後進而達成物之效果，亦卽由齊家而治國，再由治國而平天下，稱之曰外王。孟子之政治思想，繼承孔子道統，故竭力鼓吹施行王道，期使國治而天下平，躋世界於大同之域。平者，公平也，和平也。天下平，卽天下爲公也，天下爲公，則私爭悉泯，自成大同世界矣。禮記禮運篇記孔子大同之言曰：

「大道之行也。天下爲公。選賢與能。講信脩睦。故人不獨親其親。不獨子其子。使老有所終。壯有所用。幼有所長。矜、(同鰥)寡、孤、獨、廢、疾者。皆有所養。男有分。女有歸。貨惡其棄於地也。不必藏於己。力惡其不出於身也。不必爲己。是故謀閉而不興。盜竊亂賊而不作。故外戶而不閉。是謂大同。」

孟子亦嘗曰：

「尊賢使能。俊傑在位。」又曰：「賢者在位。能者在職。」

——孟子公孫丑上(重見)

是卽「選賢與能」也。

孟子言交鄰國之道曰：

「惟仁者爲能以大事小。惟智者爲能以小事大。」——孟子梁惠王下(重見)

是卽「講信脩睦」也。

孟子言敬老慈幼之言曰：

「老吾老。以及人之老。幼吾幼。以及人之幼。」——孟子梁惠王上(重見)

是卽「故人不獨親其親，不獨子其子」也。

孟子言養生喪死無憾之言曰：

「不違農時。穀不可勝食也。數罟不入洿池。魚鼈不可勝食也。斧斤以時入山林。材木不可勝用也。穀與魚鼈不可勝食。材木不可勝用。是使民養生喪死無憾也。養生喪死無憾。王道之

始也。」——孟子梁惠王上(重見)

是卽「使老有所終，壯有所用，幼有所長」也。

孟子言周文王之澤及鰥、寡、孤、獨曰：

「老而無妻曰鰥。老而無夫曰寡。老而無子曰獨。幼而無父曰孤。此四者。天下之窮民而無告者。文王發政施仁。必先斯四者。」——孟子梁惠王下(重見)

是卽「矜寡孤獨廢疾者，皆有所養」也。

孟子言男女有別之言曰：

「男女居室，人之大倫也。」——孟子萬章上「男子生而願爲之有室。女子生而願爲之有家。」——孟子滕文公下「內無怨女。外無曠夫。」——孟子梁惠王下(重見)

是卽「男有分，女有歸」也。

孟子言同養公田及鄉田之制之言曰：

「方里而井。井九百畝。其中爲公田。八家皆私百畝。同養公田。公事畢。然後敢治私事。」——孟子滕文公上(重見)

「鄉田同井。出入相友。守望相助。疾病相扶持。則百姓親睦。」——孟子滕文公上(重見)

是猶「貨惡其棄于地也，不必藏於己；力惡其不出於身也，不必爲己。」也以上孟子所言，莫不與孔子大道之行之說相暗合。果能一一實行，自然「謀閉而不興，盜竊亂賊而不作，故外戶而不閉。」欣見世界之大同矣。

總之大同世界之理想，其一切措施，不離乎以德行仁。仁者之心，大公無私，故能愛其所同，敬其所異，使人盡其才，物盡其用，男女老幼，各得其所，而外王之功業成矣。

第八節　士——衞道者，修己與教人所應具備之條件

第一目　承道統

孔子之政治道統，由唐、虞、夏、商、周一貫而來。至周平王東遷，世衰道微，邪說暴行有作，臣弒其君者有之，子弒其父者有之。孔子懼，作春秋，春秋，天子之事也。是故孔子曰：「知我者，其惟春秋乎？罪我者，其惟春秋乎？」蓋孔子取代帝王之尊嚴，以執行褒善貶惡之權威，正人心而維世道。

孟子曰。孟子說。王者之迹熄而詩亡。天子的政教號令不能行於天下，如火熄滅後，雅詩就不續作。詩亡然後春秋作。雅詩絕亡後，變爲國風。孔子憂慮人道的衰敗，所以有春秋這部著作。晉之乘（去聲 ㄕㄥˋ）。晉國的國史名叫乘。楚之檮（音逃 ㄊㄠˊ）杌（音兀 ㄨˋ）。楚國的國史名叫檮杌。魯之春秋。魯國的國史便是春秋。一也。一樣都是記事，不過名稱不同罷了。其事則齊桓晉文。春秋上所記的事，就是齊桓公晉文公的霸業。其文則史。春秋的文字筆法，就是史書的體例。孔子曰。孔子又申明作春秋的本意說。其義則丘竊取之矣。春秋上的義理，卻是丘僭取帝王的尊嚴，執行褒善貶惡的威權啊。【章旨】這章書是孟子敍述孔子作春秋維道統的深意。——孟子離婁下

孟子師事孔子之孫子思，因得聞聖人之道，以繼承孔子道統爲己任。

孟子曰。孟子說。君子之澤。有官位的君子，他那流風餘韻。五世而斬。大約可以過五代，纔能斷絕。小人之澤。沒有官位的士人他那流風餘韻。五世而斬。也可以過五代，纔能斷絕。予未得爲孔子徒也。我雖不曾能夠親身做孔子的弟子。予私淑諸人也。然而孔子的流風餘韻還沒斷絕，我還可以從傳受的人那邊學了來自修哩。【章旨】這章書是孟子自任繼承孔子的道統。——孟子離婁下

孟子嘗謂：「五百年必有王者興，其間必有名世者。必有德業聞望，可名一世者爲之輔佐。由周而來，七百有餘歲矣，以其數則過矣，以其時考之則可矣。」乃歷舉唐、虞、夏、商、周，以至於孔子，其所聞見道統之人，以示當今之世，能繼承道統者，舍我其誰？自任之重如此。蓋孟子距孔子之世未久，鄰孔子之居甚近。然而道卒不行，未免對當時諸侯爲之失望。而又憂道統之中斷，是以宣揚王道，排斥邪說，以維道統於不墜。

孟子曰。孟子說。由堯、舜至於湯。道統相傳下來，從唐堯虞舜到了商湯的時候。五百有餘歲。共有五百多年。若禹、皋陶。像大禹和皋陶。則見而知之。卻是親眼看見，自然知道堯舜的道理。若湯。像商湯。則聞而知之。那就是由傳聞得知的了。由湯至於文王。再從商湯到了周文王的時候。五百有餘歲。又有五百多年。若伊尹、萊朱。像伊尹和萊朱。則見而知之。也是親眼看見，知道商湯的道理。若文王。像周文王。則聞而知之。

卻也是由傳聞得知的了。由文王至於孔子。更從周文王到了孔子的時候。五百有餘歲。又相隔五百多年。若太公望、散(音ㄙㄢˋ)宜生。像太公望散宜生。則見而知之。他們是親眼看見，知道文王的道理。若孔子。像孔子。則聞而知之。便又是由傳聞得知的了。由孔子而來。自孔子以來。至於今。一直到現在。百有餘歲。相隔不過一百多年。去聖人之世。離開孔子的時代。若此其未遠也。是這樣的不深遠。近聖人之居。鄰近孔子住居的地方。若此其甚也。又是這樣的近得很。然而無有乎爾。但卻沒有親眼看見而得知孔子道理的人。則亦無有乎爾。以後也恐怕要沒有由傳問而得知孔子道理的人了啊。

【章旨】這章書是孟子歷敘自古聖人相傳的道統而思有以維繫之。——孟子盡心下

因述士之尊德樂義，不因窮達而有所改變，立志既定，浩氣自存。而後窮不失義，以獨善其身，達不離道，以兼善天下。

孟子謂宋句(音鉤 ㄍㄡ)踐曰。孟子向宋句踐說。子好(去聲 ㄏㄠˋ)遊乎。你喜歡遊說各國諸侯麼。吾語(去聲 ㄩˋ)子遊。我告訴你遊說的道理。人知之。必須在別人都能明白你所說的意義時。亦囂囂。也是那麼自得的樣子不喜歡。人不知。即使別人不能明白你所說的意義。亦囂囂。也是那麼自得的樣子不憂愁。曰。宋句踐說。何如斯可以囂囂矣。要怎麼樣，這纔可自得地不喜歡不憂愁呢。曰。孟子說。尊德樂(音洛 ㄌㄜˋ)義。尊重自身的德行，快樂自身的大義。則可以囂囂矣。那就可以自得地不喜歡不憂愁了。故士窮不

失義。（所以士人在窮困時不失大義。）達不離（ㄌㄧˊ）道。（發達時也不背離大道。）窮不失義。（既能窮困時不失大義。）故士得己焉。（那士人就能保得自己身分。）達不離道。（既能發達時不背離大道。）故民不失望焉。（在人民方面就能不失期望。）古之人得志。（古時候的人得意時。）澤加於民。（就把恩澤加到人民身上。）不得志。（要是不得意。）修身見（音現ㄒㄧㄢˋ）於世。（也修身留名在世上。）窮則獨善其身。（所以這種人在貧賤時就獨自修善自己的身心。）達則兼善天下。（在發達時就使天下人都能歸善。）

【章旨】這章書是孟子希望當時遊說的人都能學古人。——孟子盡心上

故遇有道之世，出而行道，以普濟羣生。當無道之世，則寧可身死，而不肯枉道以從人也。

孟子曰。（孟子說。）天下有道。（天下有道的時候。）以道殉身。（就拿道義隨着身子行事。）天下無道。（天下無道的時候。）以身殉道。（就拿這個身子隨着道義去赴死。）未聞以道殉乎人者也。（總沒有聽說拿着道義去遷就別人的啊。）【章旨】這章書是孟子說行道不能殉人的私欲。——孟子盡心上

士之志節，如此堅定，故所居者不離乎仁，所由者不離乎義，以仁存心，以義行事，則身自修而國亦治矣。

王子墊(ㄉㄧㄢˋ)問曰。齊王的兒子名叫墊的問孟子說。士何事。士人該做點什麼事。孟子曰。孟子說。尚志。應該高尚自己的志氣。曰。王子墊說。何謂尚志。什麼叫做高尚自己的志氣。曰。孟子說。仁義而已矣。立志向仁道義理方面做去就是了。殺一無罪。假使妄殺一個沒有罪的人。非仁也。就是違反仁道。非其有而取之。不是自己應該有的東西竟去取了來。非義也。就是違反義理。居惡(平聲ㄨ)在。居心的重點在那裏。仁是也。就在仁道。路惡在。行事的標準在那裏。義是也。就在義理。居仁由義。居心在仁道，行事在義理。大人之事備矣。公卿大夫的體用便完全齊備了。【章旨】這章書是孟子說士人只做大人的事，不做小人的事。

——孟子盡心上

第二目　闢邪說

時諸侯放恣，處士橫議，楊朱、墨翟之言盈天下，而仁義爲之充塞。孟子懼我國相傳之道統，爲其蠱惑腐蝕而無遺。於是力闢邪說，謂：「楊氏爲我，是無君也，墨氏兼愛，是無父也，無父無君，是禽獸也。」以正天下之人心。乃外人不察，稱其好辯。而抑知孟子有不得已之苦衷在。

公都子曰。公都子向孟子說。外人皆稱夫子好(去聲。下同。ㄏㄠˋ)辯。外面的人都說夫子喜歡和人家辯論。敢問何也

○（敢問夫子是爲了什麼緣故呢。）孟子曰。（孟子說。）予豈好辯哉。（我難道眞喜歡和人家辯論。）予不得已也。（我實在是沒法子啊。）天下之生久矣。（天下自有人類以來，已經過很長久的時期了。）一治（去聲）一亂。（治平和混亂的現象，反覆循環着。）當堯之時。（當那唐堯的時代。）水逆行。（大水倒流。）氾濫於中國。（氾濫在中國土地上。）蛇龍居之。（蛇龍佔據着做巢穴。）民無所定。（人民沒有一定住所。）下者爲巢。（低處的人在樹上做窠。）上者爲營窟。（高處的人在山洞裏居住。）書曰。（書經上說。）洚（音降。ㄐㄧㄤˋ）水警余。（上天拿無邊無岸的洚水警告我。）洚水者。（虞舜時的所謂洚水。）洪水也。（就是唐堯時的洪水。）使禹治之。（虞舜派禹去平治那水。）禹掘地而注之海。（禹就掘通了阻塞水流的地方，引導那水灌注到海裏去。）驅蛇龍而放之菹（ㄐㄩ）。（把蛇龍都驅逐到多水多草的地方去。）水由地中行。（這樣，水纔能從土地中間低下的所在流行。）江淮河漢是也。（就是現在的江淮河漢四條水了。）險阻既遠。（氾濫不定的大水既遠離了人。）鳥獸之害人者消。（侵害人的鳥獸也從此消除。）然後人得平土而居之。（然後人類纔得在平坦的土地上居住。）堯舜既沒。（等到堯舜死後。）聖人之道衰。（聖人的大道漸漸衰歇。）暴君代作。（暴虐的國君相繼出世。）壞（朱注音怪今讀ㄏㄨㄞˋ）宮室以爲汙池。（拆去房屋改造聚水的池子。）民無所安息。（使人民沒有安息處所。）棄田以爲園囿。（廢去田地改造種花草養鳥獸的園子。）使民不得衣食。（使人民不能供給自己衣食。）邪說暴行（去聲下同ㄒㄧㄥˋ）又作。（邪僻學說和暴虐行爲再度發生。）園囿汙池。（種花養鳥的園子和聚水池。）沛（ㄆㄟˋ）澤多而禽獸至。（因爲草木水澤多了，那飛鳥走獸重新聚集攏來。及紂之身。到了商朝紂王的時候。天下又大亂。天下就又大混亂了。周公相(去聲ㄒㄧㄤ)武王。後來周公輔佐武王。誅紂伐奄(平聲ㄧㄢ)。殺了紂王，並攻伐那幫助紂王作惡的奄國。三年討其君。經過三年工夫，纔殺了奄國的國君。驅飛廉於海隅而戮之。把紂王的寵臣飛廉驅逐到海邊上殺了。滅國者五十。滅掉五十個和紂王同黨的國家。驅虎豹犀象而遠之。驅逐紂王所養的虎豹犀象這些猛獸到遠的地方去。天下大悅。於是天下人民大大地歡悅。書曰。書經上說。丕顯哉。這樣偉大的光明事業。文王謨。本是文王的謀略。丕承哉。而這偉大的繼承責任。武王烈。卻是武王的光耀。佑啓我後人。所以幫助並開導我輩後人。咸以正無缺。都依守正道。不要有缺點。世衰道微。到了周室東遷，世運衰微，正道不能彰明。邪說暴行有(讀為又，古字通用。ㄧㄡ)作。邪僻學說和暴虐行為又重新發生。臣弒其君者有之。臣子殺了國君的也有了。子弒其父者有之。兒子殺了父親的也有了。孔子懼。孔子非常憂懼。作春秋。作成一部春秋。春秋。春秋這部書。天子之事也。貶惡揚善，都是天子的事情。是故孔子曰。所以孔子自己說。知我者。要知道我的一番憂世苦心，維持大義在將滅的時候。其惟春秋乎。那祇有看這部春秋罷。罪我者。要責難我假託帝王權限，懲罰亂臣賊子的舉動。其惟春秋乎。也祇有看這部春秋罷。聖王不作。從此聖王不再出現。諸侯放恣。諸侯任性胡為。處士橫(去聲ㄏㄥ)議。士人也就亂發議論。楊朱墨翟之言盈天下。楊朱墨翟的邪說佈滿在天下。天下之言。天下的言論。不歸楊。不是歸附楊朱這一派，則歸墨。就是歸附墨翟那一派。楊氏爲(去聲ㄨㄟˋ)我。楊氏專主尊重自己。是無君也。這便是心目中沒有君長。墨氏兼愛。墨氏專主廣泛地愛人，沒有親疏等次的分別。是無父也。這便是心目中沒有父母。無父無君。沒有父母和沒有君長。是禽獸也。便和禽獸一樣了。公明儀曰。公明儀曾說。庖有肥肉。廚房裏有肥肉。廄有肥馬。馬房裏有肥馬。民有飢色。人民的臉上卻有飢色。野有餓莩(ㄆㄧㄠˇ)。荒地上有餓死的屍體。此率獸而食人也。這簡直是帶領了野獸去吃人啊。楊墨之道不息。楊朱墨翟的邪說不能息滅。孔子之道不著。孔子的教化就不能顯著。是邪說誣民。這就是把邪說欺騙人民。充塞仁義也。遮蔽了仁義啊。仁義充塞。仁義被邪說所遮蔽。則率獸食人。那不但僅僅帶領了野獸吃人。人將相食。恐怕人對人還要互相吞吃哩。吾爲(去聲ㄨㄟˋ)此懼。我爲了這些情形。心裏很是憂懼。閑先聖之道。所以要保持古時聖人的教化。距楊墨。拒絕楊朱墨翟的邪說。放淫辭。驅除不合體法的言論。邪說者不得作。使那些不依正道的人不能興起。作於其心。因爲邪僻思想既發生在心裏。害於其事。就會禍害到事實上。作於其事。既在所做的事實上表現出來。害於其故。就會禍害到國家的大體上。聖人復(ㄈㄨˋ)起。便是聖人再生。不易吾言矣。也不能更改我這些話的。昔者禹抑洪水。從前夏禹阻止了大水。而天下平。天下纔得太平。周公兼夷狄。周公兼併了夷狄。驅猛獸。驅逐了凶猛的野獸。而百姓寧。百姓纔得安寧。孔子成春秋。孔子著成了春秋這部書。而亂臣賊子懼。亂臣賊子纔知道戒懼。詩云。詩經上說。戎狄是膺。沒有教化的夷狄，應該去排斥。荊舒是懲。沒有禮義的荊國和舒國，應該去懲治。則莫我敢承。那就沒有人敢拿邪說來抵擋我了。無父無君。這些沒有父母沒有君長的邪說。是周公所膺也。正是周公所要積極膺懲的啊。我亦欲正人心。我也想改正天下的人心。息邪說。防止邪僻的學說。距詖行(去聲ㄒㄧㄥˋ)。拒絕偏激的行爲。放淫辭。驅除不合體法的言論。以承三聖者。去接續夏禹周公孔子三個聖人的後步。豈好(去聲ㄏㄠˋ)辯哉。我那裏眞喜歡和人家辯論。予不得已也。我實在是沒法子啊。能言距楊墨者。總之，能夠拿正理去拒絕楊朱墨翟的邪說的。聖人之徒也。他就是聖人的門徒。

【章旨】這章書是孟子說明好辯乃不得已，要接續聖人後步，排斥邪說。——孟子滕文公下

楊、墨之所爲，固執一端，楊子極「爲我」之自私，墨子極「兼愛」之無別，故孟子斥其爲賊道。至子莫雖執中，然苟不知通權達變，則與楊、墨之執一無異，亦爲孟子所不取。

孟子曰。孟子說。楊子取爲(去聲ㄨㄟˋ)我。楊子只是抱着爲我自己一身的主義。拔一毛而利天下。雖是叫他拔一根毛，就可使天下許多的人有利益。不爲(如做字ㄨㄟˊ)也。他也不肯做的。墨子兼愛。墨子是完全抱着愛人的主義。摩頂放(朱注上聲 今讀ㄈㄤˇ)踵。即使將他從頭頂一直摩到腳跟。利天下爲之。只要可使天下許多的人有利益，他也肯做的。子莫執中。魯國的賢人子莫，他卻執守楊墨兩家中間的一個道理。執中爲近之。粗粗看去。執守着折中好像近於正道了。執中無權。但他們雖執守着折中，卻沒有權變的工夫。猶執一也。也就和那堅守一邊的偏

見一樣了。所惡(ㄨˋ去聲)執一者。所以要嫌惡那堅守一邊的偏見的人。爲(ㄨㄟˋ去聲)其賊道也。原爲了他有害中正的道理。舉一而廢百也。舉了一件倒被他廢了百件。【章旨】這章書是孟子拿中道闢楊墨的執一。——孟子盡心上

故淳于髡以男女授受不親之禮，問孟子，嫂溺亦不援之以手？孟子曉以男女授受不親之禮，守經也，嫂溺援之以手，行權也。人如祇知守經，而不能行權，亦卽執一以賊道也。

淳于髡曰。齊國人淳于髡向孟子說。男女授受不親。男女把物件授給對方和對方接受都不用親手。禮與(ㄩˊ平聲)。是禮麼。孟子曰。孟子說。禮也。是禮啊。曰。淳于髡說。嫂溺則援(ㄩㄢˊ音爰)之以手乎。假使嫂嫂跌在水裏，做小叔的看見了，援救起來能不能用手去拉她呢。曰。孟子說。嫂溺不援。嫂嫂跌在水裏不援救。是豺狼也。那是變成沒有人心的豺狼了。男女授受不親。男女授受物件不用親手。禮也。這是禮。嫂溺援之以手者。嫂嫂跌在水裏用手去援救。權也。乃是一時的權宜啊。曰。淳于髡這纔鄭重地問孟子說。今天下溺矣。現在天下人民的痛苦，已經和跌在水裏一樣了。夫子之不援。夫子卻不去援救他們。何也。是什麼緣故呢。曰。孟子說。天下溺。天下人民受着水淹般的痛苦。援之以道。去援救要用仁義的大道。嫂溺。嫂嫂跌在水裏。援之以手。去援救是用手的。子欲手援天下乎。你難道也要我用手去援救天下人民麼。【章旨】這章書是孟子說濟世要用正道不能行權變法。——孟子離婁上

楊、墨邪說，人或一時爲其所惑，然終必悟其非正道而擯棄之。孟子仍取寬大胸懷，樂與爲善，許其歸儒。且認爲不必約束之，慮其復入歧途也。聖賢之待人以恕也如此。

孟子曰。（孟子說。）逃墨必歸於楊。（覺悟了墨子兼愛的道理不對，一定歸服到楊子的道理上來。）逃楊必歸於儒。（覺悟了楊子爲我的道理不對，一定歸服到儒家的道理上來。）歸。（既然來歸服。）斯受之而已矣。（那便收留下來就是了。）今之與楊墨辯者。（現在和楊墨爭論曲直的人。）如追放豚。（卻像追一隻逃豬。）既入其苙。（已經追了回來，關進了豬圈。）又從而招之。（還要怕他再逃，又去把它的脚綑起來。）

【章旨】這章書是孟子說待異端的人也要有恕道。——孟子盡心下

如陳相襲許行之邪說，以滕文公不與民並耕而食，饔飧而治爲不賢。孟子乃語以堯舜治天下之大道，斥許行之謬，正陳相之思。

有爲神農之言者許行。（有個假託神農氏學說的人，名叫許行。）自楚之滕。（從楚國到滕國來。）踵門而告文公曰。（走到文公的面前，告訴文公說。）遠方之人。（我是從遠方來的人。）聞君行仁政。（聽說君上施行古時聖王的仁政。）願受一廛而爲氓。（情願領受一間住屋做你的百姓。）文公與之處。（文公就給他一所住宅。）其徒數十人。（他的徒弟有幾十個人。）皆衣（ㄧˋ去聲）褐。（都是穿的毛布衣服。）捆（音閫ㄎㄨㄣˇ）屨織席以爲食。（做草鞋織席子供給自己的生活。）陳良之徒陳相。

又一個楚國儒者陳良的徒弟，名叫陳相。與其弟辛。和他的弟弟叫做辛的。負耒耜而自宋之滕。背着耕田的犂鋤，從宋國到滕國。曰。向文公說。聞君行聖人之政。聽說君上施行古時聖王的仁政。是亦聖人也。這也就是聖人了。願為聖人氓。我情願做聖人的百姓。陳相見許行而大悅。陳相遇見了許行，大大悅服。盡棄其學而學焉。便完全拋棄了以前所學，跟着許行研究神農學說。陳相見孟子。後來陳相去見孟子。道許行之言曰。傳述許行的話說。滕君則誠賢君也。滕君能施行仁政，確也算是賢德的國君。雖然。但雖如此。未聞道也。卻還沒有聽過聖人的大道哩。賢者與民並耕而食。眞正賢德的國君，是要和人民一起見耕種，供給自己的生活。饔(音雍ㄩㄥ)飧(音孫ㄙㄨㄣ)而治。一面早晚燒煮，一面治理國事。今也滕有倉廩府庫。如今啊，滕國有倉廩存儲米穀，有府庫積聚財貨。則是厲民而以自養也。還是痛苦了人民，專供養自己罷了。惡(平聲ㄨ)得賢。那裏能算是賢德。孟子曰。孟子就辯駁說。許子必種粟而後食乎。許子是不是一定要自己種了穀，然後纔吃飯呢。曰。陳相說。然。是的。許子必織布而後衣(去聲ㄧˋ)乎。孟子說，許子是不是一定要自己織了布，然後纔穿衣呢。曰。陳相說。否。不。許子衣(去聲ㄧˋ)褐。許子穿的毛布衣服。許子冠乎。孟子說，許子戴帽子麼。曰。陳相說。冠。戴的。曰。孟子說。奚冠。戴的什麼帽子。曰。陳相說。冠素。戴的帽子是生絲織的。曰。孟子說。自織之與(平聲ㄩˊ)。自己織的麼。曰。陳相說。否。不。以粟易之。拿穀子換來的。曰。孟子說。許子奚為不自織。許子為什麼不自己織呢。曰。陳相說。害於耕。（爲的怕妨礙了耕種的工夫。）曰。（孟子說。）許子以釜甑爨。（許子是不是用鍋子和甑子煮飯。）以鐵耕乎。（用鐵器耕田呢。）曰。（陳相說。）然。（是的。）自爲之與（ㄩˊ平聲）。（孟子說，都是自己造的麼。）曰。（陳相說。）否。（不。）以粟易之。（也是拿穀子換來的。）以粟易械器者。（於是孟子再詳細的辯駁說，照許子的意思，拿穀子去掉換家常器皿的人。）不爲厲陶冶。（不是痛苦了燒窰和打鐵的人麼。）陶冶亦以其械器易粟者。（那燒窰和打鐵的也拿了他們製成品來掉換穀子。）豈爲厲農夫哉。（難道也算痛苦了農夫麼。）且許子何不爲陶冶。（再進一步說，許子爲什麼不去兼做燒窰和打鐵的。）舍（ㄕㄜˇ去聲）皆取諸其宮中而用之。（那末，這些東西都可以從自己家裏取出來使用，豈不更好。）何爲紛紛然與百工交易。（爲什麼要忙忙碌碌的去和百工交換呢。）何許子之不憚煩。（怎麼許子就這樣的不怕麻煩。）曰。（陳相說。）百工之事。（百工做的事。）固不可耕且爲也。（本來不能一面耕種一面兼做的啊。）然則治天下。（孟子又同駁說，這樣說來，治天下的事。）獨可耕且爲與（ㄩˊ平聲）。（難道獨可以一面耕種一面兼做的麼。）有大人之事。（天下的事原有區別，有處理政務的在上者的事。）有小人之事。（有耕種田野的在下者的事。）且一人之身。（假使眞要靠在一個人的身上。）而百工之所爲備。（把天下百工的技藝都學遍了。）如必自爲而後用之。（並且一定要自己做成了然後使用。）是率天下而路也。（那簡直是叫天下的人一刻不停地在路上奔走了。）故曰。（所以古語說。）或勞心。（有的辛苦自己的心思。）或勞力。（有的辛苦自己的氣力。）勞心者治人。（勞心的人管理人。）勞力者治於人。（勞力的人受人管理。）治於人者食（ㄙˋ音嗣）人。（受人管理的人供養人。治人者食(音嗣ㄙˋ)於人。管理人的人受人供養。天下之通義也。這是天下通行的道理啊。當堯之時。當初唐堯的時候。天下猶未平。天下還沒有平定。洪水橫流。大水到處亂流。氾濫於天下。散漫到天下各處。草木暢茂。草木倒非常茂盛。禽獸繁殖。禽獸生殖也非常興旺。五穀不登。五穀卻都不能成熟。禽獸偪人。而且禽獸還要逼迫人。獸蹄鳥跡之道。獸蹄鳥爪所印下的痕跡。交於中國。交互地留在中國土地上。堯獨憂之。堯一個人獨放在心裏憂愁。舉舜而敷治焉。就舉用舜去佈置處理。舜使益掌火。舜便派益去掌管放火的事務。益烈山澤而焚之。益在山上和低澤裏放起火來燒去那些濃密的草木。禽獸逃匿。禽獸這纔逃走躲避了。禹疏九河。又派禹去疏通那名叫徒駭，太史，馬頰，覆金，胡穌，簡，潔，鉤盤，鬲津等九條大河。瀹(音藥ㄩㄝˋ)濟(ㄐㄧˇ)漯(ㄊㄚˋ)。掘通了濟水和漯水。而注諸海。都灌注到海裏去。決汝漢。同時開濬汝水和漢水的河身。排淮泗。排除淮水和泗水的淤積。而注之江。都灌注到大江裏。然後中國可得而食也。然後中國地方纔可以種五穀，人類纔能夠生活。當是時也。當這時候。禹八年於外。禹在外面八年。三過其門而不入。三次走過自己的門口，都沒有工夫進去。雖欲耕得乎。似這樣的忙碌，雖要和人民共同耕種，又怎麼能夠呢。后稷教民稼穡。等到水患已平，舜又派后稷教人民耕種的方法。樹藝五穀。去種植五穀。五穀熟而民人育。五穀成熟了，人民的生活這纔安定。人之有道也。堯舜又想到做人總有一定的道理。飽食煖衣。如果只知道吃得飽穿得煖。逸居而無教。安居嬉遊，沒有教訓去約束他。則近於禽獸

○那就要和禽獸的行為相近了。聖人有憂之。堯舜又非常憂愁。使契(音薛讀ㄒ一ㄝ)為司徒。使契做司徒官。教以人倫教導他們做人的大道。父子有親。他們曉得父子要有親愛的感情。君臣有義。君臣要有相敬的禮義。夫婦有別(ㄅ一ㄝ)。夫婦要有內外的分別。長(上聲ㄓㄤ)幼有序。長幼要有大小的次序。朋友有信。朋友要有信實的交誼。放(上聲ㄈㄤ)勳曰。堯號放勳,他又吩咐契說。勞(去聲ㄌㄠ)之來(去聲ㄌㄞ)之。人民裏面有已經明白做人大道的要獎勵他,不明白的要引掖他。匡之直之。有心違背的要匡正他,行為乖悖的要拗直他。輔之翼之。這樣幫助他們心力不够的地方,扶持他們行事不能的弱點。使自得之。使他們自己領悟得做人大道。又從而振德之。更時時去提醒並施給恩惠。聖人之憂民如此。古時聖人為人民憂愁得如此周到。而暇耕乎。還有什麼空閒的工夫去耕種呢。堯以不得舜為己憂。堯把不能得到舜這樣的人在自己心上憂慮。舜以不得禹皐陶為己憂。舜又把不能得到禹和皐陶在自己心上憂慮。夫(音扶ㄈㄨ)以百畝之不易(去聲ㄧ)為己憂者。那些把一百畝田不能種得好放在自己心上憂慮的。農夫也。只是個平常的農夫罷了。分人以財。拿錢財去分給人家。謂之惠。叫做恩惠待人。教人以善。拿善言去教化人家。謂之忠。叫做忠心待人。為(去聲ㄨㄟ)天下得人者。獨有能替天下選擇一個治理的人才。謂之仁。纔算是拿仁道對待天下後世。是故以天下與人易(去聲ㄧ)。所以說,拿帝王的尊位讓給人家還容易。為天下得人難。要替天下找一個治理的人才,那纔難哩。孔子曰。孔子曾說。大哉堯之為君。偉大呀。唐堯的做君長。惟天為大。只有天道最崇高。惟堯則之。也只有堯的德量,能取法天道,和天道相準。蕩蕩乎。德量是那樣的廣遠。民無能名焉。人民形容不出來，竟是無從稱道。君哉舜也。能盡君道的卻是舜了。巍巍乎。功德是那樣的高大有天下而不與(ㄩˋ去聲)焉。雖然得了天下，卻把君位看得和自己不相關似的。堯舜之治天下。堯舜的治理天下。豈無所用其心哉。難道一點都不用心思的麼。亦不用於耕耳。他也不過從大體着想。不把心思用在耕種小事上罷了。吾聞用夏變夷者。再進一層說，我也只聽說用中國文化去改變蠻夷的風俗。未聞變於夷者也。沒有聽得拋棄了中國文化，反被蠻夷的風俗同化的。陳良。你的師長陳良。楚產也。本是南方楚國人。悅周公仲尼之道。因爲悅服周公孔子的道理。北學於中國。到北方來研究中國學術。北方之學者。北方的學者。未能或之先也。沒有一個高過他的。彼所謂豪傑之士也。他眞可算得超羣拔類的士人了。子之兄弟。你們兄弟兩個。事之數十年。拿師禮事奉他，已經幾十年。師死而遂倍之。現在師長一死，卻就違背他所教的道理。昔者孔子沒。從前孔子死後。三年之外。已經過了三年了。門人治任(ㄖㄣˊ平聲)將歸。弟子們守心喪的孝期已滿，要收拾行李回去。入揖於子貢。進來拜別子貢。相嚮而哭。大家還相對着痛哭。皆失聲。都哭得失了音。然後歸。這纔分別回去。子貢反。子貢還不忍去，送別後回來。築室於場。就造了一間小屋在孔子墳墓旁邊。獨居三年。一個人獨自住着守了三年。然後歸。然後纔回去。他日。又過了些時。子夏、子張、子游。子夏子張子游三個人。以有若似聖人。因爲有若的氣象有點和孔子相像。欲以所事孔子事之。想拿從前事奉孔子的禮節去事奉他。彊(ㄑㄧㄤˇ上聲)曾子。要求曾子同意。曾子曰。曾子說。不可。這是不可以的。江漢以濯之。夫子的道德學業，好比用了江漢這麼多的水洗濯過。秋陽以暴（ㄆㄨˋ）之。又經秋天的太陽猛烈烘晒過。皜皜（朱注音杲今讀ㄏㄠˋ）乎不可尚已。那一種清淨潔白，還有誰能比擬得上呢。今也南蠻鴃（亦作鵙，ㄐㄩㄝˊ）舌之人。現在這許行，是個南方的蠻子，說話像鳥叫的人。非先王之道。又不是古時聖王的道理。子倍子之師而學之。你卻違背了師長的教化去學他。亦異於曾子矣。這不是和曾子所說的恰恰相反麼。吾聞出於幽谷。譬如鳥兒選擇做窠的所在，我只聽得有從黑暗的山谷裏飛出。遷於喬木者。移到高大的樹木上。未聞下喬木。卻沒聽得離去了高大樹木。而入於幽谷者。飛到黑暗的山谷裏去的。魯頌曰。詩經魯頌上說。戎狄是膺。那沒有文化的戎狄，是應該排擊他。荊舒是懲。沒有禮義的荊舒那種國家，是應該懲治他。周公方且膺之。這種沒有禮義的蠻夷，周公正要積極排擊。子是之學。你反贊成他，從他去學。亦為不善變矣。也算是不善於轉變的了。從許子之道。陳相也分辯說，如能依着許子的道理去做。則市賈（音價，下同。ㄐㄧㄚˋ）不貳。那末，市場上貨物的價值，可以沒有高低的分別。國中無偽。全國人民沒有詐偽的行為。雖使五尺之童適市。雖叫五尺長的小孩子到市場上買東西。莫之或欺。也沒有人敢欺騙他。布帛長短同。不論布疋或綢緞，只要長短相同。則賈相若。那價錢也就相同。麻縷絲絮輕重同。不論粗麻或細麻，絲或線，只要輕重相同。則賈相若。那價錢也就相同。五穀多寡同。五穀只要多少相同。則賈相若。那價錢也就相同。屨大小同。鞋子不論大小，只要同是一雙。則賈相若。那價錢也就相同。

曰。（孟子說。）夫（扶音 ㄈㄨˊ）物之不齊。（講到貨物精粗好歹的不一律。）物之情也。（原是貨物本有的情形。）或相倍蓰（ㄒㄧˇ）（所以買賣的價值，有的加一倍或五倍。）或相什伯。（有的加十倍或百倍。）或相千萬。（有的加千倍至萬倍。）子比（ㄅㄧˋ）而同之。（現在你把它們拿長短輕重做比例混同起來。）是亂天下也。（這簡直是擾亂天下啊。）巨屨小屨同賈。（大的鞋子和小的鞋子同一價錢。）人豈爲之哉。（那末，做鞋子的人還肯做那大的鞋子麼。）從許子之道。（依照着許子的道理去做。）相率而爲僞者也。（這是率領天下的人去幹詐僞了。）惡（平聲 ㄨ）能治國家。（那裏能夠治理國家。）【章旨】這章書是孟子拿堯舜治天下的道理，力闢異端。——孟子滕文公上

墨子主兼愛，初意並無不善，惟過份籠統，致無親疏尊卑之別，故孟子斥其爲「無父」。及篤信墨子學說之夷之，葬其親厚，一反墨子之以薄治親喪也。孟子因乘機反復說明儒者之道，親疏有別，厚薄有分，以糾正墨子兼愛爲不足法。

墨者夷之。（有一個信仰墨子學說的人，名叫夷之。）因徐辟（音璧，又音闢。ㄅㄧˋ）而求見孟子。（由孟子的弟子徐辟介紹，求見孟子。）孟子曰。（孟子說。）吾固願見。（我本來願意相見。）今吾尚病。（只因今天我還有病。）病愈。（等我的病好了。）我且往見。（我自去相見。）夷子不來。（請夷子不必到這裏來。）他日。（過了一天。）又求見孟子。（夷之又託徐辟，要見孟子。）孟子

曰。（孟子說。）吾今則可以見矣。（我今天可以見他了。）不直則道不見（音現ㄒㄧㄢˋ）。（但若不先糾正他的錯誤思想，我的儒道就不能昌明。）我且直之。（我且指出他的不是再講。）吾聞夷子墨者。（我聽說夷子是信仰墨子學說的人。）墨之治喪也。（那墨子對於辦理父母喪事。）以薄為其道也。（把非薄省儉算作一種道理。）夷子思以易天下。（夷子便想拿這個道理去改變天下的風俗。）豈以為非是而不貴也。（豈不是認為不薄葬就不貴重麼。）然而夷子葬其親厚。（然而夷子葬他的父母卻很豐厚。）則是以所賤事親也。（那是拿他所輕視的道理去事奉父母了。）徐子以告夷子。（徐辟把這話去告訴夷子。）夷子曰。（夷子辯說。）儒者之道。（儒家的道理，在書經上曾有一說。）古之人若保赤子。（古時的人愛護別人，就同自己的小孩子一樣。）此言何謂也。（這話怎麼講呢。）之則以為愛無差等。（我夷之以為就是說，愛護別人沒有差別等次。）施由親始。（但是實行起來，就該從自己的父母開始。）徐子以告孟子。（徐辟又拿這話去告訴孟子。）孟子曰。（孟子說。）夫（音扶下同ㄈㄨˊ）夷子。（那夷子。）信以為人之親其兄之子。（難道真的相信別人親愛他哥哥的兒子。）為若親其鄰之赤子乎。（和他親愛那鄰家的小孩子一樣麼。）彼有取爾也。（他不曉得書經上這句話是別有用意的。）赤子匍（音蒲ㄆㄨˊ）匐（ㄈㄨˊ）將入井。（因為一個小孩子在地下爬走，快要跌入井裏去。）非赤子之罪也。（並不是小孩子的過失，小孩子沒有知識，要靠父母保護，書經上這句話的本意就在這樣。）且天之生物也。（並且天的生養萬物。）使之一本。（自然地使它歸根在一個本原上。）而夷子二本故也。（父母是人的唯一本原，現在夷子對於自己的父母固然親愛，但是他對於路人也看作自己的父母一樣，因而他的錯誤之點，就在於有了兩個本原的緣故。蓋上世。再講喪葬起原的意義，在太古時代。嘗有不葬其親者。曾有不安葬自己父母的。其親死。他的父母一死。則舉而委之於壑。就抬了屍身拋棄在山坑裏。他日過之。過了幾天，兒子走過那地方。狐狸食之。看見狐貍在吃屍身上的肉。蠅蚋（音汭）（ㄖㄨㄟˋ）姑嘬（ㄔㄨㄞˋ）之。蒼蠅蚊子也聚集着吸食。其顙有泚（ㄘˇ）。那兒子的額上就不禁有點點的汗流出來。睨（朱注音詣）（今讀ㄋㄧˋ）而不視。斜着眼睛，不忍正看。夫泚也。這汗的流出。非爲（去聲）（ㄨㄟˋ）人泚。不是因爲被別人看見而流出。中心達於面目。實在是心中一點不忍的憂心表現到臉上啊。蓋歸反虆（ㄌㄟˊ）梩（ㄌㄧˊ）而掩之。因此，他回到家裏就拿了裝泥的畚箕。和掘泥的鋤頭，把屍身掩埋了。掩之誠是也。如果承認這掩埋的舉動確是對的。則孝子仁人之掩其親。那末，後世孝子仁人所以要行葬親的喪禮。亦必有道矣。也一定可以由此推想到確有自然的道理在裏面了。徐子以告夷子。徐辟再拿這些話告訴夷子。夷子憮（音武）（ㄨˇ）然爲間（如時字）（ㄐㄧㄢ）曰。夷子像是心裏失掉了什麼，沉默一會，恍然有悟地說。命之矣。孟子已經明白指教我夷之了。【章旨】這章書是孟子闢墨子的兼愛，拿來發明儒道。——孟子滕文公上

故孟子葬母，充虞以木美爲言。孟子告以中古棺槨之制，君子不以天下儉其親，以盡人子之孝道。

孟子自齊葬於魯。孟子從齊國回到魯國去安葬他的母親。反於齊。事後再回齊國。止於嬴。歇宿在嬴邑。充虞請

曰。弟子充虞請問說。前日不知虞之不肖。前日夫子不把虞當做不才。使虞敦匠事。派虞料理木匠做棺材的事。嚴。因爲太急促。虞不敢請。虞不敢請問夫子。今願竊有請也。現在事已完畢，願私自請問一件事。木若以美然。就是那棺材所用的木料，似乎太考究了些。曰。孟子說。古者棺椁無度。在上古時代內棺外椁都沒有一定的尺寸。中古棺七寸。到了中古周公制禮時，纔規定內棺七寸厚。椁稱(去聲ㄔㄥˋ)之。外椁照這尺寸配上。自天子達於庶人。自天子一直到平民百姓，都是一樣的。非直爲觀美也。並不是只爲了外觀做得好看。然後盡於人心。是要這樣做，然後纔能滿足人子報答父母的心。不得。如果在法制上是不該的。不可以爲悅。那就不能只圖稱心的去做。無財。如果缺乏相當的資財。不可以爲悅。即使法制上可以，也不能只圖稱心的去做。得之爲有財。倘既合於法制，而又有資財。古之人皆用之。古時的人都已這樣做了。吾何爲獨不然。我爲什麼獨獨不能這樣做呢。且比(ㄅㄧˋ)化者。況且，爲了死者。無使土親膚。把棺材做得厚一點，不使泥土太靠近死者的肌膚。於人心獨無恔(音效ㄒㄧㄠˋ)乎。這對於人子的孝心，難道不暢快些麼。吾聞之也。我又聽得說過。君子不以天下儉其親。君子是不爲了愛惜天下物力在父母身上節省的。

【章旨】這章書是孟子說辦大喪要盡人子的孝心。——孟子公孫丑下

蓋子之喪親，其一切禮制，在於自己之心力盡，則人自悅服，而無微辭矣。

滕定公薨。滕定公死了。世子謂然友曰。太子文公向他的師傅然友說。昔者孟子嘗與我言於宋

。從前孟子在宋國曾經和我講性善的道理。於心終不忘。我心上總不敢忘記。今也不幸。現在很是不幸。至於大故。遇着父死的大喪。吾欲使子問於孟子。我想請你去問問孟子。然後行事。然後辦理喪事。然友之鄒。然友就到魯國鄒縣。問於孟子。向孟子請問喪禮。孟子曰。孟子說。不亦善乎。太子着你來問喪禮不也是好事麼。親喪固所自盡也。父母的喪禮，本來只要人子能盡自己的心力啊。曾子曰。從前曾子說。生、事之以禮。父母在生時事奉有禮節。死、葬之以禮。父母死後安葬有禮節。祭之以禮。到後來祭祀也有禮節。可謂孝矣。那就可以稱爲孝子了。諸侯之禮。至於諸侯的喪禮。吾未之學也。我卻沒有學過。雖然。但雖如此。吾嘗聞之矣。我也曾聽說過的。三年之喪。父母死後行三年的喪禮。齊（ㄗ 音資）疏（ㄕㄨ）之服。穿的是毛邊粗布的衣服。飦（ㄓㄢ）粥之食。吃的是糜粥之類。自天子達於庶人。自帝王一直到平民。三代共之。夏商周三代都是同樣的。然友反命。然友回國向太子覆命。定爲三年之喪。太子就決定行三年的喪禮。父兄百官皆不欲。可是宗族長輩和朝中百官都不願意。曰。說。吾宗國魯先君莫之行。我們同姓的魯國先君既沒有這樣做法。吾先君亦莫之行也。我們滕國先君也不曾這樣行過。至於子之身而反之。現在到了你身上，卻要改變前代的舊典。不可。這是不可以的。且志曰。並且志書上說。喪祭從先祖。喪祭的禮節，應該依照前代祖宗的儀式。曰。那意思就是說。吾有所受之也。是叫我們後輩有着世代相傳受的規矩。謂然友曰。於是太子再向然友說。吾他日未嘗學問。我平日沒有勤學好問。好(去聲ㄏㄠˋ)馳馬試劍。只喜歡跑馬舞劍。今也父兄百官不我足也。現在啊，宗族長輩和朝中百官都對我不滿意。恐其不能盡於大事。恐怕我不能辦理完善這喪葬的大事。子為(去聲ㄨㄟˋ)我問孟子。請你再替我去問問孟子。然友復(扶又反ㄈㄨˋ)之鄒。然友便再度到鄒縣。問孟子。向孟子請問。孟子曰。孟子說。然。是的，我也料到他們要不滿意。不可以他求者也。這事原不能求教別人的啊。孔子曰。孔子曾說。君薨。國君死了。聽於冢宰。一切國事都聽命於宰相。歠(川悅反ㄔㄨㄛˋ)粥面深墨。繼位的新君只吃點稀飯，臉色深黑。即位而哭。站在靈位前哭泣。百官有司。在朝百官和辦事人員。莫敢不哀。沒有一個敢不哀痛。先之也。這是因為新君的誠心能感動他們的緣故。上有好者。本來，在上的人有一件善事做出來。下必有甚焉者矣。在下的人一定還要做得加倍的好。君子之德、風也。在上的君子，德行好比風一樣。小人之德、草也。在下的小人，德行好比草一樣。草尚之風必偃。草上加一陣風，一定要隨着伏倒的。是在世子。這事全在太子自己了。然友反命。然友回國覆命。世子曰。太子說。然。是啊。是誠在我。這事確是在我自己。五月居廬。便決定在中門外偏屋裏守孝五個月。未有命戒。因為居喪不言，所以沒有什麼命令教戒。百官族人。在朝的百官和宗族長輩。可謂曰知。都稱贊太子，可以說是知禮。及至葬。到了安葬的日子。四方來觀之。四方的人都來觀禮。顏色之戚。看見太子臉色的悲慘。哭泣之哀。哭泣的哀痛。弔者大悅。弔喪的人都非常悅服。【章旨】這章書是孟子說明喪禮只須人子能盡自己的心

力就是。——孟子滕文公上

至齊宣王欲短喪，公孫丑以爲朞喪猶愈於已。孟子責其非是。並欲其教宣王以孝弟之道。蓋子生三年，然後免於父母之懷，故三年之喪，天下之通喪也。豈容以私意爲之短長哉！若王子之母，庶也，禮不得服喪。今其傅爲請數月之喪，權以盡子之孝思，則又當別論矣。

齊宣王欲短喪。（齊宣王想要縮短三年穿孝服的日期。）公孫丑曰。（公孫丑問孟子說。）爲朞之喪。（改爲穿一年孝服）猶愈於已乎。（總比不穿好些罷。）孟子曰。（孟子說。）是猶或紾（之忍反 ㄓㄣˇ）其兄之臂。（你這句話，就好比有人拗扭他哥哥的臂膀。）子謂之姑徐徐云爾。（你勸他姑且慢一些拗扭的說法罷了。）亦教之孝弟而已矣。（也只有教他孝弟的道理纔對呢。）王子有其母死者。（恰巧這時候，齊王有一個兒子的生母死了。）其傅爲（去聲 ㄨㄟˋ）之請數月之喪。（因爲是偏妾，王子不能盡孝禮，他的師傅就代他在齊王面前請求穿幾個月孝服。）公孫丑曰。（公孫丑又拿這事問孟子說。）若此者。（像這樣穿幾個月孝服的事。）何如也。（又怎麼說法呢。）孟子曰。（孟子說。）是欲終之而不可得也。（這是他想要穿滿三年孝服，在事實上不能够的緣故。）雖加一日愈於已。（像他，不要說是幾個月，雖加穿一天。也比不穿的好。）謂夫（音扶 ㄈㄨˊ）莫之禁而弗爲者也。（我上次說的，是因齊王並沒有人阻止，他卻是自己不肯盡禮啊。）

【章旨】這章書是孟子抨擊齊王欲短喪的不是。——孟子盡心上

第三目　重氣節

孟子既闢邪說，復勉人重視氣節，故當生與義不可兼得之時，寧舍生命以全義理。

孟子曰。孟子說。魚、魚的滋味好。我所欲也。是我所喜歡吃的。熊掌、熊掌的滋味更好。亦我所欲也。也是我所喜歡吃的。二者不可得兼。假使兩樣東西不能夠兼得。舍(不聲ㄕㄜˇ)魚而取熊掌者也。那就捨棄了魚取那熊掌。生、生命很要緊。亦我所欲也。是我所想保持的。義、大義更要緊。亦我所欲也。也是我所想堅守的。二者不可得兼。假使這兩件到了不能兼全的時候。舍生而取義者也。寧可捨棄了生命取那大義。生亦我所欲。生命固然是我所想保持的。所欲有甚於生者。但我所想保持的還有比生命更要緊的在着。故不爲苟得也。所以不肯苟且圖保得生命。死亦我所惡(去聲，下同。ㄨˋ)。死亡原是我所憎恨的。所惡有甚於死者。但我所憎恨的事還有比死亡更厲害的在着。故患有所不辟(去聲，下同。ㄅㄧˋ)也。所以遇了禍患也就不逃避。如使人之所欲。假使人所想保持的。莫甚於生。沒有再比生命更要緊。則凡可以得生者。那末，凡是能夠保得生命的。何不用也。就不論什麼卑鄙手段都肯用出來了。使人之所惡。假使人所憎恨的。

莫甚於死者。（沒有再比死亡更厲害。）則凡可以辟患者。（那末，凡是能够逃避禍患的。）何不爲也。（就不論什麼違反大義的事都肯做出來了。）由是則生而有不用也。（依這大義，就是可以保得生命，卻也有時不肯用卑鄙手段。）由是則可以辟患而有不爲也。（依這大義，就是可以逃避禍患，卻也有時不肯做違反大義的事。）是故所欲有甚於生者。（爲了大義的緣故，所以人所想保持的，還有比生命更要緊的在着。）所惡有甚於死者。（人所憎恨的，還有比死亡更厲害的在着。）非獨賢者有是心也。（不獨賢德的人有這存心。）人皆有之。（實在是人人都有的。）賢者能勿喪（去聲ㄙㄤˋ）耳。（不過賢德的人能够不喪失罷了。）一簞食（音嗣ㄙˋ）。（好比一竹籃的飯。）一豆羹。（一木碗的湯。）得之則生。（吃着了就活命。）弗得則死。（吃不着就餓死。）嘑（呼故反ㄏㄨˋ）爾而與之。（如果不依道理，用那叫罵般的神氣去給人。）行道之人弗受。（就是路上的窮人也不高興接受。）蹴（ㄘㄨˋ）爾而與之。（如果更惡劣地用那踐踏般的神氣去給人。）乞人不屑也。（那便連討飯的乞丐也不願意接受了。）萬鍾則不辨禮義而受之。（然而有了萬鍾的俸祿時，卻就不去分辨禮義上應得不應得受了下來。）萬鍾於我何加焉。（究竟這萬鍾俸祿，對於我能增加些什麼呢。）爲（去聲ㄨㄟˋ）宮室之美。（是不是爲了可以得到華麗的屋宇。）妻妾之奉。（妻妾的侍奉。）所識窮乏者得我與（平聲ㄩˊ）。（和所認識的窮苦人受我周濟的感激麼。）鄉（去聲ㄒㄧㄤˋ）爲身死而不受。（倘然真爲了這些，那末，從前寧可餓死不肯接受。）今爲宮室之美爲（如做字ㄨㄟˊ）之。（現在爲了要屋宇華麗就肯做了。）鄉爲身死而不受。（從前寧可餓死不肯接受。）今爲妻妾之奉爲（如做字ㄨㄟˊ）之。（現在爲了要有妻妾侍奉就肯做了。）鄉爲身死而不受。(從前寧可餓死不肯接受。)今為所識窮乏者得我而為(如做字 ㄨㄟˊ)之。(現為了要得到所認識的窮苦人受我周濟的感激就肯做了。)是亦不可以已乎。(難道這也是一定不能罷手的麼)此之謂失其本心。(這便叫做失掉了自己本來有的良心。)

【章旨】這章書是孟子希望人保全本心的義，不要因私欲而失掉。——孟子告子上

是以大丈夫之立身處世，自有其特立獨行，堅守志節之處，即依於仁，立於禮，行於義也。而後達可兼善天下，窮亦獨善其身。雖誘以富貴，不能動其心，困以貧賤，不能變其節，臨以威武，不能屈其志。至以婉順逢迎為能事者，一時煊赫，氣燄逼人，然其忸怩作態，為正人君子所不齒。

景春曰。(有個名叫景春的人向孟子說。)公孫衍、張儀。(魏國公孫衍和張儀兩個人。)豈不誠大丈夫哉。(豈不是真正的大人物麼。)一怒而諸侯懼。(只要一發怒，就能游說諸侯使他們互相攻伐而生恐懼。)安居而天下熄。(反之，安居在家裏，就能使天下停止戰爭。)

孟子曰。(孟子說。)是焉(ㄧㄢ)得為大丈夫乎。(這那裏可以算得大人物呢。)子未學禮乎。(你沒有學過禮記麼。)丈夫之冠(去聲 《ㄨㄢˋ)也。(禮記上說過的。男子到了成年加冠的時候。)父命之。(父母拿做人的道理教訓他。)女子之嫁也。(女子到了出嫁的時候。)母命之。(母親就把做婦人的道理教訓她。)往送之門。(臨去的時候送她到門口。)戒之曰。(警戒她說。)往之女(音汝 ㄖㄨˇ)

家。你到丈夫家裏去。必敬必戒。一定要敬重公婆，並時時警戒自己。無違夫子。不要有違背丈夫的舉動。以順為正者。這麼看來，把順從當做正道的。妾婦之道也。不過是做婦人的道理罷了，那公孫衍和張儀，就是順從國君的意旨取得尊位的，怎麼好算是大人物。居天下之廣居。那眞正的大人物啊，住的是仁心所安，天下最寬廣的宅子。立天下之正位。立的是禮法所定，天下最中正的位置。行天下之大道。行的是義理所許，天下最闊大的道路。得志。一旦得志。與民由之。就用所得的道，推行到衆人身上。不得志。假使不得志。獨行其道。就獨自保守所得的道。富貴不能淫。富和貴不能使他的心意放蕩。貧賤不能移。貧和賤不能使他的節操改變。威武不能屈。威勢和武力不能使他的志氣屈服。此之謂大丈夫。這纔算是眞正的大人物。【章旨】這章書是孟子說明不能因有權勢就算得大丈夫，德業隆盛的人纔是大丈夫。

——孟子滕文公下

孟子曰。孟子說。柳下惠。柳下惠的做人。不以三公易其介。不因三公的尊位，改變他廉潔的操守。【章旨】這章書是孟子表明柳下惠和中有操守。

——孟子盡心上

所以孟子稱許驟得富貴之人，而仍能悠然自得，不為所動，則其志節之高超，自非常人所能及。

孟子曰。孟子說。附之以韓魏之家。一個平常人，忽然有韓魏兩家那麼多的財富歸併給他。如其自視欿（音坎 ㄎㄢˇ）然

○如果他自己看得很輕淡沒有自己滿足的樣子。則過人遠矣。那末，他的見識便勝過別人很遠了。【章旨】這章書是孟子勉勵人看輕富貴。——孟子盡心上

此志節之士，能保持其仁義忠信之固有天爵，而不慕公卿大夫之虛榮人爵。蓋人爵之予奪，權操諸人，非若天爵之常屬於我也。

孟子曰。孟子說。欲貴者。喜歡尊貴。人之同心也。是人人同有的心理。人人有貴於己者。其實大家都有很尊貴的天爵在自己身上。弗思耳。只是不肯去思考罷了。人之所貴者。人拿爵位使他尊貴的。非良貴也。並不是本然的尊貴啊。趙孟之所貴。像晉國的權臣趙孟，人能受他所給的爵位而尊貴。趙孟能賤之。但趙孟也能奪去爵位使人仍舊卑賤。詩云。詩經上說。既醉以酒。既已吃醉了酒。既飽以德。又飽滿了好的德行。言飽乎仁義也。是說既已飽滿了仁義的道理。所以不願人之膏粱之味也。所以就不貪吃世人肥肉好飯的美味。令聞(去聲ㄨㄣˋ)廣譽施於身。既已有良好的名譽到處播揚，加在自己身上。所以不願人之文繡也。所以就不貪穿世人錦繡綢緞的衣服了。【章旨】這章書是孟子勉勵人從自己身上求尊貴。——孟子告子上

仁義忠信，爲人人固有之天性，不求則已，求之未有不得者。至公卿大夫，爲身外之物，求之未能必得者。故士君子祇求保持其仁義忠信之本性，而不要求身外之富貴利達也。

孟子曰。（孟子說。）求則得之。（仁義禮智的道理，去求就能够得着。）舍（上聲ㄕㄜˇ）則失之。（放棄就要失掉。）是求有益於得也。（這個求，乃是有益處在這得上。）求在我者也。（因爲所求是我自己本性上所原有的。）求之有道。（那富貴利達求它要有道理。）得之有命。（得到也有命運。）是求無益於得也。（這個求，卻是不一定有益處在這得上。）求在外者也。（因爲所求的全是身外的事物啊。）

【章旨】這章書是孟子說本性所原有的要去求，外物就不能妄求。——孟子盡心上

是以國君之禮賢下士，不敢恃其爵位之尊以凌之。而士之於君，亦以德自重，無視其巍巍然，而屈於權勢。所以國君欲屢見之而不可得，尚何望其爲臣乎？

孟子曰。（孟子說。）古之賢王。（古時候賢德的帝王。）好（去聲ㄏㄠˋ）善而忘勢。（喜歡善人，忘掉自己的勢力位分。）古之賢士。（古時候的賢士。）何獨不然。（何嘗不是這樣。）樂（音洛ㄌㄜˋ）其道忘人之勢。（他快樂自己的道德，忘掉別人的勢力位分。）故王公不致敬盡禮。（所以雖是王公，如果不能致敬盡禮的接待。）則不得亟（ㄑㄧˋ）見之。（就不能屢次去見他。）見且猶不得亟。（見他尚且不能多次。）而況得而臣之乎。（何況能用臣禮待他麼。）

【章旨】這章書是孟子說士人要拿道德自己尊重。——孟子盡心上

如國君欲有諮詢，應登賢士之門而就教焉，何可託故以召見。

孟子將朝(音潮 ㄔㄠˊ)王。孟子正想去朝見齊王。王使人來曰。恰巧齊王差人來說。寡人如就見者也。我本想就來見夫子的。有寒疾。因爲生了寒疾。不可以風。不能吹着風，所以不能親來。朝(如晨字 ㄓㄠ)將視朝(音潮 ㄔㄠˊ)明天早晨當能上朝辦事。不識可使寡人得見乎。不知道夫子可以上朝來使我一見麼。對曰。孟子答說。不幸而有疾。不幸得很，我也生了病不能造(ㄗㄠˋ)朝(音潮 ㄔㄠˊ)。不能够上朝。明日。到了明天。出弔於東郭氏。孟子到齊大夫東郭氏家裏去弔喪。公孫丑曰。公孫丑說。昔者辭以病。昨天拿有病的話辭去齊王召命。今日弔。今天又出去弔喪。或者不可乎。恐怕不可以罷。曰。孟子說。昔者疾。昨天有病。今日愈。今天好了。如之何不弔。怎麼不可以出去弔喪呢。王使人問疾。齊王知道孟子有病，就打發人來問病。醫來。並且帶了醫生來。孟仲子對曰。這時孟子已經出了門。他的堂兄弟孟仲子就對來人說。昔者有王命。昨天有齊王命令來召。有采薪之憂。因爲有點小病。不能造朝。所以不能上朝。今病小愈。今天病稍好了一點。趨造於朝。已經趕緊上朝去了。我不識能至否乎。我不知道他此刻已經到了朝上沒有。使數人要(平聲 一ㄠ)於路曰。一面暗地裏派了幾個人等候在路上，攔住孟子說。請必無歸。請你無論如何不要回家。而造於朝。就順路到朝上去。不得已。孟子不得已。而之景丑氏宿焉。只好到齊大夫景丑氏家裏去過了一夜。景子曰。景子知道了這事的經過，很不同情，因說。內則父子。在家中有父子。外則君臣。在朝廷有君臣。人之大倫也。這是人倫的大道。父子主恩。父子重在親愛。君臣主敬。君臣重在恭敬。丑見王之敬子也。現在丑只看見君王恭敬夫子。未見所以敬王也。沒看見夫子對君王表示恭敬啊。曰。孟子說。惡(ㄨ平聲)。咳。是何言也。這是什麼話啊。齊人無以仁義與王言者。齊國的人沒一個肯把仁義的道理講給王聽的。豈以仁義為不美也。難道這仁義的道理不好麼。其心曰。他們的心裏實在是這樣在說是何足與言仁義也云爾。對這種人，那裏值得和他講仁義的道理呢。則不敬莫大乎是。如果照這樣說法，那末，對王不恭敬的，再沒有比這更甚的了。我非堯舜之道。在我就除掉堯舜治天下的道理外。不敢以陳於王前。別的都不敢講給王聽。故齊人莫如我敬王也。所以齊國的人沒有一個能及得我這樣恭敬王咧。景子曰。景子說。否。不。非此之謂也。我說夫子對君王不恭敬，不是這樣說法。禮曰。禮記上說。父召無諾。父親有事召喚，不得慢慢答應。君命召。國君有命令來召。不俟駕。不可以從容等待車子駕馬。固將朝也。現在夫子本意是想朝見君王的。聞王命而遂不果。卻是聽得君王有命令來召，反而就中止不去了。宜與夫(音扶，下同ㄈㄨˊ)禮。這情形該和那禮記上的話。若不相似然。像有點不相同罷。曰。孟子說。豈謂是與(ㄩˊ平聲)禮記上的話，難道就是說的這椿事嗎。曾子曰。從前曾子說。晉楚之富。晉楚兩國的財富。不可及也。自然不能夠及得上。彼以其富。但他如果拿財富來向我誇耀。我以吾仁。我就拿我的仁道去抵擋。彼以其爵。他如果拿爵位來向我誘惑。我以吾義。我就拿我的義理去抵擋。吾何慊(ㄑㄧㄢˋ)乎哉。我心裏又有什麼銜恨呢。夫豈不義。這話難道沒有意義。而曾子言之。那曾子會白說了的。是或一道也。這裏面想必另有一番道理的啊。天下有達尊三。天下所普遍尊重的人有三種。爵一。一是爵位高的。齒一。一是年紀大的。德一。一是道德好的。朝廷莫如爵。在朝廷上講，最尊重的是爵位高。鄉黨莫如齒。在鄉里中講，最尊重的是年紀大。輔世長(上聲ㄓㄤˇ)民莫如德。若講到輔助世道，增長民德，那就沒有比道德更可尊重了。惡得有其一。怎麼可以因爲有了爵位這一種。以慢其二哉。就拿來輕慢那年齡和道德兩種呢。故將大有爲之君。所以古來大有作爲的國君。必有所不召之臣。一定有不能隨便召喚的臣子。欲有謀焉。如果有事要和他商量。則就之。也只好自己到他那邊去。其尊德樂(音洛ㄌㄜˋ)道。那纔顯得國君是尊重德行和喜歡道義。不如是。倘不如此。不足與有爲也。也就不必去和他做什麼事業了。故湯之於伊尹。所以商湯對於伊尹。學焉而後臣之。先從他受學，然後任命爲臣。故不勞而王。這纔能够不費心機，就此稱王天下。桓公之於管仲。齊桓公對於管仲。學焉而後臣之。也是先從他受學，然後任命爲臣。故不勞而霸。所以也能够不費心機，做了諸侯霸主。今天下。現在天下各國。地醜德齊。土地大小都差不多，德行的高低也相等。莫能相尙。沒有能够高過一步。無他。這沒有別的緣故。好(去聲ㄏㄠˋ)臣其所教。都是因爲只喜歡臣子來受教。而不好臣其所受教。不喜歡受教於臣子。湯之於伊尹。商湯對於伊尹。桓公之於管仲。桓公對於管仲。則不敢召。都是不敢隨便召喚。管仲且猶不可召。像管仲這種人，尙且不可以隨便召喚。而況不爲管仲者乎。何況那不屑做管仲的人呢。

【章旨】這章書是孟子說做國君的不知尊重道德，便不足有爲。——孟子公孫丑下

然賢士之重道輕勢，亦無不循乎禮，守乎義。身未爲臣，不敢進見，循禮也。君欲召見，未肯應命，守義也。循禮守義之道，賢士之所重，居高凌下之勢，賢士之所輕。

萬章曰。萬章問孟子說。敢問不見諸侯。敢問士人不肯自己去見諸侯。何義也。是什麼道理呢。孟子曰。孟子說。在國曰市井之臣。在國都的士人叫做市巷的臣子。在野曰草莽之臣。在鄉村的士人叫做草野的臣子。皆謂庶人。這兩種人叫做平民。庶人不傳質(與贄同)爲臣。平民沒有通贄做過人臣的。不敢見於諸侯。就不敢去見諸侯。禮也。這是禮節上的規矩。萬章曰。萬章說。庶人召之役。國君叫平民當差做事。則往役。就去當差做事。君欲見之。國君想見他。召之則不往見之。召他去見，卻反不去見。何也。這又是什麼道理呢。曰。孟子說。往役。義也。平民去當差做事。是應盡的義務。往見。不義也。應召去見諸侯。不是必須盡的義務。且君之欲見之也。我且問你，國君要去見他。何爲也哉。是爲了什麼呢。曰。萬章說。爲其多聞也。無非爲了他見識廣博。爲其賢也。爲了他有才幹。曰。孟子說。爲其多聞也。假使爲了他見識廣博。則天子不召師。那末，古來的天子是不敢召見師傅的。而況諸侯乎。何況只是一個諸侯呢。爲其賢也。假使爲了他有才幹。則吾未聞欲見賢而召之也。那末，我也沒有聽說過想見

賢人卻可以召他去見的。繆公亟(ㄑㄧˋ去聲)見於子思。從前魯繆公常常去見子思。曰。因問子思說。古千乘(ㄕㄥˋ去聲)之國。古時候有一千輛兵車的國君。以友士。要去和一個士人交友。何如。怎樣呢。子思不悅曰。子思就不樂地說。古之人有言曰。古時候的人有句話說。事之云乎。只能說事奉的話罷。豈曰友之云乎。難道像你所說和他交友就算了麼。子思之不悅也。我想子思的不樂。豈不曰。他的意思豈不是這樣說。以位。論地位。則子君也。那末，你是國君。我臣也。我是臣子。何敢與君友也。臣子怎麼敢和國君做朋友。以德。論德行。則子事我者也。那末，你是應該事奉我的。奚可以與我友。怎麼可以和我做朋友呢。千乘之君。有千輛兵車的國君。求與之友。要求和他做朋友。而不可得也。尚且不能夠。而況可召與(ㄩˊ平聲)。何況召他去見麼。齊景公田。從前齊景公打獵。招虞人以旌。招喚那管理園場的人，卻用五采羽毛的旗子。不至。管理園場的人不肯去。將殺之。景公就要殺他。志士不忘在溝壑。孔子聽得這事，歎美那管理園場的人說，有志氣的人總不忘記應該固守貧窮，預備死在田溝山坑裏。勇士不忘喪(ㄙㄤˋ)其元。有勇氣的人總不忘記自己應該戰鬬而死，預備喪失頭顱。孔子奚取焉。孔子在那一點上取他呢。取非其招不往也。就是取他為了不合禮節的招喚他就不肯應命啊。曰。萬章說。敢問招虞人何以。敢問招喚那管理園場的人應該用什麼。曰。孟子說。以皮冠。用皮帽子。庶人以旃。在禮節上，招喚平民是用原疋綢子做的旗子。士以旂。招喚士人是用畫有兩條龍的旗子。大夫以旌。招喚大夫纔用五采羽毛的旗子。以大夫之招招虞人。

虞人死不敢往。（管理園場的人尚且寧死不敢應招。）以士之招招庶人。（用招喚士人的禮節去招喚平民。）庶人豈敢往哉。（平民又那裏敢去。）況乎以不賢人之招招賢人乎。（何況用不是招喚賢人的禮節去招賢人呢。）欲見賢人而不以其道。（想見賢人卻不依照正當道理。）猶欲其入而閉之門也。（如同想他進來卻關了們。）夫（音扶ㄈㄨˊ）義、路也。（那義理就像一條大路。）禮、門也。（禮節就像一所正門。）惟君子能由是路。（只有君子能夠走這條大路。）出入是門也。（進出這所正門。）詩云。（詩經上說。）周道如厎（詩作砥。ㄉㄧˇ）。（大路平坦如同一塊磨刀石。）其直如矢。（筆直如同一枝箭桿。）君子所履。（是在上的人所行走的。）小人所視。（在下的人看作榜樣的。）萬章曰。（萬章說。）孔子君命召。（從前孔子聽得國君有命令召他。）不俟駕而行。（等不及車子駕好了馬就走。）然則孔子非與（平聲ㄩˊ）。（照這樣說來，豈非孔子也不對了。）曰。（孟子說。）孔子當仕有官職。（孔子在那時正當做官，有職務在身。）而以其官召之也。（國君是拿公事的名義召他的啊。）

【章旨】這章書是孟子說士人不肯自己去見諸侯，正是不枉道的意思。——孟子萬章下

所以虞人不赴齊景之招，王良不爲嬖奚之乘，以其所爲皆非正道者。夫虞人王良，尚知重道，賢者其肯枉道以求見諸侯乎？

陳代曰。（孟子的弟子陳代問孟子說。）不見諸侯。（夫子不肯去見諸侯。）宜若小然。（似乎太拘小節的樣子。）今一見之

○現在如果去見那些諸侯，得着行道的機會。大則以王(去聲ㄨㄤˋ)。向大處推廣可以稱王天下。小則以霸。收束得小一點，也可以稱霸諸侯。且志曰。況且書上說過的。枉尺而直尋。受了一尺的委屈，就得到八尺的伸張。宜若可為也。似乎很可以幹一幹啊。孟子曰。孟子說。昔齊景公田。從前齊景公招人打獵。招虞人以旌。去招那管理園場的人，卻拿五采羽毛的旗子。不至。那管理園場的人就為了不按照禮節用皮冠去招，不肯來。將殺之。當時景公便要殺他。志士不忘在溝壑。孔子知道了這事，歎美那管理園場的人說，有志氣的人總不忘記自己是應該固守貧窮，預備死在田溝山坑裏。勇士不忘喪(去聲ㄙㄤˋ)其元。有勇氣的人也總不忘記自己是應該戰鬬而死，預備犧牲頭顱。孔子奚取焉。孔子取他那一點呢。取非其招不往也。就是取他為了不合禮的招致不肯應招啊。如不待其招而往。我如不待諸侯合禮的招致，自己去求見。何哉。卻算得什麼。且夫(音扶ㄈㄨˊ)枉尺而直尋者。況且講那受一尺委屈得到八尺伸張的話。以利言也。那原是從謀利方面說的。如以利。如果從謀利方面說。則枉尋直尺而利。即使受著八尺委屈祇得到一尺伸張，只要多少有利可圖。亦可為與(平聲ㄩˊ)。也可以去做的麼。昔者趙簡子。從前晉國大夫趙簡子。使王良與嬖奚乘(去聲ㄕㄥˋ)。叫那最擅長駕車的人王良替他的一個最寵愛的家臣名叫奚的駕車去打獵。終日而不獲一禽。卻是一天到晚沒有射着一隻鳥。嬖奚反命曰。嬖奚回復簡子說。天下之賤工也。他是個天下最不高明的技師啊。或以告王良。有人把這話去告訴王良。良曰。王良說。請復之。請再替他駕一回車看。彊(上聲ㄑㄧㄤˇ)而後可。再三勉強，嬖奚纔應允。一朝而獲十禽。果然只一個早朝就射到十隻鳥。嬖奚反命曰。嬖奚又回復簡子說。天下之良也。他是天下最高明的技師啊。簡子曰。簡子說。我使掌與女(音汝ㄖㄨˇ)乘。我就叫他專替你駕車便了。謂王良。簡子就把這個意思向王良說。良不可。王良不肯。曰。說。吾為(去聲ㄨㄟˋ)之範我馳驅。我第一次替他駕車。是依照規則駕駛的。終日不獲一。他卻一天到晚沒射着一隻鳥。為之詭遇。第二次我就用巧妙的法子，斜着向飛鳥趕去。一朝而獲十。他就在一個早晨射到了十隻鳥。詩云。詩經上說。不失其馳。駕車人不失駕車人規則。舍(上聲ㄕㄜˇ)矢如破。發箭的人自然能都射中。我不貫與小人乘。我不慣和那不懂規則的人駕車。請辭。請辭去這個差使。御者且羞與射者比(必二反)。這樣看起來，一個有資格的駕車人，尚且怕人恥笑，不願枉屈自己去迎合那發箭不準確的人。比而得禽獸。即使枉屈着迎合便能多得禽獸。雖若丘陵。多到堆起來雖然像山一樣。弗為也。也是不肯做的。如枉道而從彼。現在如果枉屈了正道去依附那些無禮的諸侯。何也。這可成了什麼話呢。且子過矣。況且你的話根本就錯了。枉己者。枉屈了自己正道的人。未有能直人者也。決沒有個還能矯直別人不正的啊。【章旨】這章書是孟子說明君子守正的道理。——孟子滕文公下

以上兩章，孟子說明賢者不見諸侯，有其自重之道。然苟國君慕道以求見，亦何嘗不可見之者，惟視其求見之意誠不誠耳。

公孫丑問曰。公孫丑問孟子說。不見諸侯何義。君子總不肯自己去見諸侯，這是什麼道理。孟子曰。孟子說。古者

不爲臣不見。（古時的人，如果不曾做過這一國的臣子，就不肯去見這一國的國君。）段干木踰垣而辟（去聲ㄅㄧˋ）之。（從前段干木因爲不曾做過魏文侯的臣子，所以文侯去見他，他就跳過牆躲避。）泄柳閉門而不內（與納同ㄋㄚˋ）。（泄柳也因爲不曾做過魯繆公的臣子，所以繆公去見他，他就關門不讓進去。）是皆已甚。（不過這兩個人都不免太過分些。）迫。（國君求見既然如此迫切。）斯可以見矣。（這就可以見的了。）陽貨欲見孔子。（還有陽貨想叫孔子去見他。）而惡（去聲ㄨˋ）無禮。（卻恐別人說他沒有禮節。）大夫有賜於士。（就利用禮節上的一種規矩，凡是大夫有禮物賜給士人。）不得受於其家。（士人不曾親自在家裏接受。）則往拜其門。（就一定要親自到大夫門上拜謝。）陽貨瞯（音勘ㄎㄢˋ）孔子之亡也。（於是陽貨打聽得孔子出門的時候。）而饋孔子蒸豚。（送孔子一塊蒸熟的猪肉。）孔子亦瞯其亡也。（孔子知道他的用意，也打聽得陽貨出門的時候。）而往拜之。（去拜謝他。）當是時。（當那時候。）陽貨先。（如果陽貨先有誠意。）豈得不見。（孔子難道就拒絕不見麼。）曾子曰。（曾子說。）脅（ㄒㄧㄝˊ）肩諂笑。（聳起了兩肩，假裝出笑容，去奉承人家的。）病于夏畦。（這種人的勞苦，比夏天耕田的人還要加甚些。）子路曰。（子路也說。）未同而言。（和心思不相合的人說話。）觀其色。（看他的神色。）赧赧（ㄋㄢˇ）然。（似乎臉紅耳熱，很難爲情的樣子。）非由之所知也。（這種形態，不是由所能明白的。）由是觀之。（從以上這幾個人的行動和言語看起來。）則君子之所養。（那末，君子對於平日的修養工夫怎樣。）可知之矣。（也就可以知道了。）

【章旨】 這章書是孟子引述古人的行事和言論，應看其有無誠意。——孟子其所以致此者，卽孟子所謂浩然之氣使然也。浩然之氣，至大至剛，配義與道。我中華民族，受此傳統文化之薰陶，故忠臣義士之慷慨激昂，堅貞不渝，爲國捐軀者，自古以來，不知凡幾，其理卽在於此。

公孫丑問曰。(公孫丑問孟子說。)夫子加齊之卿相(去聲ㄒㄧㄤˋ)。(假如夫子升到齊國卿相的地位。)得行道焉。(得推行大道。)雖由此霸王不異矣。(雖然從此就做諸侯霸主甚至稱王於天下，也都不足爲奇的了。)如此。(能夠如此。)則動心否乎。(夫子動心不動心呢。)孟子曰。(孟子說。)否。(不。)我四十不動心。(我四十歲的時候就不動心。)曰。(公孫丑說。)若是。(像這樣子。)則夫子過孟賁(音奔ㄅㄣ)遠矣。(那末，夫子的勇氣勝過齊國的勇士孟賁多多了。)曰。(孟子說。)是不難。(這並不難。)告子先我不動心。(弟子告子名不害的，他比我不動心得還要早。)曰。(公孫丑說。)不動心有道乎。(要能不動心，可有什麼法子麼。)曰。(孟子說。)有。(有的，我拿兩個人說給你聽聽。)北宮黝(伊糾反ㄧㄡˇ)之養勇也。(齊國的北宮黝，他那存養勇氣的法子啊。)不膚撓(ㄋㄠˊ)。(不因爲皮膚受刺就撓屈。)不目逃。(不因爲眼睛受刺就轉睛逃避。)思以一毫挫於人。(在他想來，假使有一根毫毛受別人踐踏。)若撻之於市朝(音潮ㄔㄠˊ)。(就像在市街或朝廷上被衆人打罵同樣的可恥。)不受於褐寬博。(既不肯受辱於穿粗布寬大衣服的平常人。)亦不受於萬乘(去聲ㄕㄥˋ)之君。(也不肯受辱於擁有萬輛兵車的國君。)視刺萬乘之君。(在他的眼中，刺殺一個擁有萬輛兵車的國君。)若刺褐夫。

就同刺殺一個布衣的平民一樣。無嚴諸侯。他絕對沒有懼怕諸侯的心。惡聲至。假使有辱罵的聲音到了他耳邊。必反之。他也一定要用辱罵的聲音去還報。孟施舍(去聲下同ㄕㄜˋ)之所養勇也。那孟施舍蓄養勇氣的法子呢。曰。據他自己說。視不勝。我看那失敗。猶勝也。就同勝利一般。量敵而後進。如果先要忖量能夠抵敵纔前進。慮勝而後會。考慮有勝利把握纔會戰。是畏三軍者也。這是恐懼敵人的兵士衆多啊。舍豈能爲必勝哉。但我孟施舍難道說一定打勝仗的。能無懼而已矣。也不過心裏能夠不恐懼就是了。孟施舍似曾子。孟施舍拿不怕爲主，他那氣象有點像曾子注重求己。北宮黝似子夏。北宮黝拿必勝爲主，他那氣象有點像子夏注重篤信。夫(音扶ㄈㄨˊ)二子之勇。這兩個人的勇氣。未知其孰賢。不知道那一個優勝些。然而孟施舍守約也。但還是孟施舍能守得中堅要道。昔者曾子謂子襄曰。從前曾子告訴他的弟子子襄說。子好(去聲ㄏㄠˋ)勇乎。你喜歡講究勇氣麼。吾嘗聞大勇於夫子矣。我曾經聽得我的夫子孔子說過最大的勇氣是這樣的。自反而不縮。如果自己問心，道理確是不直。雖褐寬博。雖然對那穿粗布寬大衣服的平常人。吾不惴(ㄓㄨㄟˋ)焉。我難道就不覺得恐懼麼。自反而縮。如果自己問心，道理確是直的。雖千萬人。雖然有千萬人。吾往矣。我也要勇往直前的抵敵哩。孟施舍之守氣。這樣看來，孟施舍的守住勇氣。又不如曾子之守約也。又不如曾子守住道理的扼要了。曰。公孫丑說。敢問夫子之不動心。敢問夫子的不動心。與告子之不動心。和告子的不動心。可得聞與(平聲ㄩˊ)。這裏面所以然的道理，可以說給我聽聽麼。告子曰。孟子說，告子常說。不得於言。不能合於道理的話。勿求於心。不要放在心裏研求。不得於心。不能使自己心安的事。勿求於氣。不要在意氣上深求。不得於心。他這兩句話，後面的一句不能使自己心安的事。勿求於氣。不要在意氣上深求。可。還可以。不得於言。前面的一句不能合於道理的話。勿求於心。不要放在心裏研求。不可。就不對了。夫志、要知道人的志。氣之帥也。是氣的主宰。氣、那氣。體之充也。是充塞全身的。夫(音扶ㄈㄨˊ)志、講到這志。至焉。乃是首要啊。氣、那氣。次焉。還在其次哩。故曰。所以說。持其志。要做到不動心的工夫，先要拿定了志。無暴其氣。同時不要擾亂了氣。既曰。公孫丑說。夫子既說。志、至焉。志為首要。氣、次焉。氣還在其次。又曰。卻又說。持其志。先要拿定了志。無暴其氣者。同時不要擾亂了氣。何也。究竟是怎樣的意思呢。曰。孟子說。志壹則動氣。因為一個人專一在志的一方，就要引動了氣。氣壹則動志也。專一在氣的一方，那志又要被引動了。今夫(音扶ㄈㄨˊ)蹶者趨者。現在拿那跌倒的人和走路太快的人來比方。是氣也。最初原是一股氣的作用。而反動其心。但是到了後來，卻反連心都震動了，這兩層有連帶關係，所以拿定了志，還要靜守着氣。敢問夫子惡(ㄨ平聲)乎長。公孫丑說，敢問夫子不動心的工夫，那長處在那裏呢。曰。孟子說，我的工夫和上面所說的又不同。我知言。我能够理會一切言語。我善養吾浩然之氣。我善於專心修養我那盛大流行般的浩氣。敢問何謂浩然之氣。公孫丑說，敢問什麼叫做盛大流行般的浩氣。曰。孟子說。難言也。難說得很。其為氣也。這股氣啊。至大至剛。最廣大而又最剛強。以直養而無害。人能順養着它，不去毀傷它。

則塞于天地之間。就能充滿在天地的中間。

其爲氣也。可是這股氣啊。

配義與道。是要用義理配合和道理涵育的。

無是餒(ㄋㄟˇ)也。沒有道和義，那氣也就枯萎了。

是集義所生者。這是從根本上積聚着道義生長出來的。

非義襲而取之也。不是在外面偸竊一二件偶然合於道義的事就可以取得的啊。

行有不慊(ㄑㄧㄝˋ)於心。假如所做的事，和心裏的眞理不合。

則餒矣。那氣也就要枯萎了。

我故曰。我所以說。

告子未嘗知義。告子還沒有懂得義理。

以其外之也。因爲他把面理看做外義的東西，不向心裏深求的緣故。

必有事焉而勿正。還有必須知道的，對於修養這浩氣的工夫，切不可預先就期望效果。

心勿忘。只要心裏不忘記就是了。

勿助長(上聲ㄓㄤˇ)也。也不能因爲氣不充，另外想法子幫助它增長，一定要它自然生長起來。

無若宋人然。不要像宋人的樣子。

宋人有閔其苗之不長(上聲ㄓㄤˇ)。宋國有個人，因爲憂愁他的稻苗不長大。

而揠(ㄧㄚˋ)之者。卻去把它硬拔起來。

芒芒然歸。糊糊塗塗地跑回家裏。

謂其人曰。告訴他家裏的人說。

今日病矣。今天疲倦極了。

予助苗長(上聲ㄓㄤˇ)矣。我已經幫助稻苗長大咧。

其子趨而往視之。他的兒子趕快跑去看。

苗則槁矣。那稻苗已經乾枯了。

天下之不助苗長(上聲ㄓㄤˇ)者寡矣。現在天下的人無論做事養氣，能够不像宋人這樣幫助稻苗長大的，眞是少得很。

以爲無益而舍(上聲ㄕㄜˇ)之者。至於把養氣當做沒有益處便放棄了的。

不耘苗者也。那是不去拔草養苗的一類。

助之長(上聲ㄓㄤˇ)者。硬幫助這個氣使它生長的。

揠苗者也。便是拔起稻苗的一類了。

非徒無益。不但沒有益處。

而又害之。反而害了它哩。

何謂知言。公孫丑又說，什麽叫做能够理會一切的言語呢。

曰。

孟子說。詖(ㄅㄧˋ)辭知其所蔽。聽了這人的說話是偏重一邊的，我就知道他的心被利慾所遮隔了。淫辭知其所陷。聽了這人的說話是放蕩無禮的，我就知道他的心被私欲所沉溺了。邪辭知其所離。聽了這人的說話不依正理，我就知道他的心已離開道義了。遁辭知其所窮。聽了這人的說話處處逃避，我就知道他的心已受着重大困屈了。生於其心。大凡一句話，既已起意在他的心裏。害於其政。如其他是做官的，就要害到他所行的政事。發於其政。既經發現到政治上。害於其事。就要害到國家的大事。聖人復(ㄈㄨˋ)起。便是聖人再生。必從吾言矣。也一定贊同我這話哩。宰我、子貢。公孫丑說，孔子的弟子像宰我子貢這兩個人。善爲說辭。是很會說話的。冉牛、閔子、顏淵。冉牛閔子顏淵這三個人。善言德行(去聲ㄒㄧㄥˋ)。是很會講道德品行的。孔子兼之。孔子兼有這兩種長處。曰。倘且自己謙虛地說我於辭命。我對於說話這一層工夫。則不能也。還沒有到家哩。然則夫子既聖矣乎。現在夫子說能知言，那末，夫子已經是個聖人了。曰。孟子說。惡(平聲ㄨ)。咳。是何言也。這是什麼話啊。昔者子貢問於孔子曰。從前子貢問孔子說。夫子聖矣乎。夫子是個聖人麼。孔子曰。孔子說。聖、則吾不能。聖人我是不能够。我學不厭。我不過求學問不厭煩。而教不倦也。教誨人不怠惰罷了。子貢曰。子貢說。學不厭。求學問不厭煩。智也。就是智啊。教不倦。教誨人不怠惰。仁也。就是仁啊。仁且智。又仁又智。夫子既聖矣。夫子明明是個聖人了。夫(音扶ㄈㄨˊ)聖、孔子不居。講到聖人，孔子尚且不敢自居。是何言也。你說我是聖人，這是什麼話呢。昔者竊聞之。公孫丑說，從前我曾在私下裏聽得說。子夏、子游、子張。子夏子游子張這三個人。皆有聖人之一體。都學得了聖人的一部份。冉牛、閔子、顏淵。冉牛閔子顏淵這三個人。則具體而微。雖然學得了聖人的全部，不過很淺薄。敢問所安。敢問夫子在這六個人裏面，所願學的是那一個。曰。孟子說。姑舍(ㄕㄜˇ上聲)是。暫且丟開了這些人不說罷。曰。公孫丑說。伯夷伊尹何如。既然不願學這些人，那末，伯夷伊尹這兩人又怎樣呢。曰。孟子說。不同道。他們和我不同道。非其君不事。不是他應該事奉的國君，決不事奉。非其民不使。不是他應該使用的人民，決不使用。治(ㄓˋ去聲)則進。天下平治就出來做官。亂則退。天下衰亂就退隱在家裏。伯夷也。這是伯夷抱的宗旨。何事非君。沒有一個國君不是我該事奉的。何使非民。沒有一個人民不是我該使用的。治亦進。天下平治固然出來做官。亂亦進。天下衰亂也出來做官。伊尹也。這是伊尹所抱的宗旨。可以仕則仕。可以出來做官就做官。可以止則止。可以休止就休止。可以久則久。可以長久就長久。可以速則速。可以快速就快速。孔子也。這是孔子所抱的宗旨。皆古聖人也。這三個人，都是古時候的聖人。吾未能有行焉。我不能夠學他們的行為。乃所願。但我心裏所願的。則學孔子也。卻是要學學孔子哩。伯夷伊尹於孔子。公孫丑說，這樣說，伯夷伊尹比了孔子。若是班乎。豈不像是同等了麼。曰。孟子說。否。不。自有生民以來。自從有人類到現在。未有孔子也。沒有像孔子那樣人格偉大的。曰。公孫丑說。然則有同與(ㄩˊ平聲)。那末，他們三個人有沒有相同的地方呢。曰。孟子說。有。有的。得百里之地而君之。（假定得着百里的地方給他們做國君。）皆能以朝（音潮ㄔㄠˊ）諸侯。（都能够使諸侯來朝服。）有天下。（統有天下。）行一不義。（如果叫他們做一件不義的事。）殺一不辜。（或是殺一個無罪的人。）而得天下。（而能取得天下。）皆不爲也。（他們都是不肯做的。）是則同。（這就是他們的相同處。）曰。（公孫丑說。）敢問其所以異。（敢問他們的不同之點究竟在什麼地方。）曰。（孟子說。）宰我、子貢、有若。（像宰我子貢有若這三人。）智足以知聖人。（他們的智識都足能明瞭聖人的行事。）汙（音蛙ㄨㄚ）不至阿其所好（去聲ㄏㄠˋ）。（卽使他們智識卑下些，也不致於存着私心，自恭維他們所喜歡的人。）宰我曰。（宰我稱譽孔子說。）以予觀於夫子。（照我看夫子的事功。）賢於堯舜遠矣。（勝過堯舜多多了。）子貢曰。（子貢也說。）見其禮而知其政。（百代帝王雖已過去，只要看了他所制定的禮法，就能知道他所行的政事。）聞其樂而知其德。（聽了他所製作的音樂，就能知道他所秉的德性。）由百世之後（從百代以後。）等百世之王。（評判百代以上的帝王。）莫之能違也。（決不會有什麼錯誤。）自生民以來。（自從人類有史以來。）未有夫子也。（沒有像夫子這樣偉大咧。）有若曰。（有若也說。）豈惟民哉。（不但人類如此。）麒麟之於走獸。（就是麒麟對於一般走獸。）鳳凰之於飛鳥。（鳳凰對於一般飛鳥。）太山之於邱垤（ㄉㄧㄝˊ）。（泰山對於一般土堆。）河海之於行潦（音老ㄌㄠˇ）。（河海對於一般溝池。）類也。（原都是同類啊。）聖人之於民。（聖人對於一般平常人。）亦類也。（也是同類啊。）出於其類。（不過他的人格，高出同類。）拔乎其萃。（超越衆人之上罷了。）自生民以來。（自從有人類到現在。）

未有盛於孔子也。沒有再盛過孔子的了。【章旨】這章書是孟子說不動心的工夫，在於知言養氣，而集義養氣卻是由內生長出來的。——孟子公孫丑上

是以背棄仁義忠信之事，士君子決不肯爲。而其所作爲，乃頂天立地、繼往開來之大業。

孟子曰。孟子說。人有不爲也。一個人如果有不肯做的事。而後可以有爲。然後纔能有偉大的作爲。【章旨】這章書是孟子說做事要知道選擇。——孟子離婁下

且士君子之行動，見機而作，適可而止，不願爲過分之請，致貽人之竊笑。

齊饑。齊國又鬧饑荒。陳臻曰。陳臻向孟子說。國人皆以夫子將復爲發棠。齊國人又都想夫子再替他們請求齊王發出棠邑的倉米來賑濟。殆不可復(ㄈㄨˋ)。這事恐怕不能再行了罷。孟子曰。孟子說。是爲馮婦也。這是叫我去做那馮婦了。

晉人有馮婦者。從前晉國人有個名叫馮婦的。善搏虎。最會空手打老虎。卒爲善士。後來想要做個善良的人，就不再去打老虎了。則之野。有一天，他到鄉下去，有衆逐虎。恰巧有一班人正在追老虎。虎負嵎。那老虎倚靠着山坳。莫之敢攖。沒有人敢去觸着它。望見馮婦。遠遠望見馮婦來了。趨而迎之。大家趕快跑過去迎接。馮婦攘臂下車。馮婦便伸出臂膊，跳下車來。

衆皆悅之。大家都歡喜極了。其爲士者笑之。但是那些讀書明理的人卻都在笑他哩。【章旨】這章書是孟子借馮婦的事，表明自己見幾守道的意思。——孟子盡心下

至背棄倫常，僞爲廉潔，以盜名欺世，自詡清高者，亦爲君子所鄙棄。

孟子曰。孟子說。仲子不義與之齊國而弗受。陳仲子這個人，假如不在義理上，拿整個齊國給與他，他也是不肯受的。人皆信之。大家也就都相信他是個好人。是舍（音捨ㄕㄜˇ）簞食（音嗣ㄙˋ）豆羹之義也。依我看來，這不過放棄一竹籃飯一木碗湯那樣小體的義理罷了。人莫大焉。人所犯的罪沒有再大過棄絕人倫的。亡親戚君臣上下。他卻避開母親，離了哥哥，沒有親戚君臣上下的人倫。以其小者。只因有一點小節。信其大者。就相信他大體的事。奚可哉。怎麼可以呢。【章旨】這章書是孟子闢仲子廢人倫尚廉潔的不是。——孟子盡心上

匡章曰。齊國人匡章向孟子說。陳仲子。我們齊國的陳仲子這人。豈不誠廉士哉。豈不眞是個高尚廉潔的士人麼。居於（音烏，下於陵同。×）陵。他住在於陵地方。三日不食。三天未曾吃飯。耳無聞。耳朵失去了聽覺。目無見也。眼睛也看不見什麼。井上有李。門外井邊卻有一顆李子。螬（音曹ㄘㄠˊ）食實者過半矣。已被螬蟲吃去大半個了。匍匐往將食之。他爬過去拿來吃了。三咽（音宴ㄧㄢˋ）。三口咽下去。然後耳有聞。這纔耳朵裏有點聽得着。目有見。眼睛裏有點看得見。孟子曰。孟子說。於齊國之士。在齊國的士人裏面。吾必以仲子爲巨擘（ㄅㄛˋ）焉。我也一定要把仲子認爲首屈一指。

雖然。（但雖如此。）仲子惡（平聲ㄨ）能廉。（仲子又怎能算得高尙廉潔。）充仲子之操。（照仲子這樣的操守推演起來。）則蚓（音引ㄧㄣˇ）而後可者也。（這就要和蚯蚓一樣纔可以哩。）夫（音扶ㄈㄨˊ）蚓。（因爲那蚯蚓。）上食槁壤。（上面吃的是乾土。）下飮黃泉。（下面喝的是泥水，什麼也用不着求人的。）仲子所居之室。（可是仲子所住的房屋。）伯夷之所築與（平聲下同ㄩˊ）。（還是像伯夷那樣淸高的人所建築的呢。）抑亦盜跖之所築與。（還是像盜跖那樣貪汚的人所建築的呢。）所食之粟。（仲子所吃的米穀。）伯夷之所樹與。（還是像伯夷那樣淸高的人所種植的呢。）抑亦盜跖之所樹與。（還是像盜跖那樣貪汚的人所種植的呢。）是未可知也。（這都是不得而知了。）曰。（匡章說。）是何傷哉。（這有什麼妨礙。）彼身織屨。（他是自己織草鞋。）妻辟（音闢ㄆㄧˋ）纑（音盧ㄌㄨˊ）。（妻子搓蔴繩。）以易之也。（把來掉換到的。）曰。（孟子說。）仲子齊之世家也。（仲子是齊國世代做官的人家。）兄戴。（他的哥哥名叫戴。）蓋（音閤ㄏㄜˊ）祿萬鍾。（蓋縣所入的俸祿有一萬鍾。）以兄之祿。（仲子以爲哥哥的俸祿。）爲不義之祿。（是不合義理得來的俸祿。）而不食也。（就不肯吃用。）以兄之室。（又以爲哥哥的房屋。）爲不義之室。（也是不合義理得來的房屋。）而不居也。（就不肯居住。）辟（音避ㄅㄧˋ）兄離母。（避開了哥哥。離開了母親。）處於（如在字ㄩˊ）於（音烏ㄨ）陵。（住在於陵地方。）他日歸。（一有天，他回到蓋縣的家裏。）則有饋其兄生鵝者。（恰巧有個人拿一隻活鵝送給他的哥哥。）己頻（與顰同ㄆㄧㄣˊ）顣（與蹙同ㄘㄨˋ）曰。（仲子皺眉促鼻地說。）惡（平聲ㄨ）用是鶃（ㄧˋ）鶃者爲哉。（爲什麼要用這種叫起來像鶃鶃聲音的東西當做禮物呢。）他日。（隔了幾天。）其母殺是鵝也。(他的母親殺了那隻鵝。)與之食之。(給他吃鵝肉。)其兄自外至。(恰巧他的哥哥從外面走進來，看見他吃鵝肉。)曰。(就說)是鶃鶃之肉也。(這就是叫起來像鶃鶃聲音的肉啊。)出而哇(音蛙 ㄨㄚ)之。(仲子連忙走到外面吐去了。)以母則不食。(照此看來，母親給的鵝肉他都不肯吃。)以妻則食之。(妻子賺的米穀他就吃。)以兄之室則弗居。(哥哥的房屋不肯住。)以於陵則居之。(於陵地方的房屋就可住。)是尚為能充其類也乎。(這種行為還說能够充分表現他高尚廉潔的操守麼。)若仲子者。(像仲子這種人。)蚓而後充其操者也。(眞個要成了蚯蚓纔能充分表現他那高尚廉潔的操守哩。)【章旨】這章書是孟子說仲子太矯情。不能算得廉。

孟子——滕文公下

第四目　慎出處

士君子之出處，必視其道之正與不正。故雖急於欲為世用，然苟非其道，則亦不肯率然出仕也。

周霄問曰。(魏國人周霄問孟子說。)古之君子仕乎。(古時候的君子也出去做官麼。)孟子曰。(孟子說。)仕。(出去做官的。)傳(ㄓㄨㄢˋ)曰。(書傳上說。)孔子三月無君。(孔子如果三個月不做官事奉君上。)則皇皇如也。(心裏就要像求不着似的恐慌了。)出疆必載質(與贄同。下同。ㄓˋ)。(失去了官位出國，一定要帶着贄見的禮物，預備在別國能得官位。)公明儀曰。(公明儀也說。)古之人。

古時候的人。三月無君則弔。三個月不做官事奉君上，親友們就要慰問他了。三月無君則弔。周霄說，三個月不做官事奉君上，親友就要慰問。不以急乎。不是太性急了麼。曰。孟子說。士之失位也。士人失去官位。猶諸侯之失國家也。就同諸侯失去國家一樣。禮曰。禮記上說。諸侯耕助。諸侯親自耕種籍田，人民幫助他收穫。以供粢盛(音成ㄔㄥˊ)。拿來供給祭祀用的米粟。夫人蠶繅(ㄙㄠ)。諸侯的夫人親自養蠶繅絲。以為衣服。拿來做祭祀穿的衣服。犧牲不成。假如諸侯失去了國家，三牲就不能完全。粢盛不潔。米粟就不能豐潔。衣服不備。衣服就不能美備。不敢以祭。這樣就不敢舉行祭祀了。惟士無田。禮記上又說，士人失去官位，就沒有祭祀的圭田。則亦不祭。也就不能舉行祭祀。牲殺器皿(ㄇㄧㄣˇ)。因為特設的三牲和祭祀用的器皿。衣服不備。連同衣服，三項都不能完備。不敢以祭。就此不敢舉行祭祀。則不敢以宴。那他的心裏也自然不敢安逸。亦不足弔乎。這樣還不值得慰問麼。出疆必載質。周霄說，失去官位出國一定要帶贄見的禮物。何也。又是什麼緣故呢。曰。孟子說。士之仕也。士人的出外做官。猶農夫之耕也。就同農夫的耕田一樣。農夫豈為(去聲ㄨㄟˋ)出疆。農夫難道一出了本國疆界。舍(上聲ㄕㄜˇ)其耒耜哉。就拋棄了他的犁鋤麼。曰。周霄說。晉國、從前我們晉國。亦仕國也。也是做官的士人聚集的國家。未嘗聞仕如此其急。我卻沒聽說士人要做官這般性急。仕如此其急也。現在照你說，士人要做官是這般性急。君子之難仕。那末，有學問道德的君子卻又難於出外做官。何也。可又為了什麼呢。曰。孟子說。丈夫生而願(去聲ㄩㄢˋ)為之有室。男子生下後，父母就願意替他揀個好的妻室。女子生而願爲之有家。女子生下後，父母就願意替她揀個好的夫家。父母之心。這種做父母的心。人皆有之。人人都有的。不待父母之命。假如不等待父母的命令。媒妁（朱注音酌今讀ㄕㄨㄛˋ）之言。媒人的說合。鑽穴隙（ㄒㄧˋ）相窺。自己挖破了牆壁互相偷看。踰牆相從。爬過了牆頭跟着走。則父母國人皆賤之。那末，他們的父母和全國的人都要輕賤他們了。古之人未嘗不欲仕也。古時候的人並非不想做官。又惡（ㄨˋ去聲）不由其道。只是憎惡着不依此道。不由其道而往者。不依正道就去做官。與鑽穴隙之類也。正和挖壁爬牆的輕賤男女一類啊。

【章旨】這章書是孟子說君子雖有心出仕，但不能不由正道。——孟子滕文公下

士君子之出仕，既如此愼重。惟爲欲行道，有時亦不免有所委曲遷就者。

陳子曰。陳子問孟子說。古之君子。古時候的君子。何如則仕。要怎樣纔出去做官。孟子曰。孟子說。所就三。大約可以就任官職的情形有三種。所去三。所要辭去官職的情形也有三種。迎之致敬以有禮。如果接待他既盡敬意，又有禮節。言將行其言也。並重說明採用他的建議。則就之。那纔肯就任官職。禮貌未衰。禮貌雖沒有衰退。言弗行也。但是建議已不能採用了。則去之。那就辭去官職。其次。再比較次一等的。雖未行其言也。雖還不能採用他的建議。迎之致敬以有禮。但接待卻還能盡敬意，又有禮節。則就之。那也肯就任的。禮貌衰。到了禮貌一衰退。則去之。也便辭去

（了。）其下。（最下一等的。）朝不食。（起初並不照顧，直等到早飯沒得吃。）夕不食。（晚飯也沒得吃。）飢餓不能出門戶。（饑餓得不能走出門口的時候。）君聞之曰。（國君聽得了，纔這樣說。）吾大者不能行其道。（我在上的人既不能用他的道理。）又不能從其言也。（又不能依從他的話。）使飢餓於我土地。（使他饑餓在我的地方。）吾恥之。（我實在很覺羞恥。）周之亦可受也。（國君去周濟他，也可以收受的。）免死而已矣。（這也不過免掉一死罷了。）

【章旨】這章書是孟子說君子做官，是爲了行道，所以委曲遷就如此。

——孟子告子下

至人謂伊尹以割烹要湯，百里奚鬻秦養牲，以要秦穆公，其侮辱聖賢，莫此爲甚。孟子因根據事理，以力辯其誣。

萬章問曰。（萬章問孟子說。）人有言。（世人相傳。）伊尹以割烹要（平聲，下同。一ㄠ）湯。（伊尹是藉着宰割和烹調的手藝得見商湯，要求用他的。）有諸。（有這事麼。）孟子曰。（孟子說。）否。（沒有這事。）不然。（也不是這樣說法。）伊尹耕於有莘之野。（當初伊尹耕種在有莘國的鄉間。）而樂（音洛，ㄌㄜˋ）堯、舜之道焉。（就陶樂於堯舜的道理。）非其義也。（倘不是合於義理。）非其道也。（不是合於正道。）祿之以天下。（即使拿天下的俸祿供養他。）弗顧也。（他決不顧的。）繫馬千駟。（再或繫着四千匹馬送他。）弗視也。（他也不拿眼睛去看的。）非其義也。（碰着不是合於義理。）非其道也。（不是合於正道。）一介不以與人。（便連一根草都不肯給與人。）一介不以取諸人。（同時也不肯收取別人一根草。）湯使人以幣聘之。（商湯派人拿了幣帛去聘請他。）囂囂（ㄒㄧㄠ）然曰。（他一些也不貪圖的說。）我何以湯之聘幣爲哉。（我要湯的這些聘禮做什麼用。）我豈若處畎畝之中。（我如出去做官，那裏還能像現在住在田野裏。）由是以樂堯、舜之道哉。（這麼自由的陶樂於堯舜的道理呢。）湯三使往聘之。（到了商湯第三次派人去聘請。）既而幡然改曰。（纔隨着有些變動，改口說。）與我處畎畝之中。（與其我住在田野裏。）由是以樂堯、舜之道。（這麼自由的陶樂於堯舜的道理。）吾豈若使是君爲堯、舜之君哉。（我何不使這時候的國君成爲堯舜般的國君。）吾豈若使是民爲堯、舜之民哉。（我何不使這時候的人民成爲堯舜時代般的人民。）吾豈若於我身親見之哉。（我何不使我親身看見堯舜的盛世再實現呢。）天之生此民也。（天生下這些人民來。）使先知覺後知。（是叫先有知識的人去覺醒那落在後面沒有知識的人。）使先覺覺後覺也。（叫那先明白道理的人去覺醒那落在後面不明白道理的人。）予天民之先覺者也。（我是天生人民裏面先明白道理的一個。）予將以斯道覺斯民也。（我想拿我所明白的道理去覺醒這些人民。）非予覺之而誰也。（不是我去覺醒他們還有那一個呢。）思天下之民。（在伊尹的意思，以爲天下的人民）匹夫匹婦。（不論男女。）有不被堯、舜之澤者。（如有一個不能受到像堯舜所施的恩惠。）若己推（ㄊㄨㄟ）而內（音納ㄋㄚ）之溝中。（就和由自己推倒他們陷在水溝裏去一樣。）其自任以天下之重如此。（他這樣重大的把天下的責任自己擔負起來。）

故就湯而說(音稅)(ㄕㄨㄟˋ)之。所以一到商湯那裏，就把這層意思向商湯陳說。以伐夏救民。主張征伐夏桀，援救天下人民。吾未聞枉己而正人者也。我沒有聽說過枉屈了自己的正道還能够匡正別人的。況辱己以正天下者乎。何況汚辱了自身去匡正天下的人麽。聖人之行(去聲)(ㄒㄧㄥˋ)不同也。聖人的行爲原不一樣。或遠或近。有的遠避國君，有的親近國君。或去或不去有的因意見不合就辭去，也有意見雖不合仍不辭去。歸潔其身而已矣。但歸本只要能保持聖潔的身心就是了。吾聞其以堯、舜之道要湯。我只聽說伊尹拿堯舜的道理要求商湯實行。未聞以割烹也。不曾聽說伊尹藉着宰割和烹調的手藝要求商湯任用。伊訓曰。書經伊訓篇上說。天誅造攻自牧宮。天意要除夏桀，初次攻伐是從牧宮地方。朕載自亳。這事的起原就從我在亳都開始事奉商湯的時候。【章旨】這章書是孟子辯明伊尹的出處。——孟子萬章上

萬章問曰。萬章問孟子說。或曰。有人說。百里奚自鬻於秦養牲者。那百里奚是自己賣身在秦國養牲畜的人家。五羊之皮食(音嗣)(ㄙˋ)牛。得了五隻羊的皮，去替人家餵牛。以要秦穆公。藉此要求秦穆公用他。信乎。可是眞的麽。孟子曰。孟子說。否。沒有這事。不然。也不是這樣說法。好(去聲，下同。ㄏㄠˋ)事者爲之也。完全是喜歡生事的人揑造出來的。百里奚。那百里奚。虞人也。是虞國人啊。晉人以垂棘之璧。當初晉國人拿了垂棘地方出的好玉。與屈(ㄑㄩ)產之乘(去聲)(ㄕㄥˋ)。和屈邑產的好馬四匹，作爲禮物送給虞公。假道於虞以伐虢。要借路經過虞國去攻打虢國。宮之奇諫。虞國的大

夫宮之奇諫勸虞公不要應允，虞公不聽。百里奚不諫。百里奚卻緘默着不諫勸。知虞公之不可諫。因爲他知道虞公是諫勸不來的。而去之秦。就此離了虞國到秦國去。年已七十矣。那時年紀已經七十歲了。曾不知以食牛干秦穆公之謂汙也。難道他不知道做餵牛的事要求秦穆公任用是一種汙辱。可謂智乎。這還可以算得有智麼。不可諫而不諫。他知道對虞公諫勸不來就不諫勸可謂不智乎。又可以算是不智麼。知虞公之將亡。他又知道虞公就要把國家弄到滅亡。而先去之。自己先走了。不可謂不智也。那就不能說他不智。時舉於秦。當時被舉用在秦國。知穆公之可與有行也。是知道穆公這人可以和他做一番事業的。而相(去聲)(ㄒ一ㄤˋ)之。就實行輔佐他。可謂不智乎。又可以說他不智麼。相秦而顯其君於天下。他輔佐秦國，就能使國君的名聲顯揚在天下。可傳於後世。還可以流傳到後代。不賢而能之乎。不是有賢才的人能够做到這地步麼。自鬻以成其君。自己藉着賣身去成就國君的事業。鄉黨自好者不爲。就是鄉間稍知自愛的人尚且不肯做。而謂賢者爲之乎。卻倒說賢人肯這樣做麼。【章旨】這章書是孟子根據事理，辯明百里奚沒有賣身求榮的事。——孟子萬章上

士君子之道德學問，用以治國則國治，用以教人則人賢，影響於世道人心者至鉅，故國家應盡供養之責。惟其受人供養，亦視有道與無道。如其有道，則舜曾受堯之天下。如其無道，則雖簞食之微，亦不肯輕易受之也。

公孫丑曰。公孫丑問孟子說。詩曰。詩經上說的。不素餐(ㄘㄢ)兮。不白吃俸祿咧。君子之不耕而食。現在的君子既不做官，又不耕種，安坐着吃飯。何也。是什麼道理呢。孟子曰。孟子說。君子居是國也。君子住在這一國裏。其君用之。這一國的國君如果用他。則安富尊榮。那末，國家就會安定，富足，尊貴，榮耀。其子弟從之。國君的子弟如果從他受教。則孝弟忠信。那末，就都能孝順父母，恭敬長上，存心忠誠，做事信實。不素餐兮。這麼看來，眞不是安坐着白吃飯咧。孰大於是別的還有什麼功績大過這樣的。

【章旨】這章書是孟子說君子雖不做官，也應該受人供養。——孟子盡心上

彭更(平聲ㄍㄥ)問曰。孟子的弟子彭更，問孟子說。後車數十乘(去聲ㄕㄥ)。後面有護送的車子幾十輛。從(去聲ㄗㄨㄥ)者數百人。隨從的人有幾百個。以傳(ㄓㄨㄢ)食於諸侯。到處享受諸侯的飲食供給。不以泰乎。不是太過分了麼。孟子曰。孟子說。非其道。不是在道理上的。則一簞(音丹ㄉㄢ)食(音嗣ㄙ)不可受於人。即使是一小竹籃的飯，也不可受人供給。如其道。如果在道理上。則舜受堯之天下。就像舜受了堯的天下。不以為泰。也不算過分。子以泰乎。照你的意思，舜受堯的天下，也認為過分麼。曰。彭更說。否。不是這個意思。士無事而食。我是說士人一點事不做，白白受人供養。不可也。覺得不應該咧。曰。孟子說。子不通功易事。假使你不和人家通融勞作，交換事物。以羨(ㄒㄧㄢ)補不足。把有餘的去補不足。則農有餘粟。那末，種田的農夫就有餘剩的米穀。女有餘布。織布的女子就有餘剩的布疋。子如通之。你若和人家互相通融。則梓匠

輪輿。那末，雖是木匠和車工。皆得食於子。都可以拿自己的勞作來向你換取生活上的供給。於此有人焉。現在這裏卻有這麼一個人。入則孝。到家中能孝順父母。出則悌。出外能敬重親友。守先王之道。保守古時聖王的道理。以待後之學者。等待着傳授後來的學者。而不得食於子。他竟不能夠受你的生活上供給。子何尊梓匠輪輿。你怎麼看重那木匠和車工。而輕爲仁義者哉。倒看輕那講傳仁義的學者呢。曰。彭更說。梓匠輪輿。木匠和車工。其志將以求食也。他們的目的，本來只是爲了吃飯。君子之爲道也。君子的求學講道。其志亦將以求食與(平聲)。難道他的目的也是爲了要吃飯麼。曰。孟子說。子何以其志爲哉。你爲什麼一定要就他的目的說話呢。其有功於子。只要他有功在你的身上。可食(音嗣。下同。ㄙˋ)而食之矣。可以受你的生活上供給就供給他便了。且子食志乎。我且問你，你的供給別人飲食，還是依他的目的呢。食功乎。還是看他的功勞纔供給呢。曰。彭更說。食志。是依他的目的去供給他飲食的。曰。孟子說。有人於此。譬如有個人在這裏。毁瓦畫墁(ㄇㄢˋ)。毁壞你屋上的瓦片，塗抹你牆上的粉飾。其志將以求食(如糧字ㄕˊ)也。他的目的也是爲了求你供給飲食。則子食(音嗣。下同。ㄙˋ)之乎。那你究竟供給他飲食不呢。曰。彭更說。否。那當然不供給。曰。孟子說。然則子非食志也。這麼說，你也不是依他的目的去供給飲食。食功也。原是看他的功勞纔去供給他飲食的啊。

【章旨】這章書是孟子說有功的人都應當受人供養，何況君子有大功在世道人心上，傳食更是應當的。

——孟子滕文公下

士君子如爲生存而出仕，亦必辭尊居卑，辭富居貧，以求心之所安，其不苟也如此。

孟子曰。(孟子說。)仕非爲(去聲，同下。ㄨㄟˋ)貧也。(做官是爲了行道，不是爲了貧窮。)而有時乎爲貧。(但有時卻也爲貧窮，想得點俸祿供養父母。)娶妻非爲養(去聲，下同。ㄧㄤˋ)也。(娶妻是爲了嗣續，不是爲了服侍。)而有時乎爲養。(但有時卻也爲了服侍，想靠她幫助自己的不及。)爲貧者。(不過爲了貧窮去做官的。)辭尊居卑。(應該辭去高位，受任低職。)辭富居貧。(辭去多的俸祿，受那少的俸祿。)辭尊居卑。(可是辭高位，受任低職。)辭富居貧。(辭去多的俸祿，受那少的俸祿。)惡(平聲ㄨ)乎宜乎。(要怎樣纔相宜呢。)抱關擊柝(朱注音託今讀ㄊㄨㄛˋ)。(那惟有像看管城門的敲梆守夜之類是最適合的了。)孔子嘗爲委(ㄨㄟˇ)吏矣。(從前孔子也曾因爲貧窮做過管理倉廩的小官。)曰。(孔子自己說。)會(ㄎㄨㄞˋ)計當(ㄉㄤˋ)而已矣。(只要米穀出入的會計方面不錯就是了。)嘗爲乘(去聲ㄕㄥˋ)田矣。(也曾做過那管牛羊芻草料的小官。)曰。(孔子自己也說。)牛羊茁(ㄓㄨㄛˊ)壯長(上聲ㄓㄤˇ)而已矣。(只要牛羊肥壯高大就是了。)位卑而言高。(因爲做小官的人談大事。)罪也。(有越職的罪。)立乎人之本朝(音潮ㄔㄠˊ)而道不行。(假使立身在朝廷上做大官。所抱的大道卻不能施行。)恥也。(那才眞是可恥哩。)【章旨】這章書是孟子說因貧窮做官的，不能貪位慕祿。——孟子萬章下

第五目　明去留

故士君子之或去或留，亦能見幾知微。如遇無道之君，妄殺無辜，則去之徙之，不作

無謂之犧牲。

孟子曰。（孟子說。）無罪而殺士。（假如不因犯罪就殺了士人。）則大夫可以去。（那末，做大夫的便可以辭職去國了。）無罪而戮民。（假如不因犯罪就屠戮平民。）則士可以徙。（那末，士人也便可以移居到別處了。）【章旨】這章書是孟子說君子處世要見機保身。——孟子離婁下

其去國也，亦視親疏之別，而爲遲速之行。

孟子曰。孔子之去魯。曰遲遲吾行也。去父母國之道也。去齊。接淅而行。去他國之道也。——孟子盡心下（重見）

至君子之進與退，視其職守以爲準。有言責者，當以盡言爲己任，言而不從，則去之，以明職守也。其無言責者，則進退裕如，不受任何約束也。

孟子謂蚳（音遲 ㄔˊ）鼃（ㄨㄚ）曰。（孟子向齊國的大夫蚳鼃說。）子之辭靈邱而請士師。（你辭去了靈邱邑宰，請改任獄官）似也。（像是很近情理。）爲（去聲 ㄨㄟˋ）其可以言也。（爲的獄官和國君接近，容易在國君面前進言。）今既數月矣。（現在既已做了幾個月。）未可以言與（平聲 ㄩˊ）。（難道還沒有到可以進言的時機麼。）蚳鼃諫於王而不用。（蚳鼃便去諫齊王，請改正刑罰，齊王卻不聽從。）致

爲臣而去。他就辭掉獄官走了。齊人曰。齊國人在背後譏諷孟子說。所以爲(去聲 ㄨㄟˋ)蚳鼃。這樣替蚳鼃打算。則善矣。是很好的。所以自爲。至於對自己怎樣打算。則吾不知也。那我們就不知道了。公都子以告。孟子的弟子公都子聽了這些話，就去告訴孟子。曰。孟子說。吾聞之也。我曾聽說過。有官守者。有官位職守的人。不得其職則去。如果無法盡他的職守。便該離去。有言責者。有進言責任的人。不得其言則去。如果進言不被採用，便該離去。我無官守。我既沒有官位職守。我不言責也。也沒有進言的責任。則吾進退。那末，我或是進而做官，或是退隱。豈不綽綽然有餘裕哉。豈不寬寬綽綽的很有餘地麼。【章旨】這章書是孟子說明自己處於賓，並未受祿，進和退很寬裕。——孟子公孫丑下

故曾子在武城爲師，有越寇，可以先去。子思仕衛，有齊寇，與君共守而不去。此各安本分也。如使曾子與子思易地以處，其所爲亦未有不若是者。

曾子居武城。從前曾子住在魯國的武城時。有越寇。有越人來攻掠。或曰。有人向曾子說。寇至。寇兵到了。盍去諸。何不離去呢。曰。曾子便決定走避，臨走時並吩咐管屋的人說。無寓人於我室。不要讓人住宿在我講學的屋子裏。毀傷其薪木。毀壞了那些器具和花木。寇退。寇兵退了。則曰。曾子又派人吩咐那管屋的人說。修我牆屋。修理好我的牆屋。我將反。我就要回來了。寇退。寇兵退去後。曾子反。曾子就回來。左右曰。他的門人私下裏議論者說。待先生。武城邑宰看待先生。如此

其忠且敬也。(這樣的誠心而且尊敬。)寇至。(不料一有寇兵到了。)則先去以爲民望。(就先離去，使人民看了學樣。)寇退。(等到寇兵退了。)則反。(他就回來。)殆於不可。(這種行動恐怕不對罷。)沈猶行曰。(有個門人叫沈猶行的說。)是非汝所知也。(這不是你們所能知道的。)昔沈猶有負芻之禍。(從前先生住在沈猶氏家裏時，恰恰發生了樵夫作亂的禍變。)從先生者七十人。(那時跟從先生的人有七十人那麼多。)未有與(去聲)焉。(先生也率領了走避，沒有一個參加平亂。)子思居於衛。(子思在衛國做官時。)有齊寇。(有齊兵來攻城。)或曰。(有人向子思說。)寇至。(敵兵到了。)盍去諸。(何不離去呢。)子思曰。(子思說。)如伋去。(如果我孔伋走了。)君誰與守。(衛君還和那一個守國呢。)孟子曰。(孟子評論這兩事說。)曾子、子思同道。(曾子和子思是同道的。)曾子、師也。(不過曾子是師長。)父兄也。(處在父兄的地位。)子思、臣也。(子思是臣子。)微也。(處在微賤的地位。)曾子、子思。(所以曾子和子思，一個可以去，一個不可去。)易地則皆然。(假使兩人把地位互換一下，也都要依着地位做去的。)

【章旨】這章書是孟子說兩賢行事雖不同，仍是同守一道。——孟子離婁下

孟子於齊，屢以行王道、施仁政之說，進而宣王不能用。此孟子欲加名實於上下，而未能如願，不得不致爲臣而歸。所謂合則留，不合則去是也。其中隱情，豈淳于髡所能知。

淳于髡曰。淳于髡向孟子說。先名實者。先講求聲譽和事功的人。爲（去聲ㄨㄟˋ）人也。他的用心是在替衆人服務造福的。後名實者。把聲譽和事功放在後面的人。自爲也。是志在保身，專為自己的啊。夫子在三卿之中。夫子位在三卿的裏面。名實未加於上下。聲譽和事功都還沒有加到在上的國君和在下的人民身上。而去之。卻就辭去了。仁者固未此乎。仁人原來應該這樣的麼。孟子曰。孟子說。居下位。願在下位做平民。不以賢事不肖者。不願用自己的賢才去事奉不賢的國君。伯夷也。這就是伯夷。五就湯。五次到商湯那邊。五就桀者。五次到夏桀那邊。伊尹也。這就是伊尹。不惡（去聲ㄨˋ）汙君。不嫌惡汚穢的國君。不辭小官者。不推辭微小的官職。柳下惠也。這就是柳下惠。三子者不同道。三個人雖是不同道。其趨（朱注去聲今讀ㄑㄩ）一也。但他們的歸趨是一致的。一者何也。一致的歸趨是什麼呢。曰。我可以說。仁也。就是仁道啊。君子亦仁而已矣。君子也只要能合於仁道就是了。何必同。爲什麼定要行爲相同呢。曰。淳于髡說。魯繆公之時。魯繆公的時代。公儀子爲政。公儀子執掌國政。子柳、子思爲臣。又有子柳和子思做臣子。魯之削也滋甚。可是魯國土地卻被人侵削得更厲害。若是乎賢者之無益於國也。賢人對於國家的沒有益處竟是這樣麼。曰。孟子說。虞不用百里奚而亡。虞國不用百里奚，就此滅亡。秦穆公用之而霸。秦穆公用了他，便能做諸侯霸主。不用賢則亡。這麼看來，不用賢人就要亡國。削何可得與。（平聲ㄩˊ）要像魯國那樣衹被人侵削一些土地還能存在的情形那裏能辦得到。曰。淳于髡說。

昔者王豹處於淇。（從前衛國人王豹住在淇水地方。）而河西善謳。（因他會唱短聲的歌，就使淇河西邊一帶的人都會唱短聲的歌。）緜駒處於高唐。（齊人緜駒住在高唐地方。）而齊右善歌。（因他會唱那長聲的歌，就使齊國右境的人都會唱長聲的歌。）華（去聲ㄏㄨㄚˋ）周杞梁之妻。（齊臣華周同杞梁這兩人的妻。）善哭其夫。（善於哭她已死的丈夫。）而變國俗。（就改變了全國的風俗，人人都善於哭了。）有諸內必形諸外。（一個人既有學問在裏面，也一定有事業顯在外面。）爲其事而無其功者。（至於做了這事，卻白白地沒有成績的。）髡未嘗覩之也。（髡就沒有看見過。）是故無賢者也。（爲了這個緣故，我所以認爲現在簡直沒有賢人。）有。（如果有。）則髡必識之。（那末，髡一定會知道的哩。）曰。（孟子說。）孔子爲魯司寇。（從前孔子做魯國司寇。）不用。（魯君不能重用他，孔子就想走，一時卻又沒有相當的理由。）從而祭。（後來跟隨魯君舉行祭祀。）燔肉不至。（恰巧祭肉不分來。）不稅（音脫ㄊㄨㄛ）冕而行。（孔子便借着這事，連祭帽都不及除去就走了。）不知者以爲（ㄨㄟˊ）爲（去聲ㄨㄟˋ）肉也。（不明白的人，還以爲孔子就爲了祭肉不分來。）其知者以爲（ㄨㄟˊ）爲（去聲ㄨㄟˋ）無禮也。（就是所謂明白的人，也不過以爲魯君對他沒有禮節罷了。）乃孔子則欲以微罪行。（其實孔子在魯君收受齊國女樂的時候就想走，因爲在父母邦國。不願意暴露君上的大過失，想另外借一個較輕微的失禮再走。）不欲爲苟去。（當然孔子更不肯苟且離去，所以祭肉不分來就成爲最好的出走理由。）君子之所爲。（君子的行動。）衆人固不識也。（本來不是衆人所能了解的啊。）

【章旨】這章書是孟子辯駁淳于髡不識仁賢。——孟子告子下

宣王不能用賢，孟子於初見時已見其端，早有去齊之志，故爲客卿，不受其祿，以便

隨時可以求去也。

孟子去齊。孟子離了齊國。居休。住在休邑。公孫丑問曰。公孫丑問孟子說。仕而不受祿。夫子做官，卻不受俸祿。古之道乎。也是古時的道理麼。曰。孟子說。非也。不是的。於崇。當初在崇邑。吾得見王。我第一次見着齊王。退而有去志。退下來時就有離開齊國的意思。不欲變。後來雖做了客卿，仍然不變更起初的意思。故不受也。所以不受俸祿。繼而有師命。接着又有出師攻戰的命令。不可以請。在事理上是不可以求去的。久於齊。至於長久留在齊國。非我志也。卻不是我的本心啊。【章旨】這章書是孟子說明不受祿和去齊的道理。——孟子公孫丑下

有欲爲宣王留孟子之行者，孟子語以古之賢君，如何重士，以示決心欲去，而不屑枉道輕留也。

孟子去齊。孟子離了齊國。宿於晝(ㄓㄡˋ或曰當作畫，音獲，下同。)歇宿在晝邑。有欲爲(去聲，下同。ㄨㄟˋ)王留行者。有個想替齊王挽留的人。坐而言。坐着和孟子談話。不應。孟子不答。隱(ㄧㄣˇ)几而臥。只管伏在几案上睡着。客不悅曰。那人心裏大爲不樂的說。弟子齊(ㄓㄞ)宿而後敢言。弟子是齋戒過夜纔敢來向夫子說這句話的。夫子臥而不聽。夫子卻睡着不聽我。請勿復(ㄈㄨˋ)敢見矣。我只好走了，再也不敢來見夫子了。曰。孟子說。坐。你且請坐。我明語(去聲ㄩˋ)

子。我明白告訴你。昔者魯繆公無人乎子思之側。從前魯繆公尊敬子思，假使不常常派人伺候在子思旁邊，道達誠意。則不能安子思。那就不能安畱子思的心。泄柳申詳無人乎繆公之側。又如繆國的賢士泄柳和子張的兒子申詳，假使沒有人時時在魯公旁邊稱說他們的賢能。則不能安其身。也就不能使他們安然畱住在國了。子為長(上聲，下同。ㄓㄤˇ)者慮。你現在替長者謀劃。而不及子思。卻不能夠和對待子思一樣。子絕長者乎。究竟是你先拒絕長者呢。長者絕子乎。還是長者拒絕你呢。【章旨】這章書是孟子說君子不肯枉道輕畱。——孟子公孫丑下

可見當時諸侯，既不能誠心禮賢，更不能誠心任賢，宜孟子深致慨焉。

孟子曰。孟子說 食(音嗣，ㄙˋ)而弗愛。如果祇供給他飲食，並不愛惜他。豕交之也。那簡直和餵豬狗一樣的接待他了。愛而不敬。如果祇是愛惜，並不恭敬。獸畜之也。那也簡直和養鳥獸一樣的養他了。恭敬者。恭敬的誠心。幣之未將者也。是要在禮物沒送到以前就存着的。恭敬而無實。倘只是外表裝得恭敬，卻沒有恭敬的實意。君子不可虛拘。君子就不可因着虛文把禮物畱下來。【章旨】這章書是孟子慨歎當時諸侯沒有待賢的誠心。——孟子盡心上

第六目 決取與

士君子於取與之間，必審察義理，以達成其不傷廉，不傷惠。而死事亦欲其不傷勇。

孟子曰。（孟子說。）可以取。（從表面上看，覺得可以取這項財物。）可以無取。（經考慮後又覺得可以不取。）取傷廉。（取了很傷廉德。）可以與。（從表面上看，覺得可以把這項財物給與人。）可以無與。（經考慮後又覺得可以不給與。）與傷惠。（給與了很傷惠德。）可以死。（從表面上看，覺得對於這事可以死節。）可以無死。（經考慮後又覺得可以不死。）死傷勇。（死了很傷勇德。）【章旨】這章書是孟子教人審辨義理。

——孟子離婁下

故國君之餽士，其或辭、或受，莫不合乎義理。有可受之道，雖少而亦受，無可受之道，雖多而亦辭。

陳臻問曰。（孟子的弟子陳臻，問孟子說。）前日於齊。（前日夫子在齊國。）王餽兼金一百而不受。（齊王送你價值雙倍的好金子三百兩，卻不肯收受。）於宋。（後來在宋國。）餽七十鎰而受。（宋君送你平常的金子二百兩，卻收受了。）於薛。（又在薛國。）餽五十鎰而受。（薛君送你一百五十兩，也收受了。）前日之不受。（如果說前日的不收受是合理的。）是則今日之受非也。（那末，今日的收受便是不合理了。）今日之受是。（如果說今日的收受是合理的。）則前日之不受非也。（那末，前日的不收受便是不合理了。）夫子必居一於此矣。（夫子一定總有一個不合理在這裏面哩。）孟子曰。（孟子說。）皆是也。（都是合理的。）當在宋也。當在宋國的時候。予將有遠行。我將有遠地旅行。行者必以贐(ㄐㄧㄣˋ)。對於遠行的人一定要有送路費的禮。辭曰餽贐。宋君送金子來，他那措辭就是說送行。予何為不受。我為什麼不收受。當在薛也。當在薛國的時候。予有戒心。我因為有人暗中圖害，有一種戒備的心。辭曰聞戒。薛君送金子來的言辭就這樣說，聽說夫子有戒心。故為(去聲ㄨㄟˋ)兵餽之。所以送些防衛的兵備費用。予何為不受。我又為什麼不收受呢。若於齊。至於在齊國的時候。則未有處也。並沒有什麼別的行事。無處而餽之。沒有別的行事，卻送些金子來。是貨之也。這是拿貨財來引誘我啊。焉(ㄧㄢ)有君子而可以貨取乎。那裏有個君子，卻可以拿貨財誘致的呢。【章旨】這章書是孟子說明君子的一辭一受，都是論理而不是隨意的。——孟子公孫丑下

士君子受人之餽，是否答謝，更欲視其來意之誠不誠。

孟子居鄒。孟子住在鄒國的時候。季任(平聲ㄖㄣˊ)為任處守。任君的弟弟季任，替任君住在國裏守國。以幣交。派人拿了幣帛這些禮物給孟子。受之而不報。孟子收了，卻不去拜謝。處於平陸。孟子住在齊國平陸邑的時候。儲子為相(去聲ㄒㄧㄤˋ)。儲子正做着齊國宰相。以幣交。也派人拿了幣帛這些禮物來送給孟子。受之而不報。孟子收了，同樣不去拜謝。他日。過了幾天。由鄒之任見季子。孟子從鄒國到任國去見季任。由平陸之齊不見儲子。可是孟子從平陸到齊國的時候，卻不去見儲子。屋廬子喜曰。屋廬子起勁地說。連得間矣。連在這兩事裏面得着夫子的空隙了。問曰。於是去問孟子說。夫子之任見季子。夫子到了

任國，就去見季任。之齊不見儲子。到了齊國，卻不去見儲子。為(去聲ㄨㄟˋ)其為相與(平聲ㄩˊ)。是不是因儲子做齊國的宰相，不及季任攝守君位的尊貴麼。曰。孟子說。非也。不是的。書曰。書經上說。享多儀。奉上多多的幣帛要有禮。儀不及物。假使禮意不够上禮物。曰不享。就叫做不奉上。惟不役志于享。是因他不用敬心在奉上的緣故。為其不成享也。書經上所以要這樣說，就為了實際不成個奉上的禮啊。屋廬子悅。屋廬子聽了很悅服。或問之。有人問他為什麼悅服。屋廬子曰。屋廬子說。季子不得之鄒。因為季任有守國的重任，不能親自送禮到鄒國來。儲子得之平陸。那儲子是做宰相，可以親自送禮到平陸的啊。【章旨】這章書是孟子說交際要有誠實的禮意不在乎有虛假的禮物。——孟子告子下

如君餽不誠，初雖受而卒不受，以示士之不可辱也。

萬章曰。萬章問孟子說。士之不託諸侯。士人不做官，就不肯寄居在諸侯那邊拿乾俸。何也。是什麼意思呢。孟子曰。孟子說。不敢也。是為了不敢當。諸侯失國。假使諸侯失了國。而後託於諸侯。然後出奔到別國做寄公，吃那諸侯的飯。禮也。這是合於古禮的。士之託於諸侯。士人寄居在諸侯那邊拿乾俸。非禮也。就不合古禮了。萬章曰。萬章說。君餽之粟。假使國君送他米穀。則受之乎。那末，收受不收受呢。曰。孟子說。受之。收受的。受之何義也。萬章說收受又是什麼道理呢。曰。孟子說。君之於氓也。國君對於遠方來的百姓。固周之。本來是應該周濟的。曰。萬章說。周之

則受。周濟他就收受。賜之則不受。賞賜他反不收受。何也。這卻是什麼道理。曰。孟子說。不敢也。也爲了不敢當。

曰。萬章說。敢問其不敢。敢問這不敢當。何也。究竟是什麼意思呢。曰。孟子說。抱關擊柝者。譬如看管城門和敲梆守夜的人。皆有常職以食(音嗣)於上。都有一定的職務，所以吃君上的俸祿。無常職而賜於上者。士人沒有一定職務，卻收受君上的賞賜。以爲不恭也。總以爲這是很不恭的。曰。萬章說。君餽之。國君送米穀周濟。則受之。是收受的。不識可常繼乎。不知道可以繼續不斷的送來麼。曰。孟子說。繆公之於子思也。從前魯繆公對於子思。亟(去聲，下同。ㄑㄧˋ)問。屢次問候。亟餽鼎肉。屢次送熟肉。子思不悅。子思就感到不快。於卒也。在末一次送來。摽(音杓ㄅㄧㄠ)使(ㄕˋ去聲)者出諸大門之外。揮那差來的人到大門外面。北面稽首。向北面叩頭。再拜而不受。行兩拜的謝禮不收受熟肉。曰。說今而後知君之犬馬畜伋。從今以後纔曉得魯君是拿畜養犬馬的態度來對待我孔伋的。蓋自是臺無餽也。因了這句話，繆公的差官就不再送東西來了。悅賢不能舉。愛重賢人卻不能舉用。又不能養也。又不能恭敬地供養。可謂悅賢乎。可以算得愛重賢人麼。曰。萬章說。敢問國君欲養君子。敢問國君要供養君子。如何斯可謂養矣。要怎樣纔可算是盡了供養的道理呢。曰。孟子說。以君命將之。第一次用國君的命令送禮物來。再拜稽首而受。行兩拜的禮叩頭接受。其後廩人繼粟。以後便由管倉廩的人繼續送米穀。庖人繼肉。管廚房的人繼續送肉來。不以君將命之。

不必再用國君的命令了。子思以爲鼎肉。子思因爲送熟肉來都用國君的命令。使己僕僕爾亟拜也。使自己很煩忙地屢次拜謝。非養君子之道也。這就不是供養君子的道理了。堯之於舜也。從前堯帝對待舜。使其子九男事之。九派個兒子去事奉他。二女(ㄋㄩˇ)女(ㄋㄩˋ去聲)焉。兩個女兒嫁給他。百官牛羊倉廩備。齊備了辦事的百官，供膳的牛羊，和堆米穀的倉廩。以養舜於畎畝之中。去供養舜在田野裏面。後舉而加諸上位。後來又舉用他，並且給他上相的爵位。故曰。所以說。王公之尊賢者也。這是王公尊重賢人的模範啊。

【章旨】這章書是孟子說士人雖不敢自尊但國君應盡尊待的道理。——孟子萬章下

士於取與，既如上述之不苟。然有時亦須行權。如尊者所賜則弗卻，免蹈不恭之愆。為試行王道，亦不妨受國君之賜。其不拘泥固執也如是。

萬章問曰。萬章問孟子說。敢問交際。敢問親友交接要送禮物。何心也。究竟有什麼意思呢。孟子曰。孟子說。恭也。表示恭敬罷了。曰。萬章說。卻之卻之爲不恭。假使有人送禮物來退還他不受，再退還他就算不恭敬。何哉。又是什麼道理呢。曰。孟子說。尊者賜之。比如尊長送禮物來。曰。我心裏就忖度着。其所取之者。他所取來的這些東西。義乎不義乎。合於義理呢還是不合義理。而後受之。然後纔收受，那就是看輕他送來的誠意了。以是爲不恭。因此就算不恭敬。故弗卻也。所以不要退還爲是。曰。萬章說。請無以辭卻之。那末，不要用言語直接退還給他。以心卻之。用心裏的暗示退還他。曰。

自己這樣忖度着。其取諸民之不義也。他這些東西從別人手裏取來，是不合義理的。而以他辭無受。就推託在別種說話上不收受。不可乎。這種做法可以不可以呢。曰。孟子說。其交也以道。只要他結交我是用道義。其接也以禮。他接待我是用禮節。斯孔子受之矣。就是孔子也收受的了。萬章曰。萬章說。今有禦人於國門之外者。假定現在有個人，在城外攔刦路人的財物。其交也以道。但他結交我卻是用道義。其餽也以禮。接待我卻是用禮節。斯可受禦與(平聲ㄩˊ)。那末，我就可以收受他刦來的東西麼。曰。孟子說。不可。這是不可以的。康誥曰。書經康誥篇上說。殺越人于貨。殺死了人，又顛翻了屍身搜取財物。閔不畏死。懵懵懂懂地一點都不怕死。凡民罔不譈(書作憝。ㄉㄨㄟˋ)。凡是百姓，沒有一個不怨恨他。是不待教而誅者也。那是不必等待教戒就該殺的啊。殷受夏。這個刑法，商朝受自夏朝。周受殷。周朝受自商朝。所不辭也。都沒有話說。於今為烈。現在更認為正當。如之何其受之。怎麼可以收受這種人的禮物呢。曰。萬章說。今之諸侯。現在的諸侯。取之於民也。向人民徵取重稅。猶禦也。就同強盜攔刦一樣。苟善其禮際矣。如果他用完善的禮節來接待。斯君子受之。君子這就收受他的禮物。敢問何說也。敢問這又是怎樣說法呢。曰。孟子說。子以為有王者作。你以為如果有個聖王出來。將比(去聲ㄅㄧˋ)今之諸侯而誅之乎。將要連現在的諸侯一齊都殺了呢。其教之不改。還是先教戒他，等到他不肯改過。而後誅之乎。然後再殺了他呢。夫(音扶ㄈㄨˊ)謂非其有而取之者。

講到不是這個人應該有的東西，被他取了來，就說他強盜。盜也充類至義之盡也。原是推論義理到盡頭處萬分嚴格的話，這劫和取究竟是兩樣的，不能把諸侯比做強盜。孔子之仕於魯也。從前孔子在魯國做官時。魯人獵較（音角，下同。ㄐㄧㄠ）。魯人逢到祭祀，大家打獵，爭較所得禽獸的多少。孔子亦獵較。孔子也隨同他們打獵，爭較所得禽獸的多少。獵較猶可。這種不大合理的獵較風俗，孔子尚且聽從着。而況受其賜乎。何況是收受諸侯所賜的禮物呢。曰。萬章說。然則孔子之仕也。這麼說，孔子的做官。非事道與（平聲ㄩˊ）。竟不是拿行道做宗旨麼。曰。孟子說。事道也。是拿行道做宗旨啊。事道。萬章說，既拿行道做宗旨。奚獵較也。怎又隨俗獵較起來呢。曰。孟子說。孔子先簿正祭器。孔子先立簿冊，訂正祭祀用的器皿。不以四方之食供簿正。不拿魯國四境難得的食品載在簿冊上做訂正的祭品，這就是想把獵較風俗慢慢地改變啊。曰。萬章說。奚不去也。這樣看來，孔子也非常不得已，那又為什麼不離去魯國呢。曰。孟子說。為之兆也。孔子是想拿這個做行道的初步。兆足以行矣。試試這初步可行，那他的道也就得行了。而不行。如果真是道不能行。而後去。然後再出走。是以未嘗有所終三年淹也。所以孔子沒有在任何國家淹留滿三年的。孔子有見行可之仕。孔子做官都依義理，有因為可能行道纔去做官的。有際可之仕。有因為國君接待有禮纔去做官的。有公養之仕。有因為國君誠意養賢纔去做官的。於季桓子。在季桓子時。見行可之仕也。便是見到可能行道纔做官。於衛靈公。在衛靈公時。際可之仕也。便是見到靈公接待有禮纔做官。於衛孝公。在衛孝公時。公養之仕也。便是見到孝公誠意養賢纔做官的啊。

【章旨】這章書是孟子說聖人在交際上有權變不拘泥的法子。——孟子上爲孟子說明士之衞道，以尊道統、闢邪說、重氣節、愼出處、明去留，決取與諸端，爲修己應具備之條件。下爲教人之要旨。

第七目　誨人不倦

孟子之政治思想，固以行仁政、王天下爲己任。然此非先敦人倫、修己身、育英才，以建立其基礎不可。故君子之所樂，不僅在於王天下也。

孟子曰。（孟子說。）君子有三樂（音洛ㄌㄜˋ）。（君子有三項快樂。）而王（去聲，下同。ㄨㄤˋ）天下不與（去聲，下同。ㄩˋ）存焉。（那稱王天下的快樂卻不在內。）父母俱存。（父母都存在。）兄弟無故。（兄弟沒有變故。）一樂也。（這是第一快樂。）仰不愧於天。（上沒有對不起天理的事。）俯不怍於人。（下沒有對不起人道的事。）二樂也。（這是第二快樂。）得天下英才而教育之。（得到天下的賢才教訓他培養他。）三樂也。（這是第三快樂。）君子有三樂。（君子只要有這三項快樂。）而王天下不與存焉。（那稱王天下的快樂卻不在三項快樂以內啊。）【章旨】這章書是孟子說君子的三樂，一在天，一在己，一在人。——孟子盡心上

人倫之樂，孝悌爲先。親親、仁也，敬長、義也，仁爲事親之實，義爲從兄之實，故

仁義爲孝悌之本。惟智能重視孝悌之道，而堅守弗失。惟禮能盡孝悌之儀，而有品節文采。樂、則樂於孝悌之實行，而不覺手足舞蹈，生機蓬勃矣。此卽敎人倫之樂也。

孟子曰。孟子說。仁之實。仁道最切要的實際。事親是也。是事奉父母。義之實。義理最切要的實際。從兄是也。是順從兄長。智之實。智慧最切要的實際。知斯二者弗去是也。就是明白這事親從兄兩事要堅守着不忘去。禮之實。禮法最切要的實際。節文斯二者是也。就是對這事親從兄兩事加上品節和文采。樂之實。音樂最切要的實際。樂(音洛ㄌㄜˋ)斯二者。就是樂於實行這事親從兄兩事。樂(音洛ㄌㄜˋ)則生矣。快樂會油然自生和草木有生機一般。生則惡(平聲ㄨ)可已也。生機一活潑自然暢茂條達，怎麼能遏止得住。惡可已。遏止不住。則不知足之蹈之。就不知不覺的脚去踏着。手之舞之。手去舞動了。

【章旨】這章書是孟子說孝悌是存仁行義的根本。——孟子離婁上

萬物之理，齊備於我性分以內，我再反身自問，皆能循天理而誠實做到，上不愧天，下不怍人，其快樂莫過於是，此卽修己身之樂也。

孟子曰。孟子說。萬物皆備於我矣。萬物的當然道理都齊備在我的性分以內。反身而誠。我再反省自身，樣樣都能眞確誠實。樂(音洛ㄌㄜˋ)莫大焉。人生快樂沒有大過這個的。强(上聲ㄑㄧㄤˇ)恕而行。更勉力從推己及人的工夫上履行。求仁莫近焉。那末研

(求仁道就沒有比這再近的途徑了。)【章旨】(這章書是孟子教人求盡性的學問。)——孟子盡心上

至孟子之樂於教人，則更諄諄不倦。其教爲人之要道，曾作扼要說明，不可爲之事則勿爲，不可欲之物則勿欲，如是，自能安分守己，淸心寡欲矣。

孟子曰。(孟子說。)無爲其所不爲。(不要做那本心所不願做的事。)無欲其所不欲。(不要想那本心所不願想的私欲。)如此而已矣。(做人的道理不過如此罷了。)【章旨】(這章書是孟子拿簡單扼要的做人道理教人。)——孟子盡心上

至仁義之心，則教人擴而充之，以至於無所往而仁義不可勝用也。

孟子曰。(孟子說。)人皆有所不忍。(人都有對於某事不忍做的心。)達之於其所忍。(推這不忍的心到那忍心做的事上去。)仁也。(就是仁道。)人皆有所不爲。(人都有對於某事不肯做的心。)達之於其所爲。(推這不肯做的心到那肯做的事上去。)義也。(就是義理。)人能充無欲害人之心。(人能擴充不想害人的心。)而仁不可勝(平聲 ㄕㄥ)用也。(那仁道就不會有用完的時候了。)人能充無穿窬之心。(人能擴充不做竊盜行爲的心。)而義不可勝用也。(那義理就不會有用完的時候了。)人能充無受爾汝之實。(人能擴充羞恥的心，不受人你啊你啊輕賤的呼喚。)無所往而不爲義也。(那就無論到什麼地方去都不會做不合義理的事了。)士未可以言而言。(做了士人，和人家說起話來，在沒有到可說的時機就先開口說。)是以言餂(音忝 ㄊㄧㄢˇ)之也。

這就是想把話去探取別人的意思了。可以言而不言。反之，已到了可說的時機，卻故意不說。是以不言餂之也。這就是想拿不說的態度去探取別人的意思了。**是皆穿窬之類也。**這兩種行為，實在都是爬牆挖洞的竊盜一類啊。【章旨】這章書是孟子教人擴充自己的良心。——孟子盡心下

故暴棄仁義之人，孟子認為有如曠安宅而弗居，舍正路而不由，實不足與言仁義之道，與為仁義之事，豈不大可哀已。

孟子曰。孟子說。**自暴者。**自己暴殄人格的人。**不可與有言也。**不能和他談論道理。**自棄者。**自己輕棄人格的人。**不可與有為也。**不能和他有什麼作為。**言非禮義。**凡是說話誹謗禮義的。**謂之自暴也。**就叫做自己暴殄人格。**吾身不能居仁由義、**自己說我不能存仁行義的。**謂之自棄也。**就叫做自己輕棄人格。**仁、**要知道仁。**人之安宅也。**是人住的最安穩宅子。**義、**那義。**人之正路也。**是人走的最正大道路。**曠安宅而弗居。**現在的人卻空廢了安穩宅子不去住。**舍**（上聲）**正路而不由。**拋棄了正大的道路不去走。**哀哉。**真是可憐哩。【章旨】這章書是孟子深責暴棄仁義的人。——孟子離婁上

是以勉勵有為之人，必須持之以恆，鍥而不舍，至功成而後止，決不可半塗而廢，功虧一簣也。

孟子曰。孟子說。**有為者。**有作為的人。**辟**（讀作譬）**若掘井。**好比掘井一般。**掘井九軔**（音刃，與仞同。）。

（掘井到了九個八尺這樣深。）而不及泉。（還沒有掘著水泉。）猶為棄井也。（如果就此歇手，也還是自己拋棄這個井啊。）【章旨】這章書是孟子勉勵人做事要做到成功為止。——孟子盡心上

有恆則事功自成，學問自增。是猶山間小路，人常行走，成為坦途。否則茅草叢生，不成其為道路矣。而人心亦宜時時運用，始不至於閉塞也。

孟子謂高子曰。（孟子向高子說。）山徑之蹊間。（一個人的心。要常常去用它，好比山上的小路，要常常去走。）介（音戛，ㄍㄚ）然用之而成路。（就會忽然從這裏成了一條大路。）為間不用。（歇了幾時不走。）則茅塞之矣。（茅草便要生長起來塞住它了。）今茅塞子之心矣。（現在你的心好久不用，也像給茅草塞住你的心咧。）【章旨】這章書是孟子教人要常用心。——孟子盡心下

孟子教人為學之道，則亦以先要多學，然後詳加研究，乃能融會貫通，囘到簡單之本原。卽孔子所謂博學以文，約之以禮也。

孟子曰。（孟子說。）博學而詳說之。（君子所以要多學，又進而詳盡地研究。）將以反說約也。（就是要從融會貫通以後返還到簡單的本原。）【章旨】這章書是說學問要能由博返約。——孟子離婁下

但書中所載，亦不能完全相信，在讀者之善於辨別而決其取舍也。

孟子曰。（孟子說。）盡信書。（完全相信書上的記載。）則不如無書。（那還不如沒有書的好。）吾於武成。（我對於周書武成這篇文字。）取二三策而已矣。（不過取那兩三頁可靠而合理的話罷了。）仁人無敵於天下。（愛人民的仁君，天下本來沒有人和他抵敵。）以至仁伐至不仁。（照武王那樣最愛人民的仁君，去討伐紂王那樣最不愛人民的暴君。）而何其血之流杵也。（怎麼弄到殺人竟多得可以漂流起舂米的棍子來呢。）【章旨】這章書是孟子說讀書不能拘泥。——孟子盡心下

所以要有準確之見解，不可穿鑿附會，以致未能得到眞理。

高子曰。（高子說。）禹之聲。（禹作樂的聲音。）尙文王之聲。（要高過文王作樂的聲音。）孟子曰。（孟子說。）何以言之。（憑什麼說出這話來呢。）曰。（高子說。）以追（音堆ㄉㄨㄟ）蠡（音禮ㄌㄧˇ）。（因爲禹的鐘紐，掛在那裏已經像蟲蛀過似的快要斷了，想是聲音好，用的時候多。）曰。（孟子說。）是奚足哉。（這個怎能拿來做憑證呢。）城門之軌。（好比城門口車子走過的軌跡很深。）兩馬之力與（平聲ㄩˊ）。（難道也可說是一輛車的兩匹馬力所碾成的麼，這是地窄年久的緣故啊，禹的鐘紐像蟲蛀過，也是歷年已久的緣故罷了。）【章旨】這章書是孟子教人要有實在的見識，不能附會。——孟子盡心下

君子之設教，因材而施，使各有所成。孟子列舉五端如下。

孟子曰。（孟子說。）君子之所以教者五。（君子所拿來教人的方法有五種。）有如時雨化之者。（一種是因他將要到成功的地步。像應時的雨露去潤化的。）有成德者。（一種是因他本性純厚，成就他德行的。）有達財者。（一種因他天資明敏，通達你才能的。）有答問

者。一種是解答所問，開導他疑慮的。有私淑艾(音ㄧ)者。一種是風教所傳，私自取善修養的。此五者。這五種。君子之所以教也。都是君子所拿來教人的方法。【章旨】這章書是孟子說君子因材施教。——孟子盡心上

且其誨人不倦之精神，則有教無類。

孟子之滕。孟子到了滕國。館於上宮。滕君留他住在別宮。有業屨於牖上。那看守別宮的人有一雙沒有做好的鞋子放在窗檻上，忽然沒有了。館人求之弗得。看守別宮的人找尋了好久找不到。或問之曰。有人問孟子說。若是乎從(去聲ㄗㄨㄥˋ)者之廋也。竟發生了像這樣的事，那是跟你的人藏了起來罷。曰。孟子說。子以是為(去聲ㄨㄟˋ)竊屨來與(平聲ㄩˊ)。你把這些人都看做要偷鞋子纔來的麼。曰。那人說。殆非也。諒來不會罷。夫子之設科也。可是夫子的設置科條收學生。往者不追。對於過去有錯事的都不追究。來者不拒。有誠心來學的都不拒絕。苟以是心至。只要拿這誠心到來。斯受之而已矣。便收留他就是了，恐難免人品不齊罷。【章旨】這章書可從館人的話裏見到孟子教人的公心。——孟子盡心下

即不可教誨之人，一時憤而屏棄之。然此一行動，實寓有激勉之意，使其反省內疚，知所悔改，而日進以善。是則雖曰不教，實即教之也。

孟子曰。孟子說。教亦多術矣。教訓人的方法也實在多着。予不屑之教誨也者。我拒絕他不願意教訓的這個意思。

是亦教誨之而已矣。（也就是教訓了他哩。）【章旨】這章書是孟子說教法不止一端，就是不願教他也含教誨之意哩。——孟子告子下

如曹交得聞孟子勉為堯舜之道，傾假館受業。孟子勸其歸而求師，亦含有不屑教誨之意。然聖賢待人以恕，不欲明言，以挫其為善之心也。

曹交問曰。（曹君的弟弟曹交問孟子說。）人皆可以為堯、舜。（人人都可以做到堯舜的地步。）有諸。（有這個說法麼。）孟子曰。（孟子說。）然。（有的。）交聞文王十尺。（曹交說，交聽說周文王身長十尺。）湯九尺。（商湯身長九尺。）今交九尺四寸以長。（現在交有九尺四寸的長度。）食粟而已。（卻祇知道吃飯罷了。）如何則可。（要怎樣纔可以做成堯舜呢。）曰。（孟子說。）奚有於是。（那有在身體上講長短的。）亦為之而已矣。（也只要肯去照樣做就是了。）有人於此。（比方有個人在這裏。）力不能勝（平聲ㄕㄥ）一匹雛。（他的氣力小得拿不起一隻小鴨子。）則為無力人矣。（那自然算是沒有氣力的人了。）今日舉百鈞。（現在他卻肯用氣力，說是能拿得起三千斤重的東西。）則為有力人矣。（那也就算是有氣力的人了。）然則舉烏獲之任。（這麼看來，能夠拿得起古時力士烏獲所拿的重量。）是亦為烏獲而已矣。（這個人也就算是烏獲了。）夫（音扶ㄈㄨˊ）人豈以不勝為患哉。（講到做人的道理，那裏可以把不能勝過別人放在心裏憂愁呢。）弗為耳。（只是不肯去做罷了。）徐行後（去聲ㄏㄡˋ）長（上聲ㄓㄤˇ）者。（譬如慢一些腳步走在長輩後面的。）謂之弟（與悌通ㄊㄧˋ）。（就說他能盡恭敬長輩的悌道。）疾行先（ㄒㄧㄢ）長者。（放快了腳步走在長輩前面的。）謂之不弟。

就說他不能盡悌道。夫徐行者。（像這種慢一些走路的事。）豈人所不能哉。（難道是人所做不到的。）所不爲也。（乃是不肯做啊。）堯、舜之道。（那堯舜的道理。）孝弟而已矣。（也不過是孝順父母和恭敬長上罷了。）子服堯之服。（你如果穿了堯所穿的衣服。）誦堯之言。（講着堯所講的話。）行堯之行（去聲ㄒㄧㄥˋ）。（做着堯所做的事。）是堯而已矣。（那你也就算是堯了。）子服桀之服。（你如果穿了桀所穿的衣服。）誦桀之言。（講着桀所講的話。）行桀之行（去聲ㄒㄧㄥˋ）。（做着桀所做的事。）是桀而已矣。（那你也就算是桀了。）曰。（曹交說。）交得見於鄒君。（交得見了鄒國國君。）可以假館。（所以借一所房屋。）願留而受業於門。（願意留在這裏，受業在夫子門下。）曰。（孟子說。）夫道若大路然。（那道理就像大路一樣。）豈難知哉。（豈是難明白的）人病不求耳。（只怕人不肯去研究罷了。）子歸而求之。（你同家去研究。）有餘師。（隨處都會有道理發現，隨處都可以有你的先生在着。）

【章旨】這章書是孟子拿孝弟教誨曹交，大概因這人淺陋麤率，所以含有不屑教誨的意思。——孟子告子下

惟受教之人，如有所挾而請業，則賢者以其來意不誠，而不爲之答也。

公都子曰。（公都子問孟子說。）滕更（平聲ㄍㄥ）之在門也。（滕君的弟弟滕更，在夫子門下。）若在所禮而不答。（似乎該拿師弟的禮節待他，他有時請問，夫子卻不大回答。）何也。（這是什麼意思呢。）孟子曰。（孟子說。）挾貴而問。（倚仗着自己的身分尊貴來問。）挾賢而問。（倚仗着自己有才幹來問。）挾長（上聲ㄓㄤˇ）而問。（倚仗着自己的輩分尊長來問。）挾有勳勞而問。（倚仗着自己有功勳勞績來問）

挾故而問。倚仗着自己的特殊交情來問。皆所不答也。都是照道理不必回答的。滕更有二焉。現在滕更來問，他的意思就有這五種中的兩種哩。【章旨】這章書是孟子警戒受教的人要誠心誠意。——孟子盡心上

至公孫丑以孟子之道，既高且美，似不可及。孟子乃曉以凡百技藝，皆有規範，教者以此授之，學者以此習之，自能功成業就。而其中技巧，則在學者之舉一反三，而非教者之所能為力也。其說見以下三章。

公孫丑曰。公孫丑問孟子說。道則高矣美矣。君子的大道，固然高明優美極了。宜若登天然。可是學道的人，卻像有上天一樣的困難。似不可及也。總是趕不上似的。何不使彼為可幾(音機 ㄐㄧ)及。怎麼不降低些，使學道的人可以趕得上。而日孳孳也。能夠天天勤勉着實習呢。孟子曰。孟子說。大匠不為(去聲 ㄨㄟˋ)拙工。工師不因工人笨拙。改廢繩墨。改變或廢棄了墨線。羿不為拙射。羿不因射手笨拙。變其彀(ㄍㄡˋ)率(音律 ㄌㄩˋ)。改變了拉弓的方法。君子引而不發。君子教人學道，就同教人射箭一樣，只拉滿了弓，卻不發箭。躍如也。看看樣子，好像箭桿就要跳出來。中道而立。所以君子只在折中的地位立個法則。能者從之。能夠學的人跟着他去做就是了。【章旨】這章書是孟子說君子教人本有法則，只要學的人勉力跟從。——孟子盡心上

孟子曰。孟子說。羿之教人射。羿的教人射箭。必志於彀(ㄍㄡˋ)。一定要用心把弓拉滿。學者亦必

志於彀。（學射箭的人也一定要用心把弓拉滿。）大匠誨人。（工師教人做木工。）必以規矩。（一定要拿規矩做成方圓的東西。）學者亦必以規矩。（學做木工的人也一定要拿規矩學做方圓的東西。）【章旨】這章書是孟子說凡事都有一定的方法。——孟子告子上

孟子曰。（孟子說。）梓匠輪輿。（木匠和車匠。）能與人規矩。（只能把做方圓用規矩的法子傳授給人。）不能使人巧。（卻沒法使人的心思靈巧。）【章旨】這章書是孟子說求學全要自己用心。——孟子盡心下

世之一知半解者，往往自以為是，為人說教，而抑知誤人不淺。故孟子戒人無好為人師也。

孟子曰。（孟子說。）人之患。（一個人的大患。）在好（去聲 ㄏㄠˋ）為人師。（在喜歡做別人的師長。）【章旨】這章書是孟子警戒學者不要自滿。——孟子離婁上

因舉盆成括之自恃小才而見殺，以為世之恃才傲物者戒。

盆成括仕於齊。（盆成括在齊國做官。）孟子曰。（孟子預料他說。）死矣盆成括。（死得快了這盆成括呀。）盆成括見殺。（不久盆成括果然被殺了。）門人問曰。（弟子們問孟子說。）夫子何以知其將見殺。（夫子怎麼能預先知道他快要被殺的呢。）曰。（孟子說。）其為人也。（他的為人。）小有才。（有一點小才幹。）未聞君子之大道也。（卻沒有學君子做人的大

道理。則足以殺其軀而已矣。那就適足招致他的殺身大禍了。【章旨】這章書是孟子警戒小有才的人不能自恃有才。——孟子盡心下

有善固不能自恃，有惡尤宜力改。蓋人誰無過，過而能改，善莫大焉。

孟子曰。孟子說。西子蒙不潔。西施是非常美麗的，但如沾染了不潔的東西在她身上。則人皆掩鼻而過之。人人就都要掩了鼻走過她面前了。雖有惡人。反過來說，雖是一個醜惡的人。齊(ㄓㄞ)戒沐浴。只要能清心斷慾，沐頭浴身。則可以祀上帝。也就可以祭祀上天神明。【章旨】這章書是孟子說有善不能自恃，有惡不妨悔改。——孟子離婁下

第八目　教人慎交

孟子教人交友之道，應自問我之善行，可蓋一鄉，乃可友一鄉之善士，推而至於一國與天下，亦莫不皆然。如以友天下之善士為未足，則又上友古人，頌其詩，讀其書，論其世，使我之業益修而德益進矣。

孟子謂萬章曰。孟子向萬章說。一鄉之善士。一鄉裏面最有善行的人。斯友一鄉之善士。這就能結交一鄉裏面其他有善行的人。一國之善士。一國裏面最有善行的人。斯友一國之善士。這就能結交一國裏面其他有善行的人。天下之善士。天下聞名最有善行的人。斯友天下之善士。這就能結交天下其他有善行的人。以友天下之善士為

未足。如果結交了天下有善行的人還不滿足。又尚論古之人。再進而上論古時候的人。頌其詩。誦他的詩。讀其書。讀他的書。不知其人可乎。但這不過是他的文字，他實際上做人怎樣，可以不求明瞭麼。是以論其世也。所以又要考證他在當時所做的事迹和他的文字合不合。是尚友也。這就是和上古的人交友了。【章旨】這章書是孟子說友善沒有止境的。——孟子萬章下

故交友友其德也，而不可有所挾。並舉孟獻子、費惠公、晉平公之交賢士，僅好善忘勢而已。不若堯之友舜，後舉而加諸上位，為天下得人者之可貴也。

萬章問曰。萬章問孟子說。敢問友。敢問結交朋友應當怎樣。孟子曰。孟子說。不挾長。不要自仗年紀大。不挾貴。不要自仗地位高。不挾兄弟而友。不要自仗兄弟的勢力去結交朋友。友也者。要知道結交一個朋友。友其德也。是結交他的德行。不可以有挾也。不可以自仗着什麼啊。孟獻子。魯國的賢大夫孟獻子。百乘（去聲，下同。「公」）之家也。是擁有一百輛兵車的大家。有友五人焉。他結交了五個朋友。樂正裘、牧仲。一個是樂正裘，一個是牧仲。其三人。其餘三個是誰。則予忘之矣。卻被我忘記了。獻子之與此五人者友也。獻子和這五個人做朋友，都是結交彼此的德行。無獻子之家者也。這五個人的心目中，絕沒有獻子那樣富貴的大家。此五人者。假使這五個人。亦有獻子之家。心目中也有着獻子那樣富貴的大家，便成為勢利小人。則不與之友矣。獻子就不肯和他們做朋友了。非惟百乘之家為然也。

不但擁有百輛兵車的大家是這樣。雖小國之君亦有之。雖是小國的國君，也有這樣的事。費(音祕ㄅㄧˋ)惠公曰。費惠公說。吾於子思。我對於子思。則師之矣。向來是用師禮待他的。吾於顏般(音班ㄅㄢ)。我對於顏般。則友之矣。向來是用友道待他的。王順、長息。至於王順長息兩人。則事我者也。卻只有事奉我的資格罷了。非惟小國之君為然也。不但小國的國君這樣。雖大國之君亦有之。雖是大國的國君，也有這樣的事。晉平公之於亥唐也。晉平公的對於亥唐。入云則入。當平公到亥唐家裏去時亥唐叫他進去纔敢進去。坐云則坐。亥唐叫他坐纔敢坐。食云則食。亥唐叫他吃纔敢吃。雖蔬食(音嗣ㄙˋ)菜羹。雖然是粗飯菜湯。未嘗不飽。從沒有不吃飽的。蓋不敢不飽也。因為敬重賢人的意旨，不敢不吃飽啊。然終於此而已矣。可惜平公終於有這點禮節就算了。弗與共天位也。不能夠將天待賢人的官位給他。弗與治天職也。不能夠將天付賢人的任務給他。弗與食天祿也。不能夠將天養賢人的俸祿給他。士之尊賢者也。這祇是士人尊重賢人的道理。非王公之尊賢也。不是王公尊重賢人的道理。舜尚見帝。從前舜在歷山耕種的時候，就做堯帝的女壻了，他上朝見堯帝。帝館甥于貳室。堯帝就讓他住在副宮裏。亦饗舜。有時堯帝去看舜也吃舜的酒食。迭為賓主。互相輪流做客人或主人。是天子而友匹夫也。這就是天子結交平民啊。用下敬上。從下面去恭敬上面。謂之貴貴。叫做貴重貴人。用上敬下。從上面去恭敬下面。謂之尊賢。叫做尊重賢人。貴貴尊賢。貴重貴人和尊重賢人。其義一也。那義理原是一樣的

【章旨】這章書是孟子說交友重在德行。——孟子萬章下

友之損益，關係人之品德者至鉅。故樂正子從子敖之齊，孟子先問其「子亦來見我乎？」繼又責其「徒餔啜也。」蓋子敖（王驩）爲齊之權臣，孟子所鄙視者。然聖賢居心仁厚，不肯明言其不可交，而假故以曉喻樂正子。

樂正子從於子敖之齊。（樂正子跟隨齊國權臣王驩字子敖的到了齊國。）樂正子見孟子。（樂正子來見孟子。）孟子曰。（孟子說。）子亦來見我乎。（你倒也來見我麼。）曰。（樂正子說。）先生爲何出此言也。（先生爲什麼要說這話呢。）曰。（孟子說。）子來幾日矣。（你到齊國幾天了。）曰。（樂正子說。）昔者。（前天到的。）曰。（孟子說。）昔者。（既是前天到的。）則我出此言也。（那末，我說這話。）不亦宜乎。（不是很應當的麼。）曰。（樂正子說。）舍館未定。（因爲旅舍還沒定妥。）曰。（孟子說。）子聞之也。（你聽得那個說過。）舍館定然後求見長（ㄓㄤˇ上聲）者乎。（一定要旅舍定妥了。然後纔來見長者的呢。）曰。（樂正子說。）克有罪。（克知道有罪了。）

【章旨】這章書是孟子暗責樂正子不應跟隨子敖。——孟子離婁上

孟子謂樂正子曰。（孟子向樂正子說。）子之從於子敖來。（你跟隨子敖到這裏來。）徒餔（ㄅㄨ）啜也。（不過爲了吃喝罷了。）我不意子學古之道。（我想不到你學古人的道理。）而以餔啜（ㄔㄨㄛˋ）也。（卻拿來博取吃喝啊。）

如子濯孺子免死於尹公之他手中，而后羿竟爲逢蒙所殺，此卽擇友愼與不愼之所致也。

【章旨】這章書是孟子明責樂正子不應跟隨子敖。——孟子離婁上

逢(ㄆㄤˊ)蒙學射於羿。夏朝時候有個逄蒙，跟從有窮國君名羿的學習射箭。盡羿之道。完全學得了羿的射術。思天下惟羿爲愈己。逄蒙暗想天下會射箭的人，只有羿的射箭勝過自己。於是殺羿。於是就殺了羿。孟子曰。孟子批評這事說。是亦羿有罪焉。這事羿也有錯處的。公明儀曰。從前公明儀曾說。宜若無罪焉。羿似乎沒有什麼錯處。曰。其實公明儀的意思是說。薄乎云爾。羿的錯處不過輕微罷了。惡(ㄨ平聲)得無罪。怎麼就完全沒有錯處呢。鄭人使子濯孺子侵衛。有一次，鄭國派遣了子濯孺子帶兵攻打衛國，被衛國打敗了。衛使庾公之斯追之。衛國差庾公之斯追擊。子濯孺子曰。子濯孺子歎說今日我疾作。今日我的舊病復發。不可以執弓。不能够拿弓。吾死矣夫(音扶ㄈㄨˊ)。我恐怕不免一死罷。問其僕曰。就問他的車夫說。追我者誰也。追我的人是那一個。其僕曰。他的車夫說。庾公之斯也。是庾公之斯啊。曰。子濯孺子說。吾生矣。那我可活命了。其僕曰。他的車夫說。庾公之斯。那庾公之斯。衛之善射者也。是衛國最擅長射箭的人啊。夫子曰吾生。夫子卻說我能够活命。何謂也。是什麼意思呢。曰。子濯孺子說。庾公之

斯。學射於尹公之他（下同。ㄊㄨㄛ）。當初庾公之斯是從尹公之他學習射箭的。尹公之他學射於我。那尹公之他卻是從我學習射箭的。夫（音扶ㄈㄨˊ）尹公之他。講到尹公之他。端人也。乃是個品行端正的人。其取友必端矣。他所擇取的朋友，一定也是品行端正的了。庾公之斯至。一會兒庾公之斯追到了。曰。看見子濯孺子不動手，就說。夫子何為不執弓。夫子為什麼不拿弓。曰。子濯孺子說。今日我疾作。今天我的舊病復發。不可以執弓。不能夠拿弓。曰。庾公之斯說。小人學射於尹公之他。小子學射箭於尹公之他的門下。尹公之他學射於夫子。那尹公之他，卻是學射術於夫子的門下。我不忍以夫子之道。我不忍心拿夫子所教的射術。反害夫子。反來傷害夫子。雖然。雖然如此。今日之事。今天的事。君事也。是國君的命令。我不敢廢。我不敢因私情廢了國家的公事。抽矢扣輪。於是抽出箭來，扣在車輪上去其金。折去矢鏃。發乘（朱注去聲今讀ㄕㄥˋ）矢而後反。望空射了四箭，然後回去。【章旨】這章書是孟子說取友，不能不謹慎。——孟子離婁下

所以孟子教人觀察人之邪正，應以聽言觀眸為準。

孟子曰。孟子說。存乎人者。存在人身上的神氣。莫良於眸（音牟ㄇㄡˊ）子。沒有再比從眼珠上察看更好的了。眸子不能掩其惡。眼珠是不能掩蔽心胸中惡念的。胸中正。心胸中正直。則眸子瞭（音了ㄌㄧㄠˇ）焉。那眼珠就很光亮。胸中不

正。心胸中不正的。則眸子眊（音耄ㄇㄠˋ）焉。那眼珠就昏昧不明。聽其言也。既聽了這人的說話。觀其眸子。再察看他的眼珠。人焉（ㄧㄢ）廋（音搜ㄙㄡ）哉。這人的邪或正那裏能藏匿着不表現外面呢。【章旨】這章書是孟子教人觀察人邪正的方法。——孟子離婁上

第九節　主性善以明王政之易行

第一目　王政易行基於人性皆善

孟子主張人之天性皆善，是與生俱來，故有良能良知之說。所謂良能者，不學而能也，所謂良知者，不慮而知也。試觀孩提之童，無不知愛其親，及其長也，無不知敬其兄。愛親、卽仁之本性表現，敬兄、卽義之本性表現，不待學而能，不待慮而知，出於天性之自然。人人旣具有此善性，是以在上者，根此善性以推行王政，則勢順，自能輕而易舉。在下者根此善性，涵濡於王政之中，無不奉公守法，樂業安居。此王政之易行，由於人性之皆善也。

孟子曰。（孟子說。）人之所不學而能者。（一個人用不着學習就能做的。）其良能也。（這是他生來的良好能力。）所不慮而知者。（一個人用不着思慮就會知道的。）其良知也。（這是他生來的良好知力。）孩提之童。（手裏提抱的小孩子。）無不知愛其親也。（沒有一個不知道愛他的父母。）及其長（上聲，下同。）也。（等到年紀長大了。）無不知敬其兄也。

沒有一個不知道敬他的哥哥。親親。（親愛父母。）仁也。（就是本性的仁。）敬長。（恭敬兄長。）義也。（就是本性的義。）無他。（這沒有別的。）達之天下也。（因爲親親敬長的公理，是通行在天下的啊。）

【章旨】這章書是孟子說仁義的公理是生來就有的，人總不能失掉。——孟子盡心上

惟此本性之善，常人往往爲物欲所誘，如富貴利達之虛榮，聲色犬馬之娛樂，於是肯棄其本性之善，而陷於爲惡。告子不察，謂人性無分於善不善，猶水之無分於東西，以示人性之未必皆善也。孟子乃曉以人性之無有不善，猶水之無有不就下者，至水之搏躍過顙，激行在山，乃非水之本性，人力爲之耳。以證明天賦人之善性，如染於習俗，亦可使之不善也。

告子曰。（告子說。）性、（人生的本性。）猶湍（ㄊㄨㄢ）水也。（就和起漩渦的溜水一般。）決諸東方則東流。（引導它向東，就往東流。）決諸西方則西流。（引導它向西，就往西流。）人性之無分於善不善也。（人性的不分好和不好。）猶水之無分於東西也。（也和水性的不分東西一樣。）孟子曰。（孟子說。）水信無分於東西。（水性誠然不分東西。）無分於上下乎。（難道就不分上下麼。）人性之善也。（人性的本來是好。）猶水之就下也。（如同水性的本來向下。）人無有不善。（人的本性沒有一個不是好的。）水無有不下。（水的本性沒有不是向下流的。）今夫（音扶ㄈㄨˊ）水。

現在就講那水。搏（ㄅㄛˊ）而躍之。如果拍擊得它向上跳。可使過顙。可以使它高過額角。激而行之。激動它向上逆流。可使在山。可以使它流到山上。是豈水之性哉。這難道是水的本性麼。其勢則然也。只因受了壓迫的勢力，才會如此的啊。人之可使為不善。人可以使他做不好的事。其性亦猶是也。他的失了本性，也和水受了拍擊或激動的道理一樣的。【章旨】

這章書是孟子駁告子說性是善惡相混，拿水的無有不下，證明人的本性無有不善。——孟子告子上

孟子之主張人性皆善，即孔子所謂性相近也。乃公都子所聞言性者，告子謂：「性無善無不善。」或謂：「性可為善，可為不善。」或又謂：「有性善，有性不善。」疑而以問孟子。孟子示以性動之謂情，性現之謂才，皆無不善，以證明人性之本善。蓋仁義禮智之善，為人之本性所固有，而非由外以至內也。其所以為不善者，乃心為物欲所蔽。復不知思其過，求其失，於是失去其本性之善，愈去愈遠，而不可挽回。此即孔子所謂習相遠也。

公都子曰。公都子問孟子說。告子曰。告子說的。性、人的本性。無善無不善也。既沒有什麼好可說，也沒有什麼不好可說。或曰。又有人說。性、人的本性。可以為善。可以做成好。可以為不善。也可以做成不好。是故文

、武興。所以文王武王興起。則民好(去聲ㄏㄠˋ)善。那些人民就喜歡做好。幽、厲興。幽王厲王出來。庶民好暴。那些人民就喜歡做壞。或曰。還有人說。有性善。人的本性，有些生下來就是好的。有性不善。有些生下來本性就不好的。是故以堯為君而有象。所以像堯那樣好的君上，同時卻有象那樣壞臣下。以瞽瞍為父而有舜。像瞽瞍那樣壞的父親，同時卻有舜那樣好的兒子。以紂為兄之子。像紂王那樣壞的姪兒。且以為君。並且是君上。而有微子啓、王子比干。同時卻有微子啓和王子比干那樣好的叔父做臣下。今曰性善。現在夫子說人生本性都是好的。然則彼皆非與(平聲ㄩˊ)、那末，他們這三種解說，難道都是不對的麼。

孟子曰。孟子說。乃若其情。只要順着本性所發動的心情。則可以為善矣。就可以做好了。乃所謂善也。這也就是我所說人性本來是好的道理，若夫(音扶ㄈㄨˊ)為不善。至於做不好的事。非才之罪也。並不是本來材質不好的罪。惻隱之心。譬如憐憫傷痛的心。人皆有之。是人人都有的。羞惡(去聲ㄨˋ)之心。羞恥厭惡的心。人皆有之。也是人人都有的。恭敬之心。恭謹尊重的心。人皆有之。也是人人都有的。是非之心。是善非惡的心。人皆有之。也是人人都有的。惻隱之心。這憐憫傷痛的心。仁也。便是仁愛啊。羞惡之心。這羞恥厭惡的心。義也。便是道義啊。恭敬之心。這恭謹尊重的心。禮也。便是禮啊。是非之心。這是非善惡的心。智也。便是理智啊。仁、義、禮、智。照這樣看來，仁愛，道義，禮法，理智這四種心情。非由外鑠我也。並不是從外面煉成我這樣的。我固有之也。原是我本來就有的啊。

弗思耳矣。（不過不去思考罷了。）故曰。（所以說。）求則得之。（用心去研求，就可以得到它。）舍（上聲ㄕㄜˇ）則失之。（放棄了不研究，就把它失掉了。）或相倍蓰（朱注音師今讀ㄒㄧˇ）而無算者。（到後來所做的事，好壞的不同，竟有相隔一倍到五倍，甚至不能計算的。）不能盡其才者也。（這都是不能充分發揮他本來材質的緣故。）詩曰。（詩經上說。）天生蒸民。（天生下衆多人民。）有物有則。（既有事物的形體，就有事物的本則，就像有耳目就有聰明的功用，有父子就有慈孝心之類。）民之秉彝。（這原是人民秉執的常性。）好（去聲ㄏㄠˋ）是懿德。（人情沒有不喜歡美好的德行。）孔子曰。（孔子稱贊這詩說。）爲此詩者。（做這詩的人。）其知道乎。（他是很明白本性的道理罷。）故有物必有則。（由此可以知道，有一事物必有一事物的本則。）民之秉彝也。（凡人只要秉執這常性。）故好是懿德。（自然喜歡美好的德行。）【章旨】這章書是孟子因人情的常理去試驗本性，以證明人生的本善。——孟子告子上

仁義禮智，既爲人性所固有，惟常人每易失之，君子則能勿失。故雖富有天下，君子之所樂不在此，貴爲天子，君子之所性亦不在此。蓋君子之樂，仁義禮智之見諸實行也，君子之性，仁義禮智之存養弗失也。舍仁義禮智，君子無所謂樂，無所謂性，其把持之堅定，非富貴貧賤所能損益之。是以誠於中，形於外者，莫非仁義禮智之祥和氣象也。

孟子曰。（孟子說。）廣土衆民。（廣大的土地和衆多的人民。）君子欲之。（是君子所想望的。）所樂（音洛，下同。ㄌㄜˋ）不存

焉。但君子所快樂的，卻還不在這個上面。中天下而立。居天下的中央立國。定四海之民。安定四海的人民。君子樂之。這是君子所快樂的。所性不存焉。但他本性的事卻還不在這個上面。君子所性。君子本性所快樂的。雖大行不加焉。雖是大道能行也沒有一點增加。雖窮居不損焉。雖是窮困在家也沒有一點減少。分（去聲ㄈㄣˋ）定故也。就因爲所得於天的性分，有着一定的緣故。

君子所性。君子本性所快樂的。仁義禮智根於心。仁義禮智的美德都根據在心裏。其生色也。所表現出來的色象。睟（朱注音粹今讀ㄙㄨㄟˋ）然見（音現ㄒㄧㄢˋ）於面。很清和潤澤地顯示在臉上。盎（ㄤˋ）於背。豐厚的樣子顯露在背上。施於四體。施行到全身四肢。四體不言而喻。全身四肢不待吩咐就能明曉本性的意旨。【章旨】這章書是孟子說本性的快樂與富貴無關。——孟子盡心上

孟子曰。孟子說。形色。人的形體色象。天性也。都有自然的道理，也就是天生本性的表露。惟聖人然後可以踐形。只有聖人纔能夠做到形體本性的中正地步。【章旨】這章書是孟子說盡性的學問，要從形體下實踐。——孟子盡心上

常人於固有之善性，處順境或能保持之，處逆境則鮮有不失者，此無他，受環境與趨勢之逼迫，無擇善固執之誠耳。孟子因舉口之嗜味，耳之聽聲，目之視色，人人無不有同嗜者，何獨至于心而疑之？心之所同嗜者，爲自然之天理，與合宜之正義，此則更是以證明人性未有不善者。

孟子曰。孟子說。富歲子弟多賴。豐熟的年歲，子弟們都有了依靠，就都去做好的事情。凶歲子弟多暴。凶荒的年歲，子弟們由於生存不容易，就都去做壞的事情。非天之降才爾殊也。並不是天生的本來材質各有不同啊。其所以陷溺其心者然也。他們去做壞事情，實因本性被饑寒所侵害，纔會這樣的啊。今夫(音扶ㄈㄨˊ)麰(音牟ㄇㄡˊ)麥。現在拿那大麥來做比方。播種而耰(音憂ㄧㄡ)之。撒下種子，用泥土蓋好。其地同。所種的土地是一樣的。樹之時又同。種的時候又相同。浡然而生。於是一齊很茂盛地生長起來。至於日至之時皆熟矣。到了日期足够的時候就處處都成熟了。雖有不同。縱然收成有多或少的不同。則地有肥磽(ㄑㄧㄠ)但那是因爲土地有肥有不肥。雨露之養。雨水露水的培養有厚有薄。人事之不齊也。和人工勤勞懶惰不一律的緣故啊。故凡同類者。所以凡是同一類的東西。舉相似也。大家都差不多。何獨至於人而疑之。爲什麼獨獨講到人就要懷疑那本性不一樣呢。聖人與我同類者。就是聖人，也和我們一樣的。故龍子曰。所以龍子說。不知足而爲屨。不知道脚的大小，就胡亂的去做草鞋。我知其不爲蕢(音匱ㄎㄨㄟˋ)也。我就知道他不會做成一個盛土的畚箕了。屨之相似。草鞋的式樣都差不多。天下之足同也。就因爲天下的脚，形狀都相同的緣故。口之於味。不但脚是如此，嘴的辨別滋味。有同耆(與嗜同ㄕˋ)也。也有着同樣嗜好。易牙先得我口之所耆者也。易牙就是先得到我們口味的標準的。如使口之於味也。假如嘴的辨別滋味其性與人殊。本來的性能人人都不同。若犬馬之於我不同類也。好像犬馬，和我們不一樣。則天下何耆。那末，爲什麼天下所嗜好的滋味。皆從易牙之於味也。都是依從易牙所調的味呢。至於味。這口味一層。天下期於易牙。天下人既然都期望能吃着易牙烹調的菜餚。是天下之口相似也。就足見天下人的味嗜大家都差不多了。惟耳亦然。不但嘴是如此，耳朵也是這樣的。至於聲。關於聽的聲音。天下期於師曠。天下人也都期望能聽到師曠所作的音樂。是天下之耳相似也。就足見天下人的聽覺大家也差不多了。惟目亦然。又不但耳朵如此，眼睛也是這樣的。至於子都。對於那鄭國的子都。天下莫不知其姣（ㄐㄧㄠ）也。天下人沒有一個不知道他的容貌姣美。不知子都之姣者。假使有不知道子都容貌姣美的。無目者也。那簡直是沒有眼睛的人了。故曰。所以說。口之於味也。嘴的對於滋味。有同耆焉。有同樣的嗜好。耳之於聲也。耳朵對於聲音。有同聽焉。有同樣的聽覺。目之於色也。眼睛對於顏色。有同美焉。有同樣的美感。至於心。講到人的心。獨無所同然乎。難道獨沒有同樣的地方麼。心之所同然者。人心所相同的地方。何也。是什麼呢。謂理也。就是所謂自然的天理。義也。和事事合宜的正義啊。聖人先得我心之所同然耳。不過聖人先知先覺，能够先得我們心裏相同的理義罷了。故理義之悅我心。所以我心裏喜歡天理和正義。猶芻豢之悅我口。就同我嘴裏喜歡吃那些牛羊和犬家的肉一樣。

【章旨】這章書是孟子從人心相同上證明人性本善。——孟子告子上

第二目　揭發性與命之不同

身體上各官能之享受欲，皆原于求生存之本性，然須順乎自然趨勢或稱之曰命，不可強求而得之。仁義禮智，以及天道之行，其能融洽於父子君臣賓主賢聖之間者，雖亦關乎命，然苟能眞誠以俟待之，未始不可以感人而達成願望，此乃由於人皆有此本性之善。孟子特揭發性與命之不同，以教世人之安命養性也。

孟子曰。孟子說。口之於味也。嘴的對於好吃的滋味。目之於色也。眼睛對於好看的顏色。耳之於聲也。耳朵對於好聽的聲音。鼻之於臭也。鼻子對於好聞的香氣。四肢之於安佚也。兩手兩足對於不勞動的安逸。性也。都是人人心裏所喜歡的本性。有命焉。但是能不能依照自己所喜歡的快活享受，那是有命運排定的了。君子不謂性也。所以君子只守着自己命運，不說這是本性所有必能求得的話。仁之於父子也。至於仁愛的屬於父子。義之於君臣也。道義的屬於君臣。禮之於賓主也。禮節的屬於賓主。智之於賢者也。明智的屬於賢士。聖人之於天道也。聖人統有仁義禮智的屬於天道。命也。這都有關着各人的命運。有性焉。但可以拿至誠去相愛而得的，因為這原是本性裏所具有的啊。君子不謂命也。所以君子只在本性上去努力求得，不說那聽憑命運的話。

【章旨】這章書是孟子教人知道性和命的分辨。——孟子盡心下人能竭其靈明之心以思，則知稟受之性，出於天賦，由是生死禍福，順乎天理，不作妄求之想，我惟以仁義禮智存心養性，以待天（環境）與命（趨勢）之安排。此孟子勉人修身立命與守義安命也。

孟子曰。孟子說。盡其心者。能極盡自己靈明的本心的人。知其性也。就能知道自己的自然本性了。知其性。能知道自己的自然本性。則知天矣。那就能知道天理了。存其心。把守得住靈明的本心。養其性。並培養着自然本性。所以事天也。便是所以事奉本原的天道啊。殀壽不貳。對於生命的長短，完全不疑慮。修身以俟之。只管自己修身，等待那命數。所以立命也。這個便是所以立定天所賦予的命了。【章旨】這章書是孟子說要講求事天立命，須從盡心修身下手。——孟子盡心上

孟子曰。孟子說。莫非命也。吉凶禍福沒有一樣不是天命啊。順受其正。人們都該順受着天定的正命。是故知命者。所以知道正命的人。不立乎巖牆之下。決不肯站在危險要倒的牆壁下面。盡其道而死者。必須得盡天道而後死的人。正命也。纔是天定的正命哩。桎梏死者。假使犯了罪帶上脚鐐手拷而死的人。非正命也。就不是天定的正命了。【章旨】這章書是孟子教人守義安命。——孟子盡心上

是以魯平公欲見孟子而又中止，孟子認為此乃天（環境）命（趨勢）使然，非臧倉所能左右也。

魯平公將出。魯平公將要出宮。嬖人臧倉者。有個寵臣名叫臧倉的。請曰。問平公說。他日君出。往日君上出宮。則必命有司所之。一定向執事的人吩咐明白到那裏去。今乘(ㄕㄥˋ)輿已駕矣。今天坐的車子已經駕好了馬。有司未知所之。執事的人還沒有知道君上要到那裏去。敢請。敢請問一聲。公曰。平公說。將見孟子。我預備去見孟子。曰。臧倉說。何哉。這是怎麼一回事。君所為輕身以先於匹夫者。君上這樣地降輕了身分去尊敬一個平常人。以為賢乎。莫非把他認做賢人麼。禮義由賢者出。禮法道義是應該由賢人做出榜樣來的。而孟子之後喪踰前喪。可是孟子在後來辦母親喪禮的豐厚，卻超過以前辦父親的喪禮。君無見焉。君上不必去見他了。公曰。平公說。諾。這話很是。樂正子入見曰。孟子的弟子樂正子，名克，魯國人，進宮去見平公說。君奚為不見孟軻也。君上為什麼不去見孟軻呢。曰。平公說。或告寡人曰。有人告訴我說。孟子之後喪踰前喪。孟子在後來辦母親喪禮的豐厚，卻超過以前辦父親的喪禮，不像個懂得禮義的賢人。是以不往見也。所以不去見他了。曰。樂正子說。何哉。這是那裏說起。君所謂踰者。君上所說的超過。前以士。是不是因為以前是士人。後以大夫。後來做過大夫。前以三鼎。以前用三鼎祭禮。而後以五鼎與(ㄩˊ平聲)。而後來用五鼎祭禮的緣故嗎。曰。平公說。否。不為了這個。謂棺椁衣衾之美也。是說後來的內棺外椁和衣衾被褥比以前更華美。曰。樂正子說。非所謂踰也。這個不是君上所說的超過。貧富不同也。那是以前和後來的貧富景況不同啊。樂正子見孟子曰。樂正子又去見孟子說。克告於君。克先前把夫子的行事告訴魯君。君爲(去聲ㄨㄟˋ)來見也。魯君因了我的話，本想來見夫子的。嬖人有臧倉者沮(ㄐㄩˇ)君。卻有一個寵臣名叫臧倉的阻擋住。君是以不果來也。所以魯君臨時中止不來了。曰。孟子說。行或使之。大道如果能行，或者暗中有人推動。止或尼(ㄋㄧˇ)之。反之，如果止住了，也或者暗中有人阻擋。行止非人所能也。但根本還在天命，行和止不是人力所能做主的。吾之不遇魯侯。我的不能遇合魯侯。天也。也是天意。臧氏之子。臧倉這小子。焉(ㄧㄢ)能使予不遇哉。他那裏有使我不遇合魯侯的操縱能力呢。

【章旨】這章書是聖賢出處，時運盛衰，那是人言能够左右嗎？——孟子梁惠王下

第三目　說明人性與物性之區別

孟子以仁道義理，本於天性，與生俱來，其說詳見以上各章。乃告子偏以爲仁義非本於天性，須自人性之修養，而後有仁道義理之表現。故孟子以率天下人而禍仁義者責之。

告子曰。告子說。性、人生的本性。猶杞柳也。就和樹木裏面柔軟的杞柳一般。義、世上的道義。猶桮(音杯ㄅㄟ)棬(ㄑㄩㄢ)也。就和彎屈木頭做成的杯盤一般。以人性爲仁義。從人性做出仁道義理來。猶以杞柳爲桮棬。好比拿那種杞柳做成杯盤器皿。

孟子曰。孟子說。子能順杞柳之性。你能順着杞柳自然的天性。而以爲桮棬乎。把來做成杯盤呢。將戕

(音牆ㄑㄧㄤˊ)賊杞柳。還是要斲喪杞柳。而後以爲桮棬也。然後纔做成杯盤呢。如將戕賊杞柳而以爲桮棬。如果要斲削杞柳纔能做成杯盤。則亦將戕賊人以爲仁義與(平聲ㄩˊ)。那末，也要斲削人的本性，纔能做出仁道義理來麼。率天下之人而禍仁義者。率領了天下的人，去傷害仁道義理的。必子之言夫(音扶ㄈㄨˊ)。一定就是你這種言論罷。【章旨】這章書是孟子駁告子把性和仁義分做兩事的錯誤。——孟子告子上

告子又謂一切生物之知覺運動，即是性。而不以仁義禮智，爲人固有之本性。抑知人之所以異於一切生物者，即有此仁義禮智之本性也。故孟子以犬之性，猶牛之性，牛之性，猶人之性，以糾其言性之謬誤。

告子曰。告子說：生之謂性。一切生物的知覺運動就叫做性。孟子曰。孟子說。生之謂性也。一切生物的知覺運動就叫做性。猶白之謂白與。(平聲，下同。ㄩˊ)。可是就和說一切白的東西都叫做白一樣的說法麼。曰。告子說。然。是的。白羽之白也。孟子說，白色鳥毛的白。猶白雪之白。如同白雪的白麼。白雪之白。白雪的白。猶白玉之白與。如同白玉的白麼。曰。告子說。然。是的。然則犬之性。孟子說。照此說來，那末犬的本性。猶牛之性。就同牛的本性一樣。牛之性。牛的本性。猶人之性與。也同人的本性一樣了罷。【章旨】這章書是孟子駁告子說知覺運動就叫做性的錯誤。——孟子告子上

孟子既以仁義皆出自本性之善，以正告子之誤。而告子又倡仁內義外之說，以仁發自內心，而義生於心外，非皆出自本性之善，以淆惑時人。孟子乃反復說明義亦發自內心，以駁斥其非是。

告子曰。告子說。食、色。人都知道好吃的東西和好看的顏色。性也。這也是人的本性啊。仁。仁愛的心情。內也。是從裏面發出來的非外也。不是在外面的。義。事物的義理。外也。卻是在外面的。非內也。不是從裏面發出來的。孟子曰。孟子說。何以謂仁內義外也。你憑着什麼說是仁愛在裏面義理在外面呢。曰。告子說。彼長(上聲，下同。)而我長之。好比他的年紀比我長，然後我也就以為他是長輩，用禮節去尊重他。非有長於我也。並不是我心裏預先存有尊重他年長的心。猶彼白而我白之。如同看見一件東西的，顏色是白的，然後我也就拿白去稱它。從其白於外也。只因依照它的白色顯在外面的緣故。故謂之外也。所以說那義理是在外面的。曰。孟子說。異於白馬之白也。那白馬的白色，(按異於二字，有疑衍，有疑或有闕文。)無以異於白人之白也。固然和白人的白色沒有兩樣。不識長馬之長也。但不知對於年齡已大的馬看重它年老。無以異於長人之長與(平聲，下同。)。是不是他和尊重年長的人沒有兩樣呢。且謂長者義乎。並且，還是說他年長為合於義理呢。長之者義乎。還是尊重他年長為合於義理呢。曰。告子說。吾弟。我同胞的弟弟。則愛之。就愛他。秦人之弟。秦人的弟弟。則不愛也。就不愛了。是以我爲悅者也。（這就是從我喜悅的心裏所發出來的。）故謂之內。（所以說仁愛的心情是由內而發。）長楚人之長。（尊重楚國年長的人。）亦長吾之長。（也和尊重我自家道裏年長的人一樣。）是以長爲悅者也。（這卻是因他年長，纔使我發生喜悅的心情。）故謂之外也。（所以說事物的義理是自外而來。）曰。（孟子說。）耆（ㄕˋ與嗜同）秦人之炙。（譬如愛吃秦人燒的燻肉。）無以異於耆吾炙。（也和愛吃自家燒的燻肉沒有兩樣。）夫（音扶ㄈㄨˊ）物則亦有然者也。（可見對那吃的東西也同是一個喜愛的心罷了。沒有什麼分別的。）然則耆炙亦有外與。（依你說，難道這愛吃燻肉一事，也會有個在外面的主意麼。）【章旨】這章書是孟子駁告子說仁內義外的錯誤。——孟子告子上

果也孟子惑於告子義外之說，以何謂義內問公都子。孟子乃又再三闡釋義內之理，以明仁義皆在內而不在外，益知人之性善，與生俱來，故人皆可以爲堯舜也。

孟季子問公都子曰、（孟仲子的弟弟孟季子，問公都子說。）何以謂義內也。（孟子怎麼說那事物的義理是在裏面啊。）曰。（公都子說。）行吾敬。（因爲從我裏面發出恭敬的心。）故謂之內也。（所以說它在裏面。）鄉人長（上聲，下同。ㄓㄤˇ）於伯兄一歲。（孟季子說，譬如有個鄉人，他的年紀長我大哥一歲。）則誰敬。（那末，你恭敬那一個呢。）曰。（公都子說。）敬兄。（應該恭敬大哥。）酌則誰先。（孟季子說，假使在一起飲酒，那末先斟酒給那一個。）曰。（公都子說。）先酌鄉人。（應該先斟酒給鄉人。）所敬在此。（孟季子說，從心裏去恭敬，是在大哥）所長在彼。（依事理去尊重，便在那鄉人。）果在外。（照這樣看來，那事物的義理確是在外面。）非由內也。（不是從這裏面發出來的。）公都

子不能答。公都子不能再答。以告孟子。就將這番話告訴孟子。孟子曰。孟子說。敬叔父乎。你去問他，你平日恭敬叔父呢。敬弟乎。還是恭敬兄弟呢。彼將曰。他總要說。敬叔父。恭敬叔父的。曰。你再問他說。弟爲尸。兄弟死了，做祭祀神像的時候。則誰敬。那末，恭敬那一個呢。彼將曰。他總要說。敬弟。恭敬兄弟。子曰。然後你就說。惡（平聲×）在其敬叔父也。怎麼你先前說恭敬叔父呢。彼將曰。他總要說。在位故也。因爲兄弟在神位的緣故。子亦曰。你也就好說。在位故也。先斟酒給鄉人，也是因爲鄉人在客位的緣故啦。庸敬在兄。平常的時候恭敬大哥。斯須之敬在鄉人。一時的權宜，就要恭敬那鄉人，無論恭敬尊重那一個，都是從心裏發出來的。季子聞之。孟季子聽到這話。曰、又向公都子說。敬叔父則敬。應該恭敬叔父就恭敬叔父。敬弟則敬。應該恭敬兄弟就恭敬兄弟。果在外。可見這事理確是顯在外面。非由內也。不是從心裏發出來的。公都子曰。公都子說。冬日則飲湯。這麼說，冬天要喝熱湯。夏日則飲水。夏天要喝冷水。然則飲食亦在外也。難道這飲食的事理也是在外面麼。

【章旨】這章書是孟子再闡明義是在內的道理。——孟子告子上

由於人性本善，故有王者興以行仁政，則天下之士、商、旅、農，皆悅而願立於其朝，藏於其市，出於其路，耕於其野，以爲之氓。蓋民之歸仁，猶水之就下，獸之走壙也。即有惑於物欲，染於習俗者，亦因受王道之感召，日遷於善，而不知爲之者。此非人性皆

善，而王政易行乎。

孟子曰。尊賢使能。俊傑在位。則天下之士。皆悅而願立於其朝矣。市。廛而不征。法而不廛。則天下之商。皆悅而願藏於其市矣。關。譏而不征。則天下之旅。皆悅而願出於其路矣。耕者。助而不稅。則天下之農。皆悅而願耕其野矣。廛。無夫里之布。則天下之民。皆悅而願爲之氓矣。信能行此五者。則鄰國之民。仰之若父母矣。率其子弟。攻其父母。自生民以來。未有能濟者也。如此。則無敵於天下。無敵於天下者。天吏也。然而不王者。未之有也。——孟子公孫丑上(重見)

惟行王道以施仁政，如堯舜之聖，始能本此天賦之善性，而遂行無阻。若商湯、周武，雖有此天賦善性，猶不免有所放失，須下修養工夫，乃能返回其本性之善，而施行王道。故君子行法俟命，而無忘其本耳。

孟子曰。(孟子說。)堯、舜。(唐堯和虞舜。)性者也。(是天性生成就有聖德的。)湯、武。(商湯和周武。)反之也。(是用功修身纔歸到聖德的。)動容周旋中(去聲ㄓㄨㄥˋ)禮者。(行動容態進退儀節都能合於禮法的人。)盛德之至也。(是因德行已到了絕頂的地步。)哭死而哀。(哭那已死的人能盡哀痛。)非爲(去聲ㄨㄟˋ)生者也。(並不是爲了要給活人看。)經德不回。(保守經常的德行一點不邪曲。)非以干祿也。(並不是想拿這個干求俸祿。)言語必信。(說話一定要信實。)非以正行(去聲ㄒㄧㄥˋ)也。(也並不是拿這個修正品行的。)君子行(如做字ㄒㄧㄥˊ)法。(君子一切行事都依着法度。)以俟命而已矣。(就這樣等待那天命就是了。)【章旨】這章書是孟子說君子盡心返本的工夫。

——孟子盡心下

總之孟子性善之說，與　國父進化論，爲同一眞理之闡發。　國父略謂：「人類初生之時，亦與禽獸無異，經幾許萬年之進化，而始成長人性，而人類之進化，於是乎起源。此時期之進化原則不同，物種以競爭爲原則，人類則以互助爲原則。社會國家者，互助之體也，道德仁義者，互助之用也。……人類自入文明以後，則天性所趨，已莫之爲而爲，莫之致而致，而向互助之原則，以求達人類進化之目的。」蓋人性之善。卽　國父所謂：「天性所趨，自向互助原則，以達人類進化之目的，而不若物種之以弱肉強食，優勝劣敗之天演競爭爲原則。」故孟子曰：「人之所以異於禽獸者幾希。」禽獸之性，野蠻而粗暴。

人性進化，則溫良馴善，知組織社會國家，以爲互助之體，知行道德仁義，以爲互助之用。故孟子又曰：「人之有道也，飽食煖衣，逸居而無教，則近於禽獸，聖人（堯帝）有憂之，使契爲司徒，教以人倫，父子有親，君臣有義，夫婦有別，長幼有序，朋友有信。」是以孟子之性善論，與 國父之人類進化論，其闡發眞理，卽爲人與禽獸之分野，使人類能自尊與自重耳。

孟子曰。（孟子說。）人之所以異於禽獸者幾希。（人類和禽獸的分別，只在人有正理和正氣，所以相差實是很微細的。）庶民去之。（這正理和正氣，衆人都不知它可貴，把道拋棄了。）君子存之。（只有君子纔能保存它。）舜明於庶物。（虞舜是個聖人，他能識得天下萬事萬物的理性）察於人倫。（又詳細考察做人的大道。）由仁義行。（所以他是完全由於自己心上自然發生仁義而實現仁義的。）非行仁義也。（並不是因了仁義是美德纔施行仁義的。）——孟子離婁下（重見）

【章旨】這章書是孟子說明道統的發源。

人之有道也。飽食煖衣。逸居而無敎。則近於禽獸。聖人有憂之。使契爲司徒。敎以人倫。父子有親。君臣有義。夫婦有別。長幼有序。朋友有信。——孟子滕文公上（重見）

第十節　結論

一、孟子繼承吾國歷聖相傳之道統：道統之要旨，為誠、仁、中、行四者之垂統弗失。昔堯帝以「允執厥『中』」，授諸舜。舜帝擴而充之，以「人心惟危，道心（仁）惟微、惟精惟一（誠），允執厥『中』」授諸禹。禹治洪水，八年於外，三過其門而不入，以至『誠』不息之精神，卒平水患。湯執『中』，立賢無方（誠）。文王視民如傷（仁）。武王誅紂伐奄，救民於水火之中（仁）。周公攘夷狄，定禮樂，以德教佐治，奠周室之基業。及孔子乃集吾國文化之大成，以「誠」「仁」「中」「行」為立教之本，成為數千年來吾民族之道統。孟子之世，距孔子僅百有餘歲，而諸侯放恣，處士橫議，楊朱、墨翟之言盈天下。孟子乃起而繼承孔子之道統，復加以闡揚，使此一倫理政治思想，永存而勿墮。是以孟子嘗謂：「吾為此懼，閑先聖之道，距楊、墨，放淫辭，使邪說者不得作。」又曰「吾亦欲正人心。」則孟子之維繫吾國道統，其功至偉。我　國父所欲繼續發揚歷聖所遺傳之正統精神，亦即衛護此一道統也。

二、確立政治理論之基礎：孟子鑒於其時諸侯之崇尚武力，互相攻伐，橫征暴斂，民不堪命，爲救時弊故其政治理論，尊王貶霸。嘗云曰：「以力假仁者霸，霸必有大國，以德行仁者王，王不待大，湯以七十里，文王以百里。以力服人者，非心服也，力不贍也；以德服人者，中心悅而誠服也。」至其主張之王道，則曰：「省刑罰」使民免冤屈。「薄稅斂」使民輕負擔。「阜民財」則主「不違農時」，「深耕易耨」，「數罟不入洿池」，使穀與魚鼈不可勝食。「斧斤以時入山林」，使材木不可勝用。而後人民得養生喪死無憾。其奉老也，「五畝之宅，樹之以桑，五十者可以衣帛。雞豚狗彘之畜，無失其時，七十者可以食肉。」復令「壯者以暇日，修其孝悌忠信」，入以事其父兄，出以事其長上。其任人也，「尊賢使能，俊傑在位。」使天下之士農商旅，皆悅而願爲之氓。對內以愛民爲主，富民爲先，教民爲本，敬老爲要，任賢爲急，則民自安居樂業，知禮守法矣。對外則以講信修睦，興滅繼絕爲主，使鄰國信睦和親，而無爭城掠地之兵連禍結也。

三、首倡民主政治之思想：孟子之政治理論，旣以重民生，敦民教，敬老任賢，睦鄰息爭爲基礎。故其政治思想，提倡民貴君輕之說。如滕文公問爲國，則答以「民事不可緩也。」且力主以民意爲重。曾謂：「得民心斯得天下。」而民心之得，在於「所欲與之聚之，所惡勿施爾也。」故用賢則以國人皆曰可，然後察而用之，去惡、則以國人皆曰不可，然後察而去之。至園林禽獸之娛，聲色貨幣之好，莫不曰「與民同之。」且曰：「樂民之樂者，民亦樂其樂，憂民之憂者，民亦憂其憂，樂以天下，憂以天下。」凡此種種，皆與近世之民主政治原理相符合。而孟子於二千三百餘年前已提倡之，其見解之獨到，有爲前賢先哲所未發者。

四、闡發王道政治之眞諦：王道政治，以德爲中心。故曰：「以德服人，中心悅而誠服。」而德政之施，以「誠」、「仁」、「中」、「行」爲依歸。治民者先明乎善，以「誠」其身。良以天下之本在國，國之本在家，家之本在身。身旣「誠」矣，然後以至誠之心，愛民如子，則民皆受惠，而竭誠擁戴，所謂「至誠而不動者，未之有也。」故「誠」非自成己而已，亦以成物爲歸，成己爲「仁」成物爲智。至於「仁」爲民心之向背與國家之存亡之關鍵，孟子謂：「三代之得天下也以仁，其失天下也以不仁，國之所以廢興存亡者亦然。」而「民之歸仁，猶水之就下，沛然莫之能禦。」仁政之施，普徧而周到，不偏於任何地域，亦不偏於任何民族。故曰：「思天下之民，匹夫匹婦，有不與被堯舜之澤者，若己推而內之溝中。」其「中」正公平如此，人民自能安分守己，和樂相親，而不事爭奪賊殺矣。根據上述「誠」「仁」「中」三者以「行」王政，國自治而天下亦平。否則雖有仁心仁聞，而民不被其澤，不可法於後世者。」無他，「不「行」先王之道也。」此王道於「誠」「仁」「中」三者之外，尤貴乎能「行」。

五、提高士之地位，使道統永有衞護者：孟子言士之所事爲尙志，卽居仁由義，善養浩然之氣也。故富貴不能淫，貧賤不能移，威武不能屈。曾子曰：「彼以其富，我以吾仁，彼以其爵，我以吾義。」此富貴不能淫也。顏子居陋巷，簞食豆羹，不改其樂。此貧賤不能移也。董狐直筆，書法不隱。此威武不能屈也。士之高風亮節有如此者。故其居是國也，「窮不失義，以獨善其身，達不離道，以兼善天下。」豈第「其君用之，則安富尊榮，其子弟從之，則孝悌忠信」而已。是以古之賢王，對士則致敬盡禮，好善而忘勢，古之賢士，何獨不然，樂其道而忘人之勢。故將大有爲之君，必有所不召之臣，欲有謀焉則就之，其尊德樂道，不如是，不足與有爲也。夫士之品德崇高，志節耿介，特立獨行，不屈不撓，雖以君王之尊，亦不敢有所干犯。於民貴君輕之論，不敢刪除，是使我國數千年之文化道統，永有衞護者而不致中斷，其故在此。

六、使孔子之道愈見光輝而成爲吾國文化之主流：孔子之道，一以貫之，以言其綱，則誠、仁、中、行，以言其用。則忠恕而已矣。忠恕則有己有人，無怨無尤，小我大我，二者兼顧，則道在其中矣。朱子謂：「忠以盡己，恕以推己。」夫盡己與推己工夫，其要應自誠意正心修身做起，然後家以齊，國以治，而天下以平。孔子值周室衰微，五霸迭興，忠恕道喪，倫常大變，臣弑其君者有之，子弑其父者有之。孔子於刪詩書、定禮樂之外，復作春秋，明褒貶，別善惡，以昭示後世，使亂臣賊子懼，世道人心，爲之一振。孟子私淑孔子之學，而當時七雄爭長，篡奪戰亂，了無已時，實爲春秋霸局之延長與加深。孟子乃起而繼承道統，闡揚春秋大義，明義利之辨，與王霸之分。進而對霸道功利思想，及楊、墨無君無父之邪說，展開尖銳攻訐，深入淺出，能返取譬，發揮浩氣，兩面作戰，不存畏懼，不稍隱諱。勉人人保持其天賦之善性，勿使放失，並擴而充之，以自異於禽獸。遂使孔子之道，愈見其發揚光大，而成爲吾國文化之主流，厥功至偉，遂被尊爲亞聖。

孟子原文

梁惠王章句上　凡七章

○孟子見梁惠王。王曰。叟。不遠千里而來。亦將有以利吾國乎。孟子對曰。王何必曰利。亦有仁義而已矣。王曰。何以利吾國。大夫曰。何以利吾家。士庶人曰。何以利吾身。上下交征利。而國危矣。萬乘之國。弒其君者。必千乘之家。千乘之國。弒其君者。必百乘之家。萬取千焉。千取百焉。不爲不多矣。苟爲後義而先利。不奪不饜。未有仁而遺其親者也。未有義而後其君者也。王亦曰。仁義而已矣。何必曰利。

○孟子見梁惠王。王立於沼上。顧鴻雁麋鹿。曰。賢者亦樂此乎。孟子對曰。賢者而後樂此。不賢者雖有此不樂也。詩云。經始靈臺。經之營之。庶民攻之。不日成之。經始勿亟。庶民子來。王在靈囿。麀鹿攸伏。麀鹿濯濯。白鳥鶴鶴。王在靈沼。於牣魚躍。文王以民力爲臺爲沼。而民歡樂之。謂其臺曰靈臺。謂其沼曰靈沼。樂其有麋鹿魚鼈。古之人與民偕樂。故能樂也。湯誓曰。時日害喪。予及女偕亡。民欲與之偕亡。雖有臺池。鳥獸。豈能獨樂哉。

○梁惠王曰。寡人之於國也。盡心焉耳矣。河內凶。則移其民於河東。移其粟於河內。河東凶亦然。察鄰國之政。無如寡人之用心者。鄰國之民。不加少。寡人之民不加多。何也。孟子對曰。王好戰。請以戰喩。塡然鼓之。兵刃旣接。棄甲曳兵而走。或百步而後止。或五十步而後止。以五十步笑百步。則何如。曰。不可。直不百步耳。是亦走也。曰。王如知此。則無望民之多於鄰國也。不違農時。穀不可勝食也。數罟不入洿池。魚鼈不可勝食也。斧斤以時入山林。材木不可勝用也。穀與魚鼈不可勝食。材木不可勝用。是使民養生喪死無憾也。養生喪死無憾。王道之始也。五畝之宅。樹之以桑。五十者可以衣帛矣。雞豚狗彘之畜。無失其時。七十者可以食肉矣。百畝之田。勿奪其時。數口之家。可以無飢矣。謹庠序之敎。申之以孝悌之義。頒白者不負戴於道路矣。七十者衣帛食肉。黎民不飢不寒。然而不王者。未之有也。狗彘食人食而不知檢。塗有餓莩而不知發。人死則曰非我也。歲也。是何異於刺人而殺之。曰非我也。兵也。王無罪歲。斯天下之民至焉。

○梁惠王曰。寡人願安承敎。孟子對曰。殺人以梃與刃。有以異乎。曰。無以異也。以刃與政。有以異乎。曰。無以異也。曰。庖有肥肉。廄有肥馬，民有飢色。野有餓莩。此率獸而食人也。獸相食。且人惡之。爲民父母行政。不免於率獸而食人。惡在其爲民父母也。仲尼曰。始作俑者。其無後乎。爲其象人而用之也。如之何其使斯民飢而死也。

○梁惠王曰。晉國天下莫強焉。叟之所知也。及寡人之身。東敗於齊。長子死焉。西喪地於秦七百里。南辱於楚。寡人恥之。願比死者一洒之。如之何則可。孟子對曰。地方一百里。而可以王。王如施仁政於民。省刑罰。薄稅斂。深耕易耨。壯者以暇日。修其孝悌忠信。入以事其父兄。出以事其長上。可使制梃。以撻秦楚之堅甲利兵矣。彼奪其民時。使不得耕耨。以養其父母。父母凍餓。兄弟妻子離散。彼陷溺其民。王往而征之。夫誰與王敵。故曰。仁者無敵。王請勿疑。

○孟子見梁襄王。出語人曰。望之不似人君。就之而不見所畏焉。卒然問曰。天下惡乎定。吾對曰。定于一。孰能一之。對曰。不嗜殺人者。能一之。孰能與之。對曰。天下莫不與也。王知夫苗乎。七八月之間。旱。則苗槁矣。天油然作雲。沛然下雨。則苗浡然興之矣。其如是。孰能禦之。今夫天下之人牧。未有不嗜殺人者也。如有不嗜殺人者。則天下之民。皆引領而望之矣。誠如是也。民歸之。由水之就下。沛然孰能禦之。

○齊宣王問曰。齊桓晉文之事。可得聞乎。孟子對曰。仲尼之徒。無道桓文之事者。是以後世無傳焉。臣未之聞也。無以。則王乎。曰。德何如。則可以王矣。曰。保民而王。莫之能禦也。曰。若寡人者。可以保民乎哉。曰。可。曰。何由知吾可也。曰。臣聞之胡齕曰。王坐於堂上。有牽牛而過堂下者。王見之。曰。牛何之。對曰。將以釁鐘。王曰。舍之。吾不忍其觳觫。若無罪而就死地。對曰。然則廢釁鐘與。曰。何可廢也。以羊易之。不識有諸。曰。有之。曰。是心足以王矣。百姓皆以王爲愛也。臣固知王之不忍也。王曰。然誠有百姓者。齊國雖褊小。吾何愛一牛。卽不忍其觳觫。若無罪而就死地。故以羊易之也。曰。王無異於百姓之以王爲愛也。以小易大。彼惡知之。王若隱其無罪而就死地。則牛羊何擇焉。王笑曰。是誠何心哉。我非愛其財而易之以羊也。宜乎百姓之謂我愛也。

曰。無傷也。是乃仁術也。見牛未見羊也。君子之於禽獸也。見其生。不忍見其死。聞其聲。不忍食其肉。是以君子遠庖廚也。王說曰。詩云。他人有心。予忖度之。夫子之謂也。夫我乃行之。反而求之。不得吾心。夫子言之於我心有戚戚焉。此心之所以合於王者。何也。曰。有復於王者曰。吾力足以舉百鈞。而不足以舉一羽。明足以察秋毫之末。而不見輿薪。則王許之乎。曰。否。今恩足以及禽獸。而功不至於百姓者。獨何與。然則一羽之不舉。爲不用力焉。輿薪之不見。爲不用明焉。百姓之不見保。爲不用恩焉。故王之不王。不爲也。非不能也。曰。不爲者與不能者之形。何以異。曰。挾太山以超北海。語人曰。我不能。是誠不能也。爲長者折枝。語人曰。我不能。是不爲也。非不能也。故王之不王。非挾太山以超北海之類也。王之不王。是折枝之類也。老吾老。以及人之老。幼吾幼。以及人之幼。天下可運於掌。詩云。刑于寡妻。至于兄弟。以御于家邦。言舉斯心加諸彼而已。故推恩。足以保四海。不推恩。無以保妻子。古之人所以大過人者。無他焉。善推其所爲而已矣。今恩足以及禽獸。而功不至於百姓者。獨何與。權然後知輕重。度。然後知長短。物皆然。心爲甚。王請度之。抑王興甲兵。危士臣。構怨於諸侯。然後快於心與。王曰。否。吾何快於是。將以求吾所大欲也。曰。王之所大欲。可得聞與。王笑而不言。曰。爲肥甘不足於口與。輕煖不足於體與。抑爲采色不足視於目與。聲音不足聽於耳與。便嬖不足使令於前與。王之諸臣。皆足以供之。而王豈爲是哉。曰。否。吾不爲是也。曰。然則王之所大欲。可知已。欲辟土地。朝秦楚。蒞中國。而撫四夷也。以若所爲。求若所欲。猶緣木而求魚也。王曰。若是其甚與。曰。殆有甚焉。緣木求魚。雖不得魚。無後災。以若所爲。求若所欲。盡心力而爲之。後必有災。曰。可得聞與。曰。鄒人與楚人戰。則王以爲孰勝。曰。楚人勝。曰。然則小固不可以敵大。寡固不可以敵衆。弱固不可以敵彊。海內之地。方千里者九。齊集有其一。以一服八。何以異於鄒敵楚哉。蓋亦反其本矣。今王發政施仁。使天下仕者。皆欲立於王之朝。耕者皆欲耕於王之野。商賈皆欲藏於王之市。行旅皆欲出於王之塗。天下之欲疾其君者。皆欲赴愬於王。其若是。孰能禦之。王曰。吾惛。不能進於是矣。願夫子輔吾志。明以教我。我雖不敏。請嘗試之。曰。無恆產而有恆心者。惟士爲能。若民則無恆產。因無恆心。苟無恆心。放辟邪侈。無不爲已。及陷於罪。然後從而刑之。是罔民也。焉有仁人在位。罔民而可爲也。是故明君制民之產。必使仰足以事父母。俯足以畜妻子。樂歲終身飽。凶年免於死亡。然後驅而之善。故民之從之也輕。今也制民之產。仰不足以事父母。俯不足以畜妻子。樂歲終身苦。凶年不免於死亡。此惟救死而恐不贍。奚暇治禮義哉。王欲行之。則盍反其本矣。五畝之宅。樹之以桑。五十者可以衣帛矣。雞豚狗彘之畜。無失其時。七十者可以食肉矣。百畝之田。勿奪其時。八口之家。可以無飢矣。謹庠序之教。申之以孝悌之義。頒白者不負戴於道路矣。老者衣帛食肉。黎民不飢不寒。然而不王者。未之有也。

梁惠王章句下　凡十六章

○莊暴見孟子曰。暴見於王。王語暴以好樂。暴未有以對也。曰。好樂何如。孟子曰。王之好樂甚。則齊國其庶幾乎。他日見於王曰。王嘗語莊子以好樂。有諸。王變乎色。曰。寡人非能好先王之樂也。直好世之俗樂耳。曰。王之好樂甚。則齊其庶幾乎。今之樂。由古之樂也。曰。可得聞與。曰。獨樂樂。與人樂樂。孰樂。曰。不若與人。曰。與少樂樂。與衆樂樂。孰樂。曰。不若與衆。臣請爲王言樂。今王鼓樂於此。百姓聞王鐘鼓之聲。管籥之音。舉疾首蹙頞而相告曰。吾王之好鼓樂。夫何使我至於此極也。父子不相見。兄弟妻子離散。今王田獵於此。百姓聞王車馬之音。見羽旄之美。舉疾首蹙頞而相告曰。吾王之好田獵。夫何使我至於此極也。父子不相見。兄弟妻子離散。此無他。不與民同樂也。今王鼓樂於此。百姓聞王鐘鼓之聲。管籥之音。舉欣欣然有喜色而相告曰。吾王庶幾無疾病與。何以能鼓樂也。今王田獵於此。百姓聞王車馬之音。見羽旄之美。舉欣欣然有喜色而相告曰。吾王庶幾無疾病與。何以能田獵也。此無他。與民同樂也。今王與百姓同樂。則王矣。

○齊宣王問曰。文王之囿。方七十里。有諸。孟子對曰。於傳有之。曰。若是其大乎。曰。民猶以爲小也。曰。寡人之囿。方四十里。民猶以爲大。何也。曰。文王之囿。方七十里。芻蕘者往焉。雉兎者往焉。與民同之。民以爲小。不亦宜乎。臣始至於境。問國之大禁。然後敢入。臣聞郊關之內有囿方四十里。殺其麋鹿者。如殺人之罪。則是方四十里。爲阱於國中。民以爲大不亦宜乎。

〇齊宣王問曰。交鄰國有道乎。孟子對曰。有。惟仁者。爲能以大事小。是故湯事葛。文王事昆夷。惟智者。爲能以小事大。故大王事獯鬻。句踐事吳。以大事小者。樂天者也。以小事大者。畏天者也。樂天者保天下。畏天者保其國。詩云。畏天之威。于時保之。王曰。大哉言矣。寡人有疾。寡人好勇。對曰。王請無好小勇。夫撫劍疾視曰。彼惡敢當我哉。此匹夫之勇。敵一人者也。王請大之。詩云。王赫斯怒。爰整其旅。以遏徂莒。以篤周祜。以對于天下。此文王之勇也。文王一怒而安天下之民。書曰。天降下民。作之君。作之師。惟曰其助上帝。寵之四方。有罪無罪。惟我在。天下曷敢有越厥志。一人衡行於天下。武王恥之。此武王之勇也。而王亦一怒而安天下之民。今王亦一怒而安天下之民。民惟恐王之不好勇也。

〇齊宣王見孟子於雪宮。王曰。賢者亦有此樂乎。孟子對曰。有。人不得則非其上矣。不得而非其上者非也。爲民上而不與民同樂者亦非也。樂民之樂者。民亦樂其樂。憂民之憂者。民亦憂其憂。樂以天下。憂以天下。然而不王者。未之有也。昔者齊景公問於晏子曰。吾欲觀於轉附朝儛。遵海而南。放于琅邪。吾何脩。而可以比於先王觀也。晏子對曰。善哉問也。天子適諸侯曰巡狩。巡狩者。巡所守也。諸侯朝于天子。曰述職。述職者。述所職也。無非事者。春省耕。而補不足。秋省斂。而助不給。夏諺曰。吾王不遊。吾何以休。吾王不豫。吾何以助。一遊一豫。爲諸侯度。今也不然。師行而糧食。飢者弗食。勞者弗息。睊睊胥讒。民乃作慝。方命虐民。飲食若流。流連荒亡。爲諸侯憂。

從流下而忘反。謂之流。從流上而忘反。謂之連。從獸無厭。謂之荒。樂酒無厭。謂之亡。先王無流連之樂。荒亡之行。惟君所行也。景公說。大戒於國出舍於郊。於是始興發。補不足。召太師曰。爲我作君臣相說之樂。蓋徵招角招是也。其詩曰。畜君何尤。畜君者。好君也。

○齊宣王問曰。人皆謂我毀明堂。毀諸已乎。孟子對曰。夫明堂者。王者之堂也。王欲行王政。則勿毀之矣。王曰。王政可得聞與。對曰。昔者文王之治岐也。耕者九一。仕者世祿。關市譏而不征。澤梁無禁。罪人不孥。老而無妻曰鰥。老而無夫曰寡。老而無子曰獨。幼而無父曰孤。此四者。天下之窮民而無告者。文王發政施仁。必先斯四者。詩云。哿矣富人。哀此煢獨。王曰。善哉言乎。曰。王如善之。則何爲不行。王曰。寡人有疾。寡人好貨。對曰。昔者公劉好貨。詩云。乃積乃倉。乃裹餱糧。于橐于囊。思戢用光。弓矢斯張。干戈戚揚。爰方啓行。故居者有積倉。行者有裹糧也。然後可以爰方啓行。王如好貨。與百姓同之。於王何有。王曰。寡人有疾。寡人好色。對曰。昔者太王好色。愛厥妃。詩云。古公亶父。來朝走馬。率西水滸。至于岐下。爰及姜女。聿來胥宇。當是時也。內無怨女。外無曠夫。王如好色。與百姓同之。於王何有。

○孟子謂齊宣王曰。王之臣。有託其妻子於其友。而之楚遊者。比其反也。則凍餒其妻子。則如之何。王曰。棄之。曰。士師不能治士。則如之何。王曰。已之。曰。四境之內。不治。則如之何。王顧左右而言他。

○孟子見齊宣王曰。所謂故國者。非謂有喬木之謂也。有世臣之謂也。王無親臣矣。昔者所進。今日不知其亡也。王曰。吾何以識其不才而舍之。曰。國君進賢。如不得已。將使卑踰尊。疏踰戚。可不慎與。左右皆曰賢。未可也。諸大夫皆曰賢。未可也。國人皆曰賢。然後察之。見賢焉。然後用之。左右皆曰不可。勿聽。諸大夫皆曰不可。勿聽。國人皆曰不可。然後察之。見不可焉。然後去之。左右皆曰可殺。勿聽。諸大夫皆曰可殺。勿聽。國人皆曰可殺。然後察之。見可殺焉。然後殺之。故曰國人殺之也。如此。然後可以爲民父母。

○齊宣王問曰。湯放桀。武王伐紂。有諸。孟子對曰。於傳有之。口。臣弒其君可乎。曰。賊仁者。謂之賊。賊義者。謂之殘。殘賊之人。謂之一夫。聞誅一夫紂矣。未聞弒君也。

○孟子見齊宣王曰。爲巨室。則必使工師求大木。工師得大木。則王喜以爲能勝其任矣。匠人斲而小之。則王怒以爲不勝其任矣。夫人幼而學之。壯而欲行之。王曰。姑舍女所學而從我。則何如。今有璞玉於此。雖萬鎰。必使玉人彫琢之。至於治國家。則曰姑舍女所學而從我。則何以異於教玉人彫琢玉哉。

○齊人伐燕。勝之。宣王問曰。或謂寡人勿取。或謂寡人取之。以萬乘之國。伐萬乘之國。五旬而舉之。人力不至於此。不取。必有天殃。取之。何如。孟子對曰。取之而燕民悅。則取之。古之人有行之者。武王是也。取之而燕民不悅。則勿取。古之人有行之者。文王是也。以萬乘之國。伐萬乘之國。簞食壺漿。以迎王師。豈有他哉。避水火也。如水益深。如火益熱。亦運而已矣。

○齊人伐燕。取之。諸侯將謀救燕。宣王曰。諸侯多謀伐寡人者。何以待之。孟子對曰。臣聞七十里。爲政於天下者。湯是也。未聞以千里畏人者也。書曰。湯一征。自葛始。天下信之。東面而征。西夷怨。南面而征。北狄怨。曰。奚爲後我。民望之。若大旱之望雲霓也。歸市者不止。耕者不變。誅其君而弔其民。若時雨降。民大悅。書曰。徯我后。后來其蘇。今燕虐其民。王往而征之。民以爲將拯己於水火之中也。簞食壺漿。以迎王師。若殺其父兄。係累其子弟。毀其宗廟。遷其重器。如之何其可也。天下固畏齊之彊也。今又倍地而不行仁政。是動天下之兵也。王速出令。反其旄倪。止其重器。謀於燕衆。置君而後去之。則猶可及止也。

○鄒與魯鬨。穆公問曰。吾有司死者三十三人。而民莫之死也。誅之則不可勝誅。不誅則疾視其長上之死而不救。如之何則可也。孟子對曰。凶年饑歲。君之民老弱轉乎溝壑。壯者散而之四方者幾千人矣。而君之倉廩實。府庫充。有司莫以告。是上慢而殘下也。曾子曰。戒之戒之。出乎爾者。反乎爾者也。夫民今而後得反之也。君無尤焉。君行仁政。斯民親其上。死其長矣。

○滕文公問曰。滕小國也。閒於齊楚。事齊乎。事楚乎。孟子對曰。是謀。非吾所能及也。無已則有一焉。鑿斯池也。築斯城也。與民守之。效死而民弗去。則是可爲也。

○滕文公問曰。齊人將築薛。吾甚恐。如之何則可。孟子對曰。昔者太王居邠。狄人侵之。去之岐山之下居焉。非擇而取之。不得已也。苟爲善。後世子孫必有王者矣。君子創業垂統。爲可繼也。若夫成功。則天也。君如彼何哉。彊爲善而已矣。

○滕文公問曰。滕小國也。竭力以事大國。則不得免焉。如之何則可。孟子對曰。昔者太王居邠。狄人侵之。事之以皮幣。不得免焉。事之以犬馬。不得免焉。事之以珠玉。不得免焉。乃屬其耆老而告之曰。狄人之所欲者。吾土地也。吾聞之也。君子不以其所以養人者害人。二三子何患乎無君。我將去之。去邠。踰梁山。邑于岐山之下居焉。邠人曰。仁人也。不可失也。從之者。如歸市。或曰。世守也。非身之所能爲也。效死勿去。君請擇於斯二者。

○魯平公將出。嬖人臧倉者。請曰。他日君出。則必命有司所之。今乘輿已駕矣。有司未知所之。敢請。公曰。將見孟子。曰。何哉。君所爲輕身以先於匹夫者。以爲賢乎。禮義由賢者出。而孟子之後喪踰前喪。君無見焉。公曰。諾。樂正子入見曰。君奚爲不見孟軻也。曰。或告寡人曰。孟子之後喪踰前喪。是以不往見也。曰。何哉。君所謂踰者。前以士。後以大夫。前以三鼎。而後以五鼎與。曰。否。謂棺椁衣衾之美也。曰。非所謂踰也。貧富不同也。樂正子見孟子曰。克告於君。君爲來見也。嬖人有臧倉者沮君。君是以不果來也。曰。行或使之。止或尼之。行止非人所能也。吾之不遇魯侯。天也。臧氏之子。焉能使予不遇哉。

公孫丑章句上　凡九章

○公孫丑問曰。夫子當路於齊。管仲晏子之功。可復許乎。孟子曰。子誠齊人也。知管仲晏子而已矣。或問乎曾西曰。吾子與子路孰賢。曾西蹵然曰。吾先子之所畏也。曰。然則吾子與管仲孰賢。曾西艴然不悅曰。爾何曾比予於管仲。管仲得君。如彼其專也。行乎國政。如彼其久也。功烈。如彼其卑也。爾何曾比予於是。曰。管仲。曾西之所不爲也。而子爲我願之乎。曰。管仲以其君霸。晏子以其君顯。管仲晏子。猶不足爲與。曰。以齊王。由反手也。曰。若是則弟子之惑滋甚。且以文王之德。百年而後崩。猶未洽於天下。武王周公繼之。然後大行。今言王若易。然則文王不足法與。曰。文王何可當也。由湯至於武丁。賢聖之君六七作。天下歸殷久矣。久則難變也。武丁朝諸侯有天下。猶運之掌也。紂之去武丁。未久也。其故家遺俗。流風善政。猶有存者。又有微子微仲王子比干箕子膠鬲。皆賢人也。相與輔相之。故久而後失之也。尺地莫非其有也。一民莫非其臣也。然而文王猶方百里起。是以難也。齊人有言曰。雖有智慧。不如乘勢。雖有鎡基。不如待時。今時則易然也。夏后殷周之盛。地未有過千里者也。而齊有其地矣。雞鳴狗吠相聞。而達乎四境。而齊有其民矣。地不改辟矣。民不改聚矣。行仁政而王莫之能禦也。且王者之不作。未有疏於此時者也。民之憔悴於虐政。未有甚於此時者也。饑者易爲食。渴者易爲飲。孔子曰。德之流行。速於置郵而傳命。當今之時。萬乘之國。行仁政。民之悅之。猶解倒懸也。故事半古之人。功必倍之。惟此時爲然。

○公孫丑問曰。夫子加齊之卿相。得行道焉。雖由此霸王不異矣。如此則動心否乎。孟子曰。否。我四十不動心。曰。若是則夫子過孟賁遠矣。曰。是不難。告子先我不動心。曰。不動心有道乎。曰。有。北宮黝之養勇也。不膚撓。不目逃。思以一毫挫於人。若撻之於市朝。不受於褐寬博。亦不受於萬乘之君。視刺萬乘之君。若刺褐夫。無嚴諸侯。惡聲至。必反之。孟施舍之所養勇也。曰。視不勝猶勝也。量敵而後進。慮勝而後會。是畏三軍者也。舍豈能爲必勝哉。能無懼而已矣。孟施舍似曾子。北宮黝似子夏。夫二子之勇。未知其孰賢。然而孟施舍守約也。昔者曾子謂子襄曰。子好勇乎。吾嘗聞大勇於夫子矣。自反而不縮。雖褐寬博。吾不惴焉。自反而縮。雖千萬人吾往矣。孟施舍之守氣。又不如曾子之守約也。曰。敢問夫子之不動心。與告子之不動心。可得聞與。告子曰。不得於言。勿求於心。不得於心。勿求於氣。不得於心勿求於氣可。不得於言勿求於心不可。夫志氣之帥也。氣體之充也。夫志至焉。氣次焉。故曰。持其志無暴其氣。既曰志至焉。氣次焉。又曰持其志。無暴其氣者。何也。曰。志壹則動氣。氣壹則動志也。今夫蹶者趨者。是氣也。而反動其心。敢問夫子惡乎長。曰。我知言。我善養吾浩然之氣。敢問何謂浩然之氣。曰。難言也。其爲氣也。至大至剛。以直養而無害。則塞于天地之間。其爲氣也。配義與道。無是餒也。是集義所生者。非義襲而取之也。行有不慊於心。則餒矣。我故曰告子未嘗知義。以其外之也。必有事焉而勿正。心勿忘。勿助長也。無若宋人然。宋人有閔其苗之不長而揠之者。芒芒然歸。謂其人曰。今日病矣。予助苗長矣。其子趨而往視之。苗則槁矣。天下之不助苗長者寡矣。以爲無益而舍之者。不耘苗者也。助之長者。揠苗者也。非徒無益。而又害之。何謂知言。曰。詖辭知其所蔽。淫辭知其所陷。邪辭知其所離。遁辭知其所窮。生於其心。害於其政。發於其政。害於其事。聖人復起。必從吾言矣。宰我子貢。善爲說辭。冉牛閔子顏淵。善言德行。孔子兼之。曰。我於辭命。則不能也。然則夫子既聖矣乎。曰。惡。是何言也。昔者子貢問於孔子曰。夫子聖矣乎。孔子曰。聖則吾不能。我學不厭而敎不倦也。子貢曰。學不厭智也。敎不倦仁也。仁且智。夫子既聖矣。夫聖孔子不居。是何言也。昔者竊聞之。子夏子游子張。皆有聖人之一體。冉牛閔子顏淵。則具體而微。敢問所安。曰。姑舍是。曰。伯夷伊尹何如。曰。不同道。非其君不事。非其民不使。治則進。亂則退。伯夷也。何事非君。何使非民。治亦進。亂亦進。伊尹也。可以仕則仕。可以止則止。可以久則久。可以速則速。孔子也。皆古聖人也。吾未能有行焉。乃所願則學孔子也。伯夷伊尹於孔子。若是班乎。曰。否。自有生民以來。未有孔子也。曰。然則有同與。曰。有。得百里之地而君之。皆能以朝諸侯。有天下。行一不義。殺一不辜。而得天下。皆不爲也。是則同。曰。敢問其所以異。曰。宰我子貢有若。智足以知聖人。汙不至阿其所好。宰我曰。以予觀於夫子。賢於堯舜遠矣。子貢曰。見其禮而知其政。聞其樂而知其德。由百世之後。等百世之王。莫之能違也。自生民以來。未有夫子也。有若曰。豈惟民哉。麒麟之於走獸。鳳凰之於飛鳥。泰山之於丘垤。河海之於行潦。類也。聖人之於民。亦類也。出於其類。拔乎其萃。自生民以來。未有盛於孔子也。

○孟子曰。以力假仁者霸。霸必有大國。以德行仁者王。王不待大。湯以七十里。文王以百里。以力服人者。非心服也。力不贍也。以德服人者。中心悅而誠服也。如七十子之服孔子也。詩云。自西自東。自南自北。無思不服。此之謂也。

○孟子曰。仁則榮。不仁則辱。今惡辱而居不仁。是猶惡溼而居下也。如惡之。莫如貴德而尊士。賢者在位。能者在職。國家閒暇及是時。明其政刑。雖大國。必畏之矣。詩云。迨天之未陰雨。徹彼桑土。綢繆牖戶。今此下民。或敢侮予。孔子曰。爲此詩者。其知道乎。能治其國家。誰敢侮之。今國家閒暇。及是時。般樂怠敖。是自求禍也。禍福無不自己求之者。詩云。永言配命。自求多福。太甲曰。天作孽。猶可違。自作孽。不可活。此之謂也。

○孟子曰。尊賢使能。俊傑在位。則天下之士。皆悅而願立於其朝矣。市廛。而不征法。而不廛。則天下之商。皆悅而願藏於其市矣。關譏而不征。則天下之旅。皆悅而願出於其路矣。耕者助而不稅。則天下之農。皆悅而願耕於其野矣。廛無夫里之布。則天下之民。皆悅而願爲之氓矣。信能行此五者。則鄰國之民。仰之若父母矣。率其子弟。攻其父母。自生民以來。未有能濟者也。如此。則無敵於天下。無敵於天下者。天吏也。然而不王者。未之有也。

○孟子曰。人皆有不忍人之心。先王有不忍人之心。斯有不忍人之政矣。以不忍人之心。行不忍人之政。治天下。可運之掌上。所以謂人皆有不忍人之心者。今人乍見孺子。將入於井。皆有怵惕惻隱之心。非所以內交於孺子之父母也。非所以要譽於鄉黨朋友也。非惡其聲而然也。由是觀之。無惻隱之心。非人也。無羞惡之心。非人也。無辭讓之心。非人也。無是非之心。非人也。惻隱之心。仁之端也。羞惡之心。義之端也。辭讓之心。禮之端也。是非之心。智之端也。人之有是四端也。猶其有四體也。有是四端。而自謂不能者。自賊者也。謂其君不能者。賊其君者也。凡有四端於我者。知皆擴而充之矣。若火之始然。泉之始達。苟能充之。足以保四海。苟不充之。不足以事父母。

○孟子曰。矢人。豈不仁於函人哉。矢人。惟恐不傷人。函人。惟恐傷人。巫匠亦然。故術不可不愼也。孔子曰。里仁爲美。擇不處仁。焉得智。夫仁。天之尊爵也。人之安宅也。莫之禦而不仁。是不智也。不仁不智。無禮無義。人役也。人役而恥爲役。由弓人而恥爲弓。矢人而恥爲矢也。如恥之。莫如爲仁。仁者如射。射者正己而後發。發而不中。不怨勝己者。反求諸己而已矣。

○孟子曰。子路人告之以有過。則喜。禹聞善言則拜。大舜有大焉。善與人同。舍己從人。樂取於人以爲善。自耕稼陶漁。以至爲帝。無非取於人者。取諸人以爲善。是與人爲善者也。故君子莫大乎與人爲善。

○孟子曰。伯夷非其君不事。非其友不友。不立於惡人之朝。不與惡人言。立於惡人之朝。與惡人言。如以朝衣朝冠。坐於塗炭。推惡惡之心。思與鄉人立。其冠不正。望望然去之。若將浼焉。是故諸侯雖有善其辭命而至者。不受也。不受也者。是亦不屑就已。柳下惠不羞汙君。不卑小官。進不隱賢。必以其道。遺佚而不怨。阨窮而不憫。故曰爾爲爾。我爲我。雖袒裼裸裎於我側。爾焉能浼我哉。故由由然與之偕而不自失焉。援而止之而止。援而止之而止者。是亦不屑去已。孟子曰。伯夷隘。柳下惠不恭。隘與不恭。君子不由也。

公孫丑章句下　凡十四章

〇孟子曰。天時不如地利。地利不如人和。三里之城。七里之郭。環而攻之而不勝。夫環而攻之。必有得天時者矣。然而不勝者。是天時不如地利也。城非不高也。池非不深也。兵革非不堅利也。米粟非不多也。委而去之。是地利不如人和也。故曰。域民不以封疆之界。固國不以山谿之險。威天下不以兵革之利。得道者多助。失道者寡助。寡助之至。親戚畔之。多助之至。天下順之。以天下之所順。攻親戚之所畔。故君子有不戰。戰必勝矣。

〇孟子將朝王。王使人來曰。寡人如就見者也。有寒疾。不可以風。朝將視朝。不識可使寡人得見乎。對曰。不幸而有疾。不能造朝。明日出弔於東郭氏。公孫丑曰。昔者辭以疾。今日弔。或者不可乎。曰。昔者疾。今日愈。如之何不弔。王使人問疾。醫來。孟仲子對曰。昔者有王命。有采薪之憂。不能造朝。今病小愈。趨造於朝。我不識能至否乎。使數人要於路曰。請必無歸。而造於朝。不得已而之景丑氏宿焉。景子曰。內則父子。外則君臣。人之大倫也。父子主恩。君臣主敬。丑見王之敬子也。未見所以敬王也。曰。惡是何言也。齊人無以仁義與王言者。豈以仁義爲不美也。其心曰。是何足與言仁義也云爾。則不敬莫大乎是。我非堯舜之道。不敢以陳於王前。故齊人莫如我敬王也。景子曰。否。非此之謂也。禮曰。父召無諾。君命召。不俟駕。固將朝也。聞王命而遂不果。宜與夫禮若不相似然。曰。豈謂是與。曾子曰。晉楚之富。不可及也。彼以其富。我以吾仁。彼以其爵。我以吾義。吾何慊乎哉。夫豈不義。而曾子言之。是或一道也。天下有達尊三。爵一。齒一。德一。朝廷莫如爵。鄉黨莫如齒。輔世長民莫如德。惡得有其一。以慢其二哉。故將大有爲之君。必有所不召之臣。欲有謀焉。則就之。其尊德樂道。不如是不足與有爲也。故湯之於伊尹。學焉而後臣之。故不勞而王。桓公之於管仲。學焉而後臣之。故不勞而霸。今天下。地醜德齊。莫能相尙。無他好臣其所教。而不好臣其所受教。湯之於伊尹。桓公之於管仲。則不敢召。管仲且猶不可召。而況不爲管仲者乎。

○陳臻問曰。前日於齊。王餽兼金一百而不受。於宋。餽七十鎰而受。於薛。餽五十鎰而受。前日之不受是。則今日之受非也。今日之受是。則前日之不受非也。夫子必居一於此矣。孟子曰。皆是也。當在宋也。予將有遠行。行者必以贐。辭曰餽贐。予何爲不受。當在薛也。予有戒心。辭曰聞戒。故爲兵餽之。予何爲不受。若於齊。則未有處也。無處而餽之。是貨之也。焉有君子。而可以貨取乎。

○孟子之平陸。謂其大夫曰。子之持戟之士。一日而三失伍。則去之否乎。曰。不待三。然則子之失伍也亦多矣。凶年饑歲。子之民。老羸轉於溝壑。壯者散而之四方者。幾千人矣。曰。此非距心之所得爲也。曰。今有受人之牛羊。而爲之牧之者。則必爲之求牧與芻矣。求牧與芻而不得。則反諸其人乎。抑亦立而視其死與。曰。此則距心之罪也。他日見於王曰。王之爲都者。臣知五人焉。知其罪者。惟孔距心。爲王誦之。王曰。此則寡人之罪也。

○孟子謂蚳鼃曰。子之辭靈丘而請士師。似也。爲其可以言也。今既數月矣。未可以言與。蚳鼃諫於王而不用。致爲臣而去。齊人曰。所以爲蚳鼃。則善矣。所以自爲。則吾不知也。公都子以告。曰。吾聞之也。有官守者。不得其職則去。有言責者。不得其言則去。我無官守。我無言責也。則吾進退。豈不綽綽然有餘裕哉。

○孟子爲卿於齊。出弔於滕。王使蓋大夫王驩爲輔行。王驩朝暮見。反齊滕之路。未嘗與之言行事也。公孫丑曰。齊卿之位。不爲小矣。齊滕之路。不爲近矣。反之而未嘗與言行事。何也。曰。夫既或治之。予何言哉。

○孟子自齊葬於魯。反於齊。止於嬴。充虞請曰。前日不知虞之不肖。使虞敦匠事。嚴。虞不敢請。今願竊有請也。木若以美然。曰。古者棺椁無度。中古棺七寸。椁稱之自天子達於庶人。非直爲觀美也。然後盡於人心。不得不可以爲悅。無財不可以爲悅。得之爲有財。古之人皆用之。吾何爲獨不然。且比化者。無使土親膚。於人心獨無恔乎。吾聞之也。君子不以天下儉其親。

○沈同以其私問曰。燕可伐與。孟子曰。可。子噲不得與人燕。子之不得受燕於子噲。有仕於此。而子悅之。不告於王。而私與之吾子之祿爵。夫士也。亦無王命而私受之於子。則可乎。何以異於是。齊人伐燕。或問曰。勸齊伐燕。有諸。曰。未也。沈同問燕可伐與。吾應之曰。可。彼然而伐之也。彼如曰。孰可以伐之。則將應之曰。爲天吏則可以伐之。今有殺人者。或問之曰。人可殺與。則將應之曰。可。彼如曰。孰可以殺之。則將應之曰。爲士師。則可以殺之。今以燕伐燕。何爲勸之哉。

○燕人畔。王曰。吾甚慙於孟子。陳賈曰。王無患焉。王自以爲與周公孰仁且智。王曰。惡是何言也。曰。周公使管叔監殷。管叔以殷畔。知而使之。是不仁也。不知而使之。是不智也。仁智周公未之盡也。而況於王乎。賈請見而解之。見孟子。問曰。周公何人也。曰。古聖人也。曰。使管叔監殷。管叔以殷畔也。有諸。曰。然。曰。周公知其將畔而使之與。曰。不知也。然則聖人且有過與。曰。周公弟也。管叔。兄也。周公之過。不亦宜乎。且古之君子。過則改之。今之君子。過則順之。古之君子。其過也。如日月之食。民皆見之。及其更也。民皆仰之。今之君子。豈徒順之。又從爲之辭。

○孟子致爲臣而歸。王就見孟子曰。前日願見而不可得。得侍同朝甚喜。今又棄寡人而歸。不識可以繼此而得見乎。對曰。不敢請耳。固所願也。他日王謂時子曰。我欲中國而授孟子室。養弟子以萬鍾。使諸大夫國人皆有所矜式。子盍爲我言之。時子因陳子而以告孟子。陳子以時子之言。告孟子。

孟子曰。然。夫時子惡知其不可也。如使予欲富。辭十萬而受萬。是爲欲富乎。季孫曰。異哉子叔疑。使己爲政。不用則亦已矣。又使其子弟爲卿。人亦孰不欲富貴。而獨於富貴之中。有私龍斷焉。古之爲市者。以其所有易其所無者。有司者治之耳。有賤丈夫焉。必求龍斷而登之。以左右望。而罔市利。人皆以爲賤。故從而征之。征商自此賤丈夫始矣。

○孟子去齊。宿於晝。有欲爲王留行者。坐而言。不應。隱几而臥。客不悅曰。弟子齊宿而後敢言。夫子臥而不聽。請勿復敢見矣。曰。坐。我明語子。昔者魯繆公無人乎子思之側。則不能安子思。泄柳申詳無人乎繆公之側。則不能安其身。子爲長者慮而不及子思。子絕長者乎。長者絕子乎。

○孟子去齊。尹士語人曰。不識王之不可以爲湯武。則是不明也。識其不可。然且至。則是干澤也。千里而見王。不遇故去。三宿而後出晝。是何濡滯也。士則茲不悅。高子以告。曰。夫尹士惡知予哉。千里而見王。是予所欲也。不遇故去。豈予所欲哉。予不得已也。予三宿而出晝。於予心猶以爲速。王庶幾改之。王如改諸。則必反予。夫出晝而王不予追也。予然後浩然有歸志。予雖然豈舍王哉。王由足用爲善。王如用予。則豈徒齊民安。天下之民舉安。王庶幾改之。予日望之。予豈若是小丈夫然哉。諫於其君而不受。則怒。悻悻然見於其面。去則窮日之力而後宿哉。尹士聞之曰。士誠小人也。

○孟子去齊。充虞路問曰。夫子若有不豫色然。前日虞聞諸夫子曰。君子不怨天。不尤人。曰。彼一時。此一時也。五百年必有王者興。其閒必有名世者。由周而來。七百有餘歲矣。以其數則過矣。以其時考之則可矣。夫天未欲平治天下也。如欲平治天下。當今之世。舍我其誰也。吾何爲不豫哉。

孟子去齊。居休。公孫丑問曰。仕而不受祿。古之道乎。曰。非也。於崇吾得見王。退而有去志。不欲變。故不受也。繼而有師命。不可以請久於齊。非我志也。

滕文公章句上　凡五章

〇滕文公爲世子。將之楚。過宋而見孟子。孟子道性善。言必稱堯舜。世子自楚反。復見孟子。孟子曰。世子疑吾言乎。夫道一而已矣。成覸謂齊景公曰。彼丈夫也。我丈夫也。吾何畏彼哉。顏淵曰。舜何人也。予何人也。有爲者亦若是。公明儀曰。文王我師也。周公豈欺我哉。今滕絕長補短。將五十里也。猶可以爲善國。書曰。若藥不瞑眩。厥疾不瘳。

〇滕定公薨。世子謂然友曰。昔者孟子嘗與我言於宋。於心終不忘。今也不幸。至於大故。吾欲使子問於孟子然後行事。然友之鄒。問於孟子。孟子曰。不亦善乎。親喪。固所自盡也。曾子曰。生事之以禮。死葬之以禮。祭之以禮。可謂孝矣。諸侯之禮。吾未之學也。雖然吾嘗聞之矣。三年之喪。齊疏之服。飦粥之食。自天子。達於庶人。三代共之。然友反命。定爲三年之喪。父兄百官皆不欲曰。吾宗國魯先君。莫之行吾先君亦莫之行也。至於子之身而反之。不可。且志曰。喪祭從先祖。曰。吾有所受之也。謂然友曰。吾他日未嘗學問。好馳馬試劍。今也父兄百官不我足也。恐其不能盡於大事。子爲我問孟子。然友復之鄒。問孟子。孟子曰。然。不可以他求者也。孔子曰。君薨。聽於冢宰。歠粥面深墨。卽位而哭。百官有司。莫敢不哀。先之也。上有好者。下必有甚焉者矣。君子之德風也。小人之德草也。草上之風必偃。是在世子。然友反命。世子曰。然。是誠在我。五月居廬。未有命戒。百官族人。可謂曰知。及至葬。四方來觀之。顏色之戚。哭泣之哀。弔者大悅。

○滕文公問爲國。孟子曰。民事不可緩也。詩云。晝爾于茅。宵爾索綯。亟其乘屋。其始播百穀。民之爲道也。有恆產者有恆心。無恆產者無恆心。苟無恆心。放辟邪侈。無不爲已。及陷乎罪。然後從而刑之。是罔民也。焉有仁人在位。罔民而可爲也。是故賢君必恭儉。禮下。取於民有制。陽虎曰。爲富不仁矣。爲仁不富矣。夏后氏五十而貢。殷人七十而助。周人百畝而徹。其實皆什一也。徹者徹也。助者藉也。龍子曰。治地莫善於助。莫不善於貢。貢者校數歲之中以爲常。樂歲。粒米狼戾。多取之而不爲虐。則寡取之。凶年。糞其田而不足。則必取盈焉。爲民父母。使民盻盻然。將終歲勤動。不得以養其父母。又稱貸而益之。使老稚轉乎溝壑。惡在其爲民父母也。夫世祿滕固行之矣。詩云。雨我公田。遂及我私。惟助爲有公田。由此觀之。雖周亦助也。設爲庠序學校以敎之。庠者養也。校者敎也。序者射也。夏曰校。殷曰序。周曰庠。學則三代共之。皆所以明人倫也。人倫明於上。小民親於下。有王者起。必來取法。是爲王者師也。詩云。周雖舊邦。其命維新。文王之謂也。子力行之。亦以新子之國。使畢戰。問井地。孟子曰。子之君。將行仁政。選擇而使子。子必勉之。夫仁政。必自經界始。經界不正。井地不均。穀祿不平。是故暴君汙吏。必慢其經界。經界既正。分田制祿。可坐而定也。夫滕。壤地褊小。將爲君子焉。將爲野人焉。無君子。莫治野人。無野人。莫養君子。請野九一而助。國中什一使自賦。卿以下。必有圭田。圭田五十畝。餘夫。二十五畝。死徙無出鄉。鄉田同井。出入相友。守望相助。疾病相扶持。則百姓親睦。方里而井井九百畝。其中爲公田。八家皆私百畝。同養公田。公事畢。然後敢治私事。所人別野人也。此其大略也。若夫潤澤之。則在君與子矣。

〇有爲神農之言者許行。自楚之滕。踵門而告文公曰。遠方之人。聞君行仁政。願受一廛而爲氓。文公與之處。其徒數十人。皆衣褐。捆屨織席。以爲食。陳良之徒陳相。與其弟辛。負耒耜。而自宋之滕。曰。聞君行聖人之政。是亦聖人也。願爲聖人氓。陳相見許行。而大悅。盡棄其學而學焉。陳相見孟子。道許行之言。曰滕君則誠賢君也。雖然未聞道也。賢者與民並耕而食。饔飧而治。今也滕有倉廩府庫。則是厲民而以自養也。惡得賢。孟子曰。許子必種粟而後食乎。曰然。許子必織布而後衣乎。曰否。許子衣褐。許子冠乎。曰冠。曰奚冠。曰冠素。曰自織之與。曰否。以粟易之。曰許子奚爲不自織。曰害於耕。曰許子以釜甑爨。以鐵耕乎。曰然。自爲之與。曰否。以粟易之。以粟易械器者。不爲厲陶冶。陶冶亦以其械器易粟者。豈爲厲農夫哉。且許子何不爲陶冶。舍皆取諸其宮中而用之。何爲紛紛然與百工交易。何許子之不憚煩。曰。百工之事。固不可耕且爲也。然則治天下。獨可耕且爲與。有大人之事。有小人之事。且一人之身。而百工之所爲備。如必自爲而後用之。是率天下而路也。故曰。或勞心。或勞力。勞心者治人。勞力者治於人。治於人者食人。治人者食於人。天下之通義也。當堯之時。天下猶未平。洪水橫流。氾濫於天下。草木暢茂。禽獸繁殖。五穀不登。禽獸偪人。獸蹄鳥跡之道。交於中國。堯獨憂之。舉舜而敷治焉。舜使益掌火。益烈山澤而焚之。禽獸逃匿。禹疏九河。瀹濟漯。而注諸海。決汝漢。排淮泗。而注之江。然後中國可得而食也。當是時也。禹八年於外。三過其門而不入。雖欲耕得乎。后稷教民稼穡。樹藝五穀。五穀熟而民人育。人之有道也。飽食煖衣。逸居而無教。則近於禽獸。聖人有憂之。使契爲司徒。教以人倫。父子有親。君臣有義。夫婦有別。長幼有序。朋友有信。放勳曰。勞之來之匡之直之輔之翼之。使自得之。又從也振德之。聖人之憂民如此。而暇耕乎。堯以不得舜爲己憂。舜以不得禹皋陶爲己憂。夫以百畝之不易爲己憂者。農夫也。分人以財謂之惠。教人以善謂之忠。爲天下得人者謂之仁。是故以天下與人易。爲天下得人難。孔子曰。大哉。堯之爲君。惟天爲大。惟堯則之。蕩蕩乎民無能名焉。君哉舜之。巍巍乎有天下而不與焉。堯舜之治天下。豈無所用其心哉。亦不用於耕耳。吾聞用夏變夷者。未聞變於夷者也。陳良楚產也。悅周公仲尼之道。北學於中國。北方之學者。未能或之先也。彼所謂豪傑之士也。子之兄弟。事之數十年。師死而遂倍之。昔者。孔子沒。三年之外。門人治任將歸。入揖於子貢。相嚮而哭。皆失聲。然後歸。子貢反。築室於場。獨居三年。然後歸。他日。子夏子張子游以有若似聖人。欲以所事孔子事之。彊曾子。曾子曰。不可。江漢以濯之。秋陽以暴之。皜皜乎。不可尚已。今也南蠻鴃舌之人。非先王之道。子倍子之師而學之。亦異於曾子矣。吾聞出於幽谷。遷於喬木者。未聞下喬木。而入於幽谷者。魯頌曰。戎狄是膺。荆舒是懲。周公方且膺之。子是之學。亦爲不善變矣。從許子之道。則市賈不貳。國中無僞。雖使五尺之童適市。莫之或欺。布帛長短同。則賈相若。麻縷絲絮輕重同。則賈相若。五穀多寡同。則賈相若。屨大小同。則賈相若。曰。夫物之不齊。物之情也。或相倍蓰。或相什伯。或相千萬。子比而同之。是亂天下也。巨屨小屨同賈。人豈爲之哉。從許子之道。相率而爲僞者也。惡能治國家。

⊙墨者夷之。因徐辟而求見孟子。孟子曰。吾固願見。今吾尚病。病愈。我且往見。夷子不來。他日又求見孟子。孟子曰。吾今則可以見矣。不直。則道不見。我且直之。吾聞夷子墨者。墨之治喪也。以薄爲其道也。夷子思以易天下。豈以爲非是而不貴也。然而夷子葬其親厚。則是以所賤事親也。徐子以告夷子。夷子曰。儒者之道。古之人若保赤子。此言何謂也。之則以爲愛無差等。施由親始。徐子以告孟子。孟子曰。夫夷子信以爲人之親其兄之子。爲若親其鄰之赤子乎。彼有取爾也。赤子匍匐將入井。非赤子之罪也。且天之生物也。使之一本。而夷子二本故也。蓋上世。嘗有不葬其親者。其親死。則舉而委之於壑。他日過之。狐狸食之。蠅蚋姑嘬之。其顙有泚。睨而不視。夫泚也。非爲人泚。中心達於面目。蓋歸反虆梩而掩之。掩之誠是也。則孝子仁人之掩其親。亦必有道矣。徐子以告夷子。夷子憮然爲閒曰。命之矣。

滕文公章句下　凡十章

○陳代曰。不見諸侯宜若小然。今一見之。大則以王。小則以霸。且志曰。枉尺而直尋。宜若可爲也。孟子曰。昔齊景公田。招虞人以旌。不至。將殺之。志士不忘在溝壑。勇士不忘喪其元。孔子奚取焉。取非其招不往也。如不待其招而往何哉。且夫枉尺而直尋者。以利言也。如以利則枉尋直尺而利。亦可爲與。昔者趙簡子使王良。與嬖奚乘。終日而不獲一禽。嬖奚反命曰。天下之賤工也。或以告王良。良曰。請復之。彊而後可一朝而獲十禽。嬖奚反命曰。天下之良工也。簡子曰。我使掌與女乘。謂王良。良不可。曰。吾爲之範我馳驅。終日不獲一。爲之詭遇。一朝而獲十。詩云。不失其馳。舍矢如破。我不貫與小人乘。請辭。御者且羞與射者比。比而得禽獸。雖若丘陵弗爲也。如枉道而從彼何也。且子過矣。枉己者未有能直人者也。

○景春曰。公孫衍張儀豈不誠大丈夫哉。一怒而諸侯懼。安居而天下熄。孟子曰。是焉得爲大丈夫乎。子未學禮乎。丈夫之冠也。父命之。女子之嫁也。母命之。往送之門。戒之曰。往之女家。必敬必戒。無違夫子。以順爲正者。妾婦之道也。居天下之廣居。立天下之正位。行天下之大道。得志與民由之。不得志獨行其道。富貴不能淫。貧賤不能移。威武不能屈。此之謂大丈夫。

○周霄問曰。古之君子仕乎。孟子曰。仕。傳曰。孔子三月無君。則皇皇如也。出疆必載質。公明儀曰。古之人三月無君則弔。三月無君則弔。不以急乎。曰。士之失位也。猶諸侯之失國家也。禮曰。諸侯耕助。以供粢盛。夫人蠶繅。以爲衣服。犧牲不成。粢盛不潔。衣服不備。不敢以祭。惟士無田。則亦不祭。牲殺器皿。衣服不備。不敢以祭。則不敢以宴。亦不足弔乎。出疆必載質。何也。曰。士之仕也。猶農夫之耕也。農夫豈爲出疆。舍其耒耜哉。曰。晉國亦仕國也。未嘗聞仕如此其急。仕如此其急也。君子之難仕何也。曰。丈夫生而願爲之有室。女子生。而願爲之有家。父母之心。人皆有之。不待父母之命。媒妁之言。鑽穴隙相窺。踰牆相從。則父母國人。皆賤之。古之人。未嘗不欲仕也。又惡不由其道。不由其道而往者。與鑽穴隙之類也。

○彭更問曰。後車數十乘。從者數百人。以傳食於諸侯。不以泰乎。孟子曰。非其道。則一簞食。不可受於人。如其道。則舜受堯之天下。不以爲泰。子以爲泰乎。曰。否。士無事而食。不可也。曰。子不通功易事。以羨補不足。則農有餘粟。女有餘布。子如通之。則梓匠輪輿皆得食於子。於此有人焉。入則孝。出則弟。守先王之道。以待後之學者。而不得食於子。子何尊梓匠輪輿。而輕爲仁義者哉。曰。梓匠輪輿。其志將以求食也。君子之爲道也。其志亦將以求食與。曰。子何以其志爲哉。其有功於子。可食而食之矣。且子食志乎。食功乎。曰。食志。曰。有人於此。毀瓦畫墁。其志將以求食也。則子食之乎。曰。否。曰。然則子非食志也。食功也。

○萬章問曰。宋小國也。今將行王政。齊楚惡而伐之。則如之何。孟子曰。湯居亳。與葛爲鄰。葛伯放而不祀。湯使人問之曰。何爲不祀。曰。無以供犧牲也。湯使遺之牛羊。葛伯食之。又不以祀。湯又使人問之曰。何爲不祀。曰。無以供粢盛也。湯使亳衆。往爲之耕。老弱饋食。葛伯率其民。要其有酒食黍稻者奪之。不授者殺之。有童子以黍肉餉。殺而奪之。書曰。葛伯仇餉。此之謂也。爲其殺是童子而征之。四海之內。皆曰非富天下也。爲匹夫匹婦復讎也。湯始征。自葛載。十一征。而無敵於天下。東面而征。西夷怨。南面而征。北狄怨。曰。奚爲後我。民之望之。若大旱之望雨也。歸市者弗止。芸者不變。誅其君。弔其民。如時雨降。民大悅。書曰。徯我后。后來其無罰。有攸不爲臣。東征。綏厥士女。匪厥玄黃。紹我周王見休。惟臣附于大邑周。其君子。實玄黃于匪。以迎其君子其小人。簞食壺漿。以迎其小人救民於水火之中。取其殘而已矣。太誓曰。我武惟揚。侵于之疆。則取于殘。殺伐用張。于湯有光。不行王政云爾。苟行王政。四海之內。皆舉首而望之。欲以爲君。齊楚雖大。何畏焉。

〇孟子謂戴不勝曰。子欲子之王之善與。我明告子。有楚大夫於此。欲其子之齊語也。則使齊人傅諸。使楚人傅諸。曰。使齊人傅之。曰。一齊人傅之。衆楚人咻之。雖日撻而求其齊也。不可得矣。引而置之莊嶽之間數年。雖日撻而求其楚。亦不可得矣。子謂薛居州。善士也。使之居於王所。在於王所者。長幼卑尊。皆薛居州也。王誰與爲不善。在王所者。長幼卑尊。皆非薛居州也。王誰與爲善。一薛居州。獨如宋王何。

〇公孫丑問曰。不見諸侯何義。孟子曰。古者不爲臣不見。段干木踰垣而辟之。泄柳閉門而不內。是皆已甚。迫斯可以見矣。陽貨欲見孔子。而惡無禮。大夫有賜於士。不得受於其家。則往拜其門。陽貨矙孔子之亡也。而饋孔子蒸豚。孔子亦矙其亡也。而往拜之。當是時。陽貨先。豈得不見。曾子曰。脅肩諂笑。病于夏畦。子路曰。未同而言。觀其色。赧赧然非由之所知也。由是觀之。則君子之所養。可知已矣。

〇戴盈之曰。什一去關市之征。今茲未能。請輕之。以待來年然後已。何如。孟子曰。今有人日攘其鄰之雞者。或告之曰。是非君子之道。曰。請損之。月攘一雞。以待來年。然後已。如知其非義。斯速已矣。何待來年。

〇公都子曰。外人皆稱夫子好辯。敢問何也。孟子曰。予豈好辯哉。予不得已也。天下之生久矣。一治一亂。當堯之時。水逆行。氾濫於中國。蛇龍居之。民無所定。下者爲巢。上者爲營窟。書曰。洚水警余。洚水者。洪水也。使禹治之。禹掘地而注之海。驅蛇龍而放之菹。水由地中行。江淮河漢是也。險阻既遠。鳥獸之害人者消。然後人得平土而居之。堯舜既沒。聖人之道衰。暴君代作。壞宮室以爲汙池。民無所安息。棄田以爲園囿。使民不得衣食。邪說暴行又作。園囿汙池沛澤多而禽獸至。及紂之身。天下又大亂。周公相武王。誅紂伐奄。三年討其君。驅飛廉於海隅而戮之。滅國者五十。驅虎豹犀象而遠之。天下大悅。書曰。丕顯哉。文王謨。丕承哉。武王烈。佑啓我後人。咸以正無缺。世衰道微。邪說暴行有作。臣弑其君者有之。子弑其父者有之。孔子懼。作春秋。春秋。天子之事也。是故孔子曰。知我者其惟春秋乎。罪我者其惟春秋乎。聖王不作。諸侯放恣。處士橫議。楊朱墨翟之言盈天下。天下之言。不歸楊則歸墨。楊氏爲我。是無君也。墨氏兼愛。是無父也。無父無君。是禽獸也。公明儀曰。庖有肥肉。廄有肥馬。民有飢色。野有餓莩。此率獸而食人也。楊墨之道不息。孔子之道不著。是邪說誣民。充塞仁義也。仁義充塞。則率獸食人。人將相食。吾爲此懼。閑先聖之道。距楊墨。放淫辭。邪說者不得作。作於其心。害於其事。作於其事。害於其政。聖人復起。不易吾言矣。昔者禹抑洪水而天下平。周公兼夷狄驅猛獸而百姓寧。孔子成春秋而亂臣賊子懼。詩云。戎狄是膺。荊舒是懲。則莫我敢承。無父無君。是周公所膺也。我亦欲正人心。息邪說。距詖行。放淫辭。以承三聖者。豈好辯哉。予不得已也。能言距楊墨者。聖人之徒也。

〇匡章曰。陳仲子豈不誠廉士哉。居於陵。三日不食。耳無聞。目無見也。井上有李。螬食實者過半矣。匍匐往將食之。三咽。然後耳有聞。目有見。孟子曰。於齊國之士。吾必以仲子爲巨擘焉。雖然。仲子惡能廉。充仲子之操。則蚓而後可者也。夫蚓上食槁壤。下飲黃泉。仲子所居之室。伯夷之所築與。抑亦盜跖之所築與。所食之粟。伯夷之所樹與。抑亦盜跖之所樹與。是未可知也。曰。是何傷哉。彼身織屨。妻辟纑。以易之也。曰。仲子齊之世家也。兄戴。蓋祿萬鍾。以兄之祿。爲不義之祿。而不食也。以兄之室。爲不義之室。而不居也。避兄離母。處於於陵。他日歸。則有饋其兄生鵝者。己頻顣曰。惡用是鶃鶃者爲哉。他日其母殺是鵝也。與之食之。其兄自外至。曰。是鶃鶃之肉也。出而哇之。以母則不食。以妻則食之。以兄之室則弗居。以於陵則居之。是尙爲能充其類也乎。若仲子者。蚓而後充其操者也。

梁惠王

孟子。梁惠王。梁襄王。齊宣王。胡齕。

莊　暴

莊暴。句踐。公劉。姜女。穆公。滕文公。魯平公。臧倉。樂正子。

公孫丑　上

公孫丑。曾西。武丁。微仲。膠鬲。孟賁。北宮黝。告子。孟施舍。子襄。

公孫丑　下

孟仲子。東郭氏。景丑氏。陳臻。孔距心。沈同。子噲。子之。陳賈。管叔。時子。陳子。季孫。子叔疑。魯繆公。泄柳。申詳。尹士。高子。

滕文公　上

成覸。滕定公。然友。公明儀。龍子。畢戰。神農。許行。陳良。陳相。益。契。夷之。徐辟。

滕文公　下

陳代。虞人。趙簡子。王良。嬖奚。景春。公孫衍。張儀。周霄。彭更。萬章。戴不勝。薛居州。段干木。戴盈之。公都子。飛廉。楊朱。墨翟。匡章。陳仲子。盜跖。

離婁章句上　凡二十八章

〇孟子曰。離婁之明。公輸子之巧。不以規矩。不能成方員。師曠之聰。不以六律。不能正五音。堯舜之道。不以仁政。不能平治天下。今有仁心仁聞。而民不被其澤。不可法於後世者。不行先王之道也。故曰。徒善不足以爲政。徒法不能以自行。詩云。不愆不忘。率由舊章。遵先王之法而過者。未之有也。聖人既竭目力焉。繼之以規矩準繩。以爲方員平直。不可勝用也。既竭耳力焉。繼之以六律正五音。不可勝用也。既竭心思焉。繼之以不忍人之政。而仁覆天下矣。故曰。爲高必因丘陵。爲下必因川澤。爲政不因先王之道。可謂智乎。是以惟仁者宜在高位。不仁而在高位。是播其惡於衆也。上無道揆也。下無法守也。朝不信道。工不信度。君子犯義。小人犯刑。國之所存者幸也。故曰。城郭不完。兵甲不多。非國之災也。田野不辟。貨財不聚。非國之害也。上無禮。下無學。賊民興。喪無日矣。詩曰。天之方蹶。無然泄泄。泄泄猶沓沓也。事君無義。進退無禮。言則非先王之道者猶沓沓也。故曰。責難於君。謂之恭。陳善閉邪。謂之敬。吾君不能。謂之賊。

〇孟子曰。規矩方員之至也。聖人人倫之至也。欲爲君盡君道。欲爲臣盡臣道。二者皆法堯舜而已矣。不以舜之所以事堯事君。不敬其君者也。不以堯之所以治民治民。賊其民者也。孔子曰。道二。

仁與不仁而已矣。暴其民。甚則身弑國亡。不甚則身危國削。名之曰幽厲。雖孝子慈孫。百世不能改也。詩云。殷鑒不遠。在夏后之世。此之謂也。

○孟子曰。三代之得天下也以仁。其失天下也以不仁。國之所以廢興存亡者亦然。天子不仁。不保四海。諸侯不仁。不保社稷。卿大夫不仁。不保宗廟。士庶人不仁。不保四體。今惡死亡而樂不仁。是猶惡醉而強酒。

○孟子曰。愛人不親。反其仁。治人不治。反其智。禮人不答。反其敬。行有不得者。皆反求諸己。其身正而天下歸之。詩云。永言配命。自求多福。

○孟子曰。人有恒言。皆曰天下國家。天下之本在國。國之本在家。家之本在身。

○孟子曰。爲政不難。不得罪於巨室。巨室之所慕。一國慕之。一國之所慕。天下慕之。故沛然德教溢乎四海。

○孟子曰。天下有道。小德役大德。小賢役大賢。天下無道。小役大。弱役強。斯二者天也。順天者存。逆天者亡。齊景公曰。既不能令。又不受命。是絕物也。涕出而女於吳。今也小國師大國。而恥受命焉。是猶弟子而恥受命於先師也。如恥之。莫若師文王。師文王。大國五年。小國七年。必爲政於天下矣。詩云。商之孫子。其麗不億。上帝既命。侯于周服。侯服于周。天命靡常。殷士膚敏。祼將于京。孔子曰。仁不可爲衆也。夫國君好仁。天下無敵。今也欲無敵於天下。而不以仁。是猶執熱而不以濯也。詩云。誰能執熱。逝不以濯。

○孟子曰。不仁者可與言哉。安其危而利其菑。樂其所以亡者。不仁而可與言。則何亡國敗家之有。有孺子歌曰。滄浪之水清兮。可以濯我纓。滄浪之水濁兮。可以濯我足。孔子曰。小子聽之。清斯濯纓。濁斯濯足矣。自取之也。夫人必自侮。然後人侮之。家必自毀。而後人毀之。國必自伐。而後人伐之。太甲曰。天作孽。猶可違。自作孽。不可活。此之謂也。

○孟子曰。桀紂之失天下也。失其民也。失其民者。失其心也。得天下有道。得其民。斯得天下矣。得其民有道。得其心。斯得民矣。得其心有道。所欲與之聚之。所惡勿施爾也。民之歸仁也。猶水之就下。獸之走壙也。故為淵敺魚者獺也。為叢敺爵者鸇也。為湯武敺民者桀與紂也。今天下之君。有好仁者。則諸侯皆為之敺矣。雖欲無王。不可得已。今之欲王者。猶七年之病。求三年之艾也。苟為不畜。終身不得。苟不志於仁。終身憂辱。以陷於死亡。詩云。其何能淑。載胥及溺。此之謂也。

○孟子曰。自暴者不可與有言也。自棄者不可與有為也。言非禮義。謂之自暴也。吾身不能居仁由義。謂之自棄也。仁人之安宅也。義人之正路也。曠安宅而弗居。舍正路而弗由。哀哉。

○孟子曰。道在爾而求諸遠。事在易而求諸難。人人親其親。長其長。而天下平。

○孟子曰。居下位而不獲於上。民不可得而治也。獲於上有道。不信於友弗獲於上矣。信於友有道。事親弗悅。弗信於友矣。悅親有道。反身不誠。不悅於親矣。誠身有道。不明乎善。不誠其身矣。

是故誠者天之道也。思誠者人之道也。至誠而不動者。未之有也。不誠未有能動者也。

○孟子曰。伯夷辟紂。居北海之濱。聞文王作。興曰。盍歸乎來。吾聞西伯善養老者。太公辟紂。居東海之濱。聞文王作。興曰。盍歸乎來。吾聞西伯善養老者。二老者天下之大老也。而歸之。是天下之父歸之也。天下之父歸之。其子焉往。諸侯有行文王之政者。七年之內。必爲政於天下矣。

○孟子曰。求也。爲季氏宰。無能改於其德。而賦粟倍他日。孔子曰。求非我徒也。小子鳴鼓而攻之可也。由此觀之。君不行仁政而富之。皆棄於孔子者也。況於爲之強戰。爭地以戰。殺人盈野。爭城以戰。殺人盈城。此所謂率土地而食人肉。罪不容於死。故善戰者服上刑。連諸侯者次之。辟草萊任土地者次之。

○孟子曰。存乎人者莫良於眸子。眸子不能掩其惡。胷中正。則眸子瞭焉。胷中不正。則眸子眊焉。聽其言也。觀其眸子。人焉廋哉。

○孟子曰。恭者不侮人。儉者不奪人。侮奪人之君。惟恐不順焉。惡得爲恭儉。恭儉豈可以聲音笑貌爲哉。

○淳于髡曰。男女授受不親。禮與。孟子曰。禮也。曰。嫂溺則援之以手乎。曰。嫂溺不援。是豺狼也。男女授受不親禮也。嫂溺援之以手者權也。曰。今天下溺矣。夫子之不援。何也。曰。天下溺援之以道。嫂溺援之以手。子欲手援天下乎。

○公孫丑曰。君子之不教子。何也。孟子曰。勢不行也。教者必以正。以正不行。繼以之怒。則反夷矣。夫子教我以正。夫子未出於正也。則是父子相夷也。父子相夷。則惡矣。古者易子而教之。父子之間不責善。責善則離。離則不祥莫大焉。

○孟子曰。事孰爲大。事親爲大。守孰爲大。守身爲大。不失其身而能事其親者。吾聞之矣。失其身而能事其親者。吾未之聞也。孰不爲事。事親事之本也。孰不爲守。守身守之本也。曾子養曾晳。必有酒肉。將徹。必請所與。問有餘。必曰有。曾晳死。曾元養曾子。必有酒肉。將徹。不請所與。問有餘。曰亡矣。將以復進也。此所謂養口體者也。若曾子則可謂養志也。事親若曾子者可也。

○孟子曰。人不足與適也。政不足間也。惟大人爲能格君心之非。君仁莫不仁。君義莫不義。君正莫不正。一正君。而國定矣。

○孟子曰。有不虞之譽。有求全之毀。

○孟子曰。人之易其言也。無責耳矣。

○孟子曰。人之患在好爲人師。

○樂正子從於子敖之齊。樂正子見孟子。孟子曰。子亦來見我乎。曰。先生何爲出此言也。曰。子來幾日矣。曰。昔者。曰。昔者則我出此言也。不亦宜乎。曰。舍館未定。曰。子聞之也。舍館定。然後求見長者乎。曰。克有罪。

○孟子謂樂正子曰。子之從於子敖來。徒餔啜也。我不意子學古之道。而以餔啜也。

○孟子曰。不孝有三。無後爲大。舜不告而娶。爲無後也。君子以爲猶告也。

○孟子曰。仁之實事親是也。義之實從兄是也。智之實。知斯二者。弗去是也。禮之實。節文斯二者是也。樂之實。樂斯二者。樂則生矣。生則惡可已也。惡可已。則不知足之蹈之。手之舞之。

○孟子曰。天下大悅而將歸己。視天下悅而歸己。猶草芥也。惟舜爲然。不得乎親。不可以爲人。不順乎親。不可以爲子。舜盡事親之道。而瞽瞍厎豫。瞽瞍厎豫。而天下化。瞽瞍厎豫。而天下之爲父子者定。此之謂大孝。

離婁章句下　凡三十三章

○孟子曰。舜生於諸馮。遷於負夏。卒於鳴條。東夷之人也。文王生於岐周。卒於畢郢。西夷之人也。地之相去也。千有餘里。世之相後也。千有餘歲。得志行乎中國。若合符節。先聖後聖。其揆一也。

○子產聽鄭國之政。以其乘輿。濟人於溱洧。孟子曰。惠而不知爲政。歲。十一月徒杠成。十二月輿梁成。民未病涉也。君子平其政。行辟人可也。焉得人人而濟之。故爲政者。每人而悅之。日亦不足矣。

○孟子告齊宣王曰。君之視臣如手足。則臣視君如腹心。君之視臣如犬馬。則臣視君如國人。君之視臣如土芥。則臣視君如寇讎。王曰。禮爲舊君有服。何如斯可爲服矣。曰。諫行言聽。膏澤下於民。有故而去。則君使人導之出疆。又先於其所往。去三年不返。然後收其田里。此之謂三有禮焉。如此則爲之服矣。今也爲臣。諫則不行。言則不聽。膏澤不下於民。有故而去。則君搏執之。又極之於其所往。去之日。遂收其田里。此之謂寇讎。寇讎何服之有。

○孟子曰。無罪而殺士。則大夫可以去。無罪而戮民。則士可以徙。

○孟子曰。君仁莫不仁。君義莫不義。

○孟子曰。非禮之禮。非義之義。大人弗爲。

○孟子曰。中也養不中。才也養不才。故人樂有賢父兄也。如中也棄不中。才也棄不才。則賢不肖之相去。其間不能以寸。

○孟子曰。人有不爲也。而後可以有爲。

○孟子曰。言人之不善。當如後患何。

○孟子曰。仲尼不爲已甚者。

○孟子曰。大人者言不必信。行不必果。惟義所在。

○孟子曰。大人者不失其赤子之心者也。

○孟子曰。養生者不足以當大事。惟送死可以當大事。

○孟子曰。君子深造之以道。欲其自得之也。自得之則居之安。居之安則資之深。資之深則取之左右逢其原。故君子欲其自得之也。

○孟子曰。博學而詳說之。將以反說約也。

○孟子曰。以善服人者。未有能服人者也。以善養人。然後能服天下。天下不心服而王者未之有也。

○孟子曰。言無實不祥。不祥之實。蔽賢者當之。

○徐子曰。仲尼亟稱於水曰。水哉水哉。何取於水也。孟子曰。原泉混混。不舍晝夜。盈科而後進。放乎四海。有本者如是。是之取爾。苟爲無本。七八月之間雨集。溝澮皆盈。其涸也。可立而待也。故聲聞過情。君子恥之。

○孟子曰。人之所以異於禽獸者幾希。庶民去之。君子存之。舜明於庶物。察於人倫。由仁義行。非行仁義也。

○孟子曰。禹惡旨酒而好善言。湯執中。立賢無方。文王視民如傷。望道而未之見。武王不泄邇。不忘遠。周公思兼三王。以施四事。其有不合者。仰而思之。夜以繼日。幸而得之。坐以待旦。

○孟子曰。王者之迹熄。而詩亡。詩亡然後春秋作。晉之乘。楚之檮杌。魯之春秋。一也。其事則齊桓晉文。其文則史。孔子曰。其義則丘竊取之矣。

○孟子曰。君子之澤。五世而斬。小人之澤。五世而斬。予未得爲孔子徒也。予私淑諸人也。

○孟子曰。可以取。可以無取。取傷廉。可以與。可以無與。與傷惠。可以死。可以無死。死傷勇。

○逄蒙學射於羿。盡羿之道。思天下惟羿爲愈己。於是殺羿。孟子曰。是亦羿有罪焉。公明儀曰。宜若無罪焉。曰。薄乎云爾。惡得無罪。鄭人使子濯孺子侵衛。衛使庾公之斯追之。子濯孺子曰。今日我疾作。不可以執弓。吾死矣夫。問其僕曰。追我者誰也。其僕曰。庾公之斯也。曰。吾生矣。其僕曰。庾公之斯。衛之善射者也。夫子曰。吾生。何謂也。曰。庾公之斯。學射於尹公之他。尹公之他。學射於我。夫尹公之他。端人也。其取友必端矣。庾公之斯至。曰。夫子何爲不執弓。曰。今日我疾作。不可以執弓。曰。小人學射於尹公之他。尹公之他。學射於夫子。我不忍以夫子之道。反害夫子。雖然。今日之事。君事也。我不敢廢。抽矢扣輪。去其金。發乘矢而後反。

○孟子曰。西子蒙不潔。則人皆掩鼻而過之。雖有惡人。齊戒沐浴。則可以祀上帝。

○孟子曰。天下之言性也。則故而已矣。故者以利爲本。所惡於智者。爲其鑿也。如智者。若禹之行水也。則無惡於智矣。禹之行水也。行其所無事也。如智者亦行其所無事。則智亦大矣。天之高也。星辰之遠也。苟求其故。千歲之日至。可坐而致也。

○公行子有子之喪。右師往弔。入門。有進而與右師言者。有就右師之位而與右師言者。孟子不與右師言。右師不悅曰。諸君子皆與驩言。孟子獨不與驩言。是簡驩也。孟子聞之曰。禮。朝廷不歷位而相與言。不踰階而相揖也。我欲行禮。子敖以我爲簡。不亦異乎。

○孟子曰。君子所以異於人者。以其存心也。君子以仁存心。以禮存心。仁者愛人。有禮者敬人。愛人者人恆愛之。敬人者人恆敬之。有人於此。其待我以橫逆。則君子必自反也。我必不仁也。必無禮也。此物奚宜至哉。其自反而仁矣。自反而有禮矣。其橫逆由是也。君子必自反也。我必不忠。自反而忠矣。其橫逆由是也。君子曰。此亦妄人也已矣。如此則與禽獸奚擇哉。於禽獸又何難焉。是故君子有終身之憂。無一朝之患也。乃若所憂則有之。舜人也。我亦人也。舜爲法於天下。可傳於後世。我由未免爲鄉人也。是則可憂也。憂之如何。如舜而已矣。若夫君子所患則亡矣。非仁無爲也。非禮無行也。如有一朝之患。則君子不患矣。

○禹稷當平世。三過其門而不入。孔子賢之。顏子當亂世。居於陋巷。一簞食。一瓢飲。人不堪其憂。顏子不改其樂。孔子賢之。孟子曰。禹稷顏回同道。禹思天下有溺者。由己溺之也。稷思天下有飢者。由已飢之也。是以如是其急也。禹稷顏子。易地則皆然。今有同室之人鬬者。救之。雖被髮纓冠而救之。可也。鄉鄰有鬬者。被髮纓冠而往救之。則惑也。雖閉戶可也。

○公都子曰。匡章通國皆稱不孝焉。夫子與之遊。又從而禮貌之。敢問何也。孟子曰。世俗所謂不孝者五。惰其四支。不顧父母之養。一不孝也。博弈好飲酒。不顧父母之養。二不孝也。好貨財私妻子。不顧父母之養。三不孝也。從耳目之欲以爲父母戮。四不孝也。好勇鬭狠以危父母。五不孝也。夫章子有一於是乎。夫章子。子父責善。而不相遇也。責善。朋友之道也。父子責善。賊恩之大者。夫章子豈不欲有夫妻子母之屬哉。爲得罪於父。不得近。出妻屛子。終身不養焉。其設心以爲不若是。是則罪之大者。是則章子已矣。

○曾子居武城。有越寇。或曰寇至。盍去諸。曰。無寓人於我室。毀傷其薪木。寇退。則曰。修我牆屋。我將反。寇退。曾子反。左右曰。待先生如此其忠且敬也。寇至則先去以爲民望。寇退則反。殆於不可。沈猶行曰。是非汝所知也。昔沈猶有負芻之禍。從先生者七十人。未有與焉。子思居於衞。有齊寇。或曰寇至。盍去諸。子思曰。如伋去。君誰與守。孟子曰。曾子子思同道。曾子師也。父兄也。子思臣也。微也。曾子子思。易地則皆然。

○儲子曰。王使人瞯夫子。果有異於人乎。孟子曰。何以異於人哉。堯舜與人同耳。

○齊人有一妻一妾而處室者。其良人出。則必饜酒肉而後反。其妻問所與飲食者。則盡富貴也。其妻告其妾曰。良人出。則必饜酒肉而後反。問其與飲食者。盡富貴也。而未嘗有顯者來。吾將瞯良人之所之也。蚤起。施從良人之所之。偏國中無與立談者。卒之東郭墦閒之祭者。乞其餘不足。又顧而之他。此其爲饜足之道也。其妻歸。告其妾曰。良人者所仰望而終身也。今若此。與其妾訕其良人。而相泣於中庭。而良人未之知也。施施從外來。驕其妻妾。由君子觀之。則人之所以求富貴利達者，其妻妾不羞也。而不相泣者幾希矣。

萬章章句上　凡九章

○萬章問曰。舜往于田。號泣于旻天。何爲其號泣也。孟子曰。怨慕也。萬章曰。父母愛之。喜而不忘。父母惡之，勞而不怨。然則舜怨乎。曰。長息問於公明高曰。舜往于田。則吾既得聞命矣。號泣于旻天于父母。則吾不知也。公明高曰。是非爾所知也。夫公明高以孝子之心。爲不若是恝。我竭力耕田。共爲子職而已矣。父母之不我愛。於我何哉。帝使其子九男二女百官牛羊倉廩備。以事舜於畎畝之中。天下之士多就之者。帝將胥天下而遷之焉。爲不順於父母。如窮人無所歸。天下之士悅之。人之所欲也。而不足以解憂。好色人之所欲。妻帝之二女而不足以解憂。富人之所欲。富有天下而不足以解憂。貴人之所欲。貴爲天子而不足以解憂。人悅之好色富貴無足以解憂者。惟順於父母。可以解憂。人少則慕父母。知好色則慕少艾。有妻子則慕妻子。仕則慕君。不得於君則熱中。大孝終身慕父母。五十而慕者，予於大舜見之矣。

○萬章問曰。詩云。娶妻如之何。必告父母。信斯言也。宜莫如舜。舜之不告而娶。何也。孟子曰。告則不得娶。男女居室。人之大倫也。如告則廢人之大倫。以懟父母。是以不告也。萬章曰。舜之不告而娶。則吾既得聞命矣。帝之妻舜而不告。何也。曰。帝亦知告焉。則不得妻也。萬章曰。父母使舜完廩。捐階。瞽瞍焚廩。使浚井出。從而揜之。象曰。謨蓋都君。咸我績。牛羊父母。倉廩父母。干戈朕。琴朕。弤朕。二嫂使治朕棲。象往入舜宮。舜在牀琴。象曰。鬱陶思君爾。忸怩。舜曰。惟茲臣庶。汝其于予治。不識舜不知象之將殺己與。曰。奚而不知也。象憂亦憂。象喜亦喜。曰。然則舜僞喜者與。曰。否。昔者有饋生魚於鄭子產。子產使校人畜之池。校人烹之。反命曰。始舍之圉圉焉。少則洋洋焉。攸然而逝。子產曰。得其所哉。得其所哉。校人出。曰。孰謂子產智。予既烹而食之。曰。得其所哉。得其所哉。故君子可欺以其方。難罔以非其道。彼以愛兄之道來。故誠信而喜之。奚僞焉。

〇萬章問曰。象日以殺舜爲事。立爲天子。則放之。何也。孟子曰。封之也。或曰放焉。萬章曰。舜流共工于幽州。放驩兜于崇山。殺三苗于三危。殛鯀于羽山。四罪而天下咸服。誅不仁也。象至不仁。封之有庳。有庳之人奚罪焉。仁人固如是乎。在他人則誅之。在弟則封之。曰。仁人之於弟也。不藏怒焉。不宿怨焉。親愛之而已矣。親之欲其貴也。愛之欲其富也。封之有庳。富貴之也。身爲天子。弟爲匹夫。可謂親愛之乎。敢問或曰。放者何謂也。曰。象不得有爲於其國。天子使吏治其國。而納其貢稅焉。故謂之放。豈得暴彼民哉。雖然。欲常常而見之。故源源而來。不及貢以政接于有庳。此之謂也。

〇咸丘蒙問曰。語云。盛德之士。君不得而臣。父不得而子。舜南面而立。堯帥諸侯北面而朝之。瞽瞍亦北面而朝之。舜見瞽瞍。其容有蹙。孔子曰。於斯時也。天下殆哉。岌岌乎。不識此語誠然乎哉。孟子曰。否。此非君子之言。齊東野人之語也。堯老而舜攝也。堯典曰。二十有八載。放勳乃徂落。百姓如喪考妣。三年。四海遏密八音。孔子曰。天無二日。民無二王。舜既爲天子矣。又帥天下諸侯以爲堯三年喪。是二天子矣。咸丘蒙曰。舜之不臣堯。則吾既得聞命矣。詩云。普天之下。莫非王土。率土之濱。莫非王臣。而舜既爲天子矣。敢問瞽瞍之非臣如何。曰。是詩也。非是之謂也。勞於王事而不得養父母也。曰。此莫非王事。我獨賢勞也。故說詩者。不以文害辭。不以辭害志。以意逆志。是爲得之。如以辭而已矣。雲漢之詩曰。周餘黎民。靡有孑遺。信斯言也。是周無遺民也。孝子之至。莫大乎尊親。尊親之至。莫大乎以天下養。爲天子父。尊之至也。以天下養。養之至也。詩曰。永言孝思。孝思維則。此之謂也。書曰。祇載見瞽瞍。夔夔齊栗。瞽瞍亦允若。是爲父不得而子也。

○萬章曰。堯以天下與舜有諸。孟子曰。否。天子不能以天下與人。然則舜有天下也。孰與之。曰。天與之。天與之者。諄諄然命之乎。曰。否。天不言。以行與事。示之而已矣。曰。以行與事示之者如之何。曰。天子能薦人於天。不能使天與之天下。諸侯能薦人於天子。不能使天子與之諸侯。大夫能薦人於諸侯。不能使諸侯與之大夫。昔者堯薦舜於天。而天受之。暴之於民。而民受之。故曰。天不言。以行與事示之而已矣。曰。敢問薦之於天而天受之。暴之於民而民受之。如何。曰。使之主祭而百神享之。是天受之。使之主事而事治。百姓安之。是民受之也。天與之。人與之。故曰。天子不能以天下與人。舜相堯。二十有八載。非人之所能爲也。天也。堯崩。三年之喪畢。舜避堯之子於南河之南。天下諸侯朝覲者。不之堯之子而之舜。訟獄者。不之堯之子而之舜。謳歌者。不謳歌堯之子而謳歌舜。故曰天也。夫然後之中國踐天子位焉。而居堯之宮。逼堯之子。是篡也。非天與也。泰誓曰。天視自我民視。天聽自我民聽。此之謂也。

○萬章問曰。人有言。至於禹而德衰。不傳於賢而傳於子。有諸。孟子曰。否。不然也。天與賢則與賢。天與子則與子。昔者舜薦禹於天。十有七年。舜崩。三年之喪畢。禹避舜之子於陽城。天下之民從之。若堯崩之後。不從堯之子而從舜也。禹薦益於天。七年。禹崩。三年之喪畢。益避禹之子於箕山之陰。朝覲訟獄者不之益而之啓。曰。吾君之子也。謳歌者不謳歌益而謳歌啓。曰。吾君之子也。丹朱之不肖。舜之子亦不肖。舜之相堯。禹之相舜也。歷年多。施澤於民久。啓賢能敬承繼禹之道。益之相禹也。歷年少。施澤於民未久。舜禹益相去久遠。其子之賢不肖。皆天也。非人之所能爲也。莫之爲而爲者天也。莫之致而至者命也。匹夫而有天下者。德必若舜禹。而又有天子薦之者。故仲尼不有天下。繼世以有天下。天之所廢。必若桀紂者也。故益伊尹周公。不有天下。伊尹相湯。以王於天下。湯崩太丁未立。外丙二年。仲壬四年。太甲顚覆湯之典刑。伊尹放之於桐。三年。太甲悔過。自怨自艾於桐。處仁遷義。三年以聽伊尹之訓己也。復歸于亳。周公之不有天下。猶益之於夏。伊尹之於殷也。孔子曰。唐虞禪。夏后殷周繼。其義一也。

○萬章問曰。人有言。伊尹以割烹要湯。有諸。孟子曰。否。不然。伊尹耕於有莘之野。而樂堯舜之道焉。非其義也。非其道也。祿之以天下。弗顧也。繫馬千駟。弗視也。非其義也。非其道也。一介不以與人。一介不以取諸人。湯使人以幣聘之。囂囂然曰。我何以湯之聘幣爲哉。我豈若處畎畝之中。由是以樂堯舜之道哉。湯三使往聘之。既而幡然改曰。與我處畎畝之中。由是以樂堯舜之道。吾豈若使是君爲堯舜之君哉。吾豈若使是民爲堯舜之民哉。吾豈若於吾身親見之哉。天之生此民也。使先知覺後知。使先覺覺後覺也。予天民之先覺者也。予將以斯道覺斯民也。非予覺之而誰也。思天下之民。匹夫匹婦。有不被堯舜之澤者。若己推而內之溝中。其自任以天下之重如此。故就湯而說之。以伐夏救民。吾未聞枉己而正人者也。況辱己以正天下者乎。聖人之行不同也。或遠或近。或去或不去。歸潔其身而已矣。吾聞其以堯舜之道要湯。未聞以割烹也。伊訓曰。天誅造攻自牧宮。朕載自亳。

○萬章問曰。或謂孔子於衛主癰疽。於齊主侍人瘠環。有諸乎。孟子曰。否。不然也。好事者爲之也。於衛主顏讎由。彌子之妻與子路之妻。兄弟也。彌子謂子路曰。孔子主我。衛卿可得也。子路以告。孔子曰。有命。孔子進以禮。退以義。得之不得。曰有命。而主癰疽與侍人瘠環。是無義無命也。孔子不悅於魯衛。遭宋桓司馬。將要而殺之。微服而過宋。是時孔子當阨。主司城貞子。爲陳侯周臣。吾聞觀近臣以其所爲主。觀遠臣以其所主。若孔子主癰疽與侍人瘠環。何以爲孔子。

○萬章問曰。或曰百里奚自鬻於秦。養牲者五羊之皮食牛。以要秦穆公。信乎。孟子曰。否。不然。好事者爲之也。百里奚。虞人也。晉人以垂棘之璧。與屈產之乘。假道於虞以伐虢。宮之奇諫。百里奚不諫。知虞公之不可諫而去之秦。年已七十矣。曾不知以食牛干秦穆公之爲汙也。可謂智乎。不可諫而不諫。可謂不智乎。知虞公之將亡而先去之。不可謂不智也。時舉於秦。知穆公之可與有行也。而相之。可謂不智乎。相秦而顯其君於天下。可傳於後世。不賢而能之乎。自鬻以成其君。鄉黨自好者不爲。而謂賢者爲之乎。

萬章章句下　凡九章

○孟子曰。伯夷目不視惡色。耳不聽惡聲。非其君不事。非其民不使。治則進。亂則退。橫政之所出。橫民之所止。不忍居也。思與鄉人處。如以朝衣朝冠。坐於塗炭也。當紂之時。居北海之濱。以待天下之淸也。故聞伯夷之風者。頑夫廉。懦夫有立志。伊尹曰。何事非君。何使非民。治亦進。亂亦進。曰。天之生斯民也。使先知覺後知。使先覺覺後覺。予天民之先覺者也。予將以此道覺此民也。思天下之民。匹夫匹婦。有不與被堯舜之澤者。若己推而內之溝中。其自任以天下之重也。柳下惠不羞汙君。不辭小官。進不隱賢。必以其道。遺佚而不怨。阨窮而不憫。與鄉人處。由由然不忍去也。爾爲爾。我爲我。雖袒裼裸裎於我側。爾焉能浼我哉。故聞柳下惠之風者。鄙夫寬。薄夫敦。孔子之去齊。接淅而行。去魯。曰遲遲吾行也。去父母國之道也。可以速而速。可以久而久。可以處而處。可以仕而仕。孔子也。孟子曰。伯夷聖之淸者也。伊尹聖之任者也。柳下惠聖之和者也。孔子聖之時者也。孔子之謂集大成。集大成也者。金聲而玉振之也。金聲也者。始條理也。玉振之也者。終條理也。始條理者智之事也。終條理者聖之事也。智譬則巧也。聖譬則力也。由射於百步之外也。其至爾力也。其中非爾力也。

⊙北宮錡問曰。周室班爵祿也。如之何。孟子曰。其詳不可得聞也。諸侯惡其害己也。而皆去其籍。然而軻也。嘗聞其略也。天子一位。公一位。侯一位。伯一位。子男同一位。凡五等也。君一位。卿一位。大夫一位。上士一位。中士一位。下士一位。凡六等。天子之制。地方千里。公侯皆方百里。伯七十里。子男五十里。凡四等。不能五十里。不達於天子。附於諸侯。曰附庸。天子之卿。受地視侯。大夫受地視伯。元士受地視子男。大國地方百里。君十卿祿。卿祿四大夫。大夫倍上士。上士倍中士。中士倍下士。下士與庶人在官者同祿。祿足以代其耕也。次國地方七十里。君十卿祿。卿祿三大夫。大夫倍上士。上士倍中士。中士倍下士。下士與庶人在官者同祿。祿足以代其耕也。小國地方五十里。君十卿祿。卿祿二大夫。大夫倍上士。上士倍中士。中士倍下士。下士與庶人在官者同祿。祿足以代其耕也。耕者之所獲。一夫百畝。百畝之糞。上農夫食九人。上次食八人。中食七人。中次食六人。下食五人。庶人在官者。其祿以是爲差。

○萬章問曰。敢問友。孟子曰。不挾長。不挾貴。不挾兄弟而友。友也者。友其德也。不可以有挾也。孟獻子。百乘之家也。有友五人焉。樂正裘牧仲。其三人則予忘之矣。獻子之與此五人者友也。無獻子之家者也。此五人者。亦有獻子之家。則不與之友矣。非惟百乘之家爲然也。雖小國之君亦有之。費惠公曰。吾於子思則師之矣。吾於顏般則友之矣。王順長息。則事我者也。非惟小國之君爲然也。雖大國之君亦有之。晉平公之於亥唐也。入云則入。坐云則坐。食云則食。雖疏食菜羹。未嘗不飽。蓋不敢不飽也。然終於此而已矣。弗與共天位也。弗與治天職也。弗與食天祿也。士之尊賢者也。非王公之尊賢也。舜尚見帝。帝館甥于貳室。亦饗舜。迭爲賓主。是天子而友匹夫也。用下敬上。謂之貴貴。用上敬下。謂之尊賢。貴貴尊賢。其義一也。

○萬章問曰。敢問交際何心也。孟子曰。恭也。曰。卻之卻之爲不恭。何哉。曰。尊者賜之。曰。其所取之者義乎。不義乎。而後受之。以是爲不恭。故弗卻也。曰。請無以辭卻之。以心卻之。曰。其取諸民之不義也。而以他辭無受。不可乎。曰。其交也以道。其接也以禮。斯孔子受之矣。萬章曰。今有禦人於國門之外者。其交也以道。其餽也以禮。斯可受禦與。曰。不可。康誥曰。殺越人于貨。閔不畏死。凡民罔不譈。是不待教而誅者也。殷受夏。周受殷。所不辭也。於今爲烈。如之何其受之。曰。今之諸侯。取之於民也。猶禦也。苟善其禮際矣。斯君子受之。敢問何說也。曰。子以爲有王者作。將比今之諸侯而誅之乎。其教之不改。而後誅之乎。夫謂非其有而取之者盜也。充類至義之盡也。孔子之仕於魯也。魯人獵較。孔子亦獵較。獵較猶可。而況受其賜乎。曰。然則孔子之仕也。

非事道與。曰。事道也。事道奚獵較也。曰。孔子先簿正祭器。不以四方之食供簿正。曰。奚不去也
。曰。爲之兆也。兆足以行矣。而不行而後去。是以未嘗有所終三年淹也。孔子有見行可之仕。有際
可之仕。有公養之仕。於季桓子。見行可之仕也。於衛靈公。際可之仕也。於衛孝公。公養之仕也。
○孟子曰仕。非爲貧也。而有時乎爲貧。娶妻非爲養也。而有時乎爲養。爲貧者辭尊居卑。辭富居
貧。辭尊居卑。辭富居貧。惡乎宜乎。抱關擊柝。孔子嘗爲委吏矣。曰。會計當而已矣。嘗爲乘田矣
。曰。牛羊茁壯長而已矣。位卑而言高。罪也。立乎人之本朝。而道不行。恥也。
○萬章曰。士之不託諸侯何也。孟子曰。不敢也。諸侯失國而後託於諸侯。禮也。士之託於諸侯。
非禮也。萬章曰。君餽之粟。則受之乎。曰。受之。受之何義也。曰。君之於氓也。固周之。曰。周
之則受。賜之則不受。何也。曰。不敢也。曰。敢問其不敢何也。曰。抱關擊柝者。皆有常職以食於
上。無常職而賜於上者。以爲不恭也。曰。君餽之則受之。不識可常繼乎。曰。繆公之於子思也。亟
問亟餽鼎肉。子思不悅於卒也。摽使者出諸大門之外。北面稽首再拜而不受。曰。今而後知君之犬馬
畜伋。蓋自是臺無餽也。悅賢不能舉。又不能養也。可謂悅賢乎。曰。敢問國君欲養君子如何斯可謂
養矣。曰。以君命將之。再拜稽首而受。其後廩人繼粟。庖人繼肉。不以君命將之。子思以爲鼎肉。
使己僕僕爾亟拜也。非養君子之道也。堯之於舜也。使其子九男事之。二女女焉。百官牛羊倉廩備。
以養舜於畎畝之中。後舉而加諸上位。故曰。王公之尊賢者也。

〇萬章曰。敢問不見諸侯何義也。孟子曰。在國曰市井之臣。在野曰草莽之臣。皆謂庶人。庶人不傳質爲臣。不敢見於諸侯。禮也。萬章曰。庶人召之役。則往役。君欲見之。召之則不往見之。何也。曰。往役義也。往見不義也。且君之欲見之也。何爲也哉。曰。爲其多聞也。爲其賢也。曰。爲其多聞也。則天子不召師。而況諸侯乎。爲其賢也。則吾未聞欲見賢而召之也。繆公亟見於子思曰。古千乘之國。以友士何如。子思不悅曰。古之人有言曰。事之云乎。豈曰友之云乎。子思之不悅也。豈不曰以位。則子君也。我臣也。何敢與君友也。以德。則子事我者也。奚可以與我友。千乘之君。求與之友而不可得也。而況可召與。齊景公田。招虞人以旌。不至。將殺之。志士不忘在溝壑。勇士不忘喪其元。孔子奚取焉。取非其招不往也。曰。敢問招虞人何以。曰。以皮冠。庶人以旃。士以旂。大夫以旌。以大夫之招招虞人。虞人死不敢往。以士之招招庶人。庶人豈敢往哉。況乎以不賢人之招招賢人乎。欲見賢人而不以其道。猶欲其入而閉之門也。夫義路也。禮門也。惟君子能由是路。出入是門也。詩云。周道如底。其直如矢。君子所履。小人所視。萬章曰。孔子君命召。不俟駕而行。然則孔子非與。曰。孔子當仕有官職。而以其官召之也。

〇孟子謂萬章曰。一鄉之善士。斯友一鄉之善士。一國之善士。斯友一國之善士。天下之善士。斯友天下之善士。以友天下之善士爲未足。又尚論古之人。頌其詩。讀其書。不知其人可乎。是以論其世也。是尙友也。

○齊宣王問卿。孟子曰。王何卿之問也。王曰。卿不同乎。曰。不同。有貴戚之卿。有異姓之卿。王曰。請問貴戚之卿。曰。君有大過則諫。反覆之而不聽。則易位。王勃然變乎色。曰。王勿異也。王問臣。臣不敢不以正對。王色定。然後請問異姓之卿。曰。君有過則諫。反覆之而不聽。則去。

離婁上

離婁。公輸子。師曠。幽王。厲王。太公。淳于髡。瞽瞍。

離婁下

逢蒙。子濯孺子。庾公之斯。尹公之他。西子。公行子。右師。沈猶行。儲子。

萬章上

長息。公明高。象。共工。驩兜。鯀。咸丘蒙。啓。丹朱。舜之子。癰疽。瘠環。顏讎由。彌子。桓司馬。司城貞子。陳侯。百里奚。秦穆公。宮之奇。

萬章下

北宮錡。樂正裘。牧仲。費惠公。顏般。王順。晉平公。亥唐。

告子章句上　凡二十章

○告子曰。性猶杞柳也。義猶桮棬也。以人性爲仁義。猶以杞柳爲桮棬。孟子曰。子能順杞柳之性而以爲桮棬乎。將戕賊杞柳而後以爲桮棬也。如將戕賊杞柳而以爲桮棬。則亦將戕賊人。以爲仁義與。率天下之人。而禍仁義者。必子之言夫。

〇告子曰。性猶湍水也。決諸東方則東流。決諸西方則西流。人性之無分於善不善也。猶水之無分於東西也。孟子曰。水信無分於東西。無分於上下乎。人性之善也。猶水之就下也。人無有不善。水無有不下。今夫水。搏而躍之。可使過顙。激而行之。可使在山。是豈水之性哉。其勢。則然也。人之可使爲不善。其性亦猶是也。

〇告子曰。生之謂性。孟子曰。生之謂性也。猶白之謂白與。曰。然。白羽之白也。猶白雪之白。白雪之白。猶白玉之白與。曰。然。然則犬之性。猶牛之性。牛之性。猶人之性與。

〇告子曰。食色性也。仁內也。非外也。義外也。非內也。孟子曰。何以謂仁內義外也。曰。彼長而我長之。非有長於我也。猶彼白而我白之。從其白於外也。故謂之外也。曰。白馬之白也。無以異於白人之白也。不識長馬之長也。無以異於長人之長與。且謂長者義乎。長之者義乎。曰。吾弟則愛之。秦人之弟則不愛也。是以我爲悅者也。故謂之內。長楚人之長。亦長吾之長。是以長爲悅者也。故謂之外也。曰。耆秦人之炙。無以異於耆吾炙。夫物則亦有然者也。然則耆炙亦有外與。

〇孟季子問公都子曰。何以謂義內也。曰。行吾敬。故謂之內也。鄉人長於伯兄一歲。則誰敬。曰。敬兄。酌則誰先。曰。先酌鄉人。所敬在此。所長在彼。果在外。非由內也。公都子不能答。以告孟子。孟子曰。敬叔父乎。敬弟乎。彼將曰。敬叔父。曰。弟爲尸。則誰敬。彼將曰。敬弟。子曰。

惡在其敬叔父也。彼將曰。在位故也。子亦曰。在位故也。庸敬在兄。斯須之敬在鄉人。季子聞之曰。敬叔父則敬。敬弟則敬。果在外。非由內也。公都子曰。冬日則飲湯。夏日則飲水。然則飲食亦在外也。

○公都子曰。告子曰。性無善。無不善也。或曰。性可以爲善。可以爲不善。是故文武興。則民好善。幽厲興。則民好暴。或曰。有性善。有性不善。是故以堯爲君而有象。以瞽瞍爲父而有舜。以紂爲兄之子且以爲君而有微子啓。王子比干。今曰性善。然則彼皆非與。孟子曰。乃若其情則可以爲善矣。乃所謂善也。若夫爲不善。非才之罪也。惻隱之心。人皆有之。羞惡之心。人皆有之。恭敬之心。人皆有之。是非之心。人皆有之。惻隱之心。仁也。羞惡之心。義也。恭敬之心。禮也。是非之心。智也。仁義禮智。非由外鑠我也。我固有之也。弗思耳矣。故曰。求則得之。舍則失之。或相倍蓰而無算者。不能盡其才者也。詩曰。天生蒸民。有物有則。民之秉彝。好是懿德。孔子曰。爲此詩者。其知道乎。故有物必有則。民之秉彝也。故好是懿德。

○孟子曰。富歲子弟多賴。凶歲子弟多暴。非天之降才。爾殊也。其所以陷溺其心者然也。今夫麰麥。播種而耰之。其地同。樹之時又同。浡然而生。至於日至之時。皆熟矣。雖有不同。則地有肥磽。雨露之養。人事之不齊也。故凡同類者。舉相似也。何獨至於人而疑之。聖人與我同類者。故龍子曰。不知足而爲屨。我知其不爲蕢也。屨之相似。天下之足同也。口之於味。有同耆也。易牙先得我口之所耆者也。如使口之於味也。其性與人殊。若犬馬之與我不同類也。則天下何耆皆從易牙之於味也。至於味天下期於易牙。是天下之口相似也。惟耳亦然。至於聲。天下期於師曠。是天下之耳相似也。惟目亦然。至於子都。天下莫不知其姣也。不知子都之姣者。無目者也。故曰。口之於味也。有同耆焉。耳之於聲也。有同聽焉。目之於色也。有同美焉。至於心。獨無所同然乎。心之所同然者何也。謂理也義也。聖人先得我心之所同然耳。故理義之悅我心。猶芻豢之悅我口。

○孟子曰。牛山之木嘗美矣。以其郊於大國也。斧斤伐之。可以爲美乎。是其日夜之所息。雨露之所潤。非無萌蘖之生焉。牛羊又從而牧之。是以若彼濯濯也。人見其濯濯也。以爲未嘗有材焉。此豈山之性也哉。雖存乎人者。豈無仁義之心哉。其所以放其良心者。亦猶斧斤之於木也。旦旦而伐之。可以爲美乎。其日夜之所息。平旦之氣。其好惡與人相近也者幾希。則其旦晝之所爲。有梏亡之矣。梏之反覆。則其夜氣不足以存。夜氣不足以存。則其違禽獸不遠矣。人見其禽獸也。而以爲未嘗有才焉者。是豈人之情也哉。故苟得其養。無物不長。苟失其養。無物不消。孔子曰。操則存。舍則亡。出入無時。莫知其鄉。惟心之謂與。

○孟子曰。無或乎王之不智也。雖有天下易生之物也。一日暴之。十日寒之。未有能生者也。吾見亦罕矣。吾退而寒之者至矣。吾如有萌焉何哉。今夫弈之爲數。小數也。不專心致志。則不得也。弈秋通國之善弈者也。使弈秋誨二人弈。其一人專心致志。惟弈秋之爲聽。一人雖聽之。一心以爲有鴻鵠將至。思援弓繳而射之。雖與之俱學。弗若之矣。爲是其智弗若與。曰。非然也。

○孟子曰。魚我所欲也。熊掌亦我所欲也。二者不可得兼。舍魚而取熊掌者也。生亦我所欲也。義亦我所欲也。二者不可得兼。舍生而取義者也。生亦我所欲。所欲有甚於生者。故不爲苟得也。死亦我所惡。所惡有甚於死者。故患有所不辟也。如使人之所欲。莫甚於生。則凡可以得生者。何不用也。使人之所惡。莫甚於死者。則凡可以辟患者。何不爲也。由是則生。而有不用也。由是則可以辟患而有不爲也。是故所欲有甚於生者。所惡有甚於死者。非獨賢者有是心也。人皆有之。賢者能勿喪耳。一簞食。一豆羹。得之則生。弗得則死。嘑爾而與之。行道之人弗受。蹴爾而與之。乞人不屑也。萬鍾。則不辨禮義而受之。萬鍾於我何加焉。爲宮室之美。妻妾之奉。所識窮乏者得我與。鄉爲身死而不受。今爲宮室之美爲之。鄉爲身死而不受。今爲妻妾之奉爲之。鄉爲身死而不受。今爲所識窮乏者。得我而爲之。是亦不可以已乎。此之謂失其本心。

○孟子曰。仁人心也。義人路也。舍其路而弗由。放其心而不知求。哀哉。人有雞犬放。則知求之。有放心而不知求。學問之道無他。求其放心而已矣。

○孟子曰。今有無名之指。屈而不信。非疾痛害事也。如有能信之者。則不遠秦楚之路。爲指之不若人也。指不若人則知惡之。心不若人則不知惡。此之謂不知類也。

○孟子曰。拱把之桐梓。人苟欲生之。皆知所以養之者。至於身而不知所以養之者。豈愛身不若桐梓哉。弗思甚也。

○孟子曰。人之於身也。兼所愛。兼所愛。則兼所養也。無尺寸之膚不愛焉。則無尺寸之膚不養也。所以考其善不善者。豈有他哉。於己取之而已矣。體有貴賤。有小大。無以小害大。無以賤害貴。養其小者爲小人。養其大者爲大人。今有場師。舍其梧檟。養其樲棘。則爲賤場師焉。養其一指。而失其肩背而不知也。則爲狼疾人也。飲食之人。則人賤之矣。爲其養小以失大也。飲食之人。無有失也。則口腹豈適爲尺寸之膚哉。

○公都子問曰。鈞是人也。或爲大人。或爲小人。何也。孟子曰。從其大體爲大人。從其小體爲小人。曰。鈞是人也。或從其大體。或從其小體。何也。曰。耳目之官不思。而蔽於物。物交物。則引之而已矣。心之官則思。思則得之。不思則不得也。此天之所與我者。先立乎其大者。則其小者。不能奪也。此爲大人而已矣。

○孟子曰。有天爵者。有人爵者。仁義忠信。樂善不倦。此天爵也。公卿大夫。此人爵也。古之人脩其天爵。而人爵從之。今之人脩其天爵。以要人爵。既得人爵。而棄其天爵。則惑之甚者也。終亦必亡而已矣。

○孟子曰。欲貴者人之同心也。人人有貴於己者。弗思耳。人之所貴者。非良貴也。趙孟之所貴。趙孟能賤之。詩云。既醉以酒。既飽以德。言飽乎仁義也。所以不願人之膏粱之味也。令聞廣譽施於身。所以不願人之文繡也。

○孟子曰。仁之勝不仁也。猶水勝火。今之爲仁者。猶以一杯水。救一車薪之火也。不熄則謂之水不勝火。此又與於不仁之甚者也。亦終必亡而已矣。

○孟子曰。五穀者。種之美者也。苟爲不熟。不如荑稗。夫仁。亦在乎熟之而已矣。

○孟子曰。羿之教人射。必志於彀。學者亦必志於彀。大匠誨人。必以規矩。學者亦必以規矩。

告子章句下　凡十六章

○任人有問屋廬子曰。禮與食孰重。曰。禮重。色與禮孰重。曰。禮重。曰。以禮食則飢而死。不以禮食則得食。必以禮乎。親迎則不得妻。不親迎則得妻。必親迎乎。屋廬子不能對。明日之鄒。以告孟子。孟子曰。於答是也何有。不揣其本。而齊其末。方寸之木。可使高於岑樓。金重於羽者。豈謂一鉤金。與一輿羽之謂哉。取食之重者與禮之輕者而比之。奚翅食重。取色之重者。與禮之輕者。而比之。奚翅色重。往應之曰。紾兄之臂而奪之食。則得食。不紾則不得食。則將紾之乎。踰東家牆而摟其處子。則得妻。不摟則不得妻。則將摟之乎。

○曹交問曰。人皆可以爲堯舜。有諸。孟子曰。然。交聞文王十尺。湯九尺。今交九尺四寸以長。食粟而已。如何則可。曰。奚有於是。亦爲之而已矣。有人於此。力不能勝一匹雛。則爲無力人矣。今日舉百鈞。則爲有力人矣。然則舉烏獲之任。是亦爲烏獲而已矣。夫人豈以不勝爲患哉。弗爲耳。

徐行後長者。謂之弟。疾行先長者。謂之不弟。夫徐行者。豈人所不能哉。所不爲也。堯舜之道。孝弟而已矣。子服堯之服。誦堯之言。行堯之行。是堯而已矣。子服桀之服。誦桀之言。行桀之行。是桀而已矣。曰。交得見於鄒君。可以假館。願留而受業於門。曰。夫道若大路然。豈難知哉。人病不求耳。子歸而求之。有餘師。

○公孫丑問曰。高子曰。小弁。小人之詩也。孟子曰。何以言之。曰。怨。曰。固哉高叟之爲詩也。有人於此。越人關弓而射之。則己談笑而道之。無他。疏之也。其兄關弓而射之。則己垂涕泣而道之。無他。戚之也。小弁之怨。親親也。親親仁也。固矣夫高叟之爲詩也。曰。凱風何以不怨。曰。凱風親之過小者也。小弁親之過大者也。親之過大而不怨。是愈疏也。親之過小而怨。是不可磯也。愈疏不孝也。不可磯亦不孝也。孔子曰。舜其至孝矣。五十而慕。

○宋牼將之楚。孟子遇於石丘。曰。先生將何之。曰。吾聞秦楚構兵。我將見楚王。說而罷之。楚王不悅。我將見秦王。說而罷之。二王我將有所遇焉。曰。軻也。請無問其詳。願聞其指。說之將何如。曰。我將言其不利也。曰。先生之志則大矣。先生之號則不可。先生以利說秦楚之王。秦楚之王悅於利。以罷三軍之師。是三軍之士。樂罷而悅於利也。爲人臣者。懷利以事其君。爲人子者。懷利以事其父。爲人弟者。懷利以事其兄。是君臣父子兄弟。終去仁義。懷利以相接。然而不亡者。未之有也。先生以仁義說秦楚之王。秦楚之王悅於仁義。而罷三軍之師。是三軍之士。樂罷而悅於仁義也。爲人臣者。懷仁義以事其君。爲人子者。懷仁義以事其父。爲人弟者。懷仁義以事其兄。是君臣父子兄弟。去利懷仁義以相接也。然而不王者。未之有也。何必曰利。

○孟子居鄒。季任爲任處守。以幣交。受之而不報。處於平陸。儲子爲相。以幣交。受之而不報。他日由鄒之任見季子。由平陸之齊不見儲子。屋廬子喜曰。連得間矣。問曰。夫子之任見季子。之齊不見儲子。爲其爲相與。曰。非也。書曰。享多儀。儀不及物。曰不享。惟不役志于享。爲其不成享也。屋廬子悅。或問之。屋廬子曰。季子不得之鄒。儲子得之平陸。

○淳于髡曰。先名實者。爲人也。後名實者。自爲也。夫子在三卿之中。名實未加於上下。而去之。仁者固如此乎。孟子曰。居下位。不以賢事不肖者。伯夷也。五就湯。五就桀者。伊尹也。不惡汙君。不辭小官者。柳下惠也。三子者不同道。其趨一也。一者何也。曰。仁也。君子亦仁而已矣。何必同。曰。魯繆公之時。公儀子爲政。子柳子思爲臣。魯之削也滋甚。若是乎賢者之無益於國也。曰。虞不用百里奚而亡。秦穆公用之而霸。不用賢則亡。削何可得與。曰。昔者王豹處於淇。而河西善謳。緜駒處於高唐。而齊右善歌。華周杞梁之妻。善哭其夫。而變國俗。有諸內必形諸外。爲其事而無其功者。髡未嘗覩之也。是故無賢者也。有則髡必識之。曰。孔子爲魯司寇。不用從而祭。燔肉不至。不稅冕而行。不知者以爲爲肉也其知者以爲爲無禮也。乃孔子則欲以微罪行。不欲爲苟去。君子之所爲。衆人固不識也。

○孟子曰。五霸者三王之罪人也。今之諸侯。五霸之罪人也。今之大夫。今之諸侯之罪人也。天子適諸侯曰巡狩。諸侯朝於天子曰述職。春省耕而補不足。秋省斂而助不給。入其疆。土地辟。田野治。養老尊賢。俊傑在位。則有慶。慶以地。入其疆。土地荒蕪。遺老失賢。掊克在位。則有讓。一不朝則貶其爵。再不朝則削其地。三不朝則六師移之。是故天子討而不伐。諸侯伐而不討。五霸者摟諸侯以伐諸侯者也。故曰五霸者。三王之罪人也。五霸桓公爲盛。葵丘之會諸侯。束牲載書而不歃血。初命曰。誅不孝。無易樹子。無以妾爲妻。再命曰。尊賢育才。以彰有德。三命曰。敬老慈幼。無忘賓旅。四命曰。士無世官。官事無攝。取士必得。無專殺大夫。五命曰。無曲防。無遏糴。無有封而不告。曰。凡我同盟之人。既盟之後。言歸于好。今之諸侯。皆犯此五禁。故曰今之諸侯。五霸之罪人也。長君之惡其罪小。逢君之惡其罪大。今之大夫。皆逢君之惡。故曰今之大夫。今之諸侯之罪人也。

○魯欲使慎子爲將軍。孟子曰。不教民而用之。謂之殃民。殃民者。不容於堯舜之世。一戰勝齊。遂有南陽。然且不可。慎子勃然不悅曰。此則滑釐所不識也。曰。吾明告子。天子之地方千里。不千里不足以待諸侯。諸侯之地方百里。不百里不足以守宗廟之典籍。周公之封於魯。爲方百里也。地非不足而儉於百里。太公之封於齊也。亦爲方百里也。地非不足也。而儉於百里。今魯方百里者五。子以爲有王者作。則魯在所損乎。在所益乎。徒取諸彼以與此。然且仁者不爲。況於殺人以求之乎。君子之事君也。務引其君以當道。志於仁而已。

○孟子曰。今之事君者曰。我能爲君辟土地。充府庫。今之所謂良臣。古之所謂民賊也。君不鄉道。不志於仁。而求富之。是富桀也。我能爲君約與國。戰必克。今之所謂良臣。古之所謂民賊也。君不鄉道。不志於仁。而求爲之強戰。是輔桀也。由今之道。無變今之俗。雖與之天下。不能一朝居也。

○白圭曰。吾欲二十而取一。何如。孟子曰。子之道。貉道也。萬室之國一人陶則可乎。曰。不可。器不足用也。曰。夫貉五穀不生。惟黍生之。無城郭宮室宗廟祭祀之禮。無諸侯幣帛饔飧。無百官有司。故二十取一而足也。今居中國。去人倫。無君子。如之何其可也。陶以寡且不可以爲國。況無君子乎。欲輕之於堯舜之道者。大貉小貉也。欲重之於堯舜之道者。大桀小桀也。

○白圭曰。丹之治水也。愈於禹。孟子曰。子過矣。禹之治水。水之道也。是故禹以四海爲壑。今吾子以鄰國爲壑。水逆行。謂之洚水。洚水者。洪水也。仁人之所惡也。吾子過矣。

○孟子曰。君子不亮。惡乎執。

○魯欲使樂正子爲政。孟子曰。吾聞之。喜而不寐。公孫丑曰。樂正子強乎。曰。否。有知慮乎。曰。否。多聞識乎。曰。否。然則奚爲喜而不寐。曰。其爲人也。好善。好善足乎。曰。好善優於天下。而況魯國乎。夫苟好善。則四海之內。皆將輕千里而來。告之以善。夫苟不好善。則人將曰。訑訑。予既已知之矣。訑訑之聲音顏色。距人於千里之外。士止於千里之外。則讒諂面諛之人至矣。與讒諂面諛之人居。國欲治。可得乎。

○陳子曰。古之君子。何如則仕。孟子曰。所就三。所去三。迎之致敬以有禮。言將行其言也。則就之。禮貌未衰。言弗行也。則去之。其次雖未行其言也。迎之致敬以有禮。則就之。禮貌衰。則去之。其下朝不食。夕不食。飢餓不能出門戶。君聞之曰。吾大者不能行其道。又不能從其言也。使飢餓於我土地。吾恥之。周之亦可受也。免死而已矣。

○孟子曰。舜發於畎畝之中。傅說舉於版築之間。膠鬲舉於魚鹽之中。管夷吾舉於士。孫叔敖舉於海。百里奚舉於市。故天將降大任於是人也。必先苦其心志。勞其筋骨。餓其體膚。空乏其身。行拂亂其所爲。所以動心忍性。曾益其所不能。人恒過。然後能改。困於心衡於慮而後作。徵於色發於聲而後喻。入則無法家拂士。出則無敵國外患者。國恒亡。然後知生於憂患。而死於安樂也。

○孟子曰。教亦多術矣。予不屑之教誨也者。是亦教誨之而已矣。

盡心章句上　凡四十六章

○孟子曰。盡其心者。知其性也。知其性則知天矣。存其心。養其性。所以事天也。殀壽不貳。修身以俟之。所以立命也。

○孟子曰。莫非命也。順受其正。是故知命者。不立乎巖牆之下。盡其道而死者。正命也。桎梏死者。非正命也。

○孟子曰。求則得之。舍則失之。是求有益於得也。求在我者也。求之有道。得之有命。是求無益於得也。求在外者也。

○孟子曰。萬物皆備於我矣。反身而誠。樂莫大焉。彊恕而行。求仁莫近焉。

○孟子曰。行之而不著焉。習矣而不察焉。終身由之。而不知其道者衆也。

○孟子曰。人不可以無恥。無恥之恥。無恥矣。

○孟子曰。恥之於人大矣。爲機變之巧者。無所用恥焉。不恥不若人。何若人有。

○孟子曰。古之賢王。好善而忘勢。古之賢士。何獨不然。樂其道。而忘人之勢。故王公不致敬盡禮。則不得亟見之。見且猶不得亟。而況得而臣之乎。

○孟子謂宋句踐曰。子好遊乎。吾語子遊。人知之亦囂囂。人不知亦囂囂。曰。何如斯可以囂囂矣。曰。尊德樂義。則可以囂囂矣。故士窮不失義。達不離道。窮不失義。故士得己焉。達不離道。故民不失望焉。古之人得志澤加於民。不得志。修身見於世。窮則獨善其身。達則兼善天下。

○孟子曰。待文王而後興者。凡民也。若夫豪傑之士。雖無文王猶興。

○孟子曰。附之以韓魏之家。如其自視欿然。則過人遠矣。

○孟子曰。以佚道使民。雖勞不怨。以生道殺民。雖死不怨殺者。

○孟子曰。霸者之民。驩虞如也。王者之民。皞皞如也。殺之而不怨。利之而不庸。民日遷善而不知爲之者。夫君子所過者化。所存者神。上下與天地同流。豈曰小補之哉。

○孟子曰。仁言不如仁聲之入人深也。善政不如善教之得民也。善政民畏之。善教民愛之。善政得民財。善教得民心。

○孟子曰。人之所不學而能者。其良能也。所不慮而知者。其良知也。孩提之童。無不知愛其親也。及其長也。無不知敬其兄也。親親仁也。敬長義也。無他。達之天下也。

○孟子曰。舜之居深山之中。與木石居。與鹿豕遊。其所以異於深山之野人者幾希。及其聞一善言。見一善行。若決江河。沛然莫之能禦也。

○孟子曰。無爲其所不爲。無欲其所不欲。如此而已矣。

○孟子曰。人之有德慧術知者。恒存乎疢疾。獨孤臣孽子。其操心也危。其慮患也深。故達。

○孟子曰。有事君人者。事是君。則爲容悅者也。有安社稷臣者。以安社稷爲悅者也。有天民者。達可行於天下。而後行之者也。有大人者。正己而物正者也。

○孟子曰。君子有三樂。而王天下不與存焉。父母俱存。兄弟無故。一樂也。仰不愧於天。俯不怍於人。二樂也。得天下英才而教育之。三樂也。君子有三樂。而王天下。不與存焉。

○孟子曰。廣土衆民。君子欲之。所樂不存焉。中天下而立。定四海之民。君子樂之。所性不存焉。君子所性。雖大行不加焉。雖窮居不損焉。分定故也。君子所性。仁義禮智。根於心。其生色也。睟然見於面。盎於背。施於四體。四體不言而喻。

○孟子曰。伯夷辟紂。居北海之濱。聞文王作。興曰。盍歸乎來。吾聞西伯善養老者。太公辟紂。居東海之濱。聞文王作。興曰。盍歸乎來。吾聞西伯善養老者。天下有善養老。則仁人以爲己歸矣。五畝之宅。樹牆下以桑。匹婦蠶之。則老者足以衣帛矣。五母雞。二母彘。無失其時。老者足以無失肉矣。百畝之田。匹夫耕之。八口之家。可以無飢矣。所謂西伯善養老者。制其田里。教之樹畜。導其妻子。使養其老。五十非帛不煖。七十非肉不飽。不煖不飽。謂之凍餒。文王之民。無凍餒之老者。此之謂也。

○孟子曰。易其田疇。薄其稅斂。民可使富也。食之以時。用之以禮。財不可勝用也。民非水火不生活。昏暮叩人之門戶。求水火。無弗與者。至足矣。聖人治天下。使有菽粟如水火。菽粟如水火。而民焉有不仁者乎。

○孟子曰。孔子登東山而小魯。登太山而小天下。故觀於海者難爲水。遊於聖人之門者難爲言。觀水有術。必觀其瀾。日月有明。容光必照焉。流水之爲物也。不盈科不行。君子之志於道也。不成章不達。

○孟子曰。雞鳴而起。孶孶爲善者。舜之徒也。雞鳴而起。孶孶爲利者。蹠之徒也。欲知舜與蹠之分。無他。利與善之閒也。

○孟子曰。楊子取爲我。拔一毛而利天下。不爲也。墨子兼愛。摩頂放踵利天下。爲之。子莫執中。執中爲近之。執中無權。猶執一也。所惡執一者。謂其賊道也。舉一而廢百也。

○孟子曰。飢者甘食。渴者甘飲。是未得飲食之正也。飢渴害之也。豈惟口腹有飢渴之害。人心亦皆有害。人能無以飢渴之害爲心害。則不及人。不爲憂矣。

○孟子曰。柳下惠不以三公易其介。

○孟子曰。有爲者辟若掘井。掘井九軔而不及泉。猶爲棄井也。

○孟子曰。堯舜性之也。湯武身之也。五霸假之也。久假而不歸。惡知其非有也。

○公孫丑曰。伊尹曰。予不狎于不順。放太甲於桐。民大悅。太甲賢。又反之。民大悅。賢者之爲人臣也。其君不賢。則固可放與。孟子曰。有伊尹之志則可。無伊尹之志則簒也。

○公孫丑曰。詩曰。不素餐兮。君子之不耕而食。何也。孟子曰。君子居是國也。其君用之。則安富尊榮。其子弟從之。則孝悌忠信。不素餐兮。孰大於是。

○王子墊問曰。士何事。孟子曰。尚志。曰。何謂尚志。曰。仁義而已矣。殺一無罪。非仁也。非其有而取之。非義也。居惡在。仁是也。路惡在。義是也。居仁由義。大人之事備矣。

○孟子曰。仲子不義與之齊國而弗受。人皆信之。是舍簞食豆羹之義也。人莫大焉。亡親戚君臣上下。以其小者。信其大者。奚可哉。

○桃應問曰。舜爲天子。皐陶爲士。瞽瞍殺人。則如之何。孟子曰。執之而已矣。然則舜不禁與。曰。夫舜惡得而禁之。夫有所受之也。然則舜如之何。曰。舜視棄天下。猶棄敝蹝也。竊負而逃。遵海濱而處。終身訢然。樂而忘天下。

○孟子自范之齊。望見齊王之子。喟然歎曰。居移氣。養移體。大哉居乎。夫非盡人之子與。孟子曰。王子宮室車馬衣服。多與人同。而王子若彼者。其居使之然也。况居天下之廣居者乎。魯君之宋。呼於垤澤之門。守者曰。此非吾君也。何其聲之似我君也。此無他。居相似也。

○孟子曰。食而弗愛。豕交之也。愛而不敬。獸畜之也。恭敬者。幣之未將者也。恭敬而無實。君子不可虛拘。

○孟子曰。形色。天性也。惟聖人然後可以踐形。

○齊宣王欲短喪。公孫丑曰。爲朞之喪。猶愈於已乎。孟子曰。是猶或紾其兄之臂。子謂之姑徐徐云爾。亦教之孝弟而已矣。王子有其母死者。其傅爲之請數月之喪。公孫丑曰。若此者何如也。曰。是欲終之而不可得也。雖加一日愈於已。謂夫莫之禁而弗爲者也。

○孟子曰。君子之所以教者五。有如時雨化之者。有成德者。有達財者。有答問者。有私淑艾者。此五者。君子之所以教也。

○公孫丑曰。道則高矣美矣。宜若登天然。似不可及也。何不使彼爲可幾及。而日孳孳也。孟子曰。大匠不爲拙工。改廢繩墨。羿不爲拙射。變其彀率。君子引而不發。躍如也。中道而立。能者從之。

○孟子曰。天下有道。以道殉身。天下無道。以身殉道。未聞以道殉乎人者也。

○公都子曰。滕更之在門也。若在所禮。而不答何也。孟子曰。挾貴而問。挾賢而問。挾長而問。挾有勳勞而問。挾故而問。皆所不答也。滕更有二焉。

○孟子曰。於不可已而已者。無所不已。於所厚者薄。無所不薄也。其進銳者。其退速。

○孟子曰。君子之於物也。愛之而弗仁。於民也。仁之而弗親。親親而仁民。仁民而愛物。

○孟子曰。知者無不知也。當務之爲急。仁者無不愛也。急親賢之爲務。堯舜之知而不徧物。急先務也。堯舜之仁不偏愛人。急親賢也。不能三年之喪。而緦小功之察。放飯流歠。而問無齒決。是之謂不知務。

盡心章句下　凡三十八章

○孟子曰。不仁哉。梁惠王也。仁者以其所愛。及其所不愛。不仁者以其所不愛。及其所愛。公孫丑問曰。何謂也。梁惠王以土地之故。糜爛其民而戰之。大敗將復之。恐不能勝。故驅其所愛子弟以殉之。是之謂以其所不愛。及其所愛也。

○孟子曰。春秋無義戰。彼善於此。則有之矣。征者上伐下也。敵國不相征也。

○孟子曰。盡信書。則不如無書。吾於武成。取二三策而已矣。仁人無敵於天下。以至仁伐至不仁。而何其血之流杵也。

○孟子曰。有人曰我善爲陳。我善爲戰。大罪也。國君好仁。天下無敵焉。南面而征。北狄怨。東面而征。西夷怨。曰。奚爲後我。武王之伐殷也。革車三百兩。虎賁三千人。王曰。無畏。寧爾也。非敵百姓也。若崩厥角稽首。征之爲言正也。各欲正己也。焉用戰。

○孟子曰。梓匠輪輿。能與人規矩。不能使人巧。

○孟子曰。舜之飯糗茹草也。若將終身焉。及其爲天子也。被袗衣。鼓琴。二女果。若固有之。

○孟子曰。吾今而後知殺人親之重也。殺人之父。人亦殺其父。殺人之兄。人亦殺其兄。然則非自殺之也。一閒耳。

○孟子曰。古之爲關也。將以禦暴。今之爲關也。將以爲暴。

○孟子曰。身不行道。不行於妻子。使人不以道。不能行於妻子。

○孟子曰。周於利者。凶年不能殺。周於德者。邪世不能亂。

○孟子曰。好名之人。能讓千乘之國。苟非其人。簞食豆羹見於色。

○孟子曰。不信仁賢。則國空虛。無禮義則上下亂。無政事則財用不足。

○孟子曰。不仁而得國者。有之矣。不仁而得天下。未之有也。

○孟子曰。民爲貴。社稷次之。君爲輕。是故得乎丘民而爲天子。得乎天子爲諸侯。得乎諸侯爲大夫。諸侯危社稷則變置。犧牲既成。粢盛既潔。祭祀以時。然而旱乾水溢。則變置社稷。

○孟子曰。聖人百世之師也。伯夷柳下惠是也。故聞伯夷之風者。頑夫廉。懦夫有立志。聞柳下惠之風者。薄夫敦。鄙夫寬。奮乎百世之上。百世之下。聞者莫不興起也。非聖人而能若是乎。而況於親炙之者乎。

○孟子曰。仁也者人也。合而言之。道也。

○孟子曰。孔子之去魯曰。遲遲吾行也。去父母國之道也。去齊接淅而行。去他國之道也。

○孟子曰。孔子之戹於陳蔡之間。無上下之交也。

○貉稽曰。稽大不理於口。孟子曰。無傷也。士憎茲多口。詩云。憂心悄悄。慍于羣小。孔子也。肆不殄厥慍。亦不隕厥問。文王也。

○孟子曰。賢者以其昭昭。使人昭昭。今以其昏昏。使人昭昭。

○孟子謂高子曰。山徑之蹊間。介然用之而成路。爲間不用。則茅塞之矣。今茅塞子之心矣。

○高子曰。禹之聲。尙文王之聲。孟子曰。何以言之。曰。以追蠡。曰。是奚足哉。城門之軌。兩馬之力與。

○齊饑。陳臻曰。國人皆以夫子將復爲發棠。殆不可復。孟子曰。是爲馮婦也。晉人有馮婦者。善搏虎。卒爲善士。則之野。有衆逐虎。虎負嵎。莫之敢攖。望見馮婦。趨而迎之。馮婦攘臂下車。衆皆悅之。其爲士者笑之。

○孟子曰。口之於味也。目之於色也。耳之於聲也。鼻之於臭也。四肢之於安佚也。性也。有命焉。君子不謂性也。仁之於父子也。義之於君臣也。禮之於賓主也。智之於賢者也。聖人之於天道也。命也。有性焉。君子不謂命也。

○浩生不害問曰。樂正子何人也。孟子曰。善人也。信人也。何謂善。何謂信。曰。可欲之謂善。有諸己之謂信。充實之謂美。充實而有光輝之謂大。大而化之之謂聖。聖而不可知之之謂神。樂正子二之中。四之下也。

○孟子曰。逃墨必歸於楊。逃楊必歸於儒。歸斯受之而已矣。今之與楊墨辯者。如追放豚。既入其苙。又從而招之。

○孟子曰。有布縷之征。粟米之征。力役之征。君子用其一。緩其二。用其二。而民有殍。用其三。而父子離。

○孟子曰。諸侯之寶三。土地人民政事。寶珠玉者。殃必及身。

○盆成括仕於齊。孟子曰。死矣盆成括。盆成括見殺。門人問曰。夫子何以知其將見殺。曰。其爲人也。小有才。未聞君子之大道也。則足以殺其軀而已矣。

○孟子之滕。館於上宮。有業屨於牖上。館人求之弗得。或問之曰。若是乎從者之廋也。曰。子以是爲竊屨來與。曰。殆非也。夫子之設科也。往者不追。來者不拒。苟以是心至。斯受之而已矣。

○孟子曰。人皆有所不忍。達之於其所忍。仁也。人皆有所不爲。達之於其所爲。義也。人能充無欲害人之心。而仁不可勝用也。人能充無穿窬之心。而義不可勝用也。人能充無受爾汝之實。無所往而不爲義也。士未可以言而言。是以言餂之也。可以言而不言。是以不言餂之也。是皆穿窬之類也。

○孟子曰。言近而指遠者。善言也。守約而施博者。善道也。君子之言也。不下帶而道存焉。君子之守。脩其身而天下平。人病舍其田而芸人之田。所求於人者重。而所以自任者輕。

○孟子曰。堯舜性者也。湯武反之也。動容周旋中禮者。盛德之至也。哭死而哀。非爲生者也。經德不回。非以干祿也。言語必信。非以正行也。君子行法以俟命而已矣。

○孟子曰。說大人則藐之。勿視其巍巍然。堂高數仞。榱題數尺。我得志弗爲也。食前方丈。侍妾數百人。我得志弗爲也。般樂飲酒。驅騁田獵。後車千乘。我得志弗爲也。在彼者皆我所不爲也。在我者皆古之制也。吾何畏彼哉。

○孟子曰。養心莫善於寡欲。其爲人也寡欲。雖有不存焉者寡矣。其爲人也多欲。雖有存焉者寡矣。

○曾晳嗜羊棗。而曾子不忍食羊棗。公孫丑問曰。膾炙與羊棗孰美。孟子曰。膾炙哉。公孫丑曰。然則曾子何爲食膾炙而不食羊棗。曰。膾炙所同也。羊棗所獨也。諱名不諱姓。姓所同也。名所獨也。

○萬章問曰。孔子在陳曰。盍歸乎來。吾黨之士。狂簡進取。不忘其初。孔子在陳。何思魯之狂士。孟子曰。孔子不得中道而與之。必也狂獧乎。狂者進取。獧者有所不爲也。孔子豈不欲中道哉。不可必得。故思其次也。敢問何如斯可謂狂矣。曰。如琴張曾晳牧皮者。孔子之所謂狂矣。何以謂之狂也。曰。其志嘐嘐然。曰。古之人。古之人。夷考其行。而不掩焉者也。狂者又不可得。欲得不屑不潔之士而與之。是獧也。是又其次也。孔子曰。過我門而不入我室。我不憾焉者。其惟鄉原乎。鄉原德之賊也。曰。何如斯可謂之鄉原矣。曰。何以是嘐嘐也。言不顧行。行不顧言。則曰古之人古之人行何爲踽踽涼涼。生斯世也。爲斯世也。善斯可矣。閹然媚於世也者。是鄉原也。萬章曰。一鄉皆稱原人焉。無所往而不爲原人。孔子以爲德之賊。何哉。曰。非之無舉也。刺之無刺也。同乎流俗。合乎汙世。居之似忠信。行之似廉潔。衆皆悅之。自以爲是。而不可與人堯舜之道。故曰。德之賊也。孔子曰。惡似而非者。惡莠恐其亂苗也。惡佞恐其亂義也。惡利口恐其亂信也。惡鄭聲恐其亂樂也。惡紫恐其亂朱也。惡鄉原恐其亂德也。君子反經而已矣。經正則庶民興。庶民興。斯無邪慝矣。

○孟子曰。由堯舜至於湯。五百有餘歲。若禹皐陶。則見而知之。若湯則聞而知之。由湯至於文王。五百有餘歲。若伊尹萊朱。則見而知之。若文王則聞而知之。由文王至於孔子。五百有餘歲。若太公望散宜生。則見而知之。若孔子則聞而知之。由孔子而來。至於今。百有餘歲。去聖人之世。若此其未遠也。近聖人之居。若此其甚也。然而無有乎爾。則亦無有乎爾。

告　子（上）

〇孟季子。易牙。子都。弈秋。趙孟。

告　子（下）

〇屋廬子。曹交。高子。宋牼。季任。公儀子。王豹。緜駒。華周。愼子。杞梁。白圭。陳子。傅說。孫叔敖。

盡　心（上）

〇宋句踐。楊子。墨子。子莫。王子墊。桃應。滕更。

盡　心（下）

〇貉稽。浩生不害。盆成括。牧皮。萊朱。散宜生。

國　朝

〇唐。虞。夏。商。周。秦。楚。杞。宋。衞。葉。陳。吳。匡。蔡。齊。莒。趙。魏。顓臾。梁。魯。晉。鄒。滕。薛。亳。燕。越。鄭。虢。有莘。葛。昆夷。獯鬻。韓。任。貉。

重子及浸子量勢

中華社會科學叢書
孟子之政治思想

1912

作　　者／陳立夫　著
主　　編／劉郁君
美術編輯／鍾　玟

出 版 者／中華書局
發 行 人／張敏君
副總經理／陳又齊
行銷經理／王新君
地　　址／11494 臺北市內湖區舊宗路二段181巷8號5樓
客服專線／02-8797-8396　　傳　真／02-8797-8909
網　　址／www.chunghwabook.com.tw
匯款帳號／兆豐國際商業銀行　東內湖分行
　　　　　067-09-036932　中華書局股份有限公司

法律顧問／安侯法律事務所
製版印刷／維中科技有限公司　海瑞印刷品有限公司
出版日期／2017年7月三版
版本備註／據1984年6月二版復刻重製
定　　價／NTD 450

國家圖書館出版品預行編目（CIP）資料

孟子之政治思想 / 陳立夫著. —三版. —臺北市
: 中華書局, 2017.07
面 ; 公分. — (中華社會科學叢書)
ISBN 978-986-94907-7-1(平裝)
1.(周)孟軻 2.政治思想

508　　106008341

NO.F6008
ISBN 978-986-94907-7-1（平裝）

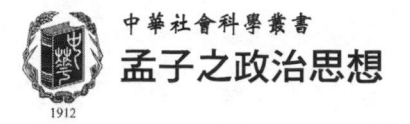